Die Beschützergarantenstellung von Kindern für ihre Eltern

Europäische Hochschulschriften Recht

European University Studies in Law

Publications Universitaires Européennes de Droit

Band/Volume **6827**

Anna Valentin

Die Beschützergarantenstellung von Kindern für ihre Eltern

Zugleich ein Beitrag zur Verfassungsmäßigkeit von § 13 Abs. 1 StGB

PETER LANG
Berlin · Bruxelles · Chennai · Lausanne · New York · Oxford

Bibliografische Information der Deutschen Nationalbibliothek
Die Deutsche Nationalbibliothek verzeichnet diese Publikation in der Deutschen Nationalbibliografie; detaillierte bibliografische Daten sind im Internet über http://dnb.d-nb.de abrufbar.

Zugl.: Hamburg, Bucerius Law School, Diss., 2024

DE-H360
ISSN 3052-8291
eISSN 3052-8305
ISBN 978-3-631-93884-3 (Print)
ISBN 978-3-631-93889-8 (ePDF)
ISBN 978-3-631-93890-4 (ePUB)
DOI 10.3726/b22973

Verlegt durch Peter Lang GmbH, Berlin (Deutschland)

info@peterlang.com

Diese Publikation wurde begutachtet.

www.peterlang.com

Meinem Vater

Inhaltsübersicht

Inhaltsverzeichnis

Vorwort

Die vorliegende Arbeit wurde im Sommertrimester 2024 von der Bucerius Law School – Hochschule für Rechtswissenschaft – als Dissertation angenommen. Die mündliche Prüfung fand am 02. Dezember 2024 statt.

Besonderer Dank gilt vor allem meinem Doktorvater Herrn Prof. Dr. *Karsten Gaede* für die Beratung, Betreuung und Unterstützung bei der Erstellung dieser Arbeit und die Möglichkeit, während dieser Zeit an seinem Lehrstuhl als wissenschaftliche Mitarbeiterin tätig sein zu können.

Ebenfalls bedanke ich mich bei Herrn Professor Dr. *Thomas Rönnau* für die schnelle Erstellung des Zweitgutachtens und den Angehörigen der strafrechtlichen Lehrstühle der Bucerius Law School, die mir jederzeit für fachliche und außerfachliche Gespräche zur Seite standen.

Auch meiner Familie, meinen Freunden und meinem Ehemann danke ich von Herzen für die stetige Unterstützung, die ermutigenden Worte und Geduld, ohne die diese Arbeit nicht zustande gekommen wäre.

Hamburg, im März 2025 *Anna Valentin*

KAPITEL 1

Einleitung

A. Problemstellung

Die Beschützergarantenstellung von Kindern gegenüber ihren Eltern ist im Gegensatz zu der Garantenstellung unter Eheleuten oder von Eltern gegenüber ihren minderjährigen Kindern seltener Gegenstand umfangreicher Diskussionen. In der Strafrechtswissenschaft bleibt häufig ungeklärt, unter welchen Voraussetzungen und mit welcher Begründung die Garantenstellung eines strafmündigen Kindes für seine Eltern vorliegt. Es finden sich in der Regel nur kurze Hinweise auf die enge familiäre Verbundenheit oder familienrechtliche Normen, aufgrund derer eine Beschützergarantenstellung bestehe, ohne deren rechtliche Herleitung bzw. Fundierung näher zu untersuchen. In der jüngeren Vergangenheit finden sich vereinzelt ausführlichere Auseinandersetzungen mit dieser Fallgruppe.[1]

Fälle, in denen sich die Rechtsprechung mit einer möglichen Beschützergarantenstellung von Kindern auseinandersetzte, finden sich nur wenige. Der *Bundesgerichtshof* hat sich lediglich in vier Fällen mit der Frage beschäftigen müssen, ob bzw. unter welchen Voraussetzungen Kindern eine Einstandspflicht zum Schutz der Rechtsgüter ihrer Eltern zukommt. In allen Fällen entschied das Gericht, dass eine Garantenstellung des Kindes im Verhältnis zu einem Elternteil bestand.[2] Die erste Entscheidung aus dem Jahr 1963 begründete dies noch mit der „engsten und natürlichsten Gemeinschaft, [...] der durch

---

[1] So z. B. bei *Albrecht*, Garantenstellungen; *Böhm*, Garantenpflichten; *Stefanopoulou* HRRS 2018, 15; *dies.* ZfL 2019, 219.

[2] Siehe dazu ausführlich unter 4.A.I.

Blutsbande verbundenen Familie."[3] In den folgenden Entscheidungen aus den Jahren 2016, 2017 und 2021 wurde diese Begründung dahingehend weiterentwickelt, dass das Verwandtschaftsverhältnis allein nicht ausreiche, sondern es – unter Berücksichtigung von § 1618a BGB – auf die Umstände des Einzelfalls ankomme. Eine Garantenstellung liege vor, wenn zwischen Kindern und Eltern eine häusliche Gemeinschaft bzw. ein enges familiäres Näheverhältnis besteht.[4]

Dass das Thema sowohl in der Rechtswissenschaft als auch in der Rechtsprechung keine große Rolle einnimmt, darf nicht über seine wachsende Bedeutung hinwegtäuschen. Schon die von dieser konkreten Konstellation losgelöste Frage, unter welchen Voraussetzungen überhaupt eine rechtliche Pflicht zur Abwendung eines Erfolges besteht, ist höchst umstritten. Die Strafbarkeit wird aus § 13 Abs. 1 StGB abgeleitet, demzufolge sich strafbar macht, wer den Eintritt eines Erfolgs nicht abwendet, obwohl er rechtlich dazu verpflichtet ist. Allerdings ergibt sich aus dem Gesetz nicht, unter welchen Voraussetzungen jemandem eine solche rechtliche Pflicht obliegt. Es liegt nahe, dass dieser Umstand mitursächlich dafür ist, weshalb die Frage aufgeworfen wurde, ob § 1618a BGB allein zur Begründung einer Garantenstellung ausreicht oder ob noch faktische Umstände wie die enge persönliche Beziehung hinzukommen müssen. Es stellt sich zudem die Frage, ob § 1618a BGB als Wertemaßstab überhaupt rechtliche Pflichten begründen kann. Schon aus diesem Grund besteht daher Anlass, die Voraussetzungen der Garantenstellung von strafmündigen Kindern gegenüber ihren Eltern näher in den Blick zu nehmen.

Verstärkt wird dieses Bedürfnis im Hinblick auf den demografischen Wandel und die immer älter werdende Gesellschaft. Durch medizinischen Fortschritt und eine gesündere Lebensweise wird die Gesellschaft immer älter, die Lebenserwartung steigt.[5] Zeitgleich nimmt aber auch die Zahl der Pflegebedürftigen von Jahr zu Jahr zu.[6] Ca. 80 % der pflegebedürftigen Menschen werden zu Hause gepflegt – meist mit Unterstützung durch

---

3 BGHSt 19, 167.

4 BGH NStZ 2017, 401; NJW 2017, 3609; NStZ 2022, 601.

5 Die Corona-Pandemie hat zu einer Stagnation geführt. Auf lange Sicht soll die Lebenserwartung wieder steigen: https://www.destatis.de/DE/Themen/Querschnitt/Demografischer-Wandel/_inhalt.html;jsessionid=AFB5C6E8B9958A79FAC1821231939A88.live712#120368, abgerufen am 27.10.2023.

6 https://www.destatis.de/DE/Themen/Querschnitt/Demografischer-Wandel/_inhalt.html;jsessionid=AFB5C6E8B9958A79FAC1821231939A88.live712#267576, abgerufen am 27.10.2023.

ambulante Pflegedienste – gepflegt.[7] Da mit dem Alter die Wahrscheinlichkeit und Anzahl der Krankheiten, an denen ein Mensch leidet, steigen,[8] kann es in Zukunft vermehrt zu Situationen kommen, in denen Eltern auf die Hilfe und Unterstützung ihrer Kinder angewiesen sind.[9] Es kann beispielsweise zu einem Unfall durch einen Sturz aufgrund körperlicher Beeinträchtigung kommen, bei dem sich das Elternteil nicht mehr allein aufhelfen kann. Leisten die Kinder die im Einzelfall erforderliche und mögliche Hilfe und Unterstützung nicht und kommt es in der Folge zu einer Verschlechterung des Gesundheitszustandes bis hin zum Tod, stellt sich Frage der strafrechtlichen Verantwortlichkeit. Handelt es sich (lediglich) um unterlassene Hilfeleistung oder womöglich um Körperverletzung bzw. Tötung durch Unterlassen? Damit rückt die Frage, ob und unter welchen Voraussetzungen Kinder zur Abwendung von Gefahren rechtlich besonders verpflichtet sind, in den Vordergrund.

Darüber hinaus erlangt das Thema dadurch an Bedeutung, dass sich unsere Gesellschaft und die Frage, wie wir als Mitglieder dieser Gesellschaft miteinander leben, in den letzten Jahren und Jahrzehnten stark verändert hat. Zwar stellt das „klassische" Familienmodell von Mutter, Vater und ehelichen Kindern auch heute noch die häufigste Form des familiären Zusammenlebens dar,[10] doch hat sich der Begriff der Familie gewandelt.[11] Nicht nur können gleichgeschlechtliche Paare gemeinsam Kinder großziehen und seit Oktober 2017 heiraten (sog. Regenbogenfamilie), zudem gibt es immer mehr Patchwork-Familien und solche, in denen die Eltern nicht verheiratet sind oder getrennt leben und ein Elternteil die Kinder allein großzieht.[12] Kinder ziehen heutzu-

---

7 https://www.destatis.de/DE/Themen/Querschnitt/Demografischer-Wandel/_inhalt.html;jsessionid=AFB5C6E8B9958A79FAC1821231939A88.live712#267576, abgerufen am 27.10.2023.

8 https://www.rki.de/DE/Content/Gesundheitsmonitoring/Gesundheitsberichterstattung/GBEDownloadsGiD/2015/08_gesundheit_in_deutschland.pdf?__blob=publicationFile, S. 412 ff., abgerufen am 27.10.2023.

9 So auch *Kudlich* NStZ 2018, 34, 37.

10 https://www.bpb.de/kurz-knapp/zahlen-und-fakten/soziale-situation-in-deutschland/61600/familienhaushalte-nach-laendern-und-familienform/, abgerufen am 27.10.2023.

11 Siehe dazu auch eine Umfrage aus 2020: https://www.bmfsfj.de/resource/blob/198756/97c0eb06ddc1d39dbdb145fafad69c97/familienleben-und-familienpolitik-in-ost-und-westdeutschland-data.pdf, S. 56, abgerufen am 27.10.2023.

12 https://www.bpb.de/kurz-knapp/zahlen-und-fakten/soziale-situation-in-deutschland/61600/familienhaushalte-nach-laendern-und-familienform/, abgerufen am 27.10.2023. Siehe dazu den Neunten Familienbericht des BMFSFJ BT-Drs. 19/27200.

tage nicht erst aus dem Elternhaus aus, wenn sie heiraten, sondern schon früh beispielsweise mit Beginn einer Ausbildung oder Aufnahme eines Studiums. Gerade, wenn Kinder für die Ausbildung oder das Studium in eine andere Stadt ziehen, entwickeln sich zu Freunden und oder Mitbewohnern neue enge, emotionale Gemeinschaftsbeziehungen, die gleichermaßen eine Art Familienersatz darstellen können. Die „Blutsbande" als Voraussetzung für das Bestehen einer familiären Gemeinschaft ist längst nicht mehr zwingend. Vielmehr muss man sich die Frage stellen, ob sich Familienmitglieder heute tatsächlich noch am nächsten stehen oder ob es nicht individuell auf die persönlichen Beziehungen ankommt, die ebenso zwischen Freunden oder Partnern besonders nah und eng sein können.

Daneben kündigte der Bundesjustizminister *Marco Buschmann* eine Reform des Familienrechts an, um den sich wandelnden Verhältnissen gerecht zu werden und anderen Formen des Zusammenlebens eine rechtliche Fundierung zu geben. So soll es in Zukunft auch Freunden und zum Beispiel Mitgliedern einer Wohngemeinschaft möglich sein, Verantwortung füreinander zu übernehmen (sog. Verantwortungsgemeinschaft). In den sog. Patchwork- und Regenbogenfamilien soll es ein Mitspracherecht bei der Erziehung von Kindern geben (sog. kleines Sorgerecht).[13]

Der „Idealtyp" der engen, familiären Lebensgemeinschaft durch die sogenannten Blutsbande gehört der Vergangenheit an. Es drängt sich daher die Frage auf, ob Kindern ihren Eltern gegenüber tatsächlich eine besondere Rechtspflicht zur Abwendung von Gefahren zukommt und diese mit der auf gegenseitigen Beistand angelegten Familiengemeinschaft begründet werden kann.

B. Ziel und Gang der Untersuchung

Ziel dieser Arbeit ist es, die Frage zu beantworten, aus welchen Gründen und unter welchen Voraussetzungen eine Garantenstellung strafmündiger Kinder gegenüber ihren Eltern bestehen kann.

---

13 Nachzulesen z. B. unter https://www.zeit.de/politik/deutschland/2021-11/ampel-koalition-gesellschaftspolitik-schwangerschaftsabbruch-selbstbestimmungsgesetz, abgerufen am 27.10.2023. Erste konkrete Reformvorschläge wurden bereits für den Sommer 2022 angekündigt, sind bislang aber ausgeblieben. Zu den aktuellsten Entwicklungen siehe https://www.tagesschau.de/inland/innenpolitik/abstammungsrecht-buschmann-100.html, abgerufen am 23.01.2024.

Zu Beginn der Arbeit (2. Kapitel) soll dazu zunächst ein grober Überblick über die Grundsätze der Unterlassungsstrafbarkeit gegeben werden. Hierbei wird sowohl die historische Entwicklung des unechten Unterlassungsdelikts in den Blick genommen als auch die neuere Auseinandersetzung mit diesem untersucht. Insbesondere wird eine Übersicht über die theoretische Begründung von Garantenstellungen gegeben. Zunächst werden die klassische Rechtsquellenlehre und die sog. Funktionenlehre untersucht, daraufhin weitere in der Literatur vorherrschende materielle Kriterien erörtert. Hierbei zeigen sich erste Unsicherheiten, die auf dem Merkmal der in § 13 Abs. 1 StGB benannten Rechtspflicht beruhen und die Frage haben aufkommen lassen, ob § 13 Abs. 1 StGB aufgrund seiner Unklarheiten verfassungsgemäß ist.

Im folgenden Abschnitt (3. Kapitel) wird dieser Kritik an der Verfassungsmäßigkeit von § 13 Abs. 1 StGB umfangreich nachgegangen und erörtert, ob und gegebenenfalls unter welchen Voraussetzungen die Regelung des rechtlichen Einstehenmüssens hinreichend bestimmt ist. Dafür wird zunächst ein Überblick über den Meinungsstand zur Verfassungsmäßigkeit von § 13 Abs. 1 StGB gegeben. Um beurteilen zu können, ob die Bedenken in Bezug auf Art. 103 Abs. 2 GG berechtigt sind und wie ihnen gegebenenfalls hinreichend begegnet werden kann, wird das Gesetzlichkeitsprinzip dann genau in den Blick genommen. Zunächst ist die Frage zu klären, ob Art. 103 Abs. 2 GG für den Allgemeinen Teil des Strafrechts Geltung entfaltet, da bei Verneinung dieser Frage ein Verstoß gegen das Gesetzlichkeitsprinzip gar nicht vorliegen könnte. Da – das Ergebnis vorweggenommen – diese Frage im Hinblick auf § 13 Abs. 1 StGB als strafbegründendes Merkmal bejaht wird, erfolgt eine eingehende Auseinandersetzung mit dem Sinn und Zweck des Gesetzlichkeitsprinzips. Mit Hilfe der Ergebnisse wird in einem nächsten Schritt untersucht, welchem Gewährleistungsgehalt das Gesetzlichkeitsprinzip und das Bestimmtheitsgebot im Einzelnen unterliegen und ob im Allgemeinen Teil des StGB möglicherweise geringere Anforderungen an die Bestimmtheit einer Norm gestellt werden als im Besonderen Teil. Anhand der in diesem Teil entwickelten Maßstäbe für die Bestimmtheit einer Norm wird unter Anwendung der juristischen Auslegungsmethodik analysiert, ob § 13 Abs. 1 StGB hinreichend bestimmt ist. Dabei geht es darum, ob von der Rechtspflicht im Sinne des § 13 Abs. 1 StGB ungeschriebenes Recht erfasst ist oder es sich um geschriebenes Recht handeln muss und was das geschriebene Recht dann gegebenenfalls in materieller Hinsicht leisten muss, um als Rechtspflicht im Sinne des § 13 Abs. 1 StGB eingestuft werden zu können. Das Ergebnis dieser

Fragestellung ist entscheidend für die Begründung und die Ausarbeitung der Voraussetzungen jeder Garantenstellung, sodass die Verfassungsmäßigkeit von § 13 Abs. 1 StGB auch in Bezug auf die Garantenstellung von Kindern und Eltern besonderer Berücksichtigung bedarf.

Im dritten Teil der Arbeit (4. Kapitel) wird anhand der im vorherigen Abschnitt entwickelten Voraussetzungen für die Bestimmtheit einer Norm untersucht, welche Rechtspflichten eine Garantenstellung von Kindern für ihre Eltern begründen können. Der Schwerpunkt dieses Teils liegt dabei auf der Erörterung und Auslegung von § 1618a BGB, der regelt, dass Kinder und Eltern einander Beistand und Rücksicht schuldig sind. Dabei stellt sich die Frage, ob § 1618a BGB als Generalklausel für das Eltern-Kind-Verhältnis überhaupt Rechtspflichten und darüber hinaus strafrechtliche Einstandspflichten statuiert oder nicht vielmehr lediglich ein Leitbild bzw. einen Wertemaßstab aufstellt. Es wird zunächst die in der Rechtsprechung und Wissenschaft herrschende Auffassung dargelegt. Im Folgenden wird durch Auslegung von § 1618a BGB ermittelt, welche rechtliche Qualität der Vorschrift zukommt, welche Wirkungen von ihr ausgehen und ob es sich dabei grundsätzlich um eine Einstandsflicht im Sinne von § 13 Abs. 1 StGB handelt. Daraus ergibt sich der Grundstein für die Folgefrage, welche Voraussetzungen im Verhältnis der Kinder und Eltern vorliegen müssen und wie dieses Verhältnis im Konkreten ausgestaltet sein muss, um für die Kinder eine Garantenstellung gegenüber ihren Eltern begründen zu können. Daneben werden weitere mögliche Rechtspflichten (§§ 1601 ff. BGB, Art. 6 GG und Verträge) auf ihre Tauglichkeit zur Begründung einer Garantenstellung von Kindern für ihre Eltern hin untersucht und es wird noch einmal knapp auf die für das Eltern-Kind-Verhältnis häufig herangezogenen Fallgruppen der Ingerenz und tatsächlichen Übernahme eingegangen.

Den Abschluss bildet ein Überblick über die Reichweite der Garantenpflicht. Schwerpunkt dieses Überblicks ist die Frage, wie paternalistisch das Strafrecht ist und sein darf. Konkret geht es darum, ob und wie es sich auswirkt, wenn sich der zu schützende Rechtsgutsträger eigenständig und eigenverantwortlich schädigt, was meist im Hinblick auf den freiverantwortlichen Suizid und den Behandlungsabbruch im Arzt-Patienten-Verhältnis diskutiert wird. Wann die eigene Gefährdung und Schädigung tatsächlich frei- und eigenverantwortlich ist, ist hingegen keine Frage dieser spezifischen Fallgruppe der Garantenstellung von Kindern im Verhältnis zu ihren Eltern und kann daher in dieser Arbeit nicht näher thematisiert werden.

KAPITEL 2

Allgemeines zu den unechten Unterlassungsdelikten

A. Die Unterlassungsdelikte des StGB

Im deutschen Strafgesetzbuch wird zwischen zwei Formen von Unterlassungsdelikten differenziert: zwischen den sog. echten und den sog. unechten Unterlassungsdelikten.[14] Mit letzteren setzt sich diese Arbeit auseinander.

Die sog. echten Unterlassungsdelikte umschreiben das Unterlassen unmittelbar im Tatbestand der Normen im Besonderen Teil.[15] Sie fordern vom Täter, eine Handlung vorzunehmen, ohne dass es zwangsläufig auf einen bestimmten Erfolg ankommt.[16] Um eine Bestrafung gemäß § 323c Abs. 1 StGB zu vermeiden reicht es aus, dass der Einzelne dem Opfer auf irgendeine aus ex-ante Sicht geeignete, d. h. erfolgversprechende Art und Weise hilft – ob diese Hilfe tatsächlich erfolgreich ist, ist für die abstrakte Strafbarkeit unerheblich. Der Täter des § 323c Abs. 1 StGB wird nur für seine Untätigkeit als solche bestraft und nicht deshalb, weil das Opfer zum Beispiel trotz geleisteter oder wegen nicht geleisteter Hilfe verstirbt.[17] Täter eines solchen echten Unterlassungsdelikts

---

[14] Kritisch zur hier dargestellten Unterscheidung vom echten und unechten Unterlassungsdelikt *Bergmann*, Vertragswidriges Unterlassen, S. 135 ff.; *Kahlo*, Pflichtwidrigkeitszusammenhang, S. 26 ff.; LK-*Weigend* § 13 StGB Rn. 16 f.; *Roxin* AT/II § 31 Rn. 16 ff.; *v. Coelln*, Rechtliches Einstehenmüssen, S. 21 ff.

[15] Siehe auch BT-Drs. III/2150, S. 116; IV/650, S. 123; LPK-*Kindhäuser/Hilgendorf* Vor § 13 StGB Rn. 246; *Kühl* JuS 2007, 497, 498; *ders.* JA 2014, 507, 508; *Satzger* JURA 2011, 432; S/S/W-*Kudlich* § 13 StGB Rn. 2; Schönke/Schröder-*Bosch* Vor § 13 StGB Rn. 134.

[16] Anders *Armin Kaufmann* JuS 1961, 173 f.

[17] AnwK-*Coenen* § 323c StGB Rn. 37; BeckOK-*v. Heintschel-Heinegg* § 323c StGB Rn. 2; GS-*Verrel* § 323c StGB Rn. 9; *Kühl* JuS 2007, 497, 499; LK-*Popp* § 323c StGB Rn. 29 ff. mit ausführlicher Erläuterung; LPK-*Kindhäuser/Hilgendorf* § 323c StGB Rn. 13.

kann – grundsätzlich – jede Person sein.[18] Im Gegensatz dazu wird im Rahmen der unechten Unterlassungsdelikte regelmäßig nicht nur bestraft, dass eine erforderliche und mögliche Handlung nicht vorgenommen wurde, sondern auch, dass dadurch ein bestimmter, tatbestandsspezifischer Erfolg eingetreten ist (§ 13 Abs. 1 StGB: „wer es unterläßt, einen *Erfolg abzuwenden*“).[19] Hier wird der Unterlassungstäter demnach wie der aktiv Handelnde für den Eintritt eines bestimmten Erfolges bestraft. Die Strafbarkeit ergibt sich erst aus einer Kombination des jeweiligen Delikts im Besonderen Teil des StGB mit § 13 Abs. 1 StGB. Täter eines unechten Unterlassungsdelikts kann nicht jeder, sondern gemäß § 13 Abs. 1 StGB nur derjenige sein, der rechtlich für den Nichteintritt des Erfolges einzustehen hat.[20]

Dem Täter eines unechten Unterlassungsdelikts wird neben der bloßen Untätigkeit in der Regel vorgeworfen, dass er den Eintritt eines schädigenden Erfolges nicht verhindert hat, obwohl er rechtlich dazu verpflichtet gewesen ist.

B. Entstehung und Entwicklung des unechten Unterlassungsdelikts

Das Konstrukt des unechten Unterlassens gibt es nicht erst seit der Einführung des heutigen § 13 StGB. Schon im 13. Jahrhundert finden sich Einzelfälle zur Strafbarkeit des Unterlassens.[21] Seitdem ist zumindest die Strafbarkeit der

---

Die Frage, ob die Rettungschance auch ex-post bestand und die nicht geleistete, aber erforderliche Hilfe z. B. zur Rettung des Lebens des Opfers geführt hätte, kann i. R. d. Strafzumessung nach § 46 Abs. 2 StGB als „verschuldete Auswirkung der Tat“ Berücksichtigung finden, siehe dazu *Freund*, in: FS Herzberg 2008, S. 225, 235 f.; Lackner/Kühl/*Heger* § 323c StGB Rn. 10; LK-*Popp* § 323c StGB Rn. 155; MK-*Freund/Koch* § 323c StGB Rn. 130.

18 AnwK-*Coenen* § 323c StGB Rn. 12; *Jescheck*, in: FS Pötz 1993, S. 115, 118; *Kühl* JuS 2007, 497, 499; LK-*Popp* § 323c StGB Rn. 78; NK-*Gaede* § 323c StGB Rn. 3; *Satzger* JURA 2011, 432.

19 *Jescheck*, in: FS Pötz 1993, S. 115, 118 f.; *Kühl* JuS 2007, 497, 499; *ders.* JA 2014, 507, 509.

20 Dazu LPK-*Kindhäuser/Hilgendorf* Vor § 13 StGB Rn. 247; *Kühl* JuS 2007, 497, 499. Gegen eine konstitutive und für eine lediglich deklaratorische Wirkung siehe z. B. MK-*Freund* § 13 StGB Rn. 34, 53; *Perdomo-Torres*, in: FS Jakobs 2007, S. 497, 498. Näher dazu unter 3.B.II.

21 Siehe näher zur historischen Entwicklung *Clemens*, Unterlassungsdelikte, S. 6 ff.; ausführlich zu Kodifikationen ab dem 18. Jahrhundert siehe *Schöne*, Unterlassene

unechten Unterlassungsdelikte – in unterschiedlicher Ausprägung – grundsätzlich anerkannt.

In der dazu vergleichsweise jüngeren Vergangenheit setzte sich das Reichsgericht 1884 beispielsweise mit der Frage auseinander, wann „Unterlassungen, welche einen rechtsverletzenden Erfolg herbeigeführt haben, strafbar" sind.[22] Das Gericht stellte fest, dass unechte Unterlassungen immer dann strafbar seien, wenn zusätzlich zum Eintritt des tatbestandlichen Erfolgs die „Verletzung einer bestehenden rechtlichen Verpflichtung zum Handeln enthalten" sei – dann stehe die Unterlassung „einer durch Pflicht gebotenen Handlung [...] im Sinne des Strafgesetzbuches einer strafbaren Handlung vollständig gleich".[23] In einer weiteren Entscheidung führte das Gericht aus, dass es „keinem rechtlichen Bedenken unterliegen könne", dass Delikte, die auf Begehung ausgelegt sind, durch Unterlassung verübt werden können, sofern „eine Verpflichtung zum Handeln rechtlich begründet war."[24] Der Bundesgerichtshof ging ebenfalls von der Strafbarkeit des sog. unechten Unterlassens aus und setzte – wie schon das Reichsgericht – eine rechtliche Verpflichtung zur Abwendung des Erfolges voraus.[25]

I. Terminologie: Unterscheidung zwischen Garantenstellung und Garantenpflicht

Für das „rechtliche Einstehenmüssen" werden oft auch andere, unterschiedliche Begriffe verwendet. Zu Beginn empfiehlt sich deshalb eine einleitende, kurze Erläuterung der Begrifflichkeiten, da in dieser Arbeit regelmäßig von der Garantenstellung die Rede sein wird, aber nicht von einer Garantenpflicht und deshalb deutlich gemacht werden muss, was genau unter den Begriffen verstanden wird.

Erfolgsabwendungen, S. 285 ff.; *Schünemann* ZStW 1984 (96), 287. Allg. BT-Drs. III/2150, S. 116.

22 RGSt 10, 100. Siehe auch z. B. 7, 118; 22, 332; 24, 339; 39, 397; 40, 165; 64, 273.

23 RGSt 10, 100, 101.

24 RGSt 24, 339, 340.

25 Siehe beispielhaft BGHSt 2, 150; 4, 20; 7, 268; 13, 162; 16, 155; 19, 167; BGH NJW 1966, 1763.

Vielfach werden die Begriffe Garantenstellung und Garantenpflicht synonym verwendet.[26] Zum Teil werden noch andere Begrifflichkeiten verwendet, wie das Garantieverhältnis, die Sonderverantwortlichkeit oder die Handlungspflicht.[27] Da sich aber aus den unterschiedlichen Begrifflichkeiten bzw. der dahinterstehenden Bedeutung unterschiedliche Probleme insbesondere hinsichtlich der Irrtümer über die die Stellung und die Pflicht begründenden Umstände ergeben können, ist es sachgerechter, zwischen den beiden Begrifflichkeiten zu unterscheiden.

Die Garanten*stellung* bezeichnet nach hiesigem Verständnis die tatsächlichen Umstände und Voraussetzungen, die vorliegen müssen, damit jemand abstrakt dazu verpflichtet ist, einen Erfolg abzuwenden.[28] Liegen die Voraussetzungen vor, werde der Garant zum „Normadressaten, an den sich das Verhaltensgebot des strafrechtlichen Tatbestandes richtet."[29] Die Garanten*pflicht* ist die daraus folgende konkrete Handlungspflicht zur Abwendung einer konkreten Gefahr in der einzelnen Situation, die erst aus der Garantenstellung, den Umständen im Einzelfall (Art des gefährdeten Rechtsguts, Grad der Gefährdung, potenzieller Schadensverlauf) und der Kenntnis der die Garantenstellung begründenden Umstände erwächst.[30] So

---

26 So z. B. bei AnwK-*Gercke/Hembach* § 13 StGB Rn. 9 ff.; *Arzt* JA 1980, 647, 648 ff.; *Berster*, Unterlassungsdelikt; sowie *Böhm*, Garantenpflichten; *Brammsen*, Entstehungsvoraussetzungen und *Grünewald*, Garantenpflichten, die die Begriffe schon im Titel nutzen, sich dann aber mit der Garantenstellung befassen; *Herbertz*, Ingerenz; Lackner/Kühl/*Heger* § 13 StGB Rn. 6; *Otto/Brammsen* Jura 1985, 530, 531 ff.; *Schünemann* ZStW 1984 (96), 287, 304 f., 315 f.; S/S/W-*Kudlich* § 13 StGB Rn. 19.

27 *Bärwinkel*, Struktur der Garantieverhältnisse; m. w. N. *Herbertz*, Ingerenz, S. 64, 129 ff., 176; *Mähner*, Garantenstellung, S. 31; Matt/Renzikowski-*Haas* § 13 StGB Rn. 72; MK-*Freund* § 13 StGB Rn. 18 ff.; *ders.*, Erfolgsdelikt, S. 240; *Otto* § 9 Rn. 150 ff.; *Paradissis*, Unterlassungsstrafbarkeit, S. 124.

28 So schon *Nagler* GS 111 (1938), S. 1, 55 ff.; *Albrecht*, Garantenstellung, S. 18 f.; *Albrecht* ZStW 2022 (134), 299, 302; GS-*Tag* § 13 StGB Rn. 13; *Kühl*, AT § 18 Rn. 128; Lackner/Kühl/*Heger* § 15 StGB Rn. 7; Schönke/Schröder-*Bosch* § 13 StGB Rn. 7; *v. Coelln*, Rechtliches Einstehenmüssen, S. 84.

29 BGHSt 37, 109, 119.

30 BGHSt 38, 388, 389; *Albrecht*, Garantenstellung, S. 19; Baumann/Weber/*Mitsch*/Eisele § 21 Rn. 51; BeckOK-*Heuchemer* § 13 StGB Rn. 33; GS-*Tag* § 13 StGB Rn. 13; *Kühl*, AT § 18 Rn. 129; *Mähner*, Garantenstellung, S. 30; Schönke/Schröder-*Bosch* § 13 StGB Rn. 7; SK-*Stein* § 13 StGB Rn. 25; *v. Coelln*, Rechtliches Einstehenmüssen, S. 85. Krit. dagegen MK-*Freund* § 13 StGB Rn. 48 ff., 70 f.

haben beispielsweise Bademeister grundsätzlich eine Garantenstellung für die Gefahren inne, die vom Wasser ausgehen. Solange aber keine tatsächliche, unmittelbare Gefahr besteht, liegt keine Garantenpflicht zur Abwendung eines ganz bestimmten und konkreten Erfolges vor.

Die Garantenstellung wird insoweit als Tatbestandsmerkmal angesehen, die Garantenpflicht hingegen entweder auf Ebene der objektiven Zurechnung oder der Rechtswidrigkeit verortet.[31] Diese Unterscheidung führt zu einer unterschiedlichen Betrachtung bei Irrtumsfragen. Hat jemand keine Kenntnis davon, dass er Garant ist – weil er beispielsweise nicht erkennt, dass es sich um seine Ehefrau handelt, die gerade zu ertrinken droht – liegt demnach ein vorsatzausschließender Tatbestandsirrtum nach § 16 Abs. 1 Satz 1 StGB vor. Erkennt der Ehemann hingegen, dass es sich um seine Frau handelt, geht aber davon aus, nicht helfen zu müssen, liegt – bei Verortung auf Ebene der Rechtswidrigkeit – kein Irrtum nach § 16 Abs. 1 Satz 1 StGB, sondern ein Verbotsirrtum nach § 17 StGB vor, der im Fall der Unterlassungsdelikte Gebotsirrtum genannt wird.[32] Ebenso führt ein beim Garanten vorliegender Rechtfertigungsgrund nicht dazu, dass er seine Stellung als Garant verliert, sondern schließt dieser nur die konkrete Handlungspflicht im Einzelfall aus.[33]

---

[31] BGHSt 16, 155, 158; *Albrecht*, Garantenstellung, S. 19; *Baumann*, AT, S. 250 f.; ders./Weber/*Mitsch*/Eisele § 21 Rn. 51; BeckOK-*Heuchemer* § 13 StGB Rn. 30, 33; GS-*Tag* § 13 StGB Rn. 13; *Kühl* JuS 2007, 497, 499; Schönke/Schröder-*Bosch* § 13 StGB Rn. 7; SK-*Stein* § 13 StGB Rn. 25; *v. Coelln*, Rechtliches Einstehenmussen, S. 84 ff. **Krit.** aber NK-*Gaede* § 13 StGB Rn. 20; **a. A.** *Ransiek* JuS 2010, 585 f.: einheitliche Behandlung auf Ebene des Tatbestandes sowie m. w. N. *Puppe* ZStW 2022 (134), 320, 321 ff. Siehe zur Garantenstellung als Tatbestandsmerkmal ausführlich 3.B.II.

[32] BGHSt 16, 155, 158; *Albrecht*, Garantenstellung, S. 19 f.; AnwK-*Gercke/Hembach* § 13 StGB Rn. 20; BeckOK-*Heuchemer* § 13 StGB Rn. 113; Baumann/Weber/*Mitsch*/Eisele § 21 Rn. 51; *Kühl*, AT, § 18 Rn. 129; GS-*Tag* § 13 StGB Rn. 27; LK-*Weigend* § 13 StGB Rn. 76; MK-*Freund* § 13 StGB Rn. 139; *Rengier*, AT, § 49 Rn. 53; *Satzger* JURA 2011, 432, 434 f., 436; *Schünemann* ZStW 1984 (96), 287, 315 f.; S/S/W-*Kudlich* § 13 StGB Rn. 40 f.; *v. Coelln*, Rechtliches Einstehenmüssen, S. 86 f.; *Wessels/Beulke/Satzger* § 19 Rn. 1211. **A.A.** *Herzberg*, Unterlassung im Strafrecht, S. 232 ff.: Der Täter muss, um ihm den Vorsatzvorwurf machen zu können, die aus der Garantenposition fließende Verantwortlichkeit kennen, da beides untrennbar verbunden sei; NK-*Gaede* § 13 StGB Rn. 20: Garantenpflicht als normatives Tatbestandsmerkmal; *Ransiek* JuS 2010, 585 f.: konkrete Pflicht im objektiven Tatbestand behandeln sowie ausführlich m. w. N. *Puppe* ZStW 2022 (134), 320, 323 ff.

[33] So auch *Albrecht*, Garantenstellung, S. 20; *v. Coelln*, Rechtliches Einstehenmüssen, S. 85.

Die unterschiedliche Beurteilung erlangt Bedeutung für die Strafbarkeit des Einzelnen, da ein Irrtum nach § 16 Abs. 1 Satz 1 StGB die Strafbarkeit wegen vorsätzlichen Unterlassens ausschließt und somit nur noch eine fahrlässige Begehung in Betracht kommt. Dafür ist Voraussetzung, dass der Täter, also hier der Ehemann, fahrlässig verkannt hat, dass es sich bei der Ertrinkenden um seine Ehefrau handelt. Eine solche Feststellung kann sich mitunter als schwierig erweisen. In dem Fall bleibt nur eine Strafbarkeit nach § 323c Abs. 1 StGB. Verkennt der Täter dagegen lediglich den Umfang seiner Handlungspflicht im konkreten Fall, liegt „nur" ein Verbotsirrtum vor, sodass bei der dann ohne Hilfe ertrunkenen Ehefrau grundsätzlich eine Strafbarkeit wegen Totschlag durch Unterlassen nach §§ 212 Abs. 1, 13 Abs. 1 StGB vorliegt. Eine Ausnahme kann gem. § 17 Satz 1 StGB nur dann gemacht werden, wenn der Irrtum über die Handlungspflicht vermeidbar gewesen wäre, was regelmäßig nicht der Fall sein dürfte.[34] Eine klare Trennung zwischen der Garantenstellung und der Garantenpflicht ist für die Strafbarkeit des jeweiligen Täters enorm wichtig und wird daher in dieser Arbeit zugrunde gelegt.

Mit dem vorliegend als Garantenstellung bezeichneten Ausdruck ist die abstrakte Stellung der Kinder als Garanten für ihre Eltern unabhängig von der konkreten Handlungspflicht im Einzelfall gemeint. Die Ausführungen beziehen sich daher nur dann auf eine Handlungspflicht im konkreten Fall, wenn auch tatsächlich von einer Garantenpflicht gesprochen wird. Ansonsten befasst sich diese Arbeit lediglich mit dem Merkmal der Garantenstellung als Abstraktum.

II. Die Entwicklung der Garantenstellung als tatbestandliche Voraussetzung

Die Überzeugung, dass sich nicht jeder wegen unechten Unterlassens strafbar machen kann, sondern nur der zur Erfolgsabwendung rechtlich besonders Verpflichtete, findet seinen Ursprung in dem Gebot des sog. „neminem laede", das besagt, dass man niemanden schädigen soll (Verletzungsverbot).[35]

---

34 So auch *v. Coelln*, Rechtliches Einstehenmüssen, S. 86 f. Dazu m. w N. NK-*Gaede* § 13 StGB Rn. 20.

35 *Kleinherne*, Garantenstellung, S. 339 f., 377 ff.; *Kuhlen*, in: FS Puppe 2011, S. 669, 677; *Kühl*, in: Handbuch der Ethik, S. 486, 487; *ders.* JA 2014, 507, 509.

Diesem Gebot liegt der Gedanke zugrunde, dass die Strafrechtsordnung in erster Linie eine Freiheitsordnung sei. Sie soll die Freiheitsbetätigung aller Menschen gewährleisten, wofür erforderlich sei, dass der Einzelne nicht in die Freiheitssphäre eines anderen eingreift bzw. in diese eintritt.[36] Aus diesem Grund kenne das StGB – und dabei handele es sich um den Normalfall des Deliktstatbestandes[37] – zunächst einmal Delikte, die ein bestimmtes Verhalten verbieten. Das Strafrecht fordere vom Einzelnen, Handlungen zu unterlassen, durch die in die Freiheitssphäre anderer eingegriffen wird.

Bei den (unechten) Unterlassungsdelikten handele es sich jedoch um die gegenteilige Anweisung: Es werde vom Individuum erwartet, die eigene Freiheitssphäre zu verlassen und aktiv in die Freiheitssphäre eines anderen Individuums einzugreifen, um dieses vor Rechtsgutsschäden zu beschützen. Es gehe dabei also nicht nur um die Gewährleistung von Freiheit, sondern vielmehr um den Gedanken der Solidarität, die eher Teil von Moral als von Recht sei.[38] Der Täter eines Unterlassungsdelikts müsse nicht einfach nur etwas lassen, sondern müsse vielmehr aktiv tätig werden – deshalb weise das Unterlassen im Gegensatz zur Vornahme einer aktiven Verletzungshandlung in der Regel geringeres Unrecht auf.[39] Zudem greife eine Handlungspflicht stärker in die allgemeine Handlungsfreiheit ein als ein Verhaltensverbot. Die Handlungspflicht sei daher – im Gegensatz zum Verhaltensverbot – in besonderem Maße begründungsbedürftig.[40] Um jemanden, der eine Handlung unterlässt, ebenso bestrafen zu können, wie denjenigen, der den tatbestandlichen Erfolg aktiv herbeiführt, sei es deshalb erforderlich, dass derjenige in

---

36 *Grünewald*, Zivilrechtliche Garantenpflichten, S. 133; m. w. N. auch zur Rechtsphilosophie *Jakobs*, Strafrechtliche Zurechnung, S. 11 ff.; *Kleinherne*, Garantenstellung, S. 335 ff.; *Kühl*, in: Handbuch der Ethik, S. 486, 487; *ders.*, in: FS Herzberg 2008, S. 177, 180.

37 *Kleinherne*, Garantenstellung, S. 377; *Kühl* JuS 2007, 497, 498; *ders.*, in: Handbuch der Ethik, S. 486, 487. Ähnlich auch *Pawlik*, in: FS Roxin 2011, S. 931, 938 f.

38 *Kühl*, in: Handbuch der Ethik, S. 486, 487; *ders.*, in: FS Herzberg 2008, S. 177, 181.

39 BT-Drs. III/2150, S. 116; *Kissin*, Rechtspflicht zum Handeln, S. 94. Siehe dazu auch heute noch BeckOK-*Heuchemer* § 13 StGB Rn. 120; *Kühl* JuS 2007, 497, 498; *Kuhlen*, in: FS Puppe 2011, S. 669, 680; Lackner/Kühl/*Heger* § 13 StGB Rn. 17; LK-*Weigend* § 13 StGB Rn. 98; Schönke/Schröder-*Bosch* § 13 StGB Rn. 64; krit. NK-*Gaede* § 13 StGB Rn. 65; dagegen Leitner/Rosenau-*Burchard* § 13 StGB Rn. 6.

40 *Fischer*, Ingerenz, S. 2; *Kissin*, Rechtspflicht zum Handeln, S. 93 f., 101 f.; siehe auch *Bosch* JURA 2019, 1239; *Kuhlen*, in: FS Puppe 2011, S. 669, 680.

besonderer Weise verpflichtet ist, diesen Erfolg abzuwenden.[41] Nur wenn diese Voraussetzung gegeben ist, sei es gerechtfertigt, denjenigen, der zum Beispiel einem lebensgefährlich verletzten Menschen keine Hilfe zukommen lässt, sodass dieser verstirbt, ebenso zu bestrafen wie denjenigen, der den Menschen aktiv durch einen Schlag tötet. Aus diesem Umstand ergibt sich die Voraussetzung der Garantenstellung für die Strafbarkeit wegen unechten Unterlassens.

Die Bezeichnung dieser rechtlich besonders verpflichteten Person als *Garant* wird dabei oft *Nagler* zugeschrieben, der diesen Begriff erstmals 1938 nannte.[42] Allerdings hat *Binding* diesen Begriff schon 1914 erwähnt, als es um das Unterlassen im Anschluss an die Begründung von „Hülfs- oder Gefahr-Bekämpfungs-Versprechen“ ging.[43]

III. Die theoretische Begründung der Garantenstellung

Im Laufe der Zeit haben sich verschiedene Konzepte zur Einteilung bzw. Bestimmung der Garantenstellung entwickelt. Ein einheitliches Konzept hat sich bis jetzt nicht bilden können. Da schon in zahlreichen Publikationen nach den Entstehungsgründen von Garantenstellungen gesucht wurde,[44] soll hier nur ein kurzer Überblick über die einflussreichsten Theorien gegeben werden. Im Vordergrund stehen die auf *v. Feuerbach* zurückgehende sogenannte klassische, formelle Rechtsquellenlehre, die im Anschluss von *Armin Kaufmann* entwickelte sogenannte Funktionenlehre und daran anknüpfende materiellen Rechtsquellenlehren.

1. Formelle Rechtsquellenlehre

Nach der formellen Rechtsquellenlehre werden die Garantenstellungen anhand ihres Entstehungsgrundes ermittelt. Als Entstehungsgründe werden

---

41 *Gallas*, Studien zum Unterlassungsdelikt, S. 75; *Güntge*, Begehen durch Unterlassen, S. 42; *Kissin*, Rechtspflicht zum Handeln, S. 101 f.; *Kühl* JuS 2007, 497, 498.

42 *Nagler* GS 111 (1938), S. 1, 59.

43 *Binding*, Normen II/1, S. 571, 576.

44 Siehe z. B. *Bärwinkel*, Struktur der Garantieverhältnisse; *Brammsen*, Entstehungsvoraussetzungen; *Clemens*, Unterlassungsdelikte; *Kaufmann*, Dogmatik der Unterlassungsdelikte; *Schünemann*, Grund und Grenzen. Neuer *Albrecht*, Garantenstellungen; *Grünewald*, Zivilrechtliche Garantenpflichten; *Sangenstedt*, Garantenstellung; *Schrägle*, Unterlassungsdelikt; *v. Coelln*, Rechtliches Einstehenmüssen.

dabei meist Gesetz, Vertrag, vorangegangenes gefährdendes Tun sowie die enge Lebensgemeinschaft genannt.[45]

Besonders geprägt hat diese Lehre *v. Feuerbach*, der in § 24 seines Lehrbuchs formulierte, dass es, „so ferne ein anderes Subject ein Recht auf wirkliche Aeusserung unsrer Thätigkeit hat, in so ferne [...] Unterlassungsverbrechen" gebe. Da sich „aber die ursprüngliche Verbindlichkeit des Bürgers nur auf Unterlassungen" beziehe, so führt er weiter aus, setze „ein Unterlassungsverbrechen immer einen besonderen Rechtsgrund (Gesetz oder Vertrag) voraus, durch welchen die Verbindlichkeit zur Begehung begründet wird. Ohne diesen wird man durch Unterlassung kein Verbrecher."[46] Einige Jahre später ergänzte *Stübel* als dritte Kategorie das vorangegangene Tun: Es gebe „Fälle, in denen jemand, vermöge [...] einer vorhergehenden Handlung rechtlich verpflichtet" sei, zur Abwendung von Gefahren tätig zu werden.[47] Welche Qualität er an das Vorverhalten knüpft, hat *Stübel* allerdings nicht näher ausgeführt.[48] Als vierte Kategorie hat sich in den 1930er Jahren dann die enge Lebensgemeinschaft herausgebildet, bei der es auf das Vorhandensein einer gesetzlichen oder vertraglichen Regelung nicht ankommen sollte. Stattdessen sei vielmehr ausschlaggebend, dass sich die betroffenen Menschen in „so enger Lebensgemeinschaft verbunden gegenüberstehen, wie es in der Familie oder der häuslichen Gemeinschaft der Fall zu sein pflegt" – dadurch wurde aus einer bisher rein sittlichen zusätzlich eine rechtliche Verpflichtung abgeleitet.[49]

---

45 Vgl. dazu RGSt 7, 122; 10, 100; 22, 332; 24, 339; 36, 78; 39, 397; 40, 165; 48, 196; 58, 226; 64, 316; BGHSt 1, 343; 2, 150; 2, 235; 3, 21; 3, 264; 5, 187; 6, 322; 7, 268. M. w. N. *Rudolphi*, Gleichstellungsproblematik, S. 28.

46 *V. Feuerbach*, Lehrbuchs des gemeinen in Deutschland gültigen peinlichen Rechts (1808). Zur Entwicklung innerhalb des Lehrbuchs *Clemens*, Unterlassungsdelikte, S. 9 ff.; krit. z. B. *Jakobs*, Strafrechtliche Zurechnung, S. 14 ff. sowie m. w. N. *Berster*, Unterlassungsdelikt, S. 16 ff.

47 *Stübel*, Über die Theilnahme, S. 61.

48 Bis heute ist umstritten, ob die Ingerenz rechtswidriges oder lediglich pflichtwidriges Vorverhalten voraussetzt, dazu näher *Fischer*, Ingerenz, S. 150 ff., 163 ff. ; *Herbertz*, Ingerenz, S. 32 ff., 216 ff.; *Rudolphi*, Gleichstellungsproblematik, S. 51 ff., 110 ff.; *Schünemann* GA 1974 (121), 231.

49 Siehe z. B. RGSt 69, 321, 323; BGHSt 19, 167, 168. M. w. N. *Roxin* AT/II § 32 Rn. 5.

An dieser Einteilung anhand von Rechtsquellen wurde oft bemängelt, dass sie einerseits zu weit und andererseits zu eng gefasst sei.[50] Das zeige sich beispielsweise an der Garantenstellung aus Vertrag: Ein Kindermädchen, das das ihr anvertraute Kind nicht ernährt und dadurch verhungern lässt, mache sich unabhängig von der Wirksamkeit des Vertrages wegen Unterlassen strafbar. Dagegen soll sich das Kindermädchen nicht wegen Unterlassen strafbar machen, wenn es – trotz Wirksamkeit des Vertrages – zum vereinbarten Zeitpunkt gar nicht auftaucht, die Eltern das Kind dennoch absprachegemäß unbeaufsichtigt lassen und ihm etwas zustößt.[51] Aus dem Gesetz als alleinige Quelle ergebe sich zudem nicht, dass die Missachtung eines Handlungsgebotes *straf*rechtliche Folgen nach sich ziehen soll.[52] Das wird beispielsweise dadurch deutlich, dass sich aus §§ 323c Abs. 1, 138 StGB keine Erfolgsabwendungspflichten ergeben sollen. Die Ingerenz sei mit der Rechtspflichttheorie unvereinbar, da sich zum Beispiel keine Rechtspflicht finden lasse, die den Verursacher eines Verkehrsunfalls zur Hilfe des Opfers verpflichtet, denn aus § 323c Abs. 1 StGB soll sich eine Erfolgsabwendungspflicht gerade nicht ergeben.[53] Die enge Lebensgemeinschaft lasse ebenfalls einen Rechtsgrund vermissen und deshalb die Grenze zur Moral offen.[54] Aus den

---

[50] *Bockelmann*, AT, S. 140; *Jescheck*, in: FS Pötz 1993, S. 115, 124; *Rudolphi*, Gleichstellungsproblematik, S. 29; *Schaffstein*, in: FS Gleispach 1963, S. 70, 75 f.; *Seelmann* GA 1989 (136), 241, 243; *v. Coelln*, Rechtliches Einstehenmüssen, S. 90 ff. Dagegen aber z. B. *Bayer*, betrugsspezifische Garantenstellung, S. 290: „für die formelle Rechtsquellenlehre spricht der Aspekt der Rechtssicherheit": dass die Ergebnisse der formellen Rechtsquellenlehre teils zu unbefriedigenden Ergebnissen führen würde, sei kein dogmatischer Einwand; überzeugend auch *Bergmann*, Vertragswidriges Unterlassen, S. 271 ff., 292 ff.

[51] *Rudolphi*, Gleichstellungsproblematik, S. 29; *Schünemann*, in: FS Amelung 2009, S. 303, 309; ähnlich *Schaffstein*, in: FS Gleispach 1963, S. 70, 76, 79 f. Zur Kritik auch heute noch LK-*Weigend* § 13 StGB Rn. 21; *Schrägle*, Unterlassungsdelikt, S. 23.

[52] Mit Beispielen *Kaufmann*, Dogmatik der Unterlassungsdelikte, S. 285; *Roxin* AT/II § 32 Rn. 11 f. Siehe auch BT-Drs. IV/650, S. 125; V/32, S. 126; *Berster*, Unterlassungsdelikt, S. 24 f.; *Fischer*, Ingerenz, S. 24; LK-*Weigend* § 13 StGB Rn. 21; NK-*Gaede* § 13 StGB Rn. 31. Dagegen nun auch BGHSt 39, 392, 394; BGH NJW 2000, 3013, 3014.

[53] *Roxin* AT/II § 32 Rn. 14; NK-*Gaede* § 13 StGB Rn. 31: Ingerenz ohne Einschränkung uferlos.

[54] *Gallas*, Studien zum Unterlassungsdelikt, S. 71, 89 f.; *Jakobs*, Strafrechtliche Zurechnung, S. 31; NK-*Gaede* § 13 StGB Rn. 31; *Roxin* AT/II § 32 Rn. 15; *Seelmann* GA 1989 (136), 241, 243.

formalen Entstehungsgründen (allein) lasse sich daher nicht entnehmen, aus welchen Rechtspflichten eine strafrechtliche Erfolgsabwendungspflicht folgt und wie weit die jeweiligen Erfolgsabwendungspflichten tatsächlich reichen. Der formale Rechtsgrund sei für die Begründung einer Garantenstellung weder notwendig noch hinreichend.

2. Sogenannte Funktionenlehre

Aus dieser Kritik heraus hat sich die sogenannte Funktionenlehre entwickelt, die statt auf formale Kriterien auf materielle Gesichtspunkte abstellt. Dabei wird zwischen den Beschützer- bzw. Obhutsgaranten und den Überwacher- bzw. Sicherungsgaranten unterschieden. Diese Zweiteilung anhand der Funktion des jeweiligen Garanten geht zurück auf *Armin Kaufmann*.[55] Die Garantenstellung beruhe auf „einer Schutzposition gegenüber einem Rechtsgut" und könne „in zwei Richtungen gehen".[56]

Auf der einen Seite stehen die Beschützergaranten. Das sind diejenigen Personen, die „zum Schutze eines ganz bestimmten Rechtsguts gegen alle Angriffe, gleich aus welcher Richtung [...], auf Posten gestellt'" sind.[57] Es ist also eine irgendwie geartete Beziehung zwischen dem Rechtsgutsträger und dem Garanten erforderlich. Dabei seien die Schutzpflichten umso umfassender, je enger die Beziehung zwischen den Personen ist.[58] Unter die Beschützer- bzw. Obhutsgarantenstellung fallen die enge natürliche, familiäre Verbundenheit, sonstige enge persönliche Lebens- und Gefahrengemeinschaften, die tatsächliche und freiwillige Übernahme von Schutzpflichten und andere besondere Vertrauensverhältnisse.[59]

---

55 *Kaufmann*, Dogmatik der Unterlassungsdelikte, S. 285. Eine Einteilung nach Schutzfunktionen findet sich auch schon bei *Nagler*, der dem Garanten abhängig von der Art der zugewiesenen Schutzfunktion entweder die Abwendung jeglicher Gefahren oder nur bestimmter, eingegrenzter Gefahren auferlegt, GS 111 (1938), S. 1, 60 ff., 64.

56 *Kaufmann*, Dogmatik der Unterlassungsdelikte, S. 283. Befürwortend *Androulakis*, Problematik der Unterlassungsdelikte, S. 206; *Freund*, Erfolgsdelikt, S. 156; *Jescheck/Goldmann* ZStW 1965 (77), 109, 133 ff.

57 *Kaufmann*, Dogmatik der Unterlassungsdelikte, S. 283. Siehe auch ähnlich *Androulakis*, Problematik der Unterlassungsdelikte, S. 158 f., 220 f., der auf das „Schon-vorher-daneben-sein" i. S. einer „inneren, sozialen, mitmenschlichen Nähe" abstellt.

58 *Rudolphi*, Gleichstellungsproblematik, S. 102. Siehe auch NK-*Gaede* § 13 StGB Rn. 32.

59 Näher zu den einzelnen Funktionen siehe z. B. *Schrägle*, Unterlassungsdelikt, S. 66 ff.

Auf der anderen Seite trifft die Überwachergarantenstellung diejenigen, denen die Verantwortung bzw. Überwachung einer konkreten Gefahrenquelle obliegt, „gleichgültig, welchen konkreten Rechtsgütern im Einzelnen aus dieser Quelle Gefahren drohen.“[60] Die Schutzaufgabe liege dabei im „Eindämmen der konkreten Gefahrenquelle“ zum Schutz aller, die diesen Gefahren ausgesetzt sind.[61] Zu den Überwachergaranten zählen: Sicherungspflichten, Pflichten zur Beaufsichtigung Dritter (Geschäftsherrenhaftung), vorangegangenes Tun (Ingerenz) sowie das Inverkehrbringen von Produkten.[62]

Die Funktionenlehre ist ebenso wie die formelle Rechtsquellenlehre Kritik ausgesetzt. So soll aus der Beschreibung der jeweiligen Funktion nicht auf den dahinterstehenden Grund für die Zuweisung als Garant geschlossen werden können. Worin der *Rechts*grund zur Abwendung eines Erfolges liegt, sei nicht ersichtlich. Dasselbe gelte für Ausmaß und Umfang der Handlungspflichten.[63] Diese würden sich nicht daraus ergeben, *dass* Garanten zur Obhut oder Sicherung verpflichtet sind, sondern sie werden als solche *bezeichnet, weil* sie für handlungspflichtig gehalten werden.[64] Deswegen wird bei der Konkretisierung der Fallgruppen anhand der Funktionenlehre zum Teil auf ein Zusammenspiel mit den Fallgruppen der Rechtsquellenlehre zurückgegriffen.[65]

---

60 *Kaufmann*, Dogmatik der Unterlassungsdelikte, S. 283.

61 *Kaufmann*, Dogmatik der Unterlassungsdelikte, S. 283; siehe auch *Rudolphi*, Gleichstellungsproblematik, S. 103 f.

62 Näher dazu z. B. *Schrägle*, Unterlassungsdelikt, S. 78 ff.

63 *Bosch* JURA 2019, 1239, 1240; LK-*Weigend* § 13 StGB Rn. 22; Matt/Renzikowski-*Haas* § 13 StGB Rn. 52; *Otto/Brammsen* JURA 1985, 530, 533; *Perdomo-Torres*, Garantenpflichten, S. 35 f.; *Roxin* AT/II § 32 Rn. 22; *Rönnau* JuS 2018, 526, 527; *Schünemann* ZStW 1984 (96), 287, 305. Siehe auch *Schrägle*, Unterlassungsdelikte, S. 63.

64 NK-*Gaede* § 13 StGB Rn. 32. Siehe auch S/S/W-*Kudlich* § 13 StGB Rn. 16; Schönke/Schröder-*Bosch* § 13 StGB Rn. 9.

65 BGHSt 48, 77, 83 f.; BGH NStZ 2017, 401; 2022, 601; Baumann/Weber/*Mitsch*/Eisele § 21 Rn. 57; *Fünfsinn*, Fahrlässiges Verletzungsdelikt, S. 78; *Jescheck*, in: FS Pötz 1993, S. 115, 128; *ders.*, AT[4], S. 562; NK-*Gaede* § 13 StGB Rn. 31; *Rengier*, AT, § 50 Rn. 9; *Rönnau* JuS 2018, 526, 528; *Rudolphi*, Gleichstellungsproblematik, S. 53 f.; Schönke/Schröder-*Bosch* § 13 Rn. 8; *ders.* JURA 2019, 1239, 1242; S/S/W-*Kudlich* § 13 StGB Rn. 17; m. w. N. *Seebode*, in: FS Spendel 1992, S. 317, 333.

3. Materielle Rechtsquellenlehren

Darüber hinaus finden sich unterschiedlichste Ansatzpunkte, die die Funktionenlehre mit materiellen Entstehungsgründen verknüpfen[66] und sich zum Teil überschneiden respektive ergänzen.

a. *Die Herrschaft über den Grund des Erfolges*

So erwägt *Schünemann*, die Garantenstellung an die Herrschaft über den Grund des Erfolges zu knüpfen, weil darin der Grund für die Begehungsgleichheit des Unterlassens zu finden sei. Dazu bedient er sich eines Verfahrens, mit dem er den eigentlichen Grund für die Zurechnung bei Erfolgsdelikten ermittelt. Er kommt zu dem Ergebnis, dass man den Erfolg einem Täter nicht, wie man im ersten Moment denke könne, allein wegen einer Kausalität im naturwissenschaftlichen Sinn, also einer Verknüpfung von Handlung und Erfolg zurechne, sondern – und darauf komme es an – rechne man dem Täter den Erfolg als Person zu. Die der Herrschaft zugrundeliegende Körperbewegung sei der für die Erfolgsdelikte maßgebliche Grund der Bestrafung. Entscheidend sei „die Beziehung zwischen dem personalen Steuerungszentrum und der den Erfolg verursachenden Körperbewegung."[67] Diese „absolute Herrschaft der Person über den Körper"[68], die „Herrschaft des personalen Zentrums"[69] bewirke, dass ein Erfolg einer Person immer dann zugerechnet werden kann, wenn sie ihre Körperbewegung respektive ihr Verhalten beherrscht und damit auch die *Herrschaft über den Grund des Erfolges* ausübt. Dieser Herrschaft folgend könne das Unterlassen im Sinne eines Ähnlichkeitsschlusses als begehungsgleich eingestuft werden.[70]

Aus der Herrschaft über den Erfolg würden sich Garantenstellungen sowohl aus Verkehrspflichten als auch aus Aufsichtspflichten über unmündige

---

66 NK-*Gaede* § 13 StGB Rn. 33 f. Siehe dazu m. w. N. auch *Schrägle*, Unterlassungsdelikt, S. 64.

67 *Schünemann*, Grund und Grenzen, S. 234 f.; *ders.* in: FS Amelung 2009, S. 303, 313 f. So auch *Sangenstedt*, Garantenstellung, S. 411.

68 *Schünemann*, Grund und Grenzen, S. 235 mit Zust. *Roxin* AT/II § 32 Rn. 19.

69 *Schünemann*, Grund und Grenzen, S. 236.

70 *Schünemann*, Grund und Grenzen, S. 229 ff.; *ders.* GA 1974 (121), 321, 324; *ders.* ZStW 1984 (96), 287, 293 ff.; *ders.*, in: FS Amelung 2009, S. 303, 313 f.; ähnlich *Kretschmer* JURA 2006, 898, 899. Näher dazu *Roxin* AT/II § 32 Rn. 19 f.; *Schrägle*, Unterlassungsdelikt, S. 94 f.

Personen ergeben.[71] Bei Beschützergarantenstellungen bezeichnet *Schünemann* die Herrschaft als „Herrschaft über die Anfälligkeit des Opfers", zu deren Begründung eine Schutzfunktion übernommen werden müsse.[72] Dabei differenziert er zwischen *konstitutionell* hilflosen und *partiell* hilflosen Personen. Die Herrschaft über diese Personengruppen könne auf zwei bzw. drei verschiedene Weisen begründet werden: durch die „existentiell vorgegebene, [...] den eigenen Zugriff begründete und [...] durch fremden Vertrauensakt begründete Gewalthabe."[73] Konstitutionell hilflos seien solche Personen, die einen rechtlich beachtlichen Willen nicht bilden können, nämlich jugendliche, kranke und gebrechliche Personen, partiell hilflos demgegenüber diejenigen, die grundsätzlich in der Lage sind, einen entsprechenden Willen zu bilden.[74] Gewalthabe durch eigenen Zugriff erlange derjenige, der sich einer hilfsbedürftigen Person durch willentliches Vorgehen annimmt und ergebe sich aus Richtung der beschützenden Person. Gewalthabe durch fremden Vertrauensakt folgt aus Richtung der beschützten Person, indem sie sich und ihren Schutz einer anderen Person anvertraut.[75] Bei partiell hilflosen Personen sei die Herrschaftserlangung an höhere Hürden geknüpft als bei konstitutionell hilflosen Personen – hier müsse die „Unterwerfung die Anfälligkeit des Opfers erhöhen" oder jedenfalls „anfälligkeits*verändernd*" wirken.[76]

Zustimmung findet der Ansatz *Schünemanns* in jüngerer Vergangenheit bei *Roxin*, der sich für den von ihm vorgenommenen Ähnlichkeitsschluss zur Begründung von Garantenstellungen an einer Art Kontrollherrschaft bedient, die in eine „Schutzherrschaft" und eine „Sicherungsherrschaft" unterteilt werden könne und durch die „Steuerungsherrschaft" eine Ähnlichkeit zur Tatherrschaft beim Begehen durch Tun aufweise, sodass eine Gleichstellung gerechtfertigt sei.[77] So liege in der Untätigkeit eines Aufsichtspflichtigen beispielsweise etwas „zur Tatherrschaft im Sinne aktiver Steuerung des

---

71 *Schünemann* GA 1974 (121), 321, 324 f.; *ders.* ZStW 1984 (96), 287, 294; *ders.*, in: FS Amelung 2009, S. 303, 314. Siehe auch *Sangenstedt*, Garantenstellung, S. 411.

72 *Schünemann* ZStW 1984, 287, 308; *ders.* GA 1974 (121), 321, 324.

73 *Schünemann*, Grund und Grenzen, S. 334, 341 f.

74 *Schünemann*, Grund und Grenzen, S. 342, 348 f.

75 *Schünemann*, Grund und Grenzen, S. 343 f.; *ders.* ZStW 1984, 287, 308; *ders.* in: FS Amelung 2009, S. 303, 309.

76 *Schünemann*, Grund und Grenzen, S. 349, 351.

77 *Roxin* AT/II § 32 Rn. 19, 21, 31. Näher *Schrägle*, Unterlassungsdelikt, S. 97 f.; *Berster*, Unterlassungsdelikt, S. 49 f.

Kausalverlaufs [...] Analoges, nämlich die Erfolgsherbeiführung durch mangelnden Schutz des der eigenen Herrschaft (= Aufsicht, Obhut, Kontrolle) unterstehenden Opfers."[78]

Die Theorie von *Schünemann* wird – mit nachvollziehbaren Argumenten – kritisch beurteilt, insbesondere im Hinblick auf die Herrschaft über die Anfälligkeit des Opfers, aber auch hinsichtlich der mangelnden Klarheit des Herrschaftsbegriffs.[79] Gerade in Fällen von Krankheit und Gebrechlichkeit könne von einer Herrschaft nicht gesprochen werden, da Eigenheit dieser Erscheinungen sei, dass sie eben nicht *beherrscht* werden können, sondern maximal die Folgen der Anfälligkeit, die ohne Hilfe drohen.[80] Dass diese Hilfe aber nur von bestimmten, dem Opfer nahestehenden Personen und nicht von jedermann geleistet werden könne, erkläre *Schünemann* nicht.[81] Vielmehr seien die Ausführungen *Schünemanns* so zu deuten, dass er ein Beherrschen des Opfers in dem Sinne meint, wie Eltern das Leben ihrer Kinder oder Pfleger das Leben einer Kranken mitbestimmen und organisieren. Damit handele es sich vielmehr um eine wertende Entscheidung, dass bestimmten Personen besondere Verantwortung zukommt und diese Obhutsverhältnisse Erfolgsabwendungspflichten begründen sollen.[82] Dass aber derjenige, der eine Gefahr abwenden kann, zwangsläufig auch derjenige ist, der dazu *rechtlich* verpflichtet ist, begründe *Schünemann* nicht. [83] Eine Begehungsgleichheit über den Herrschaftsgedanken zu begründen, sei nicht möglich.[84] Die Abwandlung durch *Roxin* überzeuge ebenfalls nicht, weil sich

---

78 *Roxin* AT/II § 32 Rn. 19. Näheres zu seiner Interpretation des Tatherrschaftsbegriff bei *Roxin*, Täterschaft und Tatherrschaft, S. 342 ff.

79 *Berster*, Unterlassungsdelikt, S. 48; *Maiwald* JuS 1981, 473, 480; *Otto/Brammsen* JURA 1985, 530, 534; *Ransiek* JuS 2010, 585, 587; Schönke/Schröder-*Bosch* § 13 StGB Rn. 15.

80 M. w. N. *Berster*, Unterlassungsdelikt, S. 48; *Böhm*, Garantenpflichten, S. 55; *Grünewald*, Garantenpflichten, S. 24; *Maiwald* JuS 1981, 473, 480.

81 *Berster*, Unterlassungsdelikt, S. 48.

82 *Berster*, Unterlassungsdelikt, S. 48; *Grünewald*, Garantenpflichten, S. 24.

83 *V. Coelln*, Rechtliches Einstehenmüssen, S. 124, 125 f.; *Seelmann* GA 1989 (136), 241, 244; *Utz*, Geschäftsherrenhaftung, S. 51. Siehe auch *Paradissis*, Unterlassungsstrafbarkeit, S. 81.

84 *Berster*, Unterlassungsdelikt, S. 49, 47 f.; Schönke/Schröder-*Bosch* § 13 StGB Rn. 15. Zur Unterscheidung der Kausalität bei Begehung und Unterlassung und der darauf beruhenden Ungleichheit beider Formen *Herbertz*, Ingerenz, S. 146.

mit ihr durch die Beschränkung auf die Tatherrschaft nicht begründen ließe, dass eine Teilnahme durch Unterlassen ebenso möglich ist.[85]

b. Der Vertrauensgrundsatz

Als weiterer maßgeblicher materieller Anknüpfungspunkt gilt der Vertrauensgrundsatz. Zusätzlich zur funktionellen Zuordnung als Beschützergarant[86] sei ein besonderes Vertrauensverhältnis zur Begründung der Handlungspflicht erforderlich.[87] Derjenige, der einem anderen Hilfe zugesagt und damit dessen Vertrauen in die Gewährung dieser Hilfe begründet hat, sei in besonderer Weise für den Rechtsgüterschutz verantwortlich.[88] Denn damit habe der Pflichtige beim Rechtsgutsinhaber das Vertrauen darauf geweckt, eine besondere Schutzfunktion wahrzunehmen. Dieses Vertrauen führe dazu, dass der Rechtsgutsinhaber andere Möglichkeiten zur Eindämmung einer Gefahr nicht in Anspruch nehmen bzw. auf die Hilfe anderer verzichten würde, weshalb der Anknüpfungspunkt des Vertrauens geeignet sei, garantenstellungsbegründend zu wirken.[89] Der Ansatz von *Arzt*, der in der Regel mit dem Begriff der Gefahrschaffung überschrieben wird, gründet ebenfalls in der durch Vertrauen mittelbar geschaffenen Gefahr: Die Gefahrschaffung stelle sich als „Enttäuschung berechtigen Vertrauens“

---

85 *Berster*, Unterlassungsdelikt, S. 50.

86 Zur Beschränkung auf diese NK-*Gaede* § 13 Rn. 34. Siehe auch *Beckschäfer*, Strafrahmenmilderung, S. 108; LK-*Weigend* § 13 StGB Rn. 25; *Perdomo-Torres*, Garantenpflichten, S. 64, 229.

87 BGHSt 46, 196, 203; 54, 44, 49; 62, 72, 76; *Bayer*, betrugsspezifische Garantenstellung, S. 212 ff., krit. S. 287 ff.; *Bosch* JURA 2019, 1239, 1242; *Brammsen*, Entstehungsvoraussetzungen, S. 131, 169 f.; *Otto* § 9 Rn. 42 ff.; *ders./Brammsen* JURA 1985, 530, 535 f., krit. aber 534 f.; ausführlich *Perdomo*-Torres, Garantenpflichten, S. 38 ff.; *Schrägle*, Unterlassungsdelikt, S. 87; Schönke/Schröder-*Bosch* § 13 StGB Rn. 8, 15; *ders.* krit. JURA 2019, 1239, 1241; *Seelmann* GA 1989 (136), 241, 244 ff.

88 LK-*Weigend* § 13 StGB Rn. 24.

89 *Berster*, Unterlassungsdelikt, S. 29; *Grünewald*, Zivilrechtliche Garantenpflichten, S. 138; *Kissin*, Rechtspflicht zum Handeln, S. 107 ff.; *Nikolaus* JA 2005, 605; SK-*Stein* § 13 StGB Rn. 21; *Rudolphi* NStZ 1984, 149, 150 f.; *Schünemann* ZStW 1984 (96), 287, 308. Ähnlich *Schürmann*, Unterlassungsstrafbarkeit, S. 122 f. Siehe auch BGH NStZ 1984, 163; NJW 2000, 3013, 3014.

dar und liege in der Erwartung begründet, dass der potenziell „Verpflichtete seinen Pflichten nachkommen“ werde.[90]

Zu Begründung des Vertrauensprinzip als garantenstellungsbegründendes Merkmal wird überzeugend auf unsere an der Idee der Freiheit orientierten Rechtsordnung[91] zurückgegriffen. Jedes Mitglied der Gesellschaft dürfe und müsse davon ausgehen, dass der Einzelne seinen jeweiligen Verpflichtungen nachkommt.[92] Vertrauen sei die „Bedingung einer freiheitlichen Rechtsordnung“: Jedes Mitglied der Gesellschaft dürfe davon ausgehen und somit darauf vertrauen, dass seine Rechtsgüter von anderen Mitgliedern der Gesellschaft nicht verletzt werden und sei deshalb „in ein Abhängigkeitsverhältnis verwickelt“.[93] Vertrauen stelle eine zentrale Maxime unserer freiheitlichen Gesellschaftsordnung dar und erlaube es, einer Person den Verstoß gegen diese „Ordnung des Vertrauens“ als strafbares Handeln vorzuwerfen.[94]

Entscheidend sei allerdings nicht (bloß) das rein tatsächliche Vertrauen, da es aufgrund des subjektiven Charakters nicht als allgemeingültiges Merkmal tauge und nicht bei jeder Garantenkonstellation passe. Vielmehr sei (zusätzlich) erforderlich, dass der Schutzbedürftige auf das Eingreifen der Hilfe auch normativ vertrauen *durfte*.[95] Das zeige sich besonders beim Eltern-Kind-Verhältnis: Ein Kind, das von seinen Eltern jahrelang vernachlässigt und oder missbraucht wird, werde kaum darauf vertrauen, dass seine Eltern ihm helfend zur Seite stehen – ein tatsächliches Vertrauensverhältnis könne in

---

90 *Arzt* JA 1984, 647, 650. Siehe auch *Stree*, in: FS Mayer 1966, S. 145, 155 ff.; ausführlich *Schrägle*, Unterlassungsdelikt, S. 90 ff. Krit. *Grünewald*, Garantenpflichten, S. 22, *Paradissis*, Unterlassungsstrafbarkeit, S. 74 und *Utz*, Geschäftsherrenhaftung, S. 50: das Element der Gefahrschaffung passe nicht auf das Verhältnis von Eltern gegenüber ihren Kindern; m. w. N. und krit. NK-*Gaede* § 13 StGB Rn. 42 ff.: Eingrenzung über die objektive Zurechnung; *Seelmann* GA 1989 (136), 241, 244.

91 Dazu ausführlich 3.C.II.1.

92 M. w. N. *Bayer*, Garantenstellung, S. 214; *Rudolphi* NStZ 1984, 149, 150. Siehe auch krit. *Seelmann* GA 1989 (136), 241, 252 f.

93 *Arzt* JA 1980, 647, 650; *Perdomo-Torres*, Garantenpflichten, S. 60; *Rudolphi* NStZ 1984, 149, 150 f.

94 *Perdomo-Torres*, Garantenpflichten, S. 60.

95 *Bayer*, Garantenstellung, S. 214; *Beckschäfer*, Strafrahmenmilderung, S. 108; *Bülte* GA 2013 (160), 389, 399; *Grünewald*, Garantenpflichten, S. 138; NK-*Gaede* § 13 StGB Rn. 34; *Sangenstedt*, Garantenstellung, S. 221, 223. Siehe auch *Perdomo-Torres*, Garantenpflichten, S. 121, 229, der für die Abgrenzung zur subjektiv-psychologischen Komponente den Begriff *Vertrautheit* verwendet.

solchen Konstellationen nicht bejaht werden, weshalb bei dieser Fallgruppe entscheidend nicht das faktische, sondern das normative Vertrauen sei.[96] Mit Hilfe des normativen Vertrauendürfens sei es gerechtfertigt, die moralisch-sittliche Hilfspflicht in einer den § 323c Abs. 1 StGB übersteigenden Weise als rechtliche Einstandspflicht zu bewerten.[97]

Auch die höchstrichterliche Rechtsprechung zieht den Vertrauensgrundsatz zur Begründung von Garantenstellungen (mit) heran. So hat zum Beispiel der *Bundesgerichtshof* die Beschützergarantenstellung eines Wohnungsinhabers für Personen, die dieser in seine Wohnung aufgenommen hat, unter anderem damit begründet, dass der Wohnungsinhaber durch die Aufnahme in die eigenen vier Wände eine Vertrauensgrundlage geschaffen habe, aufgrund derer sich der Eingeladene darauf verlassen dürfe, dass der Wohnungsinhaber ihm jedenfalls dann beiseite stehe, wenn die Gefahren gerade durch den Aufenthalt in der Wohnung drohen.[98] Im Hinblick auf eine Garantenstellung unter Ehegatten nimmt der *Bundesgerichtshof* beispielsweise Bezug auf den Vertrauensgrundsatz und lehnt eine Garantenstellung unabhängig vom formal-rechtlich bestehenden Eheband in den Fällen ab, in denen zwischen den Ehegatten ein tatsächliches Vertrauensverhältnis nicht mehr besteht.[99]

Der Vertrauensgrundsatz wird allerdings dahingehend kritisiert, dass der Begriff „Vertrauen" äußerst unbestimmt sei und seinerseits auf ungenannte außerstrafrechtliche Kriterien verweise, sodass nicht deutlich werde, wann ein Vertrauen *normativ* berechtigt sei und sinnvolle Einschränkungen nicht vorgenommen werden könnten.[100] Was Vertrauen bedeute und welche Voraussetzungen vorliegen müssten, um ein Vertrauen als normativ berechtigt und rechtlich relevant einzustufen zu können, werde nicht hinreichend dargelegt.[101] *Brammsen* hat in dem Zuge die nicht völlig abwegige Frage auf-

---

96 *Beckschäfer*, Strafrahmenmilderung, S. 108.

97 *Bülte* GA 2013 (160), 389, 399.

98 BGHSt 27, 10, 13.

99 BGHSt 48, 301, 305 f.

100 *Albrecht*, Garantenstellungen, S. 57; *Dießner*, Unterlassungsstrafbarkeit, S. 230; *Fischer*, Ingerenz, S. 369; m. w. N. *Lilie* JZ 1991, 541, 545; *Otto/Brammsen* JURA 1985, 530, 535; *Paradissis*, Unterlassungsstrafbarkeit, S. 72; Schönke/Schröder-*Bosch* § 13 StGB Rn. 15; *Seelmann* GA 1989 (136), 241, 244; *Utz*, Geschäftsherrenhaftung, S. 55.

101 *Albrecht*, Garantenstellungen, S. 57 f.; *Brammsen*, Entstehungsvoraussetzungen, S. 90, 188 f.; *Lilie* JZ 1991, 541, 545; *Paradissis*, Unterlassungsstrafbarkeit, S. 72; *Sangenstedt*, Garantenstellung, S. 225.

geworfen, warum man eigentlich darauf vertrauen dürfe, dass „sich jemand nicht widersprüchlich verhält" – das werde nicht überzeugend dargelegt, sodass nicht logisch nachvollziehbar sei, weshalb „die tatsächliche Übernahme einer Schutzposition im sozialen Alltagsleben" strafbarkeitsbegründend wirken soll.[102] *Grünewald* meint, dass der Vertrauensgrundsatz darüber hinaus einem Zirkelschluss unterliege: Einerseits sollen Strafrechtsnormen durch vorpositives Vertrauen begründet werden, andererseits begründen aber erst die gesetzlichen Strafnormen, wann von einem berechtigten Vertrauen gesprochen werden könne.[103]

Zum Teil wird – unter Berücksichtigung der Voraussetzung des normativen Vertrauens allerdings überholt – kritisiert, dass das tatsächliche Vertrauen nicht maßgeblich sein könne, denn gegenseitiges Vertrauen und darauf beruhende Erwartungen könnten weder sozialempirisch überprüft noch anhand objektivierbarer Merkmale festgestellt werden.[104] Unter Bezugnahme auf verwandtschaftliche Verhältnisse wird bemängelt, dass nicht deutlich werde, ob schon das Verwandtschaftsverhältnis allein ein Vertrauensverhältnis begründet oder ob zusätzlich eine enge Verbundenheit bestehen muss.[105]

Perdomo-Torres beispielsweise versucht das Problem zu lösen, indem er das Vertrauen insoweit eingrenzt, als dass die Begründung normativen Vertrauens zwei Elemente erfordert: die Vertrauensleistung und die stabile Vertrauenslage. Die Vertrauensleistungen bestünden darin, dass Vertrauensnehmer und Vertrauensgeber gegenseitig Informationen übermitteln, die dahingehen, dass bestimmte Leistungen erbracht werden und die Leistungserbringung vom Gegenüber honoriert wird.[106] Die stabile Vertrauenslage setze wiederum voraus, dass diese Vertrauensleistungen über eine gewisse zeitliche Dauer, also wiederholt, erbracht werden.[107]

---

102 *Brammsen*, Entstehungsvoraussetzungen, S. 189. Ähnlich *Albrecht*, Garantenstellungen, S. 58; *Böhm*, Garantenpflichten, S. 61; *Utz*, Geschäftsherrenhaftung, S. 55.

103 *Grünewald*, Garantenpflichten, S. 25. Dazu m. w. N., aber selbst krit. *Paradissis*, Unterlassungsstrafbarkeit, S. 71 f.

104 *Lilie* JZ 1991, 541, 545; Schönke/Schröder-*Bosch* § 13 StGB Rn. 15. Siehe auch *Perdomo-Torres*, Garantenpflichten, S. 63, 225.

105 *Albrecht*, Garantenstellungen, S. 58.

106 *Perdomo-Torres*, Garantenpflichten, S. 123 ff.

107 *Perdomo-Torres*, Garantenpflichten, S. 127.

Obgleich dieser Ansatz durchaus einleuchtet, führt in jüngster Zeit insbesondere *Gaede* noch nachvollziehbarer und besonders detailliert aus, in welchen Fällen das Vertrauen als ein solch berechtigtes Vertrauen eingestuft werden kann, womit es ihm gelingt, dem Begriff des Vertrauens praktisch handhabbare Konturen zu verliehen und die Kritik am Vertrauensprinzip nachhaltig einzudämmen.

Vertrauen sei zum einen dann berechtigt, wenn der Versprechende durch sein Vorverhalten dazu beigetragen hat, dass dem Hilfsbedürftigen „in zurechenbarer Weise die Abwehrbereitschaft gegenüber Gefahren entzogen bzw. diese Abwehr für den Gefährdeten übernommen" wurde.[108] Ein die Abwehrbereitschaft entziehendes Vorverhalten liege regelmäßig in der tatsächlichen Übernahme der Gefahrenabwehr, bei der sich das Opfer in eine gewisse Abhängigkeit zum Übernehmenden begebe, wie zum Beispiel bei einem Arzt-Patienten-Verhältnis.[109] Es komme maßgeblich darauf an, dass das Verhalten „geeignet war, berechtigtes Vertrauen auf eine Gefahrenabwehr entstehen zu lassen", was beispielsweise dann nicht angenommen werden könne, wenn die Übernahme der Verantwortlichkeit explizit ausgeschlossen war.[110] Daneben kann berechtigtes Vertrauen auch dadurch hervorgerufen werden, dass sich Menschen gemeinsam in Gefahren begeben, in denen sie auf die Unterstützung des jeweils anderen angewiesen sind; klassisches Beispiel hierfür ist eine Gruppe von Bergsteigern.[111]

Zum anderen folge das berechtigte Vertrauen auch auf gesellschaftlich anerkannte und sozial gefestigte, als *institutionell* bezeichnete Verbindungen zwischen den Handlungspflichtigen und Hilfsbedürftigen.[112] Institutionelle

---

108 NK-*Gaede* § 13 StGB Rn. 34, 38 ff. Siehe auch *Kissin*, Rechtspflicht zum Handeln, S. 117; LK-*Weigend* § 13 StGB Rn. 24; *Seelmann* GA 1989 (136), 241, 253. Krit. *Heinrich*, Strafschärfungen, S. 53.

109 NK-*Gaede* § 13 StGB Rn. 38 f. Ebenso *Bergmann*, Vertragswidriges Unterlassen, S. 374; *Bosch* JURA 2019, 1239, 1242; LK-*Weigend* § 13 StGB Rn. 24; *Rudolphi* NStZ 1984, 149, 150, 152; *Seelmann* GA 1989 (136), 241, 254.

110 NK-*Gaede* § 13 StGB Rn. 38.

111 NK-*Gaede* § 13 StGB Rn. 40. Siehe auch *Frister*, Kapitel 22 Rn. 48; *Grünewald*, Garantenpflichten, S. 138; Lackner/Kühl/*Heger* § 13 StGB Rn. 10; *Paradissis*, Unterlassungsstrafbarkeit, S. 124 f.; *Perdomo-Torres*, Garantenpflichten, S. 45, 219 f.

112 M. w. N. NK-*Gaede* § 13 StGB Rn. 34, 54 ff. Vgl. auch *Jakobs*, Strafrechtliche Zurechnung, S. 31 f.; *Kissin*, Rechtspflicht zum Handeln, S. 108 ff.; *Stefanopoulou* HRRS 2018, 15, 16.

Verbindungen seien solche, „die der Erhaltung elementarer Rechtsgüter oder wesentlicher Strukturen des gesamtgesellschaftlichen Sozialgefüges" dienen.[113] Dies sei insbesondere bei familiärer Verbundenheit der Fall, weil ohne die Institution der Familie die gesellschaftliche Ordnung im Sinne unserer Verfassung nicht funktionieren würde.[114] In vielen Fällen liege aber bereits ein die Abwehrbereitschaft entziehendes Vorverhalten vor, wenn sich Personen dazu entscheiden, über einen längeren Zeitraum Beziehungen miteinander einzugehen. Das Eingehen der Ehe oder die Gründung einer Familie erfolge in aller Regel freiwillig und willentlich, sodass dadurch besondere Schutzpflichten ausgelöst und je nach Konstellation ein- oder gegenseitige Verantwortlichkeiten übernommen würden.[115]

c. Die soziale Rolle und mit ihr verbundene Verhaltenserwartungen

Eng mit dem Vertrauensgrundsatz verzahnt ist die Einstufung als Garant über die jeweilige gesellschaftlich zugeordnete soziale Rolle, die einzelnen Mitgliedern einer Gesellschaft zugeschrieben wird und den damit zusammenhängenden Erwartungen, die an das Verhalten des jeweiligen Mitglieds gestellt werden.[116]

Damit das Zusammenleben in einer so komplexen und zivilisierten Gesellschaft funktioniert, sei das Vorhandensein „rechtlich anerkannter sozialer Beziehungen" und allgemein anerkannter Regeln notwendig, die in ihrem abstrakten Bestand dem Zugriff des Einzelnen entzogen seien und denen sich der Einzelne als Mitglied der Gesellschaft unterordne.[117] Innerhalb der sozialen Beziehungen komme den einzelnen Personen eine bestimmte Funktion

---

113 NK-*Gaede* § 13 StGB Rn. 34, 54. Vgl. auch *Grünewald*, Garantenpflichten, S. 140.

114 NK-*Gaede* § 13 StGB Rn. 54, wobei es sich hier weniger um die Begründung der Garantenstellung aus dem Vertrauensgrundsatz als vielmehr um die im folgenden Abschnitt thematisierte Fallgruppe der sozialen Rolle und Verhaltenserwartung handelt. Siehe auch *Seelmann* GA 1989 (136), 241, 255 f.

115 LK-*Weigend* § 13 StGB Rn. 25; NK-*Gaede* § 13 StGB Rn. 55, 57. Siehe auch *Rudolphi* NStZ 1984, 149, 151, 152 f.

116 *Bärwinkel*, Struktur der Garantieverhältnisse, S. 105; *Brammsen*, Entstehungsvoraussetzungen, S. 95 f., 117, 122; *Otto/Brammsen* JURA 1985, 530, 536. Siehe auch *Rudolphi* NStZ 1984, 149, 150 f.

117 *Bärwinkel*, Struktur der Garantieverhältnisse, S. 105; *Brammsen*, Entstehungsvoraussetzungen, S. 95 f., 105, 117; *Kindhäuser/Zimmermann* § 36 Rn. 56; *Otto/Brammsen* JURA 1985, 530, 536. Ähnlich SK-*Stein* § 13 StGB Rn. 21.

zu, anhand derer die Gesellschaft ein bestimmtes Verhalten erwarte.[118] Die Erwartung könne sowohl auf ein Tun als auch auf ein Unterlassen gerichtet sein.[119] Die Einordnung in bestimmte soziale Rollen sei unerlässlich: Nur, wenn jeder die an ihn gestellten Verhaltenserwartungen erfüllt, die über die allgemeine Erwartung zu rechtstreuem Verhalten hinausgeht,[120] und davon ausgehen kann, dass die anderen Mitglieder die an sie gestellten Erwartungen ebenso erfüllen, könne ein auch auf die Entfaltung der eigenen, individuellen Persönlichkeit ausgerichtetes Gemeinschaftsleben funktionieren.[121]

Innerhalb einer Gruppe, die sich innerhalb der Gesellschaft in kleineren Unterformen, zum Beispiel innerhalb der Familie, zeigen kann, seien die Mitglieder „aufeinander bezogen und voneinander abhängig" und erfahren „bestimmte Teilfunktion[en]", die im Zusammenspiel die Gesamtheit der Gruppe bilden.[122] Diese Teilfunktion könne beispielsweise im Rechtsgüterschutz liegen – zu den Funktionen einer Familie gehöre der Schutz von „Leib, Leben, Freiheit und Sachgütern der Familienangehörigen".[123] Damit die Aufgaben einer sozialen Rolle strafbarkeitsbegründender Natur (im Sinne des § 13 Abs. 1 StGB) sind, müsse „zwischen der sozialen Rolle des Unterlassenden und dem zu schützenden Rechtsgut" eine Beziehung bestehen.[124] Für das Strafrecht als ultima ratio[125] seien dabei nur solche sozialen Rollen und damit einhergehende Pflichten relevant, die für ein funktionierendes Zusammenleben innerhalb der Gesellschaft bzw. Gruppe unerlässlich und notwendig sind.[126] *Bärwinkel* unterscheidet dabei zwischen *gruppennotwendigen* und *gruppenmöglichen* Rollen. Gruppennotwendig seien nur solche Rollen, die mit der Funktion der Gruppe untrennbar verbunden sind. Als Beispiel für gruppenmögliche Rollen innerhalb der Familie nennt *Bärwinkel* die Rolle des Nesthäkchens und

118 *Bärwinkel*, Struktur der Garantieverhältnisse, S. 106; *Bergmann*, Vertragswidriges Unterlassen, S. 373.
119 *Brammsen*, Entstehungsvoraussetzungen, S. 96.
120 *Bergmann*, Vertragswidriges Unterlassen, S. 373.
121 *Bärwinkel*, Struktur der Garantieverhältnisse, S. 106; *Brammsen*, Entstehungsvoraussetzungen, S. 116 f. Vgl. auch SK-*Stein* § 13 StGB Rn. 21.
122 *Bärwinkel*, Struktur der Garantieverhältnisse, S. 107.
123 *Bärwinkel*, Struktur der Garantieverhältnisse, S. 114.
124 *Bärwinkel*, Struktur der Garantieverhältnisse, S. 125.
125 Dazu näher unter 3.C.II.1.a.
126 *Bärwinkel*, Struktur der Garantieverhältnisse, S. 112; *Brammsen*, Entstehungsvoraussetzungen, S. 96; *Otto/Brammsen* JURA 1985, 530, 536.

des Lieblingskindes, die für das Funktionieren einer Familie nicht zwingend existieren müssten, d. h. „von der Sinnverwirklichung der Gruppe her keinen [...] Forderungscharakter" haben, sondern sich vielmehr nur möglicherweise aus der Situation heraus ergeben können.[127] Die „Muß-Erwartungen", wie *Brammsen* die gruppennotwendigen Verhaltensanforderungen nennt, unterscheiden sich von den sog. Jedermann-Pflichten durch ihren verfestigten, allgemein anerkannt zwingenden Charakter, der jeweils nur einen begrenzten Personenkreis trifft, und seien daher geeignet, garantenstellungsbegründende Wirkung zu entfalten.[128] Denn das Verhalten einer Person im Sinne ihrer sozialen Rolle werde von der Gesellschaft im Alltag in besonderer Weise berücksichtigt und erwartet. Um ein geordnetes Zusammenleben sicherstellen zu können, müssten die Mitglieder darauf vertrauen können, dass die Einzelnen den Erwartungen ihrer vorab zugeordneten sozialen Rolle gerecht werden.[129] So erwarte die Gesellschaft beispielsweise von Eltern, dass sie ihre Kinder ernähren und pflegen.[130] Bei den sog. Jedermann-Pflichten könne eine solche Erwartung demgegenüber nicht begründet werden, weil im Vorhinein nicht klar bestimmt und vorhergesehen werden könne, ob und dass irgendjemand ohne konkrete Verbindung zur Person des Beschützenden tatsächlich schützend eingreift, weil ohne besonderes Verhältnis zwischen Rechtsgutsinhaber und Verpflichtetem die Vertrauenskomponente fehle.[131]

Teilweise wird ergänzend angemerkt, dass aus der Zuordnung zu einer sozialen Rolle und der damit verbundenen Erwartung auf Hilfeleistung folge, dass außenstehende Dritte ebenfalls auf das Eingreifen des besonders Verpflichteten vertrauen und deshalb selbst mit Hilfe zurückhaltend vorgehen würden: Aus der Zuordnung zu einer sozialen Rolle und Gruppe folge eine „Verminderung des Schutzes" im Außenverhältnis.[132]

---

127 *Bärwinkel*, Struktur der Garantieverhältnisse, S. 112.

128 *Brammsen*, Entstehungsvoraussetzungen, S. 96, 116, 189 sowie *Otto/Brammsen* JURA 1985, 530, 536, 537.

129 *Brammsen*, Entstehungsvoraussetzungen, S. 105 f. Zust. *Perdomo-Torres*, Garantenpflichten, S. 60.

130 *Otto/Brammsen* JURA 1985, 530, 537.

131 *Brammsen*, Entstehungsvoraussetzungen, S. 105 f.

132 *Eisele* JuS 2018, 179, 180; *Ingelfinger* NStZ 2004, 409, 411. Siehe auch *Kretschmer* JURA 2006, 898, 900.

Die Kritik an diesem Ansatz erfolgt weitgehend in Übereinstimmung mit der Kritik am Vertrauensgrundsatz.[133] Fehlen würden Anhaltspunkte, anhand derer festgestellt werden kann, wann eine Erwartung berechtigt ist: Komme es auf die „empirisch feststellbare Erwartung einer bestimmten Mehrheit an" oder würden auch normative Beweggründe berücksichtigt?[134] Eine aus der sozialen Rolle abgeleitete Erfolgsabwendungspflicht sei keine rechtliche, sondern vielmehr eine moralische Pflicht, die das Strafrecht als ultima ratio nur in begrenztem Umfang pönalisieren dürfe.[135] Ohne nähere Ansätze sei das Kriterium der sozialen Rolle und Erwartung zudem derart weit, dass eine Begrenzung strafrechtlicher Pflichten nicht möglich erscheint.[136] *Böhm* wirft die Frage auf, ob die gruppennotwendigen Muss-Erwartungen nicht gesetzlich normiert sein müssten, um deutlich zu machen, dass sie allgemeingültig sind und an ihnen festgehalten werde, selbst wenn jemand die Pflicht im Einzelfall nicht erfüllt.[137]

d. Die Zuständigkeit kraft Organisation und Institution

Auf *Jakobs* zurück geht die Begründung der Garantenstellung über die Zuständigkeit kraft Organisation und Institution, die zumindest im Hinblick auf die Institution eng mit dem Gedanken der sozialen Rolle verknüpft ist. Ausgangspunkt seiner Lehre ist, dass Unterlassungs- und Begehungsdelikte auf einen einheitlichen Zurechnungsgrund zurückzuführen seien.[138]

Dabei stellt er auf Pflichten ab, die sich gewissermaßen aus der Handlungsfreiheit ergeben: Aus dem Recht jeder Person, frei vom Einfluss anderer über ihren Körper zu verfügen, folge als Spiegelbild die Verpflichtung, rücksichtsvoll mit dem eigenen Körper umzugehen und Rechtsgüter anderer

---

133 *Böhm*, Garantenpflichten, S. 66; *Paradissis*, Unterlassungsstrafbarkeit, S. 77; *Utz*, Geschäftsherrenhaftung, S. 54 f.

134 *Böhm*, Garantenpflichten, S. 66. Ebenso *Fischer*, Ingerenz, S. 376 f. Vgl. auch *v. Coelln*, Rechtliches Einstehenmüssen, S. 109; *Sangenstedt*, Garantenstellung, S. 225, 232.

135 *Herbertz*, Ingerenz, S. 125 f. Vgl. auch *Paradissis*, Unterlassungsstrafbarkeit, S. 77; *Sangenstedt*, Garantenstellung, S. 225.

136 *V. Coelln*, Rechtliches Einstehenmüssen, S. 107 f.; *Fischer*, Ingerenz, S. 375; *Herbertz*, Ingerenz, S. 127.

137 *Böhm*, Garantenpflichten, S. 66. In eine ähnliche Richtung argumentiert auch *Fischer*, Ingerenz, S. 376 f. Krit. *Sangenstedt*, Garantenstellung, S. 233 f.

138 *Jakobs*, Strafrechtliche Zurechnung, S. 36 ff.; *ders.*, AT, S. 213, 218, 782 f.

nicht zu gefährden bzw. zu beeinträchtigen, da andere diesen Risikobereich grundsätzlich weder steuern könnten noch steuern dürften.[139] Ein Ausschluss der Gefährdung anderer werde nicht nur durch Handlungsverbote, sondern auch durch Handlungsgebote gesichert, nämlich dahingehend, „den Zustand des Körpers durch Tätigkeit zu ändern, wenn ansonsten dem anderen ein Schaden droht."[140] Dabei handele es sich nicht um Gebote aus Gründen der Solidarität, sondern seien diese Gebote Teil einer „ursprünglichen Verbindlichkeit".[141] Diese Verbindlichkeiten unterteilt *Jakobs* in die Organisations- und die institutionelle Zuständigkeit.[142]

Organisationszuständigkeiten würden sich daraus ergeben, dass Menschen – über den eigenen Körper hinaus – Bereiche eigenständig und ausschließlich unter Zurückweisung anderer verwalten. Die Kehrseite dieser Ausschließlichkeit begründet die Pflicht, diesen Bereich frei von Gefahren für andere zu halten und gegen diese abzusichern (sog. Verkehrspflichten und Ingerenz).[143]

Institutionelle Zuständigkeiten seien dadurch gekennzeichnet, dass es um die „Erhaltung der unverzichtbaren Elemente der gesellschaftlichen Gestalt" gehe, die „auf die positive Verbindung der Personen gerichtet" sei, also zum Beispiel die Verantwortung der Eltern für das Wohl ihrer Kinder oder das Eingehen der Ehe.[144] Hierbei gehe es weniger um eine „organisationsähnliche Herrschaft", sondern vielmehr darum, dass die entsprechenden Institutionen „die Identität der Gesellschaft" genauso elementar bestimmen, wie das Zusammenspiel von „Verhaltensfreiheit und Folgenverantwortung".[145] Menschen organisierten sich – vergleichbar zur Zuordnung über die soziale Rolle – in Gemeinschaften und gestalten durch ihre Tätigkeit die Gesellschaft, also durch *Organisation*. Um das Zusammenleben in der Gesellschaft verlässlich und einwandfrei zu organisieren, werde den einzelnen Personen

---

139 *Jakobs*, Strafrechtliche Zurechnung, S. 20; *ders.*, AT, S. 146, 782. Ebenso *Sangenstedt*, Garantenstellung, S. 411.

140 *Jakobs*, Strafrechtliche Zurechnung, S. 20.

141 *Jakobs*, Strafrechtliche Zurechnung, S. 19 f., 21.

142 *Jakobs*, Strafrechtliche Zurechnung, S. 19 ff.; 31 ff.; *ders.*, AT, S. 783, 801; *Perdomo-Torres*, Garantenpflichten, S. 157 ff.; m. w. N. NK-*Gaede* § 13 StGB Rn. 33.

143 *Jakobs*, Strafrechtliche Zurechnung, S. 21 f.; *ders.*, AT, S. 802 ff. Zustimmend *Sangenstedt*, Garantenstellung, S. 411.

144 *Jakobs*, Strafrechtliche Zurechnung, S. 21 f., 31 f.; *ders.*, AT, S. 820 f., 822 f.

145 *Jakobs*, Strafrechtliche Zurechnung, S. 31., *ders.*, AT, S. 820 f.

eine bestimmte, aber allgemeingültige Aufgabe in der Institution auferlegt, ihr also eine bestimmte Rolle zugewiesen. Werden die dieser Rolle zukommenden Aufgaben nicht erfüllt, werde die Person dafür zur Verantwortung gezogen.[146] Daneben gebe es auch – hier wird erneut eine teilweise inhaltliche Übereinstimmung innerhalb der unterschiedlichen materiellen Ansätze deutlich – das besondere Vertrauen, dass sich Menschen „ohne plausiblen Grund [nicht] widersprüchlich verhalten". Dieses besondere Vertrauen könne entweder dadurch begründet werden, dass Hilfe versprochen wird und die hilfsbedürftige Person in den „räumlich-gegenständlich definierten Organisationskreis" eingebunden wird (zum Beispiel durch die Aufnahme einer kranken Person in die eigene Wohnung und die Begründung einer Gefahrengemeinschaft) oder durch garantievermittelndes Vertrauen, bei dem ein grundsätzliches Vertrauen schon vorhanden ist, aber noch geregelt werden muss, wer in der Organisation konkret handlungspflichtig ist (zum Beispiel die Frage, welcher Arzt im Krankenhaus den nächtlichen Bereitschaftsdienst wahrnimmt).[147]

Kritisiert wird, dass dem Ansatz *Jakobs* die „inhaltliche Konkretisierung"[148] fehle und er „erheblich unter mangelnden Argumenten und Begriffsdefinitionen"[149] leide. Im Hinblick auf institutionelle Zuständigkeiten innerhalb der Ehe und Familie fehle es beispielsweise an der Begründung, „auf welcher Tatsachenbasis Institutionen entstehen" können und woraus folge, welche Institutionen fundamental notwendig für eine funktionierende Gesellschaft sind.[150] Die Pflichten, auf die *Jakobs* rekurriert, seien lediglich sittlicher Natur; weshalb daraus rechtliche Pflichten folgen, begründe er nicht.[151]

Die Begründung *Jakobs* steht zudem im Widerspruch zum geltenden Recht. § 13 Abs. 1 StGB bezieht sich schon seinem Wortlaut nach nur auf Unterlassen, sodass ein Verzicht auf die Unterscheidung von Tun und Unterlassen im

---

146 *Jakobs*, Strafrechtliche Zurechnung, S. 31 f.

147 *Jakobs*, AT, S. 824 ff.

148 *Albrecht*, Garantenstellungen, S. 50 f. Ebenso *Berster*, Unterlassungsdelikt, S. 34 f., 36.

149 *Brammsen*, Entstehungsvoraussetzungen, S. 141 ff. mit ausführlicher Begründung.

150 *Brammsen*, Entstehungsvoraussetzungen, S. 146. Siehe auch *Albrecht*, Garantenstellungen, S. 40 f.; *Berster*, Unterlassungsdelikt, S. 36; *Paradissis*, Unterlassungsstrafbarkeit, S. 83.

151 *Berster*, Unterlassungsdelikt, S. 36. So auch *Herbertz*, Ingerenz, S. 134 f. in Bezug auf das besondere Vertrauen und Eltern-Kind-Verhältnisse.

Hinblick auf das Erfordernis einer Garantenstellung nicht mit Gesetz vereinbar ist.[152]

4. Fazit

Über die Jahrzehnte hat sich nicht eines der hier dargestellten Prinzipien als das maßgebliche durchsetzen können. Wenn auch zum Teil in Bezug auf Kernpunkte Einigkeit besteht und die Funktionenlehre, zum Teil in Kombination mit den jeweils anderen Prinzipien, die herrschende Herangehensweise darstellt, bleibt doch vieles weiterhin umstritten – so gut wie jeder vertritt eine eigene Ansicht, die mal mehr und mal weniger mit anderen Ansichten korreliert oder auch kollidiert.[153] Selten gelingt es, der allen Prinzipen gemeinen Kritik der Unbestimmtheit ihrer jeweiligen Voraussetzungen durch handhabbare Kriterien zu entgehen – eine überzeugende Herangehensweise, die auch in der Praxis fruchtbar gemacht werden kann, findet sich vor allem in der Begründung des Vertrauensprinzips durch *Gaede*.

Die Fülle an auch heute noch existierenden unterschiedlichsten Anknüpfungspunkten könnte trotz der hiesigen Sympathie für den Vertrauensgrundsatz einen gravierenden Mangel an Rechtssicherheit zur Folge haben, wenn nicht die gesetzliche Regelung des § 13 Abs. 1 StGB selbst eine klare Antwort auf die Frage gibt, unter welchen Voraussetzungen eine Garantenstellung entsteht.

IV. Die Entstehung des heutigen § 13 StGB

Es soll nun auf die Entstehungsgeschichte des § 13 StGB eingegangen werden, um zu erörtern, ob mit der Regelung einer der Herangehensweisen der Vorzug gewährt werden sollte.

Es war nicht nur umstritten, unter welchen Umständen jemand zum Garanten wird. Ebenso war unklar, ob die Bestrafung wegen der sog. unechten unterlassenen Erfolgsabwendung mit der Verfassung vereinbar ist, da keine die Strafbarkeit ausdrücklich bestimmende Norm existierte. Lange

---

152 So auch *Berster*, Unterlassungsdelikt, S. 34; *Herbertz*, Ingerenz, S. 134.

153 Siehe zusammenfassend z. B. *Dießner*, Unterlassungsstrafbarkeit, S. 204 ff.; *Gimbernat Ordeig* ZStW 1999 (111), 307, 309 ff. und *Schrägle*, Unterlassungsdelikt, S. 136, 58 ff., 62 ff., 85 ff., 101 ff.

war herrschende Meinung, dass die Begehungsdelikte des Besonderen Teils auch durch Unterlassen begangen werden können, soweit den Unterlassenden eine Rechtspflicht zum Handeln trifft, denn in dem Fall sei das Unterlassen dem positiven Tun gleichgestellt.[154] Die Delikte seien nicht auf die Verwirklichung durch aktives Tun beschränkt, sondern enthielten auch einen Gebotstatbestand.[155] Immer wieder wurde und wird das Beispiel der nicht handelnden Mutter bemüht: Die Mutter, die ihr Kind verhungern lässt, indem sie es nicht stillt oder füttert, töte genauso wie diejenige, die ihr Kind erwürgt oder vergiftet. Denn dem allgemeinen Sprachgebrauch zufolge könne auch ein Nichthandeln als Verhalten und im speziellen das Verhungern-Lassen durch die Mutter unter das Tatbestandsmerkmal „töten" im Sinne des § 212 Abs. 1 StGB subsumiert und dem Tun gleichgestellt werden, denn bei der Mutter stelle das Nichthandeln eindeutig genauso schweres Unrecht dar wie das Handeln.[156] Dagegen wurde allerdings eingewandt, dass die Erfolgsdelikte auf die aktive Begehung zugeschnitten seien, wenn sie nicht ausnahmsweise ein Unterlassen erfassen. Eine Umdeutung der Tatbestände des Besonderen Teils in Begehungs- und Unterlassungsdelikte verstoße gegen den nullum crimen-Grundsatz – konkret gegen die darin enthaltenen Verbote von Analogie und Gewohnheitsrecht.[157] Das zeige sich beispielsweise daran, dass bei der aktiven Herbeiführung des Todes jeder Mensch unabhängig

---

[154] *Gallas*, Studien zum Unterlassungsdelikt, S. 75, 81 f.; *Gimbernat Ordeig* ZStW 1999 (111), 307, 327, 330 f.; *Herzberg*, Unterlassung im Strafrecht, S. 252 f. Aus jüngerer Zeit *Otto* § 9 Rn. 16 f.; *Perdomo-Torres*, in: FS Jakobs 2007, S. 497, 498, der die Garantenstellung wie sein akademischer Lehrer *Jakobs* als Merkmal sowohl der Unterlassung als auch der Begehung ansieht. Vgl. auch BT-Drs. IV/650, S. 123.

[155] *Gallas*, Studien zum Unterlassungsdelikt, S. 74 f., 81 f.; *Gimbernat Ordeig* ZStW 1999 (111), 307, 315; *Herzberg*, Unterlassung im Strafrecht, S. 252; *Kissin*, Rechtspflicht zum Handeln, S. 28 f., 30; LK^9-*Lange* § 212 StGB Rn. 3; m. w. N. AnwK-*Gercke/Hembach* § 13 StGB Rn. 1. So heute noch *Perdomo-Torres*, in: FS Jakobs 2007, S. 497, 498 f.

[156] *Fischer*, Ingerenz, S. 55, Fn. 409; *Gallas*, Studien zum Unterlassungsdelikt, S. 74 f.; *Gimbernat Ordeig* ZStW 1999 (111), 307, 315 sowie mit weiteren Fallbeispielen S. 327, 331; *Kühl* AT § 18 Rn. 1 ff.; *Mayer*, AT, S. 81; *Otto* § 9 Rn. 16 f.; *Ransiek* JuS 2010, 490, 491; *Schünemann*, Grund und Grenzen, S. 57; *ders.*, in: FS Amelung 2009, S. 303, 315, der daraus aber nicht den Schluss sieht, dass die Begehungsdelikte auch das Nichthandeln erfassen, siehe dazu Grund und Grenzen, S. 58 ff., 69: extravagante Vorstellung; *Wessels/Beulke/Satzger* § 19 Rn. 1158. Siehe auch BT-Drs. IV/650, S. 123.

[157] *Grünwald* ZStW 1958 (70), 412 ff.; *Kaufmann*, Dogmatik der Unterlassungsdelikte, S. 281 f.; *ders.* JuS 1961, 173, 175; so z.T. auch *Mayer*, Strafrecht des deutschen Volkes,

von seiner Beziehung zum Opfer Täter sein könne, die Nichtabwendung des Todeserfolges hingegen nur unter Hinzutreten besonderer Umstände in der Person des Täters (z. B. Vater – Sohn) als Tötung eines Menschen im Sinne des § 212 Abs. 1 StGB verstanden werde, sodass die Garantenstellung gerade kein ungeschriebenes Tatbestandsmerkmal der Begehungsdelikte des Besonderen Teils sei.[158] Dementsprechend habe es einer gesetzlichen Regelung bedurft, um auch die unterlassene Erfolgsverhinderung bestrafen zu können.[159]

Mit einer solchen gesetzlichen Regelung des unechten Unterlassungsdelikts setzte sich dann die Große Strafrechtskommission Mitte der 1950er Jahre auseinander. Die Beteiligten brachten verschiedene Formulierungsvorschläge ein.[160] Erste Gesetzesentwürfe finden sich in § 13 E 1958 und § 14 E 1959.[161] Die nachfolgenden Gesetzgeber gingen auch von einem Regelungsbedürfnis aus und verfolgten den Entschluss weiter, das unechte Unterlassungsdelikt in den Allgemeinen Teil des StGB aufzunehmen.[162] Erst mit Gesetz von 1969 wurde § 13 StGB – mit Geltung zum 1. Januar 1975 – erfolgreich verabschiedet.[163]

Die längere Dauer des Gesetzgebungsprozesses hatte unterschiedliche Gründe.[164] Es ging zum einen darum, ob überhaupt ein Regelungsbedürfnis bestand. Mehrheitlich gingen die Beteiligten davon aus, dass eine Regelung

---

S. 165 ff., 173; *ders.*, AT, S. 80 f.; *Seebode*, in: FS Spendel 1992, S. 317, 335 ff. M. w. N. siehe auch *Nickel*, Problematik der unechten Unterlassungsdelikte, S. 1 ff., 88 f., 112.

158 *Bockelmann*, AT, S. 139; *Fuhrmann* GA 1962 (110), 161, 172; *Grünwald* ZStW 1958 (70), 412, 413; *Kaufmann*, Dogmatik der Unterlassungsdelikte, S. 255, 276, 281; *ders.* JuS 1961, 173, 175; *Schünemann*, Grund und Grenzen, S. 57. Dazu näher im Folgenden unter 3.B.II.

159 Siehe auch die Gesetzesbegründung in III/2150, S. 116: Es gehe darum, „die im Besonderen Teil beschriebenen Tatbestandshandlungen in gewisser Hinsicht zu erweitern".

160 Niederschriften Strafrechtskommission, 2. Band, Anhang, Nrn. 55 bis 58; 12. Band, Anhang A, Nrn. 22 und 24 bis 26.

161 Niederschriften Strafrechtskommission, 12. Band, Anhang A, S. 472 ff. sowie Anhang B, S. 573. Vgl. auch zu Entwürfen des Reichstages den Entwurf eines Allgemeinen Deutschen Strafgesetzbuches von 1925, der in § 14 die „Herbeiführung eines Erfolgs durch Unterlassung" für strafbar erklärte sowie von 1927, der in § 22 das „Nichtabwenden eines Erfolges" regelte. Dazu näher *Kissin*, Rechtspflicht zum Handeln, S. 120 ff. und *Schöne*, Unterlassene Erfolgsabwendungen, S. 318 ff.

162 BT-Drs. III/2150, S. 116; IV/650, S. 123; V/4904, S. 7. Siehe dazu auch MK-*Freund* § 13 StGB Rn. 26. Siehe zur dann erfolgreichen Verabschiedung BT-Drs. V/4904, S. 53.

163 BGBl. I S. 719 (2. Gesetz zur Reform des Strafrechts).

164 Kurz und bündig zusammenfassend s. *Herzberg*, Unterlassung im Strafrecht, S. 1 ff.

aus rechtsstaatlicher Perspektive nicht unbedingt zwingend, mindestens aber sinnvoll sei.[165]

Zum anderen ging es um die Frage, wie die Norm formuliert werden sollte und was den Kern der Unterlassungsstrafbarkeit ausmacht. Diskutiert wurde nicht nur, welche Fassung sprachlich am ansprechendsten ist, sondern vor allem, was die Voraussetzungen des unechten Unterlassungsdeliktes sind und mithilfe welcher Formulierung diese am besten erfasst würden. Erörtert wurde beispielsweise, welche Deliktsarten durch Unterlassen erfüllt werden können – geht es um die „Verhinderung der Tatbestandserfüllung", um die „Verhinderung eines Erfolges" oder konkreter um die „Verhinderung eines tatbestandlichen Erfolges"?[166] Umstritten war weiter, wie die Garantenstellung bzw. -pflicht im Gesetz erfasst werden soll. Vorgeschlagen wurde sowohl eine allgemein gehaltene Formel – wie die der rechtlichen Einstandspflicht des Gesetz gewordenen § 13 StGB – als auch die Nennung von bestimmten einzelnen Garantenstellungen, entweder abschließend oder beispielhaft.[167]

---

165 *Bockelmann*, Niederschriften Strafrechtskommission, 2. Band, S. 277; *Eberhard*, Niederschriften Strafrechtskommission, 2. Band, S. 267 f.; *Fränkel*, Niederschriften Strafrechtskommission, 2. Band, S. 271 f.; *Gallas*, Niederschriften Strafrechtskommission, 2. Band, S. 279; *Jescheck*, Niederschriften Strafrechtskommission, 12.Band, S. 96; *Schmidt*, Niederschriften Strafrechtskommission, 2. Band, S. 267 sowie 12. Band, S. 88 f.; *Schwalm*, Niederschriften Strafrechtskommission, 2. Band, S. 273; Niederschriften Strafrechtskommission, 2. Band, Anhang, Nr. 56; BT-Drs. III/2150, S. 117; IV/650, S. 124; V/4904; Materialien zur Strafrechtsreform, 5. Band, S. 3. Siehe auch *Welzel* JZ 1958, 494, 495 Anm. 10. Ähnlich auch *Kissin*, Rechtspflicht zum Handeln, S. 122.

166 *Baldus*, Niederschriften Strafrechtskommission, 2. Band, S. 275; *Gallas*, Niederschriften Strafrechtskommission, 2. Band, S. 279; *Krille*, Niederschriften Strafrechtskommission, 2. Band, S. 278; *Mezger*, Niederschriften Strafrechtskommission, 2. Band, S. 274; *Schmidt*, Niederschriften Strafrechtskommission, 2. Band, S. 268 f.; *Schwalm*, Niederschriften Strafrechtskommission, 2. Band, S. 274; *Skott*, Niederschriften Strafrechtskommission, 2. Band, S. 280; *Welzel*, Niederschriften Strafrechtskommission, 2. Band, S. 275.

167 *Bockelmann*, Niederschriften Strafrechtskommission, 2. Band, S. 277; *Bucher*, Niederschriften Strafrechtskommission, 2. Band, S. 278; *Fränkel*, Niederschriften Strafrechtskommission, 2. Band, S. 272 f.; *Gallas*, Niederschriften Strafrechtskommission, 2. Band, S. 279 f.; *Schafheutle*, Niederschriften Strafrechtskommission, 2. Band, S. 281; *Schmidt*, Niederschriften Strafrechtskommission, 2. Band, S. 268 f.; *Schwalm*, Niederschriften Strafrechtskommission, 2. Band, S. 273 f.; *v. Stackelberg*, Niederschriften Strafrechtskommission, 2. Band, S. 278.

Gegen eine Aufzählung der einzelnen Garantenstellungen wurde hauptsächlich das Argument vorgebracht, dass mit einer solchen Festlegung der Entwicklung in Rechtsprechung und Wissenschaft vorgegriffen werde. Da die Rechtsprechung und Wissenschaft von einem einheitlichen, gemeinsamen Konzept noch weit entfernt waren, hat diese Ansicht überzeugt: Die Beratungen hätten gezeigt, dass „es unmöglich ist, auch die einzelnen Entstehungsgründe der Handlungspflicht in einer sachgemäßen und erschöpfenden Weise gesetzlich festzulegen. [...] Abgesehen von der Schwierigkeit, einen für die praktische Anwendung geeigneten Katalog der Entstehungsgründe aufzustellen, beweist die Tatsache, daß in der Rechtslehre noch sehr über die Einzelheiten dieser Entstehungsgründe gestritten wird, daß die Zeit für eine sachgemäße gesetzliche Regelung nicht reif" sei.[168] Deshalb beschränkte man sich darauf, das Erfordernis der Garantenstellung lediglich als solches gesetzlich festzuschreiben und keine nähere Ausgestaltung vorzunehmen.

Kontrovers beurteilt wurde außerdem, ob eine – fakultative oder obligatorische – Strafmilderung notwendig ist. Es sei zwar durchaus der Fall, dass das unechte Unterlassungsdelikt weniger Unrechtsgehalt aufweisen könne, aber eben *nicht müsse*, weshalb der fakultativen Strafmilderung der Vorzug gewährt wurde.[169]

V. Entwicklung nach 1975

Dass der Gesetzgeber die Möglichkeit nicht genutzt hat, sich für einen der Begründungsansätze hinsichtlich der Garantenstellungen zu entscheiden, sondern es bei der allgemeinen Fassung belassen hat, hat dazu geführt, dass dieses Thema bis heute umstritten ist. Es existiert nach wie vor eine Fülle

---

168 BT-Drs. V/4905, S. 8.

169 *Gallas*, Niederschriften Strafrechtskommission, 2. Band, S. 279; *Jescheck*, Niederschriften Strafrechtskommission, 2. Band, S. 276; *Krille*, Niederschriften Strafrechtskommission, 2. Band, S. 278; *Lange*, Niederschriften Strafrechtskommission, 2. Band, S. 277 f.; *Mezger*, Niederschriften Strafrechtskommission, 2. Band, S. 274 f.; *Schafheutle*, Niederschriften Strafrechtskommission, 2. Band, S. 281; *Schmidt*, Niederschriften Strafrechtskommission, 2. Band, S. 281; *Schwalm*, Niederschriften Strafrechtskommission, 2. Band, S. 275; *Schwarzhaupt*, Niederschriften Strafrechtskommission, 2. Band, S. 280; *Skott*, Niederschriften Strafrechtskommission, 2. Band, S. 280; *v. Stackelberg*, Niederschriften Strafrechtskommission, 2. Band, S. 278; *Welzel*, Niederschriften Strafrechtskommission, 2. Band, S. 276.

an Anknüpfungspunkten, sodass die gesetzliche Regelung des sog. unechten Unterlassungsdelikts in § 13 Abs. 1 StGB *nicht* zu einer Befriedung der Diskussion um die Verfassungsmäßigkeit im Hinblick auf Art. 103 Abs. 2 GG geführt hat.[170] Schon 1972 prophezeite *Herzberg*, dass „wir von einer Klärung nach wie vor weit entfernt sind und daß Gesetz daran kaum etwas ändern wird".[171] Auch 20 Jahre später wurde „die praktizierte Strafbarkeit unterlassener Erfolgsabwendung [als] der Gipfel in der Missachtung der Verfassungsgebote gesetzlicher Strafbegründung (lex scripta) und hinreichender Tatbestandsbestimmtheit (lex certa)" bezeichnet.[172] Vierzig Jahre nach Erscheinen seiner Dissertation zum Thema der Unterlassungsdelikte stellt *Schünemann* fest, dass er sich beim Verfassen seiner Arbeit darüber geirrt habe, einer der letzten zu sein, der sich mit dieser Frage beschäftigt. Mittlerweile habe sich „auf diesem Feld geradezu ein dogmatisches Chaos etabliert, bei dem ein gewisser Fundus an von der h. M. geteilten Ergebnissen nicht darüber hinweg täuschen darf, dass so gut wie jeder Autor eine abweichende, mit anderen Ansätzen inkommensurable Ableitung favorisiert und die Rechtsprechung längst auf jede dogmatische Herleitung verzichtet und ihr Heil in einer reinen Kasuistik gesucht."[173]

Nicht nur *Schünemann* hielt es für erforderlich, sich auch in der jüngeren Zeit mit den (verfassungsrechtlichen) Problemen des unechten Unterlassungsdeliktes zu befassen.[174] In den letzten zwei Jahrzehnten sind immer wieder Monografien und Aufsätze erschienen, die der Verfassungsmäßigkeit von § 13 Abs. 1 StGB nicht wenig Platz einräumen und sich in dem Zuge

---

170 AnwK-*Gercke/Hembach* § 13 StGB Rn. 7; GS-*Tag* § 13 StGB Rn. 1; *Hassemer* JuS 1970, 97; *Herbertz*, Ingerenz, S. 181 f., 214; *Jescheck*, AT[4], S. 550 f.; *Kirsch*, Geltung des Gesetzlichkeitsprinzips, S. 102; Lackner/Kühl/*Heger* § 13 StGB Rn. 21; LK-*Weigend* § 13 StGB Rn. 18 f.; MK-*Freund* § 13 StGB Rn. 26: nennenswerter Fortschritt durch die Regelung zu bezweifeln; MK-*Schmitz* § 1 StGB Rn. 61; *Mitsch* NStZ 1993, 384; NK-*Kargl* § 1 StGB Rn. 23; *Roxin* JuS 1973, 197 f.; *Sangenstedt*, Garantenstellung, S. 63, 66; *Schünemann*, in: FS Amelung 2009, S. 303, 306: „dogmatisches Chaos"; *Schrägle*, Unterlassungsdelikt, S. 3 f., 164; *Stam* ZStW 2019 (131), 259 f.

171 *Herzberg*, Unterlassung im Strafrecht, S. 1. So auch *Baumann*, AT, S. 249 f.; *Schöne*, Unterlassene Erfolgsabwendungen, S. 2, 347 sowie mit krit. Auseinandersetzung zu § 13 StGB, S. 324 ff., 340 f.

172 *Seebode*, in: FS Spendel 1992, S. 317, 328.

173 *Schünemann*, in: FS Amelung 2009, S. 303, 304.

174 Siehe neben dem Beitrag in der Festschrift auch *Schünemann* GA 2016 (163), 301.

mit der Frage auseinandersetzen, woraus sich Garantenstellungen ergeben können und welche Voraussetzungen sie erfüllen müssen.[175]

Der Problematik hinsichtlich der Vereinbarkeit von § 13 Abs. 1 StGB mit Art. 103 Abs. 2 GG und der sich daraus möglicherweise ergebenden Anknüpfungspunkte für die Bestimmung der Voraussetzungen für die Garantenstellungen widmet sich daher das nachfolgende Kapitel.

175 *Berster*, Unterlassungsdelikt, insb. S. 42 ff.; *Böhm*, Garantenpflichten, insb. S. 107 ff.; *Bosch* JURA 2019, 1239; *Dießner*, Unterlassungsstrafbarkeit, insb. S. 206 ff; *Freund*, in: Handbuch des Strafrechts, § 60 Rn. 3 ff.; *Herbertz*, Ingerenz, insb. S. 181 ff.; *Kirsch*, Geltung des Gesetzlichkeitsprinzips, S. 167 ff.; *Kühl*, in: FS Herzberg 2008, S. 177; *Mähner*, Garantenstellung; *Otto*, in: FS Herzberg 2008, S. 255; *Paradissis*, Unterlassungsstrafbarkeit, insb. S. 85 ff.; *Rönnau* JuS 2018, 526, 527; *Roxin* GA 2021 (168), 190; *Schmidt*, versuchtes Unterlassungsdelikt, insb. S. 93 ff.; *Schürmann*, Unterlassungsstrafbarkeit; *v. Coelln*, Rechtliches Einstehenmüssen. Vgl. m. w. N. auch MK-*Freund* § 13 StGB Rn. 26 ff und NK-*Gaede* § 13 StGB Rn. 3.

Die Garantenstellung vor dem Hintergrund des Bestimmtheitsgebots (Art. 103 Abs. 2 GG)

Der Gesetzgeber hat sich aus den zuvor genannten Gründen darauf beschränkt, in § 13 Abs. 1 StGB lediglich das Erfordernis einer Garantenstellung festzuschreiben und die inhaltliche Konkretisierung der Rechtsprechung und Wissenschaft zu überlassen.

Das Fehlen einer gesetzlichen Regelung der einzelnen Entstehungsgründe von Garantenstellungen hatte zur Folge, dass sich auch nach der Einführung von § 13 StGB kein einheitliches Bild zur Bestimmung der rechtlichen Einstandspflicht ergeben hat, sodass die Frage, ob der Gesetzgeber mit der Formulierung „rechtlich dafür einzustehen hat" eine im Einklang mit Art. 103 Abs. 2 GG stehende, hinreichend bestimmte Regelung getroffen hat, nach wie vor aktuell erscheint. Durch die ausdrückliche Normierung des unechten Unterlassungsdelikts beziehen sich die Zweifel heute weniger auf das Analogieverbot und das Verbot von belastendem Gewohnheitsrecht, sondern vielmehr auf das ebenfalls in Art. 103 Abs. 2 GG enthaltene Bestimmtheitsgebot.

Es stellt sich damit die Frage, ob „Tragweite und Anwendungsbereich [des § 13 Abs. 1 StGB] für den Normadressaten schon aus dem Gesetz selbst zu erkennen […] [oder] durch Auslegung [ermittelbar]"[176], also ausreichend

[176] BVerfGE 105, 135, 153.

bestimmt im Sinne des Art. 103 Abs. 2 GG sind, wenn das Gesetz selbst lediglich vorgibt, *dass* derjenige zur Erfolgsabwendung verpflichtet ist, der „rechtlich dafür einstehen hat, dass der Erfolg nicht eintritt", aber *nicht näher formuliert, woraus* sich diese rechtliche Einstandspflicht ergeben kann und welche Anforderungen erfüllt sein müssen.

Im Folgenden wird zunächst ein Überblick über die Auffassungen in Rechtsprechung und Wissenschaft zur Vereinbarkeit von § 13 Abs. 1 StGB mit Art. 103 Abs. 2 GG gegeben. Im nächsten Schritt werden das Gesetzlichkeitsprinzip und im Besonderen das Bestimmtheitsgebot näher untersucht, um im Anschluss prüfen zu können, ob § 13 Abs. 1 StGB den dort ermittelten Anforderungen genügt, also mit dem Gesetzlichkeitsprinzip vereinbar ist oder nicht.

A. Meinungsstand in Rechtsprechung und Wissenschaft

I. Rechtsprechung

Das *Bundesverfassungsgericht* hat sich mit der Frage der Vereinbarkeit bereits zwei Mal (1997[177] und 2001[178]) auseinandersetzen müssen. In beiden Fällen kam das Gericht zu dem Ergebnis, dass § 13 Abs. 1 StGB hinreichend bestimmt ist und somit den Anforderungen des Art. 103 Abs. 2 GG genügt.

Es sei aufgrund der Vielzahl an Tatbeständen des Besonderen Teils, die grundsätzlich durch Unterlassen begangen werden können, nicht möglich, für jedes einzelne Delikt einen eigenen Tatbestand für die Variante des Unterlassens gesetzlich zu regeln.[179] Allerdings hätten sowohl die Gerichte als auch die Wissenschaft bereits vor Bestehen der gesetzlichen Regelung des § 13 Abs. 1 StGB die Strafbarkeit des unechten Unterlassens „dahingehend eingegrenzt, daß nur eine Rechtspflicht, die einem durch besondere Umstände begründeten Schutzverhältnis zum gefährdeten Rechtsgut entspringt, eine Garantenstellung begründen" könne und rein sittliche Pflichten oder die tatsächliche Möglichkeit der Erfolgsverhinderung nicht ausreichen würden.[180] Im Lauf der Zeit seien die eine Garantenstellung begründenden

---

177 BVerfG 96, 68.

178 BVerfG NJW 2010, 1030.

179 BVerfGE 96, 68, 98.

180 BVerfGE 96, 68, 98; BVerfG NJW 2003, 1030.

Merkmale durch die Gerichte „kontinuierlich weiterentwickelt“ [181] worden, sodass diese „auf langjähriger Tradition beruhende einheitliche und klare richterrechtliche Umschreibung“ sowie „die Anbindung an das Erfordernis normativ begründeter Pflichten“ sicherstellen würden, dass die Bürger als Normadressaten das Bestrafungsrisiko erkennen und berechnen könnten.[182]

Damit bezieht sich das *Bundesverfassungsgericht* für die Bejahung der Verfassungsmäßigkeit von § 13 Abs. 1 StGB maßgeblich auf die gefestigte Rechtsprechung als Auslegungskriterium. Dagegen wird einerseits eingewandt, dass von einer gefestigten Rechtsprechung kaum die Rede sein könne – denn das strafbare Unterlassen sei „durch die Rechtsprechung nicht derart festgelegt [...], daß „sich die Voraussetzungen und der Umfang“ der Strafbarkeit“ für den Bürger klar erkennen ließen.[183] Hinsichtlich der Begründung von Garantenstellungen bestehe in der Rechtsprechung nach wie vor große Uneinigkeit.[184] Hinsichtlich der bereits vor 1975 entwickelten gefestigten Rechtsprechung merkt *Herbertz* zudem richtig an, dass sich das *Bundesverfassungsgericht* vorhalten lassen muss, „eine verfassungswidrige Rechtspraxis zur Konkretisierung herangezogen [zu] haben“, da das Gericht den Bestimmtheitsgrundsatz auf § 13 StGB anwendet und somit die Geltung des strafrechtlichen Gesetzesvorbehalt annimmt.[185]

Das *Bundesverfassungsgericht* bestärkt seine Entscheidung weiter mit dem Argument, dass sich der Gesetzgeber mit dem zweiten Gesetz zur Reform des Strafrechts dazu entschieden habe, die in der von ihm erwähnten jahrzehntelangen Rechtsprechung entwickelten Kriterien der Garantenstellung als Voraussetzung der rechtlichen Einstandspflicht als Grundlage für eine Strafbarkeit nach § 13 Abs. 1 StGB zu übernehmen.[186] Es bleibt allerdings unklar, wie das *Bundesverfassungsgericht* zu dieser Einschätzung kommt, da eine Bezugnahme oder ein Verweis auf die Gesetzgebungsmaterialien fehlt.

---

[181] BVerfGE 96, 68, 98.

[182] BVerfG NJW 2003, 1030.

[183] *Seebode*, in: FS Spendel 1992, S. 317, 338. Siehe auch *Herbertz*, Ingerenz, S. 186 f.; *Vogel*, Norm und Pflicht, S. 328.

[184] *Herbertz*, Ingerenz, S. 185 ff.; *Rudolphi* NStZ 1984, 150; *Sangenstedt*, Garantenstellung, S. 96 ff.; *Seebode*, in: FS Spendel 1992, S. 317, 338; *Vogel*, Norm und Pflicht, S. 328.

[185] *Herbertz*, Ingerenz, S. 185; siehe auch *Berster*, Unterlassungsdelikt, S. 53 f.; *Paradissis*, Unterlassungsstrafbarkeit, S. 108.

[186] BVerfGE 96, 68, 98.

Vielmehr muss eingewandt werden, dass sich in den Gesetzgebungsmaterialien der Hinweis gerade *nicht* findet, dass der Gesetzgeber die bereits entwickelten Kriterien übernehmen wollte – es ging ihm bei der Fassung von § 13 StGB und der Formulierung von Absatz 1 vielmehr darum, der Rechtsprechung und Wissenschaft nicht vorzugreifen und diese in der Entwicklung von Garantenstellungen und deren Voraussetzungen nicht zu begrenzen. Der Gesetzgeber hat sich auch in Bezug auf bestimmte Garantenstellungen nicht festgelegen wollen, zum Beispiel was die bis dahin umstrittenen Voraussetzungen der Ingerenz betrifft.[187]

Der *Bundesgerichtshof* hat sich 1989 mit § 13 StGB beschäftigt und die Ansicht vertreten, dass die Vorschrift „keine Änderung des bis dahingeltenden Strafrechts" gebracht habe, „nicht erst die Strafbarkeit für unechte Unterlassungsdelikte" begründe und „keine Änderung der bisherigen Handhabung der unechten Unterlassungsdelikte" bezwecke,[188] woraus man schließen könnte, dass aus Sicht der damaligen Richter § 13 Abs. 1 StGB mangels strafbarkeitsbegründender Funktion gar nicht an Art. 103 Abs. 2 GG zu messen sei. 2017 hat sich der *Bundesgerichtshof* dann aber dahingehend eingelassen, dass dem rechtlichen Einstehenmüssen im Sinne des § 13 Abs. 1 StGB strafbarkeitsbegründende Funktion zukomme.[189]

II. Wissenschaft

In der Wissenschaft ist man sich weitgehend einig, dass § 13 Abs. 1 StGB äußerst vage formuliert und die hinreichende Bestimmtheit deshalb zumindest fraglich ist. Dennoch ziehen die wenigsten auch tatsächlich den Schluss auf eine Unvereinbarkeit mit Art. 103 Abs. 2 GG und die Verfassungswidrigkeit des § 13 Abs. 1 StGB. Einige Autoren kritisieren zwar die Unbestimmtheit von § 13 Abs. 1 StGB, lassen aber offen, ob die Unbestimmtheit noch gering genug und damit tolerierbar ist oder ob sie schon so weit reiche, dass sie zu einer Verfassungswidrigkeit führen muss.[190]

---

187 Siehe dazu 2.B.IV.

188 BGHSt 36, 227 f.

189 BGH HRRS 2017 Nr. 749.

190 AnwK-*Gercke/Hembach* § 13 StGB Rn. 7; *Berster*, Unterlassungsdelikt, S. 30; *Fünfsinn*, Fahrlässiges Verletzungsdelikt, S. 20; GS-*Tag* § 13 StGB Rn. 1; *Krey/Esser* § 36 Rn. 1170a; *Kühl*, in: FS Herzberg 2008, S. 177, 183; *Lilie* JZ 1991, 541 f.; MK-*Freund*

1. Hinreichende Bestimmtheit

Die gegenwärtige Konzeption der unechten Unterlassungsdelikte stelle ein Problem für die Vorhersehbarkeit strafbaren Verhaltens dar – Rechtsunterworfene könnten die Grenzen der Strafbarkeit kaum aus dem Gesetz und nur in begrenztem Umfang der Rechtsprechung entnehmen. Dennoch verstoße § 13 Abs. 1 StGB nicht gegen die Verfassung. Da der Gesetzgeber im Allgemeinen Teil des StGB vermehrt auf Generalklauseln zurückgreifen und die Weiterentwicklung einer Norm der Rechtsprechung überlassen dürfe, sei auch § 13 Abs. 1 StGB hinreichend bestimmt.[191]

Die bestehende Unbestimmtheit sei aus dem Grund hinzunehmen, dass der Gesetzgeber der Entwicklung in Rechtsprechung und Wissenschaft nicht vorgreifen wollte. Dies sei ein legitimes Anliegen, sodass angesichts der Diskussion in der Wissenschaft eine anders formulierte Regelung mit einer Festlegung zum Beispiel auf bestimmte Garantenstellungen nicht erwartet werden dürfe.[192] Darüber hinaus sei der Gesetzgeber gar nicht in der Lage, eine Regelung zu erlassen, die die Voraussetzungen des unechten Unterlassens bestimmter formuliert. Wann jemand zur Erfolgsabwendung verpflichtet ist, lasse sich nicht präziser beantworten als mit der allgemeinen Formulierung des § 13 Abs. 1 StGB und eine Regelung der unechten Unterlassungsdelikte im Besonderen Teil würde die Strafvorschriften verkomplizieren und schwerfällig machen.[193] Der Gesetzgeber könne nicht verpflichtet werden, etwas ihm Unmögliches zu leisten. Er könne immer nur auf dem aktuellen Stand der Wissenschaft aufbauen.[194] Man müsse sich daher mit der jetzigen Fassung der unechten Unterlassungsdelikte begnügen.[195]

---

§ 13 StGB Rn. 26; *Mitsch* NStZ 1993, 384; *Ransiek* JuS 2010, 585, 586; *Roxin* JuS 1973, 197 f.; *Rönnau* JuS 2018, 526, 527; *Seelmann* GA 1989 (136), 241, 248; *Schünemann* ZStW 1984 (96), 287, 298 f. Siehe m. w. N. auch *Schürmann*, Unterlassungsstrafbarkeit, S. 130 ff.

191 *Fischer*, Ingerenz, S. 40 f.; *Henckel* HRRS 2018, 273, 276; *Jakobs*, AT, S. 786 f.; Leitner/Rosenau-*Burchard* § 13 StGB Rn. 3; LK-*Dannecker/Schuhr* § 1 StGB Rn. 173, 220; *Roxin* JuS 1973, 197, 198; *ders.* AT/II § 31 Rn. 33; S/S/W-*Kudlich* § 13 StGB Rn. 3.

192 *Roxin* JuS 1973, 197, 198. Siehe auch *Fischer*, Ingerenz, S. 41.

193 *Jescheck*, AT^4, S. 551; *ders.* In: FS Pötz 1993, S. 115, 122

194 *Maiwald* JuS 1981, 473. Krit. *Schürmann*, Unterlassungsstrafbarkeit, S. 128 f.

195 *Jähnke*, in: FS 50 Jahre BGH 2000, S. 393, 401; *Jescheck*, AT^4, S. 551; *ders.*, in: FS Pötz 1993, S. 115, 122; *Rudolphi* MDR 1967, 2; Schönke/Schröder-*Bosch* § 13 StGB Rn. 5/6. A.A. dazu *Seebode*, in: FS Spendel 1992, S. 317, 338, der kritisiert, dass die Vertreter

Insbesondere würden die von der Rechtsprechung entwickelten Fallgruppen eine berechenbare und vorhersehbare Rechtsanwendung ermöglichen, da die von der Rechtslehre und Rechtsprechung herausgearbeiteten Merkmale für die Garantenstellungen das rechtliche Einstehenmüssen hinreichend eingrenzen würden.[196] In Kombination mit den Tatbeständen des Besonderen Teils würden die unechten Unterlassungsdelikte eine ausreichende Konkretisierung erfahren.[197] Die gefestigte Rechtsprechung bilde eine zuverlässige Grundlage für die Anwendung von § 13 Abs. 1 StGB.[198]

Als – wenig überzeugendes[199] – Argument gegen eine Verfassungswidrigkeit wird zudem angeführt, dass § 13 Abs. 1 StGB nicht unbestimmter sei als andere Normen des Allgemeinen und Besonderen Teils, deren Verfassungswidrigkeit niemand postuliert.[200] Fragen zur Auslegung eines Begriffes würden auch bei anderen Normen nicht automatisch zu ihrer Verfassungswidrigkeit führen.[201]

Es gibt hingegen auch Stimmen, die eine Vereinbarkeit mit Art. 103 Abs. 2 GG zwar nicht ablehnen, aber deutlich engere Grenzen ziehen. So konstatiert *Seebode*, dass „die praktizierte Strafbarkeit unterlassener Erfolgsabwendung den Gipfel in der Missachtung der

---

dieser Lehre damit eingestehen würden, dass das Gesetzlichkeitsprinzip für das unechte Unterlassungsdelikt bedeutungslos sei und es letztlich doch nur auf das Rechtsgefühl als Kern der Garantenstellung ankomme.

196 BeckOK/GG-*Radtke* Art. 103 GG Rn. 27; Lackner/Kühl/*Heger* § 13 StGB Rn. 21; Leitner/Rosenau-*Burchard* § 13 StGB Rn. 3; *Mähner*, Garantenstellung, S. 180; Schmidt-Bleibtreu/Hofmann/Henneke-*Schmahl* Art. 103 GG Rn. 68; Schönke/Schröder-*Bosch* § 13 StGB Rn. 5/6.

197 *Henckel* HRRS 2018 273, 275; *Stam* ZStW 2019 (131), 259, 261.

198 Schmidt-Bleibtreu/Hofmann/Henneke-*Schmahl* Art. 103 GG Rn. 68; Schönke/Schröder-*Bosch* § 13 StGB Rn. 5/6.

199 Ein Argument, dass sich darauf bezieht, an anderer Stelle sei etwas auch nicht gut, kann in der Sache nie überzeugen. Es muss für jeden Tatbestand, für jede Norm selbst geprüft werden, ob diese hinreichend bestimmt ist. Dass andere Normen auch unbestimmt bzw. wenig bestimmt sind, kann kein Argument *für* die Bestimmtheit einer anderen Norm sein, sondern sollte wenn überhaupt dazu führen, auch die Bestimmtheit anderer Normen näher in den Blick zu nehmen.

200 Krit. dazu *Fischer*, Ingerenz, S. 43.

201 M. w. N. *Albrecht*, Garantenstellungen, S. 139; *Fünfsinn*, Fahrlässiges Verletzungsdelikt, S. 20 f.; *Herzberg*, Unterlassung im Strafrecht, S. 253; *Jakobs*, AT, S. 756 f.; *Kirsch*, Geltung des Gesetzlichkeitsprinzips, S. 289 f.; *Kleinherne*, Garantenstellung, S. 326; Schönke/Schröder-*Bosch* § 13 Rn. 5/6. Krit. dazu *Herbertz*, Ingerenz, S. 194 ff.; MK-*Schmitz* § 1 StGB Rn. 64. Siehe auch BVerfGE 47, 109, 122.

Verfassungsgebote gesetzlicher Strafbegründung (lex scripta) und hinreichender Tatbestandsbestimmtheit (lex certa)" kennzeichne.[202] Für eine Vereinbarkeit von § 13 Abs. 1 StGB mit Art. 103 Abs. 2 GG setzt er voraus, dass nur solche rechtlichen Einstandspflichten eine Garantenstellung begründen können, die „eindeutig gesetzlich geregelt" sind.[203] Er führt weiter einschränkend aus, dass die gesetzlichen Pflichten zudem „einen dem Straftatbestand des Handlungsdelikts entsprechenden Schutzzweck aufweisen" müssten und verweist auf die Wertungen der materiellen Rechtspflichtenlehre.[204] Daneben wird zumindest auch eine restriktive Handhabung der Garantenstellungen gefordert: Die rechtliche Verpflichtung müsse eindeutig vorliegen.[205] *Schünemann* votiert für eine Verfassungsmäßigkeit von § 13 Abs. 1 StGB, soweit man sich bei der Bestimmung der Garantenstellung an der von ihm entwickelten materiellen Interpretation der Herrschaft über den Erfolgsgrund orientiert.[206] Auch *Seelmann* argumentiert mit seiner Begründung der Garantenstellung über das Prinzip der Handlungserwartung – legt man dieses Prinzip zugrunde, werde die Ausweitung der Strafbarkeit ausreichend begrenzt.[207]

Unter Verweis auf § 12 des Alternativentwurfs und Kodifikationen im Ausland wird jedoch angemerkt, dass der Gesetzgeber durchaus die Möglichkeit hatte und nach wie vor hätte, die unechten Unterlassungsdelikte konkreter zu regeln.[208] Dabei dürfe man allerdings nicht übersehen, dass bestimmtere Gesetzesfassungen nicht zwingend die besseren sind. Im Hinblick auf die unechten Unterlassungsdelikte seien sie „weniger übersichtlich und verleiten außerdem zu dem Fehler, vorschnell aus dem Vorhandensein einer

---

202 *Seebode*, in: FS Spendel 1992, S. 317, 328.

203 *Seebode*, in: FS Spendel 1992, S. 317, 340. Zustimmend MK-*Schmitz* § 1 StGB Rn. 61; *Stam* ZStW 2019 (131), 259, 261. Vgl. auch *Berster*, Unterlassungsdelikt, S. 72 f.; *Böhm*, Garantenpflichten, S. 178, 190.

204 *Seebode*, in: FS Spendel 1992, S. 317, 340. Siehe auch *Albrecht*, Garantenstellungen, S. 135 und *Schünemann* ZStW 1984 (96), 287, 304.

205 *Katsanos*, Garantenstellung, S. 117; LK-*Weigend* § 13 StGB Rn. 19; NK-*Gaede* § 13 StGB Rn. 3.

206 *Schünemann* ZStW 1984 (96), 287, 304. Siehe 2.B.III.3.a.

207 *Seelmann* GA 1989 (136), 241, 251 ff., 256. Siehe schon 2.B.III.3.b.

208 *Fischer*, Ingerenz, S. 43; MK-*Schmitz* § 1 StGB Rn. 64; *Roxin/Greco* AT/I § 5 Rn. 77b, 78; *Seebode*, in: FS Spendel 1992, S. 317, 339; *Stam* ZStW 2019 (131), 259, 284.

außerstrafrechtlichen Handlungspflicht in irgendeinem Gesetz auf eine strafbewehrte Handlungspflicht zu schließen.“[209]

2. Unvereinbarkeit

Demgegenüber halten andere die Regelung des § 13 Abs. 1 StGB vor allem deshalb für verfassungswidrig, weil sich aus der Norm selbst kein Wertungsmaßstab für die Bestimmung der Garantenstellungen ergebe.[210] Dies stelle einen Verstoß gegen Art. 103 Abs. 2 GG dar, weil die Festlegung des Tatbestandes damit in den Aufgabenbereich des Gerichts falle. Die Generalklausel der rechtlichen Einstandspflicht sei „als formale Bestimmung untauglich,“ der Rechtsprechung einen Entscheidungsspielraum an die Hand zu geben.[211] Eine Regelung, die „jedem Laien unverständlich bleiben muß“, sei im Strafrecht unzulässig.[212] Daneben wird zu bedenken gegeben, dass der Gesetzgeber wahrscheinlich nicht alle ihm zur Verfügung stehenden Möglichkeiten für die Bestimmung von § 13 Abs. 1 StGB genutzt hat, wenn er sich einer Generalklausel bedient, weil die Norm darauf verzichtet, genau „das zu formulieren, was bisher zu rechtsstaatlichen Bedenken gegenüber

---

209 *Roxin/Greco* AT/I § 5 Rn. 77b.

210 Baumann/Weber/*Mitsch*/Eisele § 21 Rn. 43; *ders.* DAR 2023, 73; *Busch*, in: FS Weber 1963, S. 192, 200 ff.; *Dannecker*, in: FS Otto 2007, S. 25, 33 f.; *Grünwald* ZStW 1958 (70), 412, 420, 422 f.; *Hassemer* JuS 1970, 97; *Kamberger*, Treu und Glauben, S. 196 ff.; *Armin Kaufmann* JuS 1961, 173, 176; *Köhler*, AT, S. 213 f.; Matt/Renzikowski-*Haas* § 13 StGB Rn. 6; NK-*Kargl* § 1 StGB Rn. 23; *Schöne*, Unterlassene Erfolgsabwendungen, S. 340 f.; *Schrägle*, Unterlassungsdelikt, S. 323; *Schürmann*, Unterlassungsstrafbarkeit, S. 124 f., 157, 181, 188 und m. w. N. S. 147 ff.; *Stam* ZStW 2019 (131), 259, 260; *Welzel*, Niederschriften Strafrechtskommission, 12. Band, S. 94 f. sowie bereits 2. Band, S. 275. Siehe auch *Bockelmann*, Niederschriften Strafrechtskommission, 12. Band, S. 85 f.; sowie *Krille*, Niederschriften Strafrechtskommission, 2. Band, S. 278 und *v. Stackelberg*, Niederschriften Strafrechtskommission, 2. Band, S. 278.

211 *Hassemer* JuS 1970, 97. So auch (schon) Baumann/Weber/*Mitsch*/Eisele § 21 Rn. 43; *Berster*, Unterlassungsdelikt, S. 51 f.; *Busch*, in: FS Weber 1963, S. 192, 201; *Kamberger*, Treu und Glauben, S. 196 ff.; *Armin Kaufmann* JuS 1961, 173, 176; *Schöne*, Unterlassene Erfolgsabwendungen, S. 341; *Stam* ZStW 2019 (131), 259, 260. Siehe auch MK-*Freund* § 13 StGB Rn. 52; *Rudolphi*, Gleichstellungsproblematik, S. 61 f.

212 *Grünwald* ZStW 1958 (70), 412, 420, 422 f. Er bezieht sich hierbei allerdings nicht auf den heute geltenden § 13 StGB, sondern auf einen vorherigen Entwurf – dieser Entwurf unterscheidet sich aber in den maßgeblichen Punkten, auf die sich *Grünwald* bezieht, nicht vom heutigen § 13 StGB.

der Pönalisierung des Unterlassens besonderen Anlaß gab: die Merkmale der Garantenstellungen.“[213]

Zudem wird eingewandt, dass eine dem Bestimmtheitsgebot genügende Regelung des unechten Unterlassens im Allgemeinen Teil nicht möglich sei. Nicht jede Garantenstellung passe zu jedem Delikt, sodass die Regelung sinnvollerweise nicht vor die Klammer gezogen werden könne, sondern innerhalb der jeweiligen Delikte des Besonderen Teils tatbestandsbezogen erfolgen müsse. Eine solche Regelung sei zwar umfangreicher und mühsamer, solange aber die Möglichkeit bestünde, müsse der Gesetzgeber sie nutzen.[214]

III. Fazit

Der Blick auf die Rechtsprechung und Wissenschaft macht deutlich, dass erhebliche Zweifel daran bestehen, dass „Tragweite und Anwendungsbereich [des § 13 Abs. 1 StGB] für den Normadressaten schon aus dem Gesetz selbst zu erkennen […] [oder] durch Auslegung [ermittelbar]“[215] sind. Oft fehlt es an einer ausführlichen Auseinandersetzung mit dem Gesetzlichkeitsprinzip und die Zweifel werden mit mehr oder weniger überzeugenden Argumenten – insbesondere zu sonst entstehenden Strafbarkeitslücken – beiseitegeschoben.

Woher aber kommen diese Zweifel, die immer wieder von neuem diskutiert werden und bisher nicht nachhaltig beseitigt werden konnten? Und warum führen diese Zweifel so selten tatsächlich zu dem Schluss, dass § 13 Abs. 1 StGB verfassungswidrig ist? Antworten auf diese Fragen finden sich nur dann, wenn ein näherer Blick auf das Gesetzlichkeitsprinzip als solches geworfen wird. Im Folgenden wird daher untersucht, welche Maximen diesem zugrunde liegen und welche Anforderungen das Gesetzlichkeitsprinzip an die Bestimmtheit von Normen stellt. Mit Hilfe des sich daraus ergebenden Maßstabs für die Bestimmtheit von Normen kann dann die Verfassungsmäßigkeit von § 13 Abs. 1 StGB überprüft werden.

---

213 *Hassemer* JuS 1970, 97. In die Richtung auch *Kamberger*, Treu und Glauben, S. 199 f.; Maunz/Dürig-*Schmidt-Aßmann* Art. 103 Abs. 2 GG Rn. 232; *Schöne*, Unterlassene Erfolgsabwendungen, S. 329 ff.; *Schürmann*, Unterlassungsstrafbarkeit, S. 128 f.

214 *Grünwald* ZStW 1958 (70), 412, 424 ff. mit einem Vorschlag für den Totschlag durch Unterlassen, S. 431; *Armin Kaufmann* JuS 1961, 173, 176; *Schöne*, Unterlassene Erfolgsabwendungen, S. 342 ff. Mit Sympathien für eine solche Vorgehensweise *Busch*, in: FS Weber 1963, S. 192, 203 f.; *Kamberger*, Treu und Glauben, S. 200.

215 BVerfGE 105, 135, 153.

Die bereits vor Einführung des § 13 Abs. 1 StGB geäußerten verfassungsrechtlichen Bedenken, die sich auf das Analogieverbot sowie das Verbot von strafbegründendem Gewohnheitsrecht konzentrierten, bleiben dabei außer Acht.[216] Sie spielen für die Verfassungsmäßigkeit der Norm selbst zunächst keine Rolle, da sich das Analogieverbot und das Verbot von Gewohnheitsrecht zuvörderst an den Rechtsanwender und nicht an den Gesetzgeber richten, sodass Verstöße gegen diese Prinzipien nicht zur Verfassungswidrigkeit der Norm als solche führen.[217]

B. Geltungsbereich des Gesetzlichkeitsprinzips im Allgemeinen Teil des StGB

Die aus einem Verstoß gegen Art. 103 Abs. 2 GG folgende Verfassungswidrigkeit von § 13 Abs. 1 StGB kommt nur dann in Betracht, wenn das Gesetzlichkeitsprinzip im Allgemeinen Teil gilt und auf § 13 StGB anwendbar ist – das wird zum Teil bestritten. Deshalb ist zunächst der Geltungsbereich des Gesetzlichkeitsprinzips zu ermitteln.

I. Geltung im Allgemeinen Teil

Das *Bundesverfassungsgericht* führte in einer Entscheidung im Jahr 2004 aus, dass „die verschiedenen Deutungsmöglichkeiten des Begriffs der Strafbarkeit [darauf hinweisen], dass aus dem bloßen Wortlaut des Art. 103 Abs. 2 GG

---

216 Zur Kritik siehe *Kaufmann*, Dogmatik der Unterlassungsdelikte, insb. S. 282, 319; *ders.* JuS 1961, 173, 175 f.; *Grünwald* ZStW 1958 (70), 412, 416 ff. sowie m. w. N. *Herbertz*, Ingerenz, S. 29 Fn. 38.

217 Umfassend dazu BVerfGE 73, 206, 234; 75, 329, 340; 126, 170, 194; 143, 38, 53; BGHSt 61, 1, 12; 62, 1, 6; 63, 29, 24; 92, 1, 12; AnwK-*Gaede* § 1 StGB Rn. 28 f.; *Appel*, Verfassung und Strafe, S. 118, 120; Dreier-*Schulze-Fielitz* Art. 103 GG Rn. 14, 18; *Grünwald* ZStW 1964 (76), 1, 2, 13; *Heinrich*, Strafschärfungen, S. 65; *Jescheck*, AT[4], S. 114; *Krey*, Keine Strafe, S. 121 f., 135; *Kuhlen*, in: FS Otto 2007, S. 89, 90 ff., 97 ff.; *ders.*, in: Gesetzlichkeitsprinzip im Strafrecht, S. 45, 46; LK-*Dannecker/Schuhr* § 1 StGB Rn. 238, 241; Matt/Renzikowski-*Basak* § 1 StGB Rn. 19, 27a; MK-*Schmitz* § 1 StGB Rn. 5 ff., 34, 79; NK-*Kargl* § 1 StGB Rn. 64, 66, 70; *Roxin*, in: Gesetzlichkeitsprinzip im Strafrecht, S. 113, 117, 119, Sachs-*Degenhart* Art. 103 GG Rn. 53, 69; Schönke/Schröder-*Hecker*, § 1 StGB Rn. 7; *Schünemann*, Nulla poena, S. 6; *Schürmann*, Unterlassungsstrafbarkeit, S. 155 f.; SK-*Jäger* § 1 StGB Rn. 39, 45, 47; *Simon*, Gesetzesauslegung, S. 445 f. A.A. *Greco* GA 2012 (159), 452, 459 f., 465: „ein an den Gesetzgeber gerichtetes **Analogiegestattungsverbot**"; *ders.* gleichlautend in *Roxin/Greco* AT/I § 5 Rn. 44c (anders noch *Roxin* AT/I[4] § 5 Rn. 7); *Krey*, Studien zum Gesetzesvorbehalt, S. 223, 225.

sein sachlicher Anwendungsbereich nicht eindeutig festgelegt werden“[218] könne. Das *Bundesverfassungsgericht* geht aber mindestens zum Teil von einer Anwendbarkeit des Gesetzlichkeitsprinzips auf den Allgemeinen Teil des StGB aus, was sich beispielsweise aus den Entscheidungen zur Vermögensstrafe[219] oder den unechten Unterlassungsdelikten[220] ergibt, bei denen das *Bundesverfassungsgericht* die Vereinbarkeit der Vorschriften mit Art. 103 Abs. 2 GG geprüft hat. Wäre das *Bundesverfassungsgericht* nicht von der Geltung im Allgemeinen Teil ausgegangen, wäre eine solche Prüfung entbehrlich gewesen.

Dass das Gesetzlichkeitsprinzip im Allgemeinen Teil überhaupt nicht gilt wird heute in dieser Absolutheit nicht mehr vertreten.[221] Die überwiegende Mehrheit der Stimmen geht davon aus, dass der nullum crimen-Grundsatz nicht nur für den Besonderen Teil, sondern auch für den Allgemeinen Teil des StGB gilt.[222] Das folge zum einen daraus, dass § 1 StGB an vorderster Stelle des StGB und somit auch am Anfang des Allgemeinen Teils steht, sodass es wenig überzeugend sei, gerade den Allgemeinen Teil aus dem Anwendungsbereich herauszunehmen.[223] Zum anderen lasse sich auch aus dem Wortlaut eine Beschränkung auf den Besonderen Teil nicht entnehmen: Art. 103 Abs. 2 GG und § 1 StGB sprechen nicht von der gesetzlichen Bestimmtheit der Straftatbestände, sondern von der gesetzlichen Bestimmtheit der *Strafbarkeit*, die auch die über die Tatbestandsmerkmale hinausgehenden Voraussetzungen der Strafbarkeit umfasse.[224] In den Gesetzesbegründungen

---

218 BVerfGE 109, 133, 168.

219 BVerfGE 105, 135. Siehe auch BGHSt 42, 235 zur Verfassungswidrigkeit der actio libera in causa.

220 BVerfGE 96, 68, 97; BVerfG NJW 2003, 1030.

221 Zur ablehnenden Haltung s. *Hardwig* ZStW 1966 (78), 1, 8 f.; *Jescheck*, AT[4], S. 100, 121; *Maurach*, AT, S. 96, 111; *ders.* JZ 1964, 529, 536 f. Siehe auch *Herzberg*, Unterlassung im Strafrecht, S. 254: Strafbarkeitsvoraussetzungen des Allgemeinen Teils „unterliegen nicht oder nur sehr beschränkt den Bestimmtheitsanforderungen des Artikels 103 Abs. 2 GG“. Zu einem historischen Überblick m. w. N. siehe zudem *Kirsch*, Geltung des Gesetzlichkeitsprinzips, S. 89 ff.

222 M. w. N. *Krey*, Keine Strafe, S. 111. Siehe dazu auch BGHSt 42, 158, 161; 42, 235, 241.

223 *Kirsch*, Geltung des Gesetzlichkeitsprinzips, S. 85.

224 *Albrecht*, Garantenstellungen, S. 160; *Kirsch*, Geltung des Gesetzlichkeitsprinzips, S. 86; GS-*Rössner* § 1 StGB Rn. 2; LK-*Dannecker/Schuhr* § 1 StGB Rn. 64; NK-*Kargl* § 1 StGB Rn. 72b; *Sangenstedt*, Garantenstellung, S. 90 f.; *Schmitt*, in: FS Jescheck 1985, S. 223, 228; *Vogel*, Norm und Pflicht, S. 327.

zum E 1960 und E 1962 heißt es zudem, dass „die Zurückhaltung des geltenden Strafgesetzbuches gegenüber diesen grundsätzlichen Fragen" aufgegeben werden soll.[225] Die Zurückhaltung des Gesetzgebers habe zwar auf guten Gründen beruht, allerdings dürfe gerade im grundrechtssensiblen Bereich des Strafrechts nicht auf gesetzliche Regelungen verzichtet werden.[226]

Unter den Vertretern dieser Ansicht ist jedoch umstritten, ob der gesamte Allgemeine Teil oder nur einzelne Normen vom Geltungsbereich umfasst sind.[227] In jedem Fall soll das Gesetzlichkeitsprinzip auf solche Normen anwendbar sein, die die Strafbarkeit begründen oder schärfen.[228] Das folge daraus, dass es sich bei diesen Normen des Allgemeinen Teils nur um vor die Klammer gezogene Teile des Besonderen Teils handele, sodass eine differenzierende Betrachtung beider Bereiche nicht möglich sei.[229] Außerdem fänden sich auch im Allgemeinen Teil gesetzliche Regelungen, die den Bürger einer möglichen Strafbarkeit aussetzen, sodass es der Schutzzweck des Gesetzlichkeitsprinzips gebiete, auch diese Normen einzubeziehen, da eine Erweiterung der Strafbarkeit durch die Rechtsanwendung im Allgemeinen Teil

---

225 BT-Drs. III/2150, S. 116; IV/650, S. 123; siehe auch BT-Drs. III/2150, S. 97; IV/650, S. 101. Dagegen aber BT-Drs. V/4095, S. 7 f.

226 BT-Drs. III 2150, S. 97, 116; IV/650, S. 101, 123.

227 BeckOK-*v. Heintschel-Heinegg* § 1 StGB Rn. 2; *Dannecker*, in: FS Otto 2007, S. 25, 31; *Fischer* § 1 StGB Rn. 3; *Jähnke*, in: FS 50 Jahre BGH 2000, S. 393, 400; Stern/Becker-*Brüning* Art. 103 GG Rn. 56; *Wolff*, in: Handbuch Grundrechte V § 134 Rn. 37 f. Den Geltungsbereich sehr weit fassend Hömig/*Wolff* Art 103 GG Rn. 16; Sachs-*Degenhart* Art. 103 GG Rn. 61. Ausführlich dazu *Frister*, Kapitel 4 Rn. 37 ff.

228 BGHSt 18, 136, 140; *Albrecht*, Garantenstellungen, S. 160; *Baumann*, AT, S. 146; *Bockelmann*, AT, S. 17; *Dannecker*, in: FS Otto 2007, S. 25, 32; Dürig/Herzog/Scholz-*Remmert* Art. 103 Abs. 2 GG Rn. 68; *Frister*, Kapitel 4 Rn. 35; *Kirsch*, Geltung des Gesetzlichkeitsprinzips, S. 125 f., 235; *Krey*, Studien zum Gesetzesvorbehalt, S. 228, 230; LK-*Dannecker/Schuhr* § 1 StGB Rn. 64, 86, 127; Maunz/Dürig-*Schmidt-Aßmann* Art. 103 Abs. 2 GG Rn. 197; MK-*Schmitz* § 1 StGB Rn. 14, 33; *Roxin/Greco* AT/I § 5 Rn. 40, 46; *Sangenstedt*, Garantenstellung, S. 90; *Schöne*, Unterlassene Erfolgsabwendungen, S. 279; *Welzel* JZ 1952, 617 f.; *Wolff*, in: Handbuch Grundrechte V § 134 Rn. 38. Wohl auch *Herzberg*, in: Symposium Schünemann 2005, S. 31, 42.

229 AnwK-*Gaede* § 1 StGB Rn. 7; *Böhm*, Garantenpflichten, S. 125; *Fischer*, Ingerenz, S. 40; *Frister*, Kapitel 4 Rn. 35; *Kirsch*, Geltung des Gesetzlichkeitsprinzips, S. 17, 86 f.; LK-*Dannecker/Schuhr* § 1 StGB Rn. 84 f.; NK-*Kargl* § 1 StGB Rn. 72b; S/S/W-*Satzger* § 1 StGB Rn. 12, 35; *Sangenstedt*, Garantenstellung, S. 90 f.; *Schünemann*, Grund und Grenzen, S. 70 f. Siehe auch *Vogel*, Norm und Pflicht, S. 303 f.: „der allgemeine Teil des Besonderen Teils", zu dem er auch die Garantenlehre zählt, s.a. S. 327.

ebenso wie im Besonderen Teil dem Vertrauens- und Freiheitsschutzgedanken sowie der Stellung des Bürgers als Subjekt widerspreche.[230]

Dem ist zuzustimmen. Die Ziele des nullum crimen-Grundsatzes können nur dann so gut wie möglich erreicht werden, wenn zumindest auch diejenigen Normen des Allgemeinen Teils erfasst sind, die die Strafe begründen oder schärfen. Durch das „vor die Klammer ziehen" – also die Regelung im Allgemeinen Teil – soll lediglich verhindert werden, dass die Normen des Besonderen Teils zu umfangreich und unübersichtlich werden, wenn zu jeder Norm beispielsweise zusätzlich die Versuchs- oder Unterlassungsstrafbarkeit einzeln aufzuführen wäre. Die Einteilung in einen Allgemeinen und einen Besonderen Teil ist eher gesetzessystematischer Natur; die Normen sind lediglich aus formellen Gründen im Allgemeinen Teil geregelt. Die Reichweite eines Tatbestandes kann letztlich nur durch die Tatbestände des Besonderen Teils in Kombination mit den Regelungen des Allgemeinen Teils näher bestimmt werden.[231] Würde der Allgemeine Teil aus dem Geltungsbereich des Art. 103 Abs. 2 GG vollständig ausgeklammert werden, so könnte der Gesetzgeber die Vorgaben des Gesetzlichkeitsprinzips durch Regelung von Strafbarkeitsvoraussetzungen statt im Besonderen im Allgemeinen Teil bewusst umgehen und so die Garantien des Art. 103 Abs. 2 GG gezielt außer Acht lassen.[232] Es kann und darf keinen Unterschied machen, an welcher Stelle im Strafgesetzbuch die jeweilige Regelung verortet ist. Der Grundsatz, dass der Staat nur durch berechenbare und allgemeine strafrechtliche Regelungen in die Freiheit des Einzelnen eingreifen darf, kann nur eingehalten werden, wenn das Gesetzlichkeitsprinzip im Hinblick auf die strafbarkeitsbegründenden bzw. -schärfenden Normen im Allgemeinen Teil gleichermaßen anwendbar ist wie im Besonderen Teil.

---

230 *Albrecht*, Garantenstellungen, S. 160; *Dannecker*, in: FS Otto 2007, S. 25, 30; *Fischer*, Ingerenz, S. 39; *Kirsch*, Geltung des Gesetzlichkeitsprinzips, S. 88, 125 f.; *Krey*, Studien zum Gesetzesvorbehalt, S. 230; LK-*Dannecker/Schuhr* § 1 StGB Rn. 85; MK-*Schmitz* § 1 StGB Rn. 32; NK-*Kargl* § 1 StGB Rn. 68, 72b; SK-*Jäger* § 1 StGB Rn. 51. Wohl auch *Frister*, Kapitel 4 Rn. 35.

231 Dass grundsätzlich nur die vorsätzliche Begehung eines Deliktes strafbar ist, ergibt sich beispielsweise erst aus § 15 StGB, nicht aus der jeweiligen Norm des Besonderen Teils selbst. Siehe auch *Sangenstedt*, Garantenstellung, S. 90.

232 So auch *Sangenstedt*, Garantenstellung, S. 92. Vgl. auch *Heinrich*, Strafschärfungen, S. 56 – allerdings zur Anwendbarkeit des Art. 103 Abs. 2 GG auf die Rechtsfolgenseite.

II. Das rechtliche Einstehenmüssen im Sinne des § 13 Abs. 1 StGB als strafbegründendes bzw. -schärfendes Merkmal

Die Vereinbarkeit von § 13 Abs. 1 StGB mit dem Bestimmtheitsgebot ist also nur dann zu prüfen, wenn § 13 Abs. 1 StGB vom Geltungsbereich des Gesetzlichkeitsprinzips erfasst wird, die Norm also strafbegründende bzw. -schärfende Wirkung hat. Das hängt maßgeblich davon ab, ob in den Tatbeständen des Besonderen Teils neben Unterlassungs- auch Handlungsgebote enthalten sind, die dazu verpflichten, rettend tätig zu werden, weil § 13 Abs. 1 StGB dann keine strafbegründende bzw. -schärfende Wirkung zukommen würde.

Schon vor der Einführung des unechten Unterlassungsdeliktes im StGB war in Teilen anerkannt, dass die (Begehungs-)Delikte des Besonderen Teils durch die Nichtvornahme einer gebotenen Handlung erfüllt werden können.[233] Das *Reichsgericht* und der *Bundesgerichtshof* verurteilten Unterlassungstäter auf Grundlage der (Begehungs-)Delikte des Besonderen Teils.[234] Es wurde – und wird noch heute – vor allem mit dem allgemeinen Sprachgebrauch argumentiert: Es sei selbstverständlich, dass auch eine Mutter, die ihr Kind verhungern lässt, ihr Kind *tötet*.[235] Jedes Verbot der Begehungsdelikte, einen Erfolg durch eigenes Handeln zu bewirken, beinhalte gleichermaßen das Gebot, zur Erfolgsverhinderung aktiv tätig zu werden.[236]

---

233 M. w. N. *Fuhrmann* GA 1962 (110), 161, 171 f.; *Gimbernat Ordeig* ZStW 1999 (111), 307, 314 f.; *Gössel* ZStW 1984 (96), 321, 329; *Herzberg*, Unterlassung im Strafrecht, S. 252; *Kissin*, Rechtspflicht zum Handeln, S. 10 ff., 30; m. w. N., selbst aber ablehnend *Schöne*, Unterlassene Erfolgsabwendungen, S. 238 ff., 253, 262; ausführlich *Schünemann*, Grund und Grenzen, S. 46 ff.

234 RGSt 7, 118 ff.; 10, 100 ff.; 22, 332 ff.; 24, 339 f.; 39, 397 ff.; 40, 165 ff.; 60, 77 f.; 64, 273 ff.; 64, 316 ff.; 66, 71 ff.; 69, 321 ff.; 72, 373 ff.; 73, 389 ff.; 74, 309 ff. BGHSt 2, 150 ff.; 4, 20 ff.; 6, 198 f.; 7, 268 ff.; 13, 162 ff.; 16, 155 ff.; 19, 152 ff.; 23, 327 f.; BGH NJW 1953, 591; 1954, 1047 f.; 1964, 412 f.; 1966, 1763 f. Siehe auch OLG Bremen NJW 1957, 72 f.; OLG Celle NJW 1961, 1939 ff.; OLG Oldenburg NJW 1961, 1938 f.

235 *Gallas*, Studien zum Unterlassungsdelikt, S. 74, 81 f.; *Gimbernat Ordeig* ZStW 1999 (111), 307, 315; LK⁹-*Lange* § 212 StGB Rn. 3; *Mayer*, AT, S. 81; *Ransiek* JuS 2010, 490, 491; *Schünemann*, Grund und Grenzen, S. 57; *ders.*, in: FS Amelung 2009, S. 303, 315. Vgl. auch RGSt 62, 199; 66, 71 sowie BT-Drs. III/2150, S. 116 und IV/650, S. 123. A.A. *Schöne*, Unterlassene Erfolgsabwendungen, S. 277: Bestrafung nur aus § 330c StGB (a.F.).

236 *Gallas*, Studien zum Unterlassungsdelikt, S. 81 f.; *Gimbernat Ordeig* ZStW 1999 (111), 307, 315; *Gössel* ZStW 1984 (96), 321, 329; LK⁹-*Lange* § 212 StGB Rn. 3; *Mayer*, AT, S. 81. Krit. *Baumann*, AT, S. 200 ff.

Bis heute wird zum Teil noch vertreten, dass das Unterlassen (im Sinne des § 13 Abs. 1 StGB) schon die Tatbestandsvoraussetzungen der Tatbestände des Besonderen Teils erfüllt – unter diese sei sowohl aktives als auch passives Verhalten zu subsumieren, sodass § 13 Abs. 1 StGB lediglich klarstellende bzw. eine über das Garantenmerkmal erfolgende strafbarkeitseinschränkende Funktion habe.[237] Dazu wird beispielsweise angeführt, es handele sich beim rechtlichen Einstehenmüssen lediglich um „die allgemeine Pflichtwidrigkeitsvoraussetzung, die ohnehin gelten würde" – es gebe keinen Grund dafür, nach der Einführung von § 13 StGB die Nichtvermeidung eines schädlichen Erfolges nicht als Tötungs- oder Körperverletzungshandlung zu qualifizieren.[238] Bei den Garantenstellungen handele es sich um eine von Art. 103 Abs. 2 GG nicht erfasste „gewohnheitsrechtliche Einschränkung der bestehenden Tatbestände", da die eigentlich „sanktionierte Gleichstellung von Handlung und Unterlassen auf den Personenkreis der Garanten" beschränkt werde.[239] Nach dieser Ansicht handelt es sich beim rechtlichen Einstehenmüssen demnach nicht um strafbarkeitsbegründendes bzw. -schärfendes, sondern um strafbarkeitseinschränkendes Recht, das Art. 103 Abs. 2 GG gerade nicht verbietet, sodass eine Verfassungswidrigkeit wegen Verstoßes gegen Art. 103 Abs. 2 GG hinsichtlich dieses Merkmals nicht vorliegen könne.

Gegen eine Einbeziehung der Unterlassungshandlung in die Begehungsdelikte des Besonderen Teils wurden allerdings viele Bedenken geäußert, die gerade einen Verstoß gegen das Analogieverbot und das Verbot von belastendem Gewohnheitsrecht geltend machten.[240] Die Tatbestände des

---

[237] *Beckschäfer*, Strafrahmenmilderung, S. 30 f.; *Freund*, in: FS Herzberg 2008, S. 225, 241 ff.; *ders.*, in: Handbuch des Strafrechts, § 60 Rn. 2 f., 11 f.; MK-*Freund* § 13 StGB Rn. 34, 53; *Perdomo-Torres*, in: FS Jakobs 2007, S. 497, 498. Siehe m. w. N. *Güntge*, Begehen durch Unterlassen, S. 123 f., 129 ff.

[238] *Herzberg*, in: Symposium Schünemann 2005, S. 31, 41 f; *ders.*, Die Unterlassung im Strafrecht, S. 252 f.

[239] *Fuhrmann* GA 1962 (110), 161, 172; *Grünwald* ZStW 1958 (70), 412, 417. A.A. *Seebode*, in: FS Spendel 1992, S. 317, 335; *Vogel*, Norm und Pflicht, S. 328. Siehe auch m. w. N. und krit. *Nickel*, Problematik der unechten Unterlassungsdelikte, S. 60 ff. A.A. *Jakobs*, AT, S. 786.

[240] *Baumann*, AT, S. 219; *Busch*, in: FS Weber 1963, S. 192, 199 f.; *Fischer*, Ingerenz, S. 54 ff.; GS-*Tag* § 13 StGB Rn. 1.; *Herbertz*, Ingerenz, S. 194; *Armin Kaufmann* JuS 1961, 173, 175 f.; *Mayer*, AT, S. 80; *Schöne*, Unterlassene Erfolgsabwendungen, S. 277 f.; *Schürmann*, Unterlassungsdelikte, S. 145; *Vogel*, Norm und Pflicht, S. 328. Siehe auch m. w. N.

Besonderen Teils seien auf Handlungen zugeschrieben und könnten durch Unterlassungen nicht erfüllt werden, sodass eine Umdeutung von Begehungs- in Unterlassungsdelikte ohne gesetzliche Grundlage gegen Art. 103 Abs. 2 GG verstoßen würde.[241] Um genau diesen Bedenken zu begegnen, entschied sich der damalige Gesetzgeber zur Einführung des § 13 StGB.[242] Damit habe der Gesetzgeber die Antwort auf die Frage, ob Unterlassungen von den Tatbeständen des Besonderen Teils erfasst werden, selbst mit Nein beantwortet.[243] Laut Gesetzesbegründung enthalte der Titel *Grundlagen der Strafbarkeit*, unter dem sich auch die Regelung der unechten Unterlassungsdelikte befindet, zudem „eine Reihe von Vorschriften, die in mehr oder weniger engem Zusammenhang Grundvoraussetzungen der Straftat behandeln."[244] Diese „für die sogenannten unechten Unterlassungsstraftaten [...] allgemeine gesetzliche Regelung" sei erforderlich gewesen, „da die einzelnen Tatbestände des Besonderen Teils in ihrer Ausformung auf die Begehung durch ein Tun zugeschnitten" seien.[245] Mit der Regelung der unechten Unterlassungsdelikte werde bezweckt, „die im Besonderen Teil beschriebenen Tatbestandshandlungen in gewisser Hinsicht zu erweitern."[246]

Die unechten Unterlassungsdelikte seien „Verbrechen sui generis", die „selbstständig neben den Begehungstatbeständen" stehen. Die Garantenstellung sei „kein ungeschriebenes Tatbestandsmerkmal des Begehungsdelikts (sondern ein Erfordernis des Tatbestandes des (unechten) Unterlassungsdelikts)."[247] Die

Schönke/Schröder-*Bosch* § 13 StGB Rn. 5/6; auch nach Einführung von § 13 StGB noch zweifelnd *Fünfsinn*, Fahrlässiges Verletzungsdelikt, S. 10 ff.

241 Sehr ausführlich dazu m. w. N. *Grünwald* ZStW 1958 (70), 412 ff. Siehe auch *Busch*, in: FS Weber 1963, S. 192, 199; *Fischer*, Ingerenz, S. 55; *Kissin*, Rechtspflicht zum Handeln, S. 98; MK-*Freund* § 13 StGB Rn. 52; *Nickel*, Problematik der unechten Unterlassungsdelikte, S. 88 f.

242 BT-Drs. III/2150, S 117; IV/650, S. 124; V/4905, S. 8.

243 *Fischer*, Ingerenz, S. 65; *Seebode*, in: FS Spendel 1992, S. 317, 335.

244 BT-Drs. III 2150, S. 116; IV/650, S. 123.

245 BT-Drs. IV/650, S. 124. Siehe auch *Grünwald* ZStW 1958 (70), 412.

246 BT-Drs. IV/650, S. 123. Vgl. auch BT-Drs. V/4905, S. 8: Regelung der rechtlichen Voraussetzungen des Begehens durch Unterlassen. Zustimmend *Fischer*, Ingerenz, S. 67 f.; *Güntge*, Begehen durch Unterlassen, S. 122.

247 *Kaufmann*, Dogmatik der Unterlassungsdelikte, S. 255, 281, 276; *ders.* JuS 1961, 173, 175. So auch *Albrecht*, Garantenstellungen, S. 19, 161; BeckOK-*Heuchemer* § 13 StGB Rn. 30; *Bockelmann*, AT, S. 139; *Fuhrmann* GA 1962 (110), 161, 172; Schönke/Schröder-*Bosch* § 13 StGB Rn. 2.

Garantenstellung als ungeschriebenes Tatbestandsmerkmal bzw. die rechtliche Einstandspflicht des § 13 Abs. 1 StGB würde die Strafbarkeit begründen oder zumindest erweitern.[248] Der *Bundesgerichtshof* hat sich entgegen seiner früheren Rechtsprechung[249] dieser Ansicht angeschlossen.[250]

Es wird überzeugend geltend gemacht, dass es keine Anhaltspunkte für eine Entscheidung des Gesetzgebers gibt, Unterlassungen durch die Begehungstatbestände zu erfassen: „Mit demselben Recht könnte man alle strafrechtlichen Tatbestände als Strafbarkeitseinschränkungen ansprechen, denn sie beschränken die Strafbarkeit auf diejenigen, die die Tatbestände erfüllen, und nehmen den quivis ex populo von der Strafbarkeit aus.“[251]

Dass § 13 Abs. 1 StGB nicht lediglich deklaratorischen Charakter hat, ergibt sich – wie bestechend dargelegt wird – gerade daraus, dass § 13 Abs. 1 StGB gerade nicht jedem Menschen eine Handlungspflicht auferlegt, sondern den Kreis derjenigen Personen, die zur Abwendung des Erfolgs verpflichtet sind, besonders bestimmt: Liegen die Voraussetzungen der Garantenstellung nicht vor, kommt eine Strafbarkeit wegen unechten Unterlassens schon gar nicht in Betracht – die Garantenstellung wirkt daher für den Unterlassenden strafbarkeitsbegründend und „gerade nicht zu seinen Gunsten.“[252]

Das Argument, der allgemeine Sprachgebrauch erfasse unter Töten auch, dass jemand den Erfolgseintritt nicht verhindert, überzeugt ebenfalls nicht, da dann „jede Nichtabwendung des Erfolges unter das Begehungsdelikt“ fallen würde und somit auch Menschen ohne Sonderbeziehung zum Opfer von der Strafbarkeit umfasst wären.[253] Sobald man sich die Nähebeziehung zwischen Täter und Opfer aber wegdenkt, fällt es schwierig, das Verhalten des Täters als tatbestandsmäßiges Unterlassen zu bezeichnen. Das zeigt sich schon in

---

248 *Bockelmann*, AT, S. 139; *Fischer*, Ingerenz, S. 68 f.; *Jakobs*, AT, S. 786; LK-*Dannecker/Schuhr* § 1 StGB Rn. 172; LK-*Weigend* § 13 StGB Rn. 18.

249 Siehe oben 3.B.II.

250 BGH HRRS 2017 Nr. 749: „strafbegründenden Pflichten [...] im Sinne von § 13 Abs. 1 StGB“.

251 *Schünemann*, Grund und Grenzen, S. 69; *Welp*, Vorangegangenes Tun, S. 144. So auch *Fischer*, Ingerenz, S. 58.

252 *Albrecht*, Garantenstellungen, S. 161. So auch *Gössel* ZStW 1984 (96), 321, 323 f.; *Armin Kaufmann* JuS 1961, 173, 176; *Schmidt*, versuchtes Unterlassungsdelikt, S. 105 f., 110 ff.; *v. Coelln*, Rechtliches Einstehenmüssen, S. 59.

253 *Schmidt*, versuchtes Unterlassungsdelikt, S. 98 f., 105 f. Siehe auch *Fischer*, Ingerenz, S. 56; *Gössel* ZStW 1984 (96), 321, 323 f.

der Argumentation selbst, bei der der allgemeine Sprachgebrauch wiederum dadurch konterkariert wird, dass im gleichen Schritt eine Einschränkung über die Figur der Garantenstellung – also die besondere Nähebeziehung – gefordert wird.[254] Dies unterstreicht auch der Wortlaut von § 13 Abs. 1 StGB: „Mit der Wendung „wer es unterläßt, einen Erfolg abzuwenden, der zum Tatbestand eines Strafgesetzes gehört“ wird bedeutet, daß *nur* die Erfolgsbeschreibung – nicht aber der Verhaltensmodus, nämlich das Unterlassen – dem Tatbestand entnommen werden“ kann.[255]

Bei näherer Betrachtung überzeugt auch die Argumentation nicht, die sich der ihren Säugling verhungern lassenden Mutter bedient, um § 13 Abs. 1 StGB als rein deklaratorisch zu bezeichnen. Natürlich wird das Verhalten der Mutter im allgemeinen Sprachgebrauch als Töten bezeichnet.[256] Führt man diese Auslegung aber fort, stellt sich doch die Frage, wie dann beispielsweise Körperverletzungen durch Nichtstun begangen werden soll – kann jemand miss*handelt werden*, wenn gar *nicht gehandelt wird*? Kann eine Körperverletzung *durch Beibringung* von Gift oder *mittels* einer Waffe begangen werden, wenn eine Vergiftung oder ein Schuss nur *nicht verhindert wird*? Kann eine fremde Sache weg*genommen werden*, ohne dass aktiv auf die Sache eingewirkt wird? Kann ein Gebäude in Brand *gesetzt werden*, indem ein bereits brennendes Gebäude *brennen gelassen* bzw. *nicht gelöscht wird*?[257] Würde auch das Unterlassen der Großmutter, eines Freundes oder gar einer unbeteiligten Dritten als Töten im Sinne des § 212 Abs. 1 StGB verstanden werden? Das müsste logische Konsequenz sein, wenn der allgemeine Sprachgebrauch unabhängig von einer entsprechenden Garantenstellung unter Töten auch das Verhungern-Lassen versteht.[258] Es scheint vielmehr so, dass das Verhungern-Lassen erst dann als Töten eingeordnet wird, wenn eine besondere Beziehung zwischen dem mutmaßlichen Täter und dem Opfer besteht. Wäre § 13 Abs. 1

---

254 Ebenso *Kaufmann*, Dogmatik der Unterlassungsdelikte, S. 281; *ders.* JuS 1961, 173, 175 f. sowie *Gössel* ZStW 1984 (96), 321, 324; *Jakobs*, AT, S. 786; *Schürmann*, Unterlassungsdelikte, S. 142 f.

255 *Vogel*, Norm und Pflicht, S. 99.

256 Ausführlich zu einer Auslegung des Verbs „töten“ i. S. d. § 212 StGB *Schmidt*, Versuchtes Unterlassungsdelikt, S. 97 ff.

257 *Schmidt*, Versuchtes Unterlassungsdelikt, S. 100 f.; *Schürmann*, Unterlassungsdelikte, S. 143.

258 Siehe auch *Armin Kaufmann* JuS 1961, 173, 175.

StGB mangels strafbarkeitsbegründender Wirkung überflüssig, würde es in vielen Fällen gar keine Strafbarkeit durch Unterlassen geben und es so jedenfalls im Hinblick auf einige Delikte zu Strafbarkeitslücken kommen. Im Übrigen kann aus der Straf*würdigkeit* – niemand bestreitet ernsthaft, dass es strafbar *sein sollte*, wenn die Eltern ihren Säugling verhungern lassen – nicht zwangsläufig auf die tatsächliche Straf*barkeit* geschlossen werden. Vielmehr führt doch nicht das Unterlassen allein zu einer Strafbarkeit, sondern das Unterlassen in Verbindung mit einer Erfolgsabwendungspflicht, aus der erst die erhöhte Strafwürdigkeit folgt. Besondere Erfolgsabwendungspflichten ergeben sich aus den Begehungsdelikten des Besonderen Teils selbst also nicht.

Ferner sprechen systematische Erwägungen dafür, dass es sich bei den unechten Unterlassungsdelikten um strafbarkeitsbegründendes Recht handelt. Zunächst befindet sich die Regelung von § 13 StGB im zweiten Abschnitt des Allgemeinen Teils unter dem Titel „Grundlagen der Strafbarkeit". Daraus lässt sich schließen, dass der Gesetzgeber die rechtliche Einstandspflicht als Strafbarkeitsvoraussetzung einstuft.[259] Des Weiteren lassen sich aus systematischer Perspektive auch andere, nicht in der unmittelbaren Umgebung von § 13 StGB befindliche Normen heranziehen. Neben dem unechten Unterlassungsdelikt gibt es die sog. echten Unterlassungsdelikte im Besonderen Teil des StGB, die das Unterlassen explizit unter Strafe stellen, beispielsweise § 138 oder § 323c Abs. 1 StGB. Ebenso gibt es Tatbestände, in denen Tun und Unterlassen nebeneinander genannt werden, unter anderem die Aussetzung gemäß § 221 StGB oder den Hausfriedensbruch nach § 123 Abs. 1 Var. 2 StGB. Bei den Begehungsdelikten, also zum Beispiel bei der Körperverletzung nach § 223 StGB oder dem Diebstahl gemäß § 242 StGB, finden sich solch differenzierende Formulierungen hingegen nicht. Auch deshalb kann davon ausgegangen werden, dass in diesen Fällen nur aktives Tun erfasst ist und ein Unterlassen allein aus den Tatbeständen des Besonderen Teils ausschließlich dann strafbar ist, wenn es in der Norm ausdrücklich genannt wird.[260]

---

259 So auch *Albrecht*, Garantenstellungen, S. 153; *Güntge*, Begehen durch Unterlassen, S. 122.

260 So auch *Güntge*, Begehen durch Unterlassen, S. 312 f.; *Kissin*, Rechtspflicht zum Handeln, S. 98; wohl auch *Schürmann*, Unterlassungsstrafbarkeit, S. 137; a. A. *Schünemann*, Grund und Grenzen, S. 46 f.

Für eine strafbarkeitsbegründende bzw. -schärfende Wirkung lässt sich darüber hinaus auch das echte Unterlassungsdelikt des § 323c Abs. 1 StGB ins Feld führen. Jeder, der es – trotz Möglichkeit – unterlässt, einem verletzten Passanten zu helfen, macht sich gemäß § 323c Abs. 1 StGB strafbar. Hätte § 13 Abs. 1 StGB nun einschränkende oder deklaratorische Funktion, würde dies bedeuten, dass bei Nichtabwendung eines Todeserfolges neben § 323c Abs. 1 StGB automatisch immer auch § 212 Abs. 1 StGB erfüllt wäre. Damit hätte der Gesetzgeber für ein und dasselbe Verhalten zwei Tatbestände mit unterschiedlicher Strafandrohung geschaffen.[261] Naheliegender ist es, dass erst dann, wenn es sich bei dem Täter zum Beispiel um den Vater des Passanten handelt, nicht eine Strafbarkeit *nur* wegen unterlassener Hilfeleistung, sondern darüber hinaus wegen §§ 211 ff., 223 ff. StGB (in Verbindung mit § 13 Abs. 1 StGB) in Betracht kommt – gerade auch, weil diese Delikte deutlich beträchtlichere Mindest- und Höchststrafen vorsehen. Das spricht dafür, dass die Garantenstellung als Tatbestandsmerkmal strafschärfend wirkt und nicht rein deklaratorischen oder strafbarkeitseinschränkenden Charakter hat.

Die überzeugenderen Argumente sprechen dafür, dass § 13 Abs. 1 StGB strafbarkeitsbegründenden bzw. -schärfenden Charakter hat, sodass sich die Vorschrift am Maßstab des Art. 103 Abs. 2 GG messen lassen muss.

C. Grundlagen des Gesetzlichkeitsprinzips

Um § 13 Abs. 1 StGB am Maßstab des Art. 103 Abs. 2 GG messen zu können, muss dieser Maßstab zunächst gebildet werden. Dazu werden die Grundlagen des Gesetzlichkeitsprinzips im Allgemeinen und die des Bestimmtheitsgebots im Besonderen untersucht. Als Erstes wird ein kurzer Überblick über die historische Entwicklung des Grundsatzes gegeben, bevor im Anschluss untersucht wird, welcher Sinn und Zweck dem Gesetzlichkeitsprinzip zugrunde liegt und wie dieser durch das Bestimmtheitsgebot verwirklicht werden kann. Danach wird dargelegt, welche Anforderungen das Bestimmtheitsgebot an die Normen des Allgemeinen Teils stellt, um abschließend prüfen zu können, ob § 13 Abs. 1 StGB im Hinblick auf das rechtliche Einstehenmüssen diesen Anforderungen genügt, folglich verfassungsgemäß ist.

---

[261] Siehe auch *Bergmann*, Vertragswidriges Unterlassen, S. 206 ff.; *Güntge*, Begehen durch Unterlassen, S. 123 f.

I. Historische Entwicklung des nullum crimen-Grundsatzes

Die Entstehung des nullum crimen-Grundsatzes geht zurück bis in die Zeit der Aufklärung.[262] In Europa finden sich die ersten geschriebenen Fassungen zum Gesetzlichkeitsprinzip in § 1 des Allgemeinen Gesetzes über Verbrechen und derselben Bestrafung von 1787 (Josephina), in den Art. 5, 7 und 8 der *Déclaration des Droit de l'Homme et du Citoyen* von 1789 und im *Allgemeinen Landrecht für die Preußischen Staaten* von 1794.[263] Im Jahr 1810 wurde der *code pénal* erlassen, der in Art. 4 eine ähnliche Formulierung enthielt.[264] In das Preußische Strafgesetzbuch (§ 2) wurde der Grundsatz des Gesetzlichkeitsprinzips 1851 überführt.[265] Mit Inkrafttreten zum 1. Januar 1871 wurde das Prinzip mit leicht abweichender Formulierung in § 2 des Strafgesetzbuchs des Norddeutschen Bundes (1870) übertragen.[266] Dieses StGB wurde anschließend ohne Änderung durch Gesetz vom 15. Mai 1871 mit Geltung zum 1. Januar 1872 zum Strafgesetzbuch des Deutschen Reichs erklärt.[267]

Mit Einführung des Art. 116 Abs. 1 WRV im Jahr 1919 erhielt der nullum crimen-Grundsatz schließlich auch Verfassungsrang.[268] Im Gegensatz zu § 2 Abs. 1 RStGB enthielt Art. 116 Abs. 1 WRV allerdings nicht die Formulierung „wenn die *Strafe* gesetzlich bestimmt war", sondern die Formulierung „wenn die *Strafbarkeit* gesetzlich bestimmt war".

64 Jahre nach Verabschiedung des Reichsstrafgesetzbuches wurde § 2 StGB mit Verkündung vom 5. Juli 1935 durch die Nationalsozialisten

---

262 Ausführlich dazu *Krey*, Keine Strafe, S. 12 ff. sowie *Schreiber*, Gesetz und Richter, S. 32 ff. Zu möglichen vorherigen Kodifikationen s. *Lutfullin*, Bestimmtheitsgebot, S. 21 f. und *Schreiber*, Gesetz und Richter, S. 17 ff.

263 § 9 des Zwanzigsten Teils des zweiten Teils lautete: „Handlungen und Unterlassungen, welche nicht in den Gesetzen verboten sind, können als eigentliche Verbrechen nicht angesehen werden, wenn gleich Einem oder dem Anderen daraus ein wirklicher Nachtheil entstanden seyn sollte."

264 „Nulle contravention, nul délit, nul crime, ne peuvent être punis de peines qui n'étaient pas prononcées par la loui avant qu'ils fussent commis."

265 „Kein Verbrechen, kein Vergehen und keine Uebertretung kann mit einer Strafe belegt werden, die nicht gesetzlich bestimmt war, bevor die Handlung begangen wurde."

266 „Eine Handlung kann nur dann mit einer Strafe belegt werden, wenn diese Strafe gesetzlich bestimmt war, bevor die Handlung begangen wurde."

267 Reichsgesetzbl. 1871 Nr. 24, S. 127.

268 Reichsgesetzbl. 1919 Nr. 152, S. 1405.

dahingehend geändert, dass eine Tat auch dann bestraft werden konnte, wenn diese „nach dem Grundgedanken eines Strafgesetzes und nach gesundem Volksempfinden Bestrafung verdient“.[269] Dieses Gesetz wurde 1946 durch Art. I KRG Nr. 11 durch die Alliierten aufgehoben. Bereits am 29.10.1945 wurde die Proklamation Nr. 3 (Grundsätze für die Umgestaltung der Rechtspflege) erlassen, die ebenfalls ein Gesetzlichkeitsprinzip vorsah.[270]

Mit der Einführung des Grundgesetzes im Jahr 1949 wurde Art. 103 Abs. 2 GG in seiner noch heute geltenden Fassung erlassen.[271] Durch das dritte Strafrechtsänderungsgesetz (Strafrechtsbereinigungsgesetz) vom 4. August 1953 wurde das Gesetzlichkeitsprinzip nunmehr in der mit Art. 103 Abs. 2 GG übereinstimmenden Fassung wieder in das Strafgesetzbuch aufgenommen.[272] § 2 Abs. 1 StGB und Art. 103 Abs. 2 GG lauteten sodann:

> „Eine Tat kann nur bestraft werden, wenn die Strafbarkeit gesetzlich bestimmt war, bevor die Tat begangen wurde.“

Dass § 2 Abs. 1 StGB nun – wie auch schon zuvor Art. 116 WRV und Art. 103 Abs. 2 GG – von *Strafbarkeit* und nicht mehr auch von *Strafe* spricht, sollte weder in tatsächlicher noch in rechtlicher Hinsicht einen Unterschied machen. Die Übernahme des Wortlautes von Art. 103 Abs. 2 GG diente lediglich dazu, „in diesem wichtigen Punkt eine einheitliche Fassung herzustellen.“[273] 1975 wurde die Regelung des § 2 Abs. 1 StGB in § 1 StGB überführt.[274] In der Normierung an vorderster Stelle des Strafgesetzbuches soll ein „Bekenntnis zum Rechtsstaat“[275] liegen; die Grundsätze der Rechtsklarheit und Rechtssicherheit sollen verwirklicht werden.[276] So heißt es in der Gesetzesbegründung, der Verfassungsgrundsatz „keine Strafe ohne Gesetz“ sei „eine[r] der Kernsätze rechtsstaatlichen Strafens überhaupt“[277] und seine Bedeutung „für das Strafrecht [...] so groß, daß auf seine Wiederholung an

---

269 Reichsgesetzbl. 1935 Nr. 70, S. 839.
270 Amtsblatt des Kontrollrats in Deutschland Nr. 1, S. 22.
271 BGBl. I 1949, S. 13.
272 BGBl. I 1953, S. 737.
273 BT-Drs. I/3713, S. 25; *v. Doemming/Füsslein/Matz*, Entstehungsgeschichte, S. 743.
274 BGBl. I 1975, S. 2, 9.
275 BT-Drs. III/2150, S. 97; IV/650, S. 101.
276 BT-Drs. III/2150, S. 97; IV/650, S. 101
277 BT-Drs. III/2150, S. 99; IV/650, S. 105.

hervorragender Stelle des Strafgesetzbuches […] nicht verzichtet werden“[278] könne.

II. Sinn und Zweck des Gesetzlichkeitsprinzips

Neben dieser Erklärung für die Hervorhebung des Gesetzlichkeitsprinzips an vorderster Stelle enthalten die Gesetzgebungsmaterialien nur wenige Ausführungen zu den Beweggründen und Prinzipien, die hinter diesem Grundsatz und seiner Einführungen stehen. Bis zur Normierung in Art. 116 Abs. 1 WRV wurde der Grundsatz immer wieder ohne weitere Erläuterungen in den unterschiedlichen Fassungen übernommen. Die Wiedereinführung des § 2 Abs. 1 StGB wird in den entsprechenden Gesetzgebungsmaterialien ebenfalls nicht näher thematisiert. Zu Art. 103 Abs. 2 GG heißt es lediglich, dass „alte bewährte Grundsätze […] wieder zu Ehren kommen“[279] sollen. Das NS-Regime habe auf dem Gebiet der „unabhängige[n], unpolitische[n] und rein sachlich eingestellte[n] Rechtspflege“ Vertrauen zerstört.[280] Diese Art der Rechtspflege sei aber „ein besonders wichtiges Erfordernis und zugleich eine unentbehrliche Bürgschaft des Rechtsstaats.“[281]

Da der Satz „nullum crimen, nulla poena sine lege“ auf *v. Feuerbach* zurückgeht,[282] sind zunächst die Ausführungen der Wissenschaft zu berücksichtigen, die sich zur Zeit der Aufklärung finden.[283] Allerdings wird dem Grundsatz auch heute noch eine außerordentliche Bedeutung beigemessen,[284] wobei unterschiedliche Anknüpfungspunkte und Begründungsansätze vertreten werden, die (nach wie vor) hauptsächlich auf den Gedanken sowohl des Rechtsstaats- als auch des Demokratieprinzips fußen. Sie werden zum Teil als eigenständige Ansätze, teilweise auch in Verbindung miteinander angeführt.

---

278 BT-Drs. III/2150, S. 100; IV/650, S. 106.

279 Bericht über den Verfassungskonvent auf Herrenchiemsee, S. 56; Entstehungsgeschichte der Artikel des Grundgesetzes, S. 666.

280 Bericht über den Verfassungskonvent auf Herrenchiemsee, S. 56.

281 Bericht über den Verfassungskonvent auf Herrenchiemsee, S. 56.

282 *V. Feuerbach*, § 23.

283 Näher dazu *Schreiber*, Gesetz und Richter, S. 53 ff.

284 AnwK-*Gaede* § 1 StGB Rn. 1: Art. 103 Abs. 2 GG als zentrale Grundlage individueller Freiheit.

Zudem musste sich das *Bundesverfassungsgericht* immer wieder mit Fragen zum Anwendungsbereich und zum Gewährleistungsgehalt befassen.[285]

1. Freiheitsgewährleistung

Das Zeitalter der Aufklärung war dadurch geprägt, dass der Mensch als freies, vernunftgeprägtes Subjekt wahrgenommen wurde. Die Sicherung der individuellen Freiheit rückte in den Mittelpunkt der staatlichen Ordnung.[286] In der immer stärker vom Recht geprägten Gesellschaft sollte jeder Einzelne frei in seinem Handeln sein.[287] Diese Stärkung der gesetzlichen Ordnung diente der Abkehr von Irrationalität und Willkür; die Sicherung von Recht und Freiheit wurde handlungsleitend.[288]

Die Sicherung dieser individuellen Freiheit sollte durch verbindliche, allgemeine und gesetzlich festgeschriebene Regelungen erfolgen.[289] Das Gesetz wurde zum Garanten dieser Freiheit,[290] das *Straf*gesetz erweise sich als „Magna Charta des Verbrechers".[291] Durch Gesetze sollten die Zugriffsmöglichkeiten des Staates auf den Bürger auf die Fälle beschränkt werden, die vom Gesetz auch tatsächlich erfasst wurden. Der Respekt vor der Würde des Menschen und seinen Fähigkeiten, eigenverantwortlich zu entscheiden, wie er handeln möchte, gebiete es, dass die staatliche Reaktion auf das Verhalten des Einzelnen für diesen vorhersehbar und berechenbar ist.[292]

---

285 Eine ausführliche Aus- und Bewertung der Rechtsprechung des Bundesverfassungsgerichts zum Bestimmtheitsgebot findet sich bei *Krahl*, Rechtsprechung des BVerfG sowie bei *Lutfullin*, Bestimmtheitsgebot, S. 35 ff.

286 *Albrecht*, Garantenstellungen, S. 142; *Dannecker*, in: FS Otto 2007, S. 25, 30; *Jescheck* ZStW 1968 (80), 54, 55; *Krahl*, Rechtsprechung des BVerfG, S. 14; *Sax*, in: Die Grundrechte, S. 993 f. Ausführlich dazu *Krey*, Keine Strafe, S. 12 ff, 41.

287 *Krahl*, Rechtsprechung des BVerfG, S. 11; *Sanchez*, in: Gesetzlichkeit und Strafrecht, S. 56.

288 *Krey*, Keine Strafe, S. 3, 137; *Schürmann*, Unterlassungsstrafbarkeit, S. 171 f.; *Seebode*, in: FS Spendel 1992, S. 317, 318; BVerfGE 64, 389, 394.

289 *Krey*, Keine Strafe, S. 41; *Sanchez*, in: Gesetzlichkeit und Strafrecht, S. 56; *Schreiber*, Gesetz und Richter, S. 230 f.

290 *Böhm*, Garantenpflichten, S. 111; *Krahl*, Rechtsprechung des BVerfG, S. 17.

291 Die Bezeichnung geht zurück auf *v. Liszt*; siehe dazu *Jimenez de Asúa* ZStW 1951 (63), 166, 197 und *Grünwald* ZStW 1964 (76), 1, 11; *Schünemann*, Nulla poena, S. 1. AnwK-*Gaede* § 1 StGB Rn. 1 und SK-*Jäger* § 1 StGB Rn. 2: „Magna Charta des Bürgers".

292 *Krey*, Keine Strafe, S. 3; *Ortiz de Urbina Gimeno*, in: Gesetzlichkeit und Strafrecht, S. 88.

a. *Fragmentarischer Charakter des Strafrechts*

Der freiheitswahrende Charakter des Strafrechts bedinge, dass das Strafrecht als ultima ratio[293] nicht alle sozialwertwidrigen Verhaltensweisen, d. h. nicht jedes Unrecht erfasst, sondern fragmentarischen Charakter aufweise.[294] Die Sanktion der Strafe stelle einen „gravierenden sozialethischen Tadel“ dar, und müsse daher „auf rechtswidrige Verhaltensweisen beschränkt [werden], die einen solchen sozialethischen Tadel oder Vorwurf verdienen.“[295] Es müsse sich bei den sanktionierten Verhaltensweisen um sozial unerträgliche, nicht nur um beliebige rechtswidrige Verhaltensweisen handeln,[296] die auf andere Weise als mit dem Strafrecht nicht nachhaltig unterbunden werden können.[297] Das folge auch daraus, dass mit dem Tadel der strafrechtlichen Sanktion der „Wert- und Achtungsanspruch der Normunterworfenen“ und damit das Allgemeine Persönlichkeitsrecht in besonderer Weise betroffen

---

293 Siehe zum ultima-ratio-Prinzip im Strafrecht und seinem fragmentarischen Charakter mit weitreichenden Prärogativen für den Gesetzgeber auch BVerfGE 17, 306, 313 f.; 39, 1, 46 f.; 73, 206, 247, 253; 88, 203, 258; 120, 224, 256; BGH StV 2016, 212, 215 f.; *Gärditz* JZ 2016, 641, 642; krit. dazu *Frisch* NStZ 2016, 16, 23.

294 BVerfGE 88, 203, 258; 96, 11, 25; *Bott/Krell* ZJS 2010, 694; *Kamberger*, Treu und Glauben, S. 209 f.; *Krahl*, Rechtsprechung des BVerfG, S. 28 ff.; *Krey*, Keine Strafe, S. 64; LK-*Dannecker/Schuhr* § 1 StGB Rn. 181; *Landau* ZStW 2009 (121), 965, 971 f.; *Lemmel*, Unbestimmte Strafbarkeitsvoraussetzungen, S. 194; Matt/Renzikowski-*Basak* § 1 StGB Rn. 1; *Rudolphi*, Gleichstellungsproblematik, S. 94. Ausführlich und differenzierend *Hefendehl* JA 2011, 401; *Maiwald*, in: FS Maurach 1972, S. 9.

295 *Frisch* NStZ 2016, 16, 23; so auch BVerfGE 88, 203, 258; 96, 11, 25; *Betghe*, in: FS Stern 2012, S. 295, 300, 302; *Gärditz* JZ 2016, 614, 642; *Kamberger*, Treu und Glauben, S. 209; *Mayer*, in: Materialien Strafrechtsreform, 1. Band, S. 259, 273; *Hamm* NJW 2016, 1537, 1541. Zur Eingrenzung und der daraus folgenden Auslagerung des Ordnungswidrigkeitenrechts m. w. N. Lackner/Kühl/*Heger* Vor § 13 StGB Rn. 3 f., 5.

296 *Bärwinkel*, Struktur der Garantieverhältnisse, S. 95; *Bott/Krell* ZJS 2010, 694; *Frisch* NStZ 2016, 16, 24; *Grünewald*, Zivilrechtliche Garantenpflichten, S. 131 f; m. w. N. *Krahl*, Rechtsprechung des BVerfG, S. 30.; *Lemmel*, Unbestimmte Strafbarkeitsvoraussetzungen, S. 194; *Maiwald*, in: FS Maurach 1972, S. 9, 11, 20 ff.; *Rudolphi*, Gleichstellungsproblematik, S. 94; *v. Coelln*, Rechtliches Einstehenmüssen, S. 138. Siehe auch Vgl. auch die Inzest-Entscheidung des BVerfGE 120, 224, 239: sozialschädlich und für das geordnete Zusammenleben der Menschen unverträglich, Verhinderung daher besonders dringlich. Krit. dazu *Roxin* StV 2009, 544, 545 f. Vgl. auch BVerfGE 123, 267, 410.

297 NK-*Neumann/Saliger* Vor § 1 StGB Rn. 72.

ist, sodass an die strafrechtliche Sanktion bzw. an die Verhältnismäßigkeit des Grundrechtseingriffs durch die strafrechtliche Sanktion besonders hohe Rechtfertigungsanforderungen zu stellen und die Eingriffe in die Freiheitssphäre des Einzelnen möglichst gering zu halten sind.[298]

Zur Gewährleistung dieses fragmentarischen Charakters sei erforderlich, dass die Grenzen der Strafbarkeit klar erkennbar sind. Der fragmentarische Charakter des Strafrechts sei Teil der Ratio des Gesetzlichkeitsprinzips und eng mit dem Freiheitsschutzgedanken verknüpft.[299] Er erfordere, dass Gesetze bestimmt sind, damit die Strafbarkeitsgrenzen klar zu identifizieren sind – das gelte gerade in einer pluralistischen Gesellschaft, in der jeder Einzelne unterschiedlich beurteilt, welche Verhaltensweisen sozialschädlich sind und deshalb strafbar sein sollten und welche nicht.[300] Welcher dieser verschiedenen Auffassungen der Gesetzgeber den Vorzug gewähren möchte, müsse für den Bürger nachvollziehbar sein. Daher müsse eindeutig zu erkennen sein, welches Verhalten der Gesetzgeber bei Strafe verbieten oder gebieten möchte, dass also nicht „alles Unmoralische, Sozialwidrige strafbar“ ist.[301] Insbesondere hinsichtlich des Bestimmtheitsgebotes führt *Krahl* überzeugend aus, dass ein „ungenaues Strafrecht […] zu einer ständigen Erweiterung des Bereichs strafbaren Handelns führen und so den fragmentarischen Charakter aufheben“ würde.[302]

---

[298] *Hefendehl* JA 2011, 401, 404 ff.; *Helwig* DRiZ 2017, 92, 94 f.; so auch *Frisch* NStZ 2016, 16, 17, 24; *Gärditz* JZ 2016, 641, 642; *Jahn/Brodowski* JZ 2016, 969, 975 f.; *Kamberger*, Treu und Glauben, S. 210; *Schuchmann*, in: Strafrecht und Politik, S. 31, 38. Siehe auch BVerfGE 39, 1, 47. Zu einer mangelnden Durchsetzung in der Praxis des BVerfG siehe *Gaede*, Steuerbetrug, S. 317 ff. Siehe auch BVerfGE 90, 145, 185; 92, 277, 326; 96, 11, 25.

[299] *Krahl*, Rechtsprechung des BVerfG, S. 30 f. Ohne weitere Begründung ebenfalls heranziehend *Seebode*, in: FS Spendel 1992, S. 317, 321. So auch *Albrecht*, Garantenstellungen, S. 141; *Basak*, in: Strafrecht und Verfassung, S. 71, 81, 86; *Gärditz* JZ 2016, 641, 642; *Hefendehl* JA 2011, 401, 403; *Heinrich*, Strafschärfungen, S. 67; *Helwig* DRiZ 2917, 92; *Jahn/Brodowski* JZ 2016, 969, 976: Grundrecht auf Freiheit von Sanktionierung; MK-*Freund* Vor § 13 StGB Rn. 32, 59.

[300] *Kamberger*, Treu und Glauben, S. 212; *Schürmann*, Unterlassungsstrafbarkeit, S. 192.

[301] *Krahl*, Rechtsprechung des BVerfG, S. 31; *Krey*, Keine Strafe, S. 64; *Landau* ZStW 2009 (121), 965, 972; *Lemmel*, Unbestimmte Strafbarkeitsvoraussetzungen, S. 194. Wohl auch LK-*Dannecker/Schuhr* § 1 StGB Rn. 181, 239 und Schönke/Schröder-*Hecker* § 1 StGB Rn. 25.

[302] *Krahl*, Rechtsprechung des BVerfG, S. 31.

b. *Vorhersehbarkeit staatlichen Strafens*

Zur Gewährleistung der Vorhersehbarkeit der staatlichen Reaktion auf ein Verhalten des Einzelnen sei erforderlich, dass die Grenze zwischen erlaubtem und verbotenem Verhalten klar erkennbar ist.[303] Nur dann könne der Bürger im Vorhinein erfassen, innerhalb welcher Grenzen er eine mögliche Strafbarkeit vermeiden kann.[304] Erst, wenn die rechtlichen Folgen des Handelns klar erkennbar sind, könne der Einzelne wirklich frei und sicher vor willkürlicher, unabsehbarer staatlicher Reaktion entscheiden, wie er handeln möchte.[305] Dadurch werde „eine auf Planung und Voraussicht beruhende Lebensführung ermöglicht."[306]

Weil die Ausübung der individuellen Freiheit bis an die äußerste Grenze des Strafbaren möglich sein müsse und um diese Grenze erkennen zu können, sei ein hinreichend bestimmtes Strafgesetz erforderlich.[307] Die jeweiligen Normen müssten eine verlässliche Auskunft darüber geben, an welchem Punkt die staatliche Strafgewalt beginnt bzw. endet. Allein solche Gesetze könnten dem Bürger die nötige Orientierung geben und den Freiheitsraum gegen Eingriffe des Staates absichern.[308] Nur so könne der Bürger klar und deutlich erkennen, welches Verhalten mit Strafe bedroht ist und welches nicht, also „innerhalb welcher Grenzen er ruhig und sicher leben könne."[309] Eine unbestimmte Norm würde die Grenze zwischen Freiheit und strafbarem Tun, d. h. das Strafbarkeitsrisiko, nicht erkennen lassen und könne somit ihre Orientierungsfunktion nicht erfüllen.[310] Weder der Bürger könne erkennen, unter welchen Voraussetzungen sein Verhalten (noch) erlaubt

---

303 BT-Drs. IV/650, S. 101; BeckOK-*v. Heintschel-Heinegg* § 1 StGB Rn. 1; *Krey*, Keine Strafe, S. 89; S/S/W-*Satzger* § 1 StGB Rn. 2, 19.

304 AnwK-*Gaede* § 1 StGB Rn 19; *Grünwald* ZStW 1964 (76), 1, 11; *Krahl*, Rechtsprechung des BVerfG, S. 17.

305 BVerfGE 85, 69, 72 f.; 87, 363, 391; AnwK-*Gaede* § 1 StGB Rn. 1; *Kirsch*, Geltung des Gesetzlichkeitsprinzips, S. 68; *Krahl*, Rechtsprechung des BVerfG, S. 17 f.; Schmidt-Bleibtreu/Hofmann/Henneke-*Schmahl* Art. 103 GG Rn. 66; *Wolff*, in: Handbuch Grundrechte V § 143 Rn 13 f.

306 *Schreiber*, Gesetz und Richter, S. 231.

307 *Fischer* § 1 StGB Rn. 4.

308 *Kuhlen*, in: Gesetzlichkeit und Strafrecht, S. 431; *ders*., in: Gesetzlichkeitsprinzip im Strafrecht, S. 54 f.; S/S/W-*Satzger* § 1 StGB Rn. 19.

309 *Krahl*, Rechtsprechung des BVerfG, S. 17.

310 BVerfGE 113, 273, 308; MK-*Schmitz* § 1 StGB Rn 47.

ist noch der Rechtsanwender, sodass die staatliche Reaktion respektive die Rechtsanwendung nicht mehr sicher vorhergesehen werden könne.[311]

Damit einher gehe ebenfalls ein Verbot rückwirkender Strafgesetze.[312] Ein Gesetz, das erst nach Begehung der Tat erlassen wird, könne dem Bürger nicht als Orientierungspunkt dienen – er hätte sein Verhalten nicht am Gesetz ausrichten können, da er das Verbot zum Zeitpunkt der Tatbegehung schlicht nicht kennen konnte.[313]

Der Stellung als freiverantwortlichem Subjekt könne ein Staat zudem nur gerecht werden, wenn die Handlungsfreiheit der Rechtsanwendung so weit wie möglich eingeschränkt wird.[314] Diese Einschränkung werde dadurch erreicht, dass auch der Judikative durch hinreichend bestimmte Gesetze die Strafbarkeitsgrenzen deutlich aufgezeigt werden.[315] Diese Grenzen dürften die Gerichte nicht überschreiten, da ansonsten die Rechtsanwendung nicht nachprüfbar und verlässlich wäre – die Gleichheit vor dem Gesetz und damit der Schutz vor Willkür könne dann nicht mehr gewährleistet werden.[316] Nur durch eine enge Bindung der Strafgewalt an abstrakt-generelle Regelungen könne verhindert werden, dass die Rechtsanwendung sich von im Einzelfall aufkommender sittlicher Entrüstung und Emotionen sowie einem individuellen Rechtsgefühl leisten lässt, wodurch die richterliche Entscheidung im Vorhinein nicht voraussehbar wäre.[317] Daher sei ein Gesetzgeber nötig, der die Entscheidung über die Strafwürdigkeit eines Verhaltens in Distanz von

---

311 *Lenckner* JuS 1968, 249, 252.; *Krahl*, Rechtsprechung des BVerfG, S. 23.

312 Näher dazu *Krey*, Keine Strafe, S. 54 ff.

313 BVerfGE 95, 96, 131; 113, 273, 308; *Grünwald* ZStW 1964 (76), 1, 13; *Henckel* HRRS 2018, 273, 276; SK-*Jäger* § 1 StGB Rn. 2.

314 *Krahl*, Rechtsprechung des BVerfG, S. 22 f.; *Krey*, Studien zum Gesetzesvorbehalt, S. 213; *ders.*, Keine Strafe, S. 137; NK-*Kargl* § 1 StGB Rn. 70 f.

315 *Krahl*, Rechtsprechung des BVerfG, S. 22 f.; *Krey*, Studien zum Gesetzesvorbehalt, S. 213; *ders.*, Keine Strafe, S. 137; NK-*Kargl* § 1 StGB Rn. 14, 71; *Roxin/Greco* AT/I § 5 Rn. 1; *Schreiber*, Gesetz und Richter, S. 230 f.

316 *Böhm*, Garantenpflichten, 111, 119; *Grünwald* ZStW 1964 (76), 1, 2; *Krahl*, Rechtsprechung des BVerfG, S. 26 f., 348; *Lenckner* JuS 1968, 249, 252; *Ortiz de Urbina Gimeno*, in: Gesetzlichkeit und Strafrecht, S. 87, 89; *Roxin/Greco* AT/I § 5 Rn. 19; *Schreiber*, Gesetz und Richter, S. 230 f.; *Seebode*, in: FS Spendel 1992, S. 317, 319, 321; *Wolff*, in: Handbuch Grundrechte V § 134 Rn. 87.

317 *Frister*, Kapitel 4 Rn. 5; *Grünwald* ZStW 1964 (76), 1, 14; *Jescheck*, AT^4, S. 120; *Kamberger*, Treu und Glauben, S. 186; LK-*Dannecker/Schuhr* § 1 StGB Rn. 54, 114; SK-*Jäger* § 1 StGB Rn. 2.

Einzelfällen trifft.[318] Dafür wird ein die Grenzen des Strafbaren „genau fixierender Obersatz“ gefordert.[319] Aus dem Gedanken der Freiheitsgewährleistung folge dementsprechend auch ein Verbot von Analogie und Gewohnheitsrecht, da ansonsten die Bindung der Rechtsanwendung an Gesetze zwecklos wäre.

Etwas differenzierter argumentiert in jüngerer Vergangenheit *Lemmel*, wenn er anmerkt, dass „kaum ein Laie [...] je den Gesetzestext in den Händen gehabt haben“ dürfte und das Gesetz für den Verbrecher „viel zu kompliziert“ sei, um sich im Strafgesetzbuch zurecht zu finden.[320] Das Gesetz erfülle daher die „ihm zugedachte Rolle als Informationsmittel“ grundsätzlich nicht.[321] Dass dem Bürger aber die Grenzen des Strafrechts dennoch regelmäßig bekannt sind, liege an „rechtlich bedeutsame[n] Imperative[n]“, unter denen sich alle Vorschriften befinden, die eine gesellschaftliche Ordnung ausmachen, so zum Beispiel moralische und religiöse Gebote.[322] Allerdings erkennt er an, dass die Rechtsordnung dennoch Bedeutung für die sog. Kulturnormen habe, da „die elementarsten Ge- und Verbote des Strafgesetzes [...] als sozialethische Minimalforderungen auch im gesellschaftlichen Bewußtsein fest verankert“ seien.[323] Da sich der Bürger also nicht unmittelbar am Gesetz orientieren könne, liege die Bedeutung des Gesetzlichkeitsprinzips nicht in der Vorhersehbarkeit im Sinne eines Vertrauensschutzes.[324] Den Hauptgrund für Art. 103 Abs. 2 GG sieht *Lemmel* im Schutz vor willkürlicher Bestrafung. Dazu sei das Strafgesetz auch geeignet, da es „den Rahmen für die Strafrechtspflege“ bilde und insoweit zumindest „zu einer groben Vorzeichnung der Rechtsprechung“ geeignet sei.[325]

---

318 *Grünwald* ZStW 1964 (76), 1, 14; *Lemmel*, Unbestimmte Strafbarkeitsvoraussetzungen, S. 131.

319 *Krahl*, Rechtsprechung des BVerfG, S. 27; ebenso *Jescheck*, AT^4, S. 115; *Schreiber*, Gesetz und Richter, S. 230 f.

320 *Lemmel*, Unbestimmte Strafbarkeitsvoraussetzungen, S. 78, 101, 150. Dagegen Dürig/Herzog/Scholz-*Remmert* Art. 103 Abs. 2 GG Rn. 120: entscheidend sei die Möglichkeit, die Rechtslage überhaupt kennen zu können.

321 *Lemmel*, Unbestimmte Strafbarkeitsvoraussetzungen, S. 150.

322 *Lemmel*, Unbestimmte Strafbarkeitsvoraussetzungen, S. 151.

323 *Lemmel*, Unbestimmte Strafbarkeitsvoraussetzungen, S. 151 f.

324 *Lemmel*, Unbestimmte Strafbarkeitsvoraussetzungen, S. 155. Siehe auch S. 156: „Vertrauensschutz und Vorhersehbarkeit, wie sie der Aufklärung vorschwebten, erscheinen uns als Utopie“. Ähnlich *Heinrich*, Strafschärfungen, S. 55.

325 *Lemmel*, Unbestimmte Strafbarkeitsvoraussetzungen, S. 157 f.

Daneben findet sich in der Literatur die Anmerkung, dass aus der Forderung nach der Vorhersehbarkeit staatlichen Strafens nicht zwangsläufig die Bestimmtheit von Gesetzen folgen würde: Die Vorhersehbarkeit wäre auch erreicht, wenn die Handlung nicht gegen das Gesetz, sondern gegen „die allgemeinen von den zivilisierten Völkern anerkannten Rechtsgrundsätze“[326] verstoße.[327] Die Vorhersehbarkeit und das damit einhergehende Vertrauen auf Straflosigkeit würden zudem auch in den Fällen nicht überzeugen, in denen offensichtlich ist, dass das Verhalten Unrecht darstellt, da dann ein solches Vertrauen auf die Straflosigkeit in nicht vom Gesetz ausdrücklich erfasste Fälle nicht enttäuscht werden könne, sodass zumindest das Analogieverbot nicht mit dem Vorhersehbarkeitsgrundsatz begründet werden könne. Der Täter sei insoweit nicht schutzwürdig.[328]

Das *Bundesverfassungsgericht* hebt in seinen Entscheidungen zum Gesetzlichkeitsprinzip regelmäßig hervor, jedermann solle „vorhersehen können, welches Handeln [verboten und] mit welcher Strafe bedroht ist, und sein Verhalten entsprechend einrichten können. Welches Verhalten mit Strafe bedroht ist, [ließe] sich aber dann nicht vorhersehen, wenn das Gesetz einen Straftatbestand zu unbestimmt fasst.“[329] Die individuelle Freiheit würde sich „ohne eine solche verlässliche Orientierung [...] nicht zu entfalten [vermögen]: Wer mit einer unvorhersehbaren rückwirkenden Änderung von Strafnormen rechnen [müsse, könne] seine Handlungsfreiheit nicht mehr mit der nötigen Sicherheit ausüben und verliert in einem der grundrechtssensibelsten Bereiche seine Stellung als selbstverantwortliches Subjekt.“[330] Der *Bundesgerichtshof* hat sich diesen Ausführungen angeschlossen.[331]

c. Bewertung

Wenn nicht von Anfang an klar geregelt ist, welches Verhalten die Gesellschaft *nur* missbilligt, nicht aber mit staatlicher Strafe verknüpft wissen will, können die Bürger ihre Persönlichkeit nicht frei entfalten und ihre Freiheit nicht

---

326 So der Wortlaut von Art. 7 EMRK.
327 *Schröder* JZ 1969, 775, 776.
328 *Grünwald* ZStW 1964 (76), 1, 12 f.; *Heinrich*, Strafschärfungen, S. 53.
329 St. Rspr. BVerfGE 14, 245, 252; 26, 41, 42; 28, 175, 183; 41, 314, 319; 143, 38, 53.
330 BVerfGE 113, 273, 308.
331 BGHSt 61, 1, 12; 61, 110, 126; 63, 29, 36; BGH StV 2016, 212, 214 f.

frei ausgestalten. Der fragmentarische Charakter des Strafrechts verliert an Bedeutung, wenn die Grenze zwischen sozialwertwidrigem und strafwürdigem Verhalten nicht klar erkennbar ist. Das gilt besonders in unserer heutigen pluralistisch geprägten Gesellschaft. Das Gesetz als Richtpunkt für die Unterscheidung zwischen unmoralischem und strafbarem Verhalten ist unerlässlich, da es *die* Moral nicht gibt.[332]

Überzeugend ist daher die Argumentation, dass die Freiheit des Einzelnen, seine Persönlichkeit nach seinen Interessen entfalten zu können und vor der Willkür des Staates geschützt zu werden, nur darüber gesichert werden kann, dass dem Einzelnen die Grenze des Erlaubten klar erkennbar vorgegeben wird. Dass nur durch die Bindung der rechtsprechenden und ausführenden Gewalt an das Gesetz die Freiheit des Einzelnen gewährleistet werden kann, überzeugt ebenfalls. Die staatliche Macht kann lediglich auf die Fälle der Freiheitsbeschränkung begrenzt werden, die für das gesellschaftliche Zusammenleben abstrakt-generell elementar sind, wenn das strafbare Verhalten sich eindeutig aus dem Gesetz ergibt, die Gesetze folglich hinreichend bestimmt formuliert sind. Der rechtsprechenden und auslegenden Gewalt sind dann ausreichend Grenzen gesetzt, nicht selbst und erst im Nachhinein darüber zu entscheiden, welches Verhalten mit Strafe bedroht ist und welches nicht. Dagegen spricht auch nicht, dass dem Gesetzgeber ein weiter Spielraum hinsichtlich der Entscheidung über die Bestrafung einzelner Verhaltensweisen zukommt: Aufgrund des intensiven Eingriffs in die allgemeine Handlungsfreiheit und besonders das Allgemeine Persönlichkeitsrecht muss – in Abgrenzung zu in der Regel leichteren Eingriffen über das Zivil- und Ordnungswidrigkeitenrecht – deutlich werden, auf welche Verhaltensweisen sich der Gesetzgeber bezieht.[333] Das kann nur gewährleistet werden, wenn das Gesetz selbst Auskunft darüber gibt, welche Verhaltensweisen erfasst sind und welche nicht.

Dass es bei Art. 103 Abs. 2 GG maßgeblich (auch) um die Sicherung der individuellen Freiheit und den rechtsstaatlichen Schutz des Normadressaten vor willkürlicher staatlicher Reaktion geht, ergibt sich zudem daraus, dass

---

332 So auch *Schürmann*, Unterlassungsstrafbarkeit, S. 192.

333 Siehe dazu auch *Schuchmann*, in: Strafrecht und Politik, S. 31, 38.

die Verletzung von Art. 103 Abs. 2 GG gemäß Art. 93 Abs. 1 Nr. 4a GG mit der Verfassungsbeschwerde gerügt werden kann.[334]

2. Demokratieprinzip

Weil der Staat mithilfe des Strafrechts in die Freiheit des Einzelnen eingreift und dieser Eingriff den wohl intensivsten in die Grundrechte darstellt, sei (zudem) erforderlich, dass die Entscheidung über die Strafwürdigkeit eines Verhaltens nur das Organ trifft, das durch das Volk unmittelbar demokratisch legitimiert ist.[335] Über diese unmittelbar demokratische Legitimation verfügt allein das Legislativorgan, also der parlamentarische Gesetzgeber.[336] Folglich sei nur dieser dazu befugt, die abstrakt-generelle Entscheidung über die Strafbarkeit eines Verhaltens zu treffen und entsprechende Normen zu erlassen.[337] Staatliche Eingriffe in die Freiheit des Einzelnen dürften ausschließlich durch Gesetze erfolgen,[338] „den Gerichten [sei] es verwehrt, [...] Entscheidungen [des Gesetzgebers] zu korrigieren."[339] Art. 103 Abs. 2 GG enthalte insoweit „einen strengen Gesetzesvorbehalt, der es der vollziehenden

---

334 So auch *Krey*, Studien zum Gesetzesvorbehalt, S. 210; MK-*Schmitz* § 1 StGB Rn. 6; *Schürmann*, Unterlassungsstrafbarkeit, S. 151.

335 BVerfGE 95, 96, 131; 126, 170, 194; BGHSt 59, 218, 221; *Albrecht*, Garantenstellungen, S. 144 f.; BeckOK/GG-*Radtke* Art. 103 GG Rn. 23; *Böhm*, Garantenpflichten, S. 13 f.; *Grünwald* ZStW 1964 (76), 1, 13 f.; *Kirsch*, Geltung des Gesetzlichkeitsprinzips, S. 60; *Krey*, Studien zum Gesetzesvorbehalt, S. 211 f.; LK-*Dannecker/Schuhr* § 1 StGB Rn. 55; Maunz/Dürig-*Schmidt-Aßmann* Art. 103 Abs. 2 GG Rn. 180; *Ortiz de Urbina Gimeno*, in: Gesetzlichkeit und Strafrecht, S. 87 f.; *Roxin/Greco* AT/I § 5 Rn. 20; *Sangenstedt*, Garantenstellung, S. 88; *Schürmann*, Unterlassungsstrafbarkeit, S. 172; *Seebode*, in: FS Spendel 1992, S. 317, 319.

336 BVerfGE 47, 109, 120; 95, 96, 131; 143, 38, 53; *Grünwald* ZStW 1964 (76), 1, 14 f.; Hömig/*Wolff* Art. 103 GG Rn. 15; *Kirsch*, Geltung des Gesetzlichkeitsprinzips, S. 60; *Krey*, Studien zum Gesetzesvorbehalt, S. 211; *ders.*, Keine Strafe, S. 131; Sachs-*Degenhart* Art. 103 GG Rn. 63; *Schünemann*, Nulla poena, S. 9 f.

337 BVerfGE 71, 108, 114; 105, 135, 153; 143, 38, 53; AnwK-*Gaede* § 1 StGB Rn. 2; *ders.*, Steuerbetrug, S. 444; *Grünwald* ZStW 1964 (76), 1, 15; *Krey*, Studien zum Gesetzesvorbehalt, S. 214; NK-*Kargl* § 1 StGB Rn. 71; Schmidt-Bleibtreu/Hofmann/Henneke-*Schmahl* Art. 103 GG Rn. 58.

338 AnwK-*Gaede* § 1 StGB Rn. 1; BeckOK-*v. Heintschel-Heinegg* § 1 StGB Rn. 11; *Dannecker*, in: FS Otto 2007, S. 25, 30; *Kuhlen*, in: FS Otto 2007, S. 89, 90; *Krey*, Studien zum Gesetzesvorbehalt, S. 211.

339 BVerfGE 71, 108, 115 f.; 73, 206, 236; 92, 1, 13; 126, 170, 197; BVerfG NJW 2007, 1666; 2008, 3627, 3628; 2018, 3091; NVwZ 2019, 1509.

und der rechtsprechenden Gewalt verwehrt, über die Voraussetzungen einer Bestrafung [...] selbst zu entscheiden."[340] Das Gesetzlichkeitsprinzip diene demnach (auch) der Stärkung und dem Schutz der Demokratie.

Da der Gesetzgeber jedoch nur die abstrakte Entscheidung über die Strafwürdigkeit trifft und im Einzelfall Judikative und Exekutive entscheiden, müssten auch deren Entscheidungen demokratisch legitimiert sein. Diese Legitimation ergebe sich daraus, dass Judikative und Exekutive in ihren Entscheidungen insoweit begrenzt sind, als sie sich an die von dem Gesetzgeber erlassenen Gesetze halten müssen und an diese gebunden sind.[341] Sollen Judikative und Exekutive an das Gesetz gebunden sein, müssten die Strafgesetze aber hinreichend bestimmt formuliert sein, damit der rechtsprechenden und ausführenden Gewalt nicht Tür und Tor für eine eigenständige Rechtssetzung geöffnet ist.[342] Die Grenze strafbaren Verhaltens müsse aus dem Gesetz konkret hervorgehen.[343] Das Demokratieprinzip enthalte damit die Forderung nach einem Verbot von Analogie und Gewohnheitsrecht sowie das Gebot der Gesetzesbestimmtheit.[344]

Bestandteil des Demokratieprinzips sei zudem die Begrenzung und Kontrolle der staatlichen Macht durch die Gewaltenteilung.[345] Die Sicherung der individuellen Freiheit erfordere nicht nur ein zum Erlass von Gesetzen legitimiertes Organ, sondern auch eine strikte Trennung der richterlichen von

---

340 BVerfGE 71, 108, 114; 73, 206, 235; 75, 329, 341; 87, 209, 224. Siehe auch mit ähnlichen Formulierungen BVerfGE 92, 1, 12; 126, 170, 194; 143, 38, 53; BVerfG NJW 1998, 2589, 2590; 2008, 3627; vgl. auch BGH StV 2016, 212, 214 ff.

341 *Grünwald* ZStW 1964 (76), 1, 13 f.; *Jescheck*, AT[4], S. 115; *Krahl*, Rechtsprechung zum BVerfG, S. 19 f.; *Krey*, Studien zum Gesetzesvorbehalt, S. 210 f.; *Sanchez*, in: Gesetzlichkeit und Strafrecht, S. 55, 62; *Sangenstedt*, Garantenstellung, S. 87 f. *Schünemann*, Nulla poena, S. 10 f.

342 *Grünwald* ZStW 1964 (76), 1, 15, 18; *Krey*, Keine Strafe, S. 85, 138; *Roxin/Greco* AT/I § 5 Rn. 20; Schönke/Schröder-*Hecker* § 1 StGB Rn. 16.

343 BVerfGE 85, 69, 72 f.; 87, 363, 391; AnwK-*Gaede* § 1 StGB Rn. 2; *Krahl*, Rechtsprechung des BVerfG, S. 253.

344 BVerfG NJW 2018, 3091 f.; NVwZ 2019, 1509; *Böhm*, Garantenpflichten, S. 14; *Frister*, Kapitel 4 Rn. 7, 11; *Jescheck*, AT[4], S. 120; *Schünemann*, Nulla poena, S. 17, 23, 29; Stern/Becker-*Brüning* Art. 103 GG Rn. 57.

345 *Krahl*, Rechtsprechung des BVerfG, S. 19, 253; *Krey*, Studien zum Gesetzesvorbehalt, S. 213.

der gesetzgebenden Gewalt.[346] Würden Rechtssetzung, Rechtsprechung und Gesetzesvollzug in einer Hand liegen, wäre die Macht der staatlichen Gewalt – der Strafjustiz – unerträglich, da der Strafrichter so befugt wäre, die Freiheit des Einzelnen durch eigene, willkürliche Entscheidungen einzuschränken und zu zerstören.[347] Daher sei es notwendig, dass die Richtermacht begrenzt wird und der Gesetzgeber allein die Festlegung der Strafbarkeitsgrenzen übernimmt und nicht der rechtsprechenden und ausführenden Gewalt überlässt.[348] Das könne nur durch die strikte Bindung der rechtsprechenden Gewalt an das Gesetz gewährleistet werden, weil das Gericht dann nicht die Befugnisse des Gesetzgebers übernehmen kann.[349] Erforderlich sei dafür, dass der Gesetzgeber die Grenzen der Strafbarkeit im Voraus hinreichend erkennbar und bestimmt festlegt, und dass es der rechtsprechenden Gewalt verwehrt bleibt, durch die Anwendung von Analogie und oder die Bildung von Gewohnheitsrecht nachträglich gewissermaßen Gesetze zu erlassen, zu erweitern oder zu verschärfen.[350] Das Gesetzlichkeitsprinzip sei insoweit „Handlungsanweisung an den Strafgesetzgeber und Handlungsbegrenzung für den Strafrichter zugleich."[351]

Diesem Ansatz wird insoweit widersprochen, als das Demokratieprinzip das Gesetzlichkeitsprinzip nur in Teilen tragen könne. Da auch rückwirkende

---

346 *Böhm*, Garantenpflichten, S. 14; *Krey*, Studien zum Gesetzesvorbehalt, S. 207; *ders.*, Keine Strafe, S. 13.

347 *Krahl*, Rechtsprechung des BVerfG, S. 19, 24; *Krey*, Studien zum Gesetzesvorbehalt, S. 207; *Roxin*, in: Gesetzlichkeitsprinzip im Strafrecht, S. 113, 115; *Schünemann*, Nulla poena, S. 29.

348 BGHSt 61, 1, 12; *Frister*, Kapitel 4 Rn. 10 f.; AnwK-*Gaede* § 1 StGB Rn. 2, 21; *Seebode*, in: FS Spendel 1992, S. 317, 321.

349 BVerfGE 64, 389, 393; 105, 135, 152; *Krahl*, Rechtsprechung des BVerfG, S. 19, 24; LK-*Dannecker/Schuhr* § 1 StGB Rn. 242; *Roxin/Greco* AT/I § 5 Rn. 19 f.; *Sanchez*, in: Gesetzlichkeit und Strafrecht, S. 55, 62.

350 BVerfGE 71, 108, 114; AnwK-*Gaede* § 1 StGB Rn. 2; *Frister*, Kapitel 4 Rn. 7, 11; *Kamberger*, Treu und Glauben, S. 186; *Kirsch*, Geltung des Gesetzlichkeitsprinzips, S. 68; *Krahl*, Rechtsprechung des BVerfG, S. 253; prägnant dazu *Lutfullin*, Bestimmtheitsgebot, S. 149: „Je bestimmter Strafgesetze gefasst sind, umso eher wird in der Regel der gesetzgeberische Wille durchgesetzt"; S/S/W-*Satzger* § 1 StGB Rn. 2; *Schünemann*, Nulla poena, S. 29; SK-*Jäger* § 1 StGB Rn. 2.

351 BVerfGE 105, 135, 153. Ebenso BVerfGE 75, 329, 340; *Krahl*, Rechtsprechung des BVerfG, S. 22 f.; NK-*Kargl* § 1 StGB Rn. 14, 70b; *Wolff*, in: Handbuch Grundrechte V § 143 Rn. 16.

Strafgesetze vom demokratisch legitimierten Gesetzgeber erlassen werden, könne ein Verstoß gegen das Demokratieprinzip hier nicht vorliegen. Zudem erkläre das Demokratieprinzip nicht, wieso die Anwendung von Gewohnheitsrecht und Analogie *zugunsten* des Täters möglich sein soll – hier fehlt gerade die Entscheidung des Gesetzgebers.[352]

Dieser Kritik muss entgegengehalten werden, dass es bei der Begrenzung der staatlichen Macht durch das Demokratieprinzip auch um die Gewährleistung der Freiheit und den Schutz der einzelnen Bürger vor der Machtfülle in der Hand des Staates geht.[353] Diese Aspekte werden nicht beeinträchtigt, wenn dem Täter ein Mehr an Handlungsmöglichkeiten eröffnet wird. Vor diesem Hintergrund lässt sich durchaus erklären, weshalb Analogie, Gewohnheitsrecht und auch rückwirkende Gesetze zugunsten des Täters möglich sind. Die Freiheit des Einzelnen wird nicht beschränkt, sondern erweitert.[354] Im Gegensatz dazu steht aber die Anwendung rückwirkender Gesetze zuungunsten des Täters. Mit Hilfe solcher Gesetze wird nachträglich in die Freiheitssphäre des Einzelnen eingegriffen und dieser gerade nicht vor staatlicher Willkür geschützt.

Beim Demokratieprinzip handelt es sich um eines der tragenden Prinzipien der deutschen Verfassung. Gerade in einem Bereich, in dem der Staat besonders stark in die Grundrechte der Bürger eingreift, sollte diesem Prinzip eine entscheidende Rolle zukommen. Dessen Schutz erfordert, dass die einzelnen Aufgaben der Rechtssetzung und -anwendung klar voneinander getrennt sind. Diese Trennung wird gewährleistet, indem der Gesetzgeber selbst durch eindeutig formulierte Gesetze Handlungsanweisungen gibt und Handlungsbegrenzungen vornimmt.

3. Schuldgrundsatz

Als Ratio des Gesetzlichkeitsprinzips wird zum Teil auch der verfassungsrechtlich verankerte[355] Schuldgrundsatz herangezogen. Schuld bedeute per-

---

352 *Frister*, Kapitel 4 Rn. 6; SK-*Jäger* § 1 StGB Rn. 2.

353 Dazu schon 3.C.II.1. Siehe auch Dürig/Herzog/Scholz-*Remmert* Art. 103 Abs. 2 GG Rn. 80, 82.

354 Hinsichtlich der Rückwirkung von Strafgesetzen ergibt sich dies auch aus § 2 Abs. 3 StGB.

355 Art. 1 Abs. 1 GG i.V.m. Art. 2 Abs. 1 GG; vgl. BVerfGE 20, 323, 331; 133, 168, 197. Näher dazu *Sax*, in: Die Grundrechte, S. 909, 933 ff.

sönliche Verantwortlichkeit für das eigene Handeln.[356] „Nulla poena sine culpa“ beruht auf der Annahme, dass Strafe Schuld voraussetzt[357] und „Art. 103 Abs. 2 GG geht von dem rechtsstaatlichen Grundsatz aus, dass keine Strafe ohne Schuld verwirklicht wird.“[358] Man könne den Täter für sein Handeln nur dann persönlich verantwortlich machen, wenn er mindestens die Möglichkeit hatte, das Bewusstsein zu erlangen, Unrecht zu tun.[359] Die Unrechtseinsicht setze voraus, dass die Strafbarkeit vor der Tat für den Täter erkennbar, also gesetzlich und dabei hinreichend bestimmt geregelt ist.[360] Wenn Strafgesetze gar nicht existieren oder so undeutlich formuliert sind, dass aus ihnen ein Handlungsge- oder -verbot nicht entnommen werden kann, könne der Täter auch kein Unrechtsbewusstsein entwickeln und sich an der Norm nicht orientieren.[361] Demnach verbiete sich zudem eine Strafbarkeit durch nachträglich erfolgende analoge, gewohnheitsrechtliche und rückwirkende Gesetzesanwendung, da insoweit die Erlangung der Unrechtseinsicht für den Täter vor der Tat nicht möglich wäre.

Gegen das Schuldprinzip als Anknüpfungspunkt wird von einigen Autoren im Einklang mit der zu § 17 StGB herrschenden Meinung eingewandt, dass die Voraussetzung für den Schuldvorwurf nicht die Kenntnis bzw. Erkennbarkeit des Strafgesetzes oder der angedrohten Strafe, sondern nur die Kenntnis bzw. Erkennbarkeit des Unrechts sei.[362] Der Schuldvorwurf könne dem Täter –

---

356 BGHSt 2, 194, 200. Siehe auch BT-Drs. III/2150, S. 92 f.; IV/650, S. 96 f.

357 BGHSt 2, 194, 200; BVerfGE 20, 323, 331; 25, 269, 285; 95, 96, 131; 105, 135, 154; 109, 133, 171; Maunz/Dürig-*Schmidt-Aßmann* Art. 103 Abs. 2 GG Rn. 165; Sachs-*Degenhart* Art. 103 GG Rn. 55; *Sax*, in: Die Grundrechte, S. 909, 934.

358 BVerfGE 25, 269, 285. 25, 269, 285; 109, 133, 171 sowie mit ähnlichen Formulierungen BVerfGE 20, 323, 331; 95, 96, 131; 105, 135, 154. Siehe auch S/S/W-*Satzger* § 1 StGB Rn. 5; Sachs-*Degenhart* Art. 103 GG Rn. 55; *Schiemann*, Schuldfähigkeit, S. 12 ff.

359 *Roxin/Greco* AT/I § 5 Rn. 24; Schönke/Schröder-*Hecker* § 1 StGB Rn. 2.

360 BT-Drs. III/2150, S. 93; IV/650, S. 97; BVerfGE 95, 96, 131; 109, 133, 171; *Kirsch*, Geltung des Gesetzlichkeitsprinzips, S. 58; *Roxin*, in: Gesetzlichkeitsprinzip im Strafrecht, S. 113, 116; *ders./Greco* AT/I § 5 Rn. 24; *Rudolphi*, Unrechtsbewusstsein, S. 98; *Sax*, in: Die Grundrechte, S. 909, 999; Schönke/Schröder-*Hecker* § 1 StGB Rn. 2.

361 *Henckel* HRRS 2018, 273, 277; *Roxin*, in: Gesetzlichkeitsprinzip im Strafrecht, S. 113, 116; ähnlich AnwK-*Gaede* § 1 StGB Rn. 1: Förderung von „Verhaltenssteuerung durch Normen“.

362 *Albrecht*, Garantenstellungen, S. 143; *Grünwald* ZStW 1964 (76), 1, 11 f.; *Krey*, Keine Strafe, S. 134; LK-*Dannecker/Schuhr* § 1 StGB Rn. 61; *Schreiber*, Gesetz und Richter, S. 211; SK-*Jäger* § 1 StGB Rn. 2.

wie sich aus § 17 Satz 1 StGB ergibt – schon gemacht werden, wenn er die Kenntnis von der Sozialschädlich- bzw. Rechtswidrigkeit seines Verhaltens hatte oder zumindest hätte erlangen können. Geschriebenes Recht oder die Kenntnis einer Strafnorm sei dafür nicht erforderlich.[363] Deshalb würden aus dem Schuldprinzip auch nicht das Postulat der gesetzlichen Bestimmtheit und die Verbote von Analogie, Rückwirkung und Gewohnheitsrecht folgen – der Schuldgrundsatz besage nur, dass „keine Strafe für eine zur Tatzeit erlaubte, nicht gegen geschriebene oder ungeschriebene Rechtsnormen verstoßende Handlung" verhängt werden dürfe.[364] Das Schuldprinzip könne daher die vier Aspekte des nullum crimen-Grundsatzes nicht begründen: Möglich wäre eine Bestrafung unter Einhaltung des Schuldgrundsatzes schon dann, wenn das Verhalten Unrecht darstelle und „gegen irgendeine Norm verstieß[e]."[365]

Den kritischen Stimmen der herrschenden Meinung, die keine Erfassung der *Straf*rechtswidrigkeit, sondern der Unrechtskenntnis im Allgemeinen fordert, wird allerdings entgegengehalten, dass im Strafrecht Schuld immer Tatschuld sei und sich das Unrechtsbewusstsein daher auf einen bestimmten Tatbestand beziehen müsse, sodass für § 17 Satz 1 StGB eine solche Unrechtskenntnis vorausgesetzt werde, die einer Kenntnis der Strafbarkeit gleichkomme.[366] Die Rechtsprechung würde außerdem eine auf den „Tatbestand bezogene Unrechtskenntnis" fordern und relativiere damit die „Differenz zwischen dem Bewusstsein der Rechtswidrigkeit und dem Bewusstsein der Strafbarkeit".[367] Zudem lasse sich aus der Unterscheidung zwischen der Kenntnis des Unrechts und der Kenntnis der Strafbarkeit nicht

---

363 *Grünwald* ZStW 1964 (76), 1, 11 f.; *Krey*, Keine Strafe, S. 134; LK-*Dannecker/Schuhr* § 1 StGB Rn. 61; SK-*Jäger* § 1 StGB Rn. 2. Siehe auch *Lemmel*, Unbestimmte Strafbarkeitsvoraussetzungen, S. 94

364 *Grünwald* ZStW 1964 (76), 1, 12; zust. *Lemmel*, Unbestimmte Strafbarkeitsvoraussetzungen, S. 95 f. und *Schreiber*, Gesetz und Richter, S. 211 f. 1993 spricht *Grünwald* dann nicht mehr von „nicht erlaubt", sondern „nicht verboten" und relativiert seine Auffassung damit jedenfalls zum Teil, in: FS Kaufmann 1993, S. 433, 435.

365 *Schreiber*, Gesetz und Richter, S. 212. Siehe auch *Grünwald* ZStW 1964 (76), 1, 12; *Lemmel*, Unbestimmte Strafbarkeitsvoraussetzungen, S. 95.

366 *Roxin*, in: Gesetzlichkeitsprinzip im Strafrecht, S. 113, 116; *ders./Greco* AT/I § 5 Rn. 25 sowie ausführlich m. w. N. § 21 Rn. 13 ff. Zustimmend *Schiemann*, Schuldfähigkeit, S. 14. So auch schon LK[11]-*Schröder* § 17 StGB Rn. 7.

367 *Roxin*, in: Gesetzlichkeitsprinzip im Strafrecht, S. 113, 116; *ders./Greco* AT/I § 21 Rn. 17.

zwangsläufig der Schluss ziehen, dass das Schuldprinzip als Begründung des Gesetzlichkeitsprinzips gar nicht tauge, sondern dass es nur nicht die „einzige und wichtigste Grundlage“ sein könne.[368]

Überzeugend ist, dass die Kenntnis vom Unrecht regelmäßig nur dann erlangt werden kann, wenn eine Strafvorschrift existiert, aus der sich das Unrecht erst ergibt. Ohne Strafvorschriften ist – auch unter Berücksichtigung des ultima ratio-Charakters des Strafrechts – nicht klar erkennbar, welches Verhalten nur sozialschädlich, nicht aber strafbar ist. Allerdings ist zu berücksichtigen, dass dem aus § 17 Satz 1 StGB folgenden Schuldgrundsatz nicht die Aufgabe zukommt, das objektiv strafwürdige Verhalten selbst festzulegen, sondern zu regeln, wann dieses Verhalten dem jeweiligen Täter nach den individuellen Gegebenheiten des Falles auch persönlich vorwerfbar ist. Dafür ist nicht zwingend erforderlich, dass der Täter die Strafnorm kennt.[369] Die Frage der Schuld wird unabhängig bzw. im Anschluss an die Frage der tatbestandsmäßigen und rechtswidrigen Verwirklichung eines Delikts beantwortet. Durch die gesetzliche Festlegung der abstrakten Straftatbestandsvoraussetzungen wird gewährleistet, dass der Täter strafrechtlich nur für das verantwortlich gemacht werden kann, was auch sozialschädlich im Sinne des Strafrechts ist. Erst im Anschluss stellt sich die Frage, ob die rechtswidrige Verwirklichung des Tatbestandes dem Täter vorgeworfen werden kann. Die Antwort auf diese Frage hat aber keinen Einfluss darauf, ob der Täter tatbestandsmäßig und rechtswidrig gehandelt hat. Das bedeutet freilich nicht, dass sich nicht auch Aspekte des Schuldgrundsatzes im Gesetzlichkeitsprinzip niederschlagen; tragende Säule ist er hingegen nicht.

4. Menschenwürde

Der Schuldgrundsatz sei darüber hinaus eng verknüpft mit der Würde und Eigenverantwortlichkeit des Menschen, die „der Gesetzgeber auch bei der Ausgestaltung des Strafrechts zu achten und zu respektieren“[370] habe, denn

---

368 *Albrecht*, Garantenstellungen, S. 143. Siehe auch *Roxin/Greco* AT/I § 5 Rn. 25; *Sangenstedt*, Garantenstellung, S. 83. Dagegen LK-*Dannecker/Schuhr* § 1 StGB Rn. 62: keine wesensmäßige Verknüpfung.

369 Dagegen *Schiemann*, Schuldfähigkeit, S. 14 f.

370 BVerfGE 25, 269, 285; 95, 96, 131; 109, 133, 171; 133, 168, 197 f.; zust. *Krey*, Keine Strafe, S. 139; LK-*Dannecker/Schuhr* § 1 StGB Rn. 377, 379; Dürig/Herzog/Scholz-*Remmert* Art. 103 Abs. 2 GG Rn. 32, 46; Maunz/Dürig-*Schmidt-Aßmann* Art. 103 Abs. 2 GG

„die unverlierbare Würde des Menschen als Person besteht gerade darin, dass er als selbstverantwortliche Persönlichkeit anerkannt bleibt."[371] Der Respekt vor der Würde des Menschen und seiner Fähigkeit, eigene Entscheidungen zu treffen, erfordere, dass der einzelne Mensch erkennen kann, welche Folgen die jeweilige Entscheidung mit sich bringt. Wer sich in diesem so grundrechtssensiblen Bereich des Strafrechts nicht auf die Konsequenzen seines Handelns einstellen und deshalb nicht frei entscheiden kann, wie er sich verhält, verliere „seine Stellung als selbstverantwortliches Subjekt."[372] Daraus ergebe sich das Erfordernis gesetzlicher Bestimmtheit.[373]

Dass in den Abhandlungen zum Gesetzlichkeitsprinzip auch auf die Menschenwürde zurückgegriffen wird, ist insoweit nachvollziehbar, als dass die Menschenwürde als zentrales und tragendes Grundprinzip hinter dem Grundgesetz steht. Aufgrund ihres hohen Abstraktionsgrades ergeben sich aus der Menschenwürde allerdings keine spezifischen Aussagen konkret für das Gesetzlichkeitsprinzip. Die Menschenwürde findet als Grundpfeiler zwar auch im Strafrecht immer Berücksichtigung, stellt gleichwohl aber nicht die zentrale Zweckrichtung des Gesetzlichkeitsprinzips dar.

5. Generalprävention

Weniger häufig – und meist zusätzlich – wird auf die von *v. Feuerbach* entwickelte (negative) Generalprävention[374] zurückgegriffen.[375] Er entwickelte die Theorie des psychologischen Zwangs, nach der es zur Verhinderung von Straftaten der Abschreckung potenzieller Täter bedarf. Dazu solle präventiv durch verhaltensdeterminierende, psychologische Beeinflussung auf

---

Rn. 165; Sachs-*Degenhart* Art. 103 GG Rn. 55; *Sax*, in: Die Grundrechte, S. 909, 998. Vgl. auch *Wolff*, in: Handbuch Grundrechte V § 134, Rn. 14.

371 BVerfGE 109, 133, 171.

372 BVerfGE 113, 273, 308; in Bezug auf das Rückwirkungsverbot zust. Dreier-*Schulze-Fielitz* Art. 103 II GG Rn. 51; *Krey*, Keine Strafe, S. 139; LK-*Dannecker/Schuhr* § 1 StGB Rn. 377; *Ortiz de Urbina Gimeno*, in: Gesetzlichkeit und Strafrecht, S. 87 f.; *Wolff*, in: Handbuch Grundrechte V § 134 Rn. 14.

373 BVerfGE 113, 273, 308; *Ortiz de Urbina Gimeno*, in: Gesetzlichkeit und Strafrecht, S. 87 f.; *Wolff*, in: Handbuch Grundrechte V § 134 Rn. 14.

374 *V. Feuerbach*, §§ 8–20.

375 AnwK-*Gaede* § 1 StGB Rn. 1; *Böhm*, Garantenpflichten, S. 119; *Krahl*, Rechtsprechung des BVerfG, S. 22 f. sowie krit. S. 85; Schönke/Schröder-*Hecker* § 1 StGB Rn. 2; S/S/W-*Satzger* § 1 StGB Rn. 5.

den Täter eingewirkt werden. Damit psychologischer Zwang ausgeübt werden kann, müsse die Strafe im Gesetz definiert sein. Eine Drohung könne nur dann einschüchternde Wirkung haben, wenn die Bedrohten wissen, warum und womit man sie bedroht.[376] Das unerwünschte Verhalten müsse daher bereits vor der Tat verbindlich festgelegt und allgemein bekannt sein.[377] Das könne nur – oder jedenfalls besser – erreicht werden, wenn die Strafgesetze das erlaubte Verhalten hinreichend klar und deutlich vom verbotenen Verhalten abgrenzen.[378] Nur dann könne der potenzielle Täter durch die Strafandrohung zu rechtstreuem Verhalten motiviert werden.[379] Dazu bedürfe es gerade des Gesetzestextes, da die rechtsunkundige Person selten Gesetzgebungsmaterialien studiere oder sich mit der Auslegung von Gesetzen durch die Rechtsprechung auseinandersetze.[380]

An der Verhaltensdeterminierung durch bestimmte Gesetze werden aber Zweifel gehegt. Es wird vermutet, dass von weniger bestimmten bzw. unbestimmten Gesetzen eine viel stärkere und somit effektiver abschreckende Wirkung ausgeht. Es sei naheliegend, dass bei unklarer Formulierung eines Tatbestandes nicht nur die Verhaltensweisen unterlassen werden, die eindeutig vom Tatbestand erfasst sind, sondern darüber hinaus auch die Verhaltensweisen, die nur möglicherweise erfasst sind. Vorausgesetzt sei aber, dass die Sanktion, mit der auf das Verhalten reagiert werden soll, ausreichend hoch ist, um überhaupt motivatorische Wirkung zu entfalten.[381]

---

376 *V. Feuerbach*, §§ 13 f. Vgl. auch *Jimenez de Asúa* ZStW 1951 (63), 155, 169 f.; *Krahl*, Rechtsprechung des BVerfG, S. 20 f.; *Krey*, Keine Strafe, S. 46, 88 f.; *Roxin*, in: Gesetzlichkeitsprinzip im Strafrecht, S. 113, 115 f.

377 *Krahl*, Rechtsprechung des BVerfG, S. 21, 25; *Krey*, Keine Strafe, S. 134; *Roxin*, in: Gesetzlichkeitsprinzip im Strafrecht, S. 113, 115; *ders./Greco* AT/I § 5 Rn. 22; *Schünemann*, Nulla poena, S. 13, 23.

378 AnwK-*Gaede* § 1 StGB Rn. 1; *Böhm*, Garantenpflichten, S. 118; *Krahl*, Rechtsprechung des BVerfG, S. 25; *Krey*, Keine Strafe, S. 132; *Landau* ZStW 2009 (121), 965, 973; *Roxin*, in: Gesetzlichkeitsprinzip im Strafrecht, S. 113, 115; *ders./Greco* AT/I § 5 Rn. 67; SK-*Jäger* § 1 StGB Rn. 26.

379 *Krahl*, Rechtsprechung des BVerfG, S. 25; *Roxin/Greco* AT/I § 5 Rn. 23; *Schünemann*, Nulla poena, S. 14; SK-*Jäger* § 1 StGB Rn. 26.

380 *Schmidt*, versuchtes Unterlassungsdelikt, S. 121; *Schünemann*, Grund und Grenzen, S. 274.

381 *Ortiz de Urbina Gimeno*, in: Gesetzlichkeit und Strafrecht, S. 87, 90 f. Siehe ebenso *Krahl*, Rechtsprechung des BVerfG, S. 25, der seine Zweifel allerdings mit einem Rückgriff auf die Argumentation *v. Feuerbachs*, dass nur klar definierte Gesetze

Zudem werde verkannt, dass die rechtsunkundige Person nicht nur die Gesetzgebungsmaterialien, sondern auch das Gesetz selbst nicht studieren würde, sodass Gesetzestexte streng genommen gar keine unmittelbare Wirkung entfalten könnten. Das Gesetz sei für die Abschreckungsstrategie dennoch nicht völlig unbedeutend, da von ihnen eine gewisse, wenn auch nur indirekte, „sozialpädagogische Funktion“ insoweit ausgehe, als der Bürger zumindest mittelbar durch beispielsweise „Rechtsauskünfte von Anwälten, Behörden“ oder Presseberichte über Strafverfahren und neue Strafvorschriften und Gesetze insgesamt informiert werde und dadurch die sog. Kulturnormen beeinflusst und stärker ins Gedächtnis gerufen würden.[382]

Die Theorie des psychologischen Zwangs ist aber auch in ihrer Gesamtbetrachtung erheblicher Kritik ausgesetzt. Da sich die Abschreckung potenzieller Täter nicht aus der Höhe, sondern aus der Bestrafungswahrscheinlichkeit sowie der Strafe an sich ergebe und der Abschreckungseffekt insgesamt schwierig nachzuweisen sei, ist die Theorie mittlerweile weithin aufgegeben worden.[383]

Der Abschreckungsgedanke solle deshalb „durch die positive Generalprävention[384] ersetzt werden“, da es nur bei einer gesetzlichen Regelung, die das verbotene Verhalten klar definiert, möglich sei, das Vertrauen der Gesellschaft in die Rechtsordnung sowie die Rechtstreue zu stärken und der Rechtsordnung entsprechendes Verhalten zu entwickeln.[385]

---

eine Unterlassungswirkung hervorrufen können, mildert. Zustimmend *Schiemann*, Schuldfähigkeit, S. 16 f.

382 *Lommel*, Unbestimmte Strafbarkeitsvoraussetzungen, S. 152, 163.

383 *Grünwald* ZStW 1964 (76), 1, 10; LK-*Dannecker/Schuhr* § 1 StGB Rn. 60; *Roxin*, in: Gesetzlichkeitsprinzip im Strafrecht, S. 113, 116; *ders./Greco* AT/I § 5 Rn. 23; *Schuchmann*, in: Strafrecht und Politik, S. 31, 39 sowie m. w. N. zur sozialwissenschaftlichen Seite *Ortiz de Urbina Gimeno*, in: Gesetzlichkeit und Strafrecht, S. 87, 90. Zu diesbezüglichen Studien m. w. N. *Dölling* ZStW 1990 (102), 1, 5 ff.

384 Positive Generalprävention meint, dass die Unverbrüchlichkeit des Rechts demonstriert und die Geltung der einzelnen Normen dadurch bekräftigt wird, dass strafbares Verhalten für jeden erkennbar auch tatsächlich sanktioniert wird. Durch die sichtbare Bekräftigung des Verbots würden die Normadressaten zur rechtskonformem Verhalten motiviert, siehe dazu statt vieler NK-*Neumann/Saliger* Vor § 1 StGB Rn. 288 ff. und *Hirtenlehner/Reinecke/Stemmler* MSchKrim 2023 (106), 73, 75 f.

385 LK-*Dannecker/Schuhr* § 1 StGB Rn. 60; *Roxin*, in: Gesetzlichkeitsprinzip im Strafrecht, S. 113, 116 sowie S. 115: „schuldbegrenzte Prävention“; *ders./Greco* AT/I § 5 Rn. 23; *Schünemann*, Nulla poena, S. 12 ff., der nicht näher zwischen positiver und negativer

Die Einübung in das Recht könne nur stabilisiert und gewährleistet werden, wenn strafbares Verhalten gesetzlich und deutlich fixiert ist. Ansonsten könne eine normentsprechende Verhaltensdisposition gar nicht aufgebaut werden.[386] Verständlich formulierte Gesetze würden die Akzeptanz gerichtlicher Entscheidungen stärken, auch wenn der Bürger erst vor Gericht mit dem Gesetzestext konfrontiert wird.[387] Das Vertrauen in den Rechtsstaat und die Anerkennung gerichtlicher Entscheidungen könnte gemindert werden, wenn bei Bürgern der Eindruck erweckt wird, einem unbestimmt formulierten Gesetz und damit der Willkür des Gerichts unterworfen zu sein. Das wiederum könne dazu führen, dass sich der Bürger „vom Staat, seinen Gesetzen und der Justiz entfremdet."[388]

Der Ansatz der positiven Generalprävention ist dahingehend nachvollziehbar und zustimmungswürdig, dass die Einübung in das Recht besser durchgesetzt bzw. durchgeführt werden kann, wenn die Bürger gerichtliche Entscheidungen logisch nachvollziehen können und nicht der Eindruck entsteht, dass die Entscheidung willkürlich und geprägt von subjektiven Wertungen erfolgt. Gesetze, die das vom Normadressaten erwünschte bzw. das verbotene Verhalten zweifelsfrei erkennen lassen und somit eine (schon im Vorhinein) nachvollziehbare Grundlage für die gerichtliche Entscheidung bieten, können durch die Klarheit ein besseres Verständnis und eine umfangreiche Akzeptanz der Rechtsordnung bieten. Allerdings ist nicht von der Hand zu weisen, dass das tatsächliche Ausmaß der Wirkung des generalpräventiven Integrationsansatzes empirisch nur bedingt nachgewiesen werden kann[389], sodass die präventiven Strafzwecktheorien, wenn überhaupt, nur dazu in der Lage sind, die Bedeutung des Art. 103 Abs. 2 GG zu unterstreichen.

Generalprävention differenziert. Krit. und allgemein zu den Präventionstheorien *Kahlo*, Pflichtwidrigkeitszusammenhang, S. 167 ff.

386 *Krahl*, Rechtsprechung des BVerfG, S. 21; *Roxin*, in: Gesetzlichkeitsprinzip im Strafrecht, S. 113, 114, 116; *ders./Greco* AT/I § 5 Rn. 23; S/S/W-*Satzger* § 1 StGB Rn. 19; *Schiemann*, Schuldfähigkeit, S. 16 f.; SK-*Jäger* § 1 StGB Rn. 26. Siehe auch *Bott/Krell* ZJS 2010, 694, 695.

387 *Lutfullin*, Bestimmtheitsgebot, S. 86 f.

388 *Lutfullin*, Bestimmtheitsgebot, S. 87.

389 Z. B. durch die Panelanalyse von *Hirtenlehner/Reinecke/Stemmler*, deren Ergebnisse in MSchKrim 2023 (160), 73 ff. erläutert werden. Siehe auch *Dölling* ZStW 1990 (102), 1, 8 f.; NK-*Neumann/Saliger* Vor § 1 StGB Rn. 296 sowie ausführlich *Baumann* GA 1994 (141), 368; *Schöch*, in: Der Sachverständige, S. 95; *Schumann*, Positive Generalprävention.

6. Zusammenfassung

Der Sinn und Zweck des Gesetzlichkeitsprinzips und dementsprechend des Bestimmtheitsgebots werden – heute wie damals – maßgeblich in den Prinzipien der Demokratie und Gewaltenteilung (Rechtsstaatlichkeit) sowie der Freiheitsgewährleistung (Vorhersehbarkeit und Rechtssicherheit) gesehen. Andere Aspekte, wie die Menschenwürde und die Generalprävention, werden in der Regel nur ergänzend herangezogen.

III. Bewertung

Gerade in der heutigen Zeit, in der Entscheidungen der Gerichte massenmediale Aufmerksamkeit erhalten und emotionale Berichterstattung den Alltag ausmacht, ist es wichtig, dass der Rechtsstaat geschützt und gewährleistet wird. Entrüstungen über den Einzelfall dürfen nicht dazu führen, dass Gerichte unter Druck gesetzt werden und Entscheidungen treffen, die von einer (vermeintlichen) Mehrheit der Gesellschaft zwar gefordert werden, vom Gesetz bzw. Gesetzgeber aber nicht vorgesehen sind. Nur das Gesetz gewährleistet insoweit die nötige Nüchternheit und Distanz im Gegensatz zu der durch den Einzelfall ausgelösten Betrachtung.

Das Gesetzlichkeitsprinzip dient vornehmlich dem rechtsstaatlichen Schutz des Normadressaten und hat freiheitsgewährleistende Funktion. Der Stellung des Einzelnen als selbstverantwortlichem Subjekt kann der Staat nur gerecht werden, wenn der Eingriff in die Freiheit des Einzelnen durch allgemeine, einheitliche und messbare strafrechtliche Regelungen erfolgt. Um den Bürger vor einem willkürlichen und übermäßigen Zugriff des Staates zu schützen, muss sich die Rechtsordnung gerade beim Einsatz von Strafgewalt Grenzen auferlegen. Dies folgt ebenfalls aus dem Gewaltenteilungsgrundsatz und dem Demokratieprinzip. Durch die Bindung der rechtsprechenden und ausführenden Gewalt an das Gesetz wird die Freiheit des Einzelnen gewährleistet.

D. Gewährleistungsgehalt des Bestimmtheitsgebots im Allgemeinen Teil des StGB

Um bestimmen zu können, ob § 13 Abs. 1 StGB den Anforderungen des Bestimmtheitsgebots genügt, müssen diese Anforderungen zunächst in allgemeingültiger Weise ermittelt werden. Zu klären ist unter anderem, wie hoch das Bestimmtheitsniveau im Allgemeinen Teil ist: Ist absolute oder relative Bestimmtheit gefordert? Letzteres würde voraussetzen, dass überhaupt die

Möglichkeit besteht, das Gesetzlichkeitsprinzip zu begrenzen und damit auch das Bestimmtheitsniveau herabzusenken.

Bei der Durchsicht der Entscheidungen des *Bundesverfassungsgerichts* fällt auf, dass das Bestimmtheitsgebot zwar als außerordentlich bedeutend bezeichnet wird, in der Praxis der Schluss auf die Unbestimmtheit einer Norm in der Regel aber nicht gezogen wird.[390] Damit liegt der Schluss nahe, dass in der Praxis keine allzu hohen Anforderungen an die Bestimmtheit einer Norm gestellt werden. Von Teilen der Literatur wird deshalb kritisiert, dass das Bestimmtheitsgebot an Bedeutung verloren hätte und vom *Bundesverfassungsgericht* quasi preisgegeben worden sei.[391]

I. Garantiegehalt des Gesetzlichkeitsprinzips

Das *Bundesverfassungsgericht* betont in ständiger Rechtsprechung, dass „das Strafrecht nicht darauf verzichten [könne], allgemeine Begriffe zu verwenden, die in besonderem Maße der Deutung durch den Richter bedürfen."[392] Das Gericht weist weiter darauf hin, dass „das Gebot der Bestimmtheit des Gesetzes [...] nicht übersteigert werden" dürfe.[393] Der *Bundesgerichtshof* hat sich diesen Ausführungen angeschlossen.[394] Daraus lässt sich schließen, dass das *Bundesverfassungsgericht* und der *Bundesgerichtshof* von einem begrenz-

390 Dazu ausführlich *Lutfullin*, Bestimmtheitsgebot, S. 63 ff., 35 ff. Siehe bspw. zur hinreichenden Bestimmtheit des groben Unfugs BVerfGE 26, 41.

391 *Basak*, in: Strafrecht und Verfassung, S. 71, 80 f.; Dürig/Herzog/Scholz-*Remmert* Art. 103 Abs. 2 GG Rn. 93; *Grünwald*, in: FS Kaufmann 1993, S. 433, 439; *Jähnke*, in: FS 50 Jahre BGH 2000, S. 393, 401 in Bezug auf § 13 StGB; *Krahl*, Rechtsprechung des BVerfG, S. 268 f., 407 f., 412; *Krey*, Keine Strafe, S. 121 ff.; *Lutfullin*, Bestimmtheitsgebot, S. 65; *Schöne*, Unterlassene Erfolgsabwendungen, S. 280; *Schünemann*, Nulla poena, S. 3 f., 29; *Seebode* JZ 2004, 305, 307. Nicht nur das BVerfG wertet das Bestimmtheitsgebot ab, sondern beispielsweise auch *Herzberg*, Unterlassung im Strafrecht, S. 253, wenn er einen Verstoß gegen das Bestimmtheitsgebot damit kommentiert, dass bei Tatbeständen der aktiven Erfolgsbewirkung „unbesorgt Unbestimmtheiten gleichen Grades [...] hingenommen werden".

392 BVerfGE 4, 352, 358; siehe auch BVerfGE 11, 234, 237; 37, 201, 208; 41, 314, 319 f.: 45, 363, 371; 47, 109, 121; 48; 48, 56; 75, 329, 341; 87, 209, 224; 92, 1, 12; BVerfG NJW 2003, 1030.

393 BVerfGE 14, 245, 251; 45, 363, 371; 48, 48, 56; BVerfG NJW 1999, 3399, 3400. Zust. Hömig/*Wolff* Art. 103 GG Rn. 16; Schmidt-Bleibtreu/Hofmann/Henneke-*Schmahl* Art. 103 GG Rn. 67.

394 BGHSt 30, 285, 287; 61, 110, 127; 63, 29, 36.

ten Garantieniveau („nicht übersteigert") ausgehen. Auf den ersten Blick erscheint es aber problematisch, von einem nicht absolute Präzision leistenden Geltungs- und Anwendungsbereich des Gesetzlichkeitsprinzips auszugehen, da sich dem Wortlaut von Art. 103 Abs. 2 GG (und § 1 StGB) nicht entnehmen lässt, dass eine solche Begrenzung möglich ist.

Zum einen wird von einigen Rechtswissenschaftlern vertreten, dass Art. 103 Abs. 2 GG ein abwägungsresistentes Grundrecht sei. Wenn das Gesetzlichkeitsprinzip nicht von Beginn an entwertet und dem allgemeinen Rechtsstaatsgebot des Art. 20 Abs. 3 GG gleichgestellt werden soll, sei eine Relativierung der Bestimmtheitsanforderungen nicht hinnehmbar.[395] Zum anderen wird argumentiert, dass es sich beim Gesetzlichkeitsprinzip um eine verbindliche Verfassungsgarantie handelt, sodass Art. 103 Abs. 2 GG die Gesetzesbestimmtheit – auch unter Berücksichtigung der Bedürfnisse der Praxis – nicht zur Disposition stelle.[396]

Einer völlig schrankenlosen Gewährleistung wird aber – zutreffend – entgegengehalten, dass sie ansonsten nur Art. 1 GG zukommt und diese Sonderstellung dem Gesetzlichkeitsprinzip nicht einfach aufgrund seiner Nähe zur Menschenwürde zukommen könne.[397] *Kuhli* argumentiert überzeugend, dass das Gesetzlichkeitsprinzips „Teil des Grundgesetzes ist, das seinerseits nur als Einheit verstanden werden" könne, sodass es immer um einen Ausgleich im Sinne praktischer Konkordanz gehe.[398] Von einem absolut geltenden Garantieniveau des Gesetzlichkeitsprinzips kann daher nicht ausgegangen werden. Im Folgenden wird erörtert, welche Gründe für

395 *Appel*, Verfassung und Strafe, S. 119 f.; LK-*Dannecker/Schuhr* § 1 StGB Rn. 196. Ähnlich *Lemmel*, Unbestimmte Strafbarkeitsvoraussetzungen, S. 130; *Schürmann*, Unterlassungsstrafbarkeit, S. 151 sowie *Welp*, Vorangegangenes Tun, S. 140: „echtes" Grundrecht. Siehe auch *Fischer*, Ingerenz, S. 40; *Lutfullin*, Bestimmtheitsgebot, S. 17: „als grundrechtsgleiches Recht vorbehaltlos gewährleistet". Vgl. entgegen der eigenen Rechtsprechung auch BVerfGE 109, 133, 171 f.: „Anders als das aus Art. 2 Abs. 2 in Verbindung mit Art. 20 Abs. 3 GG folgende allgemeine Vertrauensschutzgebot ist das Rückwirkungsverbot des Art. 103 Abs. 2 GG der Abwägung nicht zugänglich".

396 *Krahl*, Rechtsprechung des BVerfG, S. 315, 323 f. Näher dazu die Ausführungen unter 3.D.I.5.

397 *Böhm*, Garantenpflichten, S. 135; *Kirsch*, Geltung des Gesetzlichkeitsprinzips, S. 210 f.

398 *Kuhli*, in: Strafrecht und Verfassung, S. 91, 110. Ebenso *Böhm*, Garantenpflichten, S. 135 sowie implizit *Schünemann*, Grund und Grenzen, S. 65

eine abstrakte Normformulierung sprechen und was dies konkret für das Bestimmtheitsgebot bedeutet.

1. Leistungsfähigkeit der Sprache

Als Ausgangspunkt unbestritten ist, dass die Sprache absolute Bestimmtheit aufgrund der ihr innewohnenden Vagheit und Mehrdeutigkeit gar nicht leisten kann.[399] Abgesehen von nummerischen Begriffen hat jedes Wort im Regelfall nicht bloß eine einzelne feststehende Bedeutung. Unter Berücksichtigung des jeweiligen Kontextes und der zusätzlich verwendeten Wörter innerhalb eines Satzes oder einer Äußerung kann einem Wort unterschiedlichste Bedeutung zukommen.[400] Es liegt daher schon in der Natur der Sache, dass unsere Sprache von einer solchen Vielschichtigkeit geprägt ist, die einem Begriff mehrere Bedeutungen verleiht.[401] Weder unsere Sprache insgesamt noch der Gesetzestext im konkreten können demnach gänzlich darauf verzichten, deskriptive und gegebenenfalls auch normative Begriffe zu verwenden.[402] Die unvermeidliche Mehrdeutigkeit von Begriffen führt außerdem dazu, dass häufig eine den Bedeutungsgehalt ermittelnde Auslegung notwendig ist.[403]

---

399 AnwK-*Gaede* § 1 StGB Rn. 20; *Böhm*, Garantenpflichten, S. 120 f.; *Jimenez de Asúa* ZStW 1951 (63), 166, 181 f.; *Kirsch*, Geltung des Gesetzlichkeitsprinzips, S. 127; *Krahl*, Rechtsprechung des BVerfG, S. 5; MK-*Schmitz* § 1 StGB Rn. 48 f.; NK-*Kargl* § 1 StGB Rn. 40 f.; S/S/W-*Satzger* § 1 StGB Rn. 24; Schönke/Schröder-*Hecker* § 1 StGB Rn. 36; *Schünemann*, Nulla poena, S. 30 f.; *Wolff*, in: Handbuch Grundrechte V § 134 Rn. 54.

400 *Böhm*, Garantenpflichten, S. 154; *Bülte* NZWiSt 2017, 161, 165 f.; *Kirsch*, Geltung des Gesetzlichkeitsprinzips, S. 127; *Klatt*, in: Gesetzlichkeit und Strafrecht, S. 121, 122; *Krahl*, Rechtsprechung des BVerfG, S. 5; *Maurach*, AT, S. 102 f.; *Lenckner* JuS 1968, 249, 255; *Roxin/Greco* AT/I § 5 Rn. 27, 69. Siehe zum Gewaltbegriff bspw. BVerfGE 73, 206, 242 f. Ein Beispiel aus der Praxis bildet das „Teekesselchen"-Spiel, bei dem ein Begriff erraten werden muss, der mehrere, unterschiedliche Bedeutungen hat (sog. Homograph) – beispielsweise meint der Begriff „Birne" sowohl das Obst als auch die Glühbirne; „Freund" kann je nach Kontext auf eine rein freundschaftliche oder auf eine Liebesbeziehung hinweisen.

401 BeckOK/GG-*Radtke* Art. 103 GG Rn. 24; *Böhm*, Garantenpflichten, S. 120 f.; *Kirsch*, Geltung des Gesetzlichkeitsprinzips, S. 127, 129; *Krahl*, Rechtsprechung des BVerfG, S. 81 f.; *Roxin/Greco* AT/I § 5 Rn. 31; S/S/W-*Satzger* § 1 StGB Rn. 24; *Schreiber*, Gesetz und Richter, S. 230; SK-*Jäger* § 1 StGB Rn. 33 f.

402 *Schünemann*, Nulla poena, S. 30 f.; AnwK-*Gaede* § 1 StGB Rn. 20.

403 AnwK-*Gaede* § 1 StGB Rn. 34; *ders.*, Steuerbetrug, S. 448 f.; *Basak*, in: Strafrecht und Verfassung, S. 71, 74; *Böhm*, Garantenpflichten, S. 121 f., 123; *Kirsch*, Geltung des Gesetzlichkeitsprinzips, S. 74; *Krahl*, Rechtsprechung des BVerfG, S. 81 f.; *Lutfullin*,

Daher ist schon allein aufgrund der begrenzten Leistungsfähigkeit der Sprache absolute Bestimmtheit nicht zu leisten – das Niveau des Gesetzlichkeitsprinzip erfährt zwangsläufig eine Begrenzung.

2. Abstrakt-genereller Charakter des Strafrechts

Dem Demokratie- und Gewaltenteilungsgrundsatz folgend – der sich als strenger Gesetzesvorbehalt in Art. 103 Abs. 2 GG wiederfindet – ist es Aufgabe des Gesetzgebers, die abstrakt-generelle Entscheidung über die Strafbarkeit eines Verhaltens selbst zu treffen.[404] Die Entscheidung sei deshalb generalisierend zu formulieren, weil der Gesetzgeber aufgrund von Art. 19 Abs. 1 Satz 1 GG und des Schuldgrundsatzes dazu verpflichtet sei, eine allgemeine und gerade nicht den Einzelfall betreffende Regelung zu verfassen.[405] Weil Strafvorschriften notwendigerweise eine Vielzahl von Sachverhalten erfassen müssen, sei das Strafrecht durch einen abstrakt-generellen Charakter gekennzeichnet.[406] Nur so könne gewährleistet werden, dass im Einzelfall eine angemessene und verhältnismäßige Entscheidung getroffen werden kann und dennoch eine hinreichende Zahl an Fällen, die nie völlig identisch sein können, erfasst werden.[407]

Bei abstrakt-generellen Sätzen sei die sprachliche Leistungsfähigkeit gegenüber einzelfallbezogenen Regelungen besonders begrenzt, sodass auf die Verwendung von Generalklauseln und normativen Begriffen sowie deren Auslegung nicht verzichtet werden könne.[408] Es sei „wegen der gebotenen

---

Bestimmtheitsgebot, S. 149; MK-*Schmitz* § 1 StGB Rn. 77, 84; *Roxin/Greco* AT/I § 5 Rn. 27 f.; Schönke/Schröder-*Hecker* § 1 StGB Rn. 36.

404 BVerfGE 75, 329, 341 f.; 105, 135, 152, f.; 126, 170, 195; 143, 38, 53; BGHSt 63, 29, 36; AnwK-*Gaede* § 1 StGB Rn. 2; BeckOK-*v. Heintschel-Heinegg* § 1 StGB Rn. 11; Dürig/Herzog/Scholz-*Remmert* Art. 103 Abs. 2 GG Rn. 79, 82; Schmidt-Bleibtreu/Hofmann/Henneke-*Schmahl* Art. 103 GG Rn. 57; S/S/W-*Satzger* § 1 StGB Rn. 15.

405 Dürig/Herzog/Scholz-*Remmert* Art. 103 Abs. 2 GG Rn. 32, 79, 82, 98.

406 *Jakobs*, AT, S. 72 f.; *Kirsch*, Geltung des Gesetzlichkeitsprinzips, S. 22, 131, 223.

407 Dürig/Herzog/Scholz-*Remmert* Art. 103 Abs. 2 GG Rn. 98; *Kirsch*, Geltung des Gesetzlichkeitsprinzips, S. 131.

408 *Albrecht*, Garantenstellungen, S. 141, 146; *Appel*, Verfassung und Strafe, S. 119; *Basak*, in: Strafrecht und Verfassung, S. 71, 74; *Baumann*, AT, S. 148; BeckOK/GG-*Radtke* Art. 103 GG Rn. 24; *Henckel* HRRS 2018, 273, 275; *Herzberg*, in: Symposium Schünemann 2005, S. 31, 55; *Kirsch*, Geltung des Gesetzlichkeitsprinzips, S. 22, 223 f.; Maunz/Dürig-*Schmidt-Aßmann* Art. 103 Abs. 2 GG Rn. 185; *Roxin*, in: Gesetzlichkeitsprinzip im Strafrecht, S. 113, 134; *Rönnau/Soyka* NStZ 2009, 12,

Allgemeinheit und der damit zwangsläufig verbundenen Abstraktheit von Strafnormen unvermeidlich, dass in Grenzfällen zweifelhaft werden kann, ob ein Verhalten noch unter den gesetzlichen Tatbestand fällt oder nicht", so das *Bundesverfassungsgericht* in ständiger Rechtsprechung.[409]

Im Allgemeinen Teil des StGB sei der erforderliche Abstraktionsgrad noch höher, da die Regelungen auf viel mehr Fälle anwendbar sein müssten als der jeweilige Straftatbestand des Besonderen Teils, nämlich grundsätzlich auf jeden dieser Tatbestände.[410] Es gehe im Allgemeinen Teil vor allem um die Systematisierung und Abstrahierung von Normen, um diese auf möglichst viele Delikte des Besonderen Teils anwenden zu können.[411] Möchte man bestimmte Zurechnungsregelungen für mehrere Delikte in einer Norm zusammenfassen, dann müsse man diese Norm „vor die Klammer" ziehen und könne dementsprechend nicht den gleichen Grad an inhaltlicher Bestimmtheit fordern wie bei einem einzelnen Tatbestand des Besonderen Teils. Der dem Allgemeinen Teil zukommende Grundlagencharakter sei daher nur durch die Verwendung vager, weniger starrer Begriffe zu verwirklichen, sodass auch aus diesem Grund absolute Bestimmtheit nicht erwartet werden dürfe.[412]

Allerdings sei es auch möglich, dass diese Feststellung zur Bedeutung des Allgemeinen Teils nur eine Beschreibung des Ist-Zustandes, das „Ergebnis einer schlichten Fehlentwicklung" ist und gar nicht zwingend die eigentliche generelle Konzeption des Allgemeinen Teils abbildet, sodass die Einschränkungen im Allgemeinen Teil möglicherweise doch nicht stärker als im Besonderen Teil

---

13; S/S/W-*Satzger* § 1 StGB Rn. 24 f.; *Seelmann* GA 1989 (136), 241, 247; *Wolff*, in: Handbuch Grundrechte V § 134 Rn. 54.

409 BVerfGE 47, 109, 121; 71, 108, 115; 73, 206, 235; 75, 329, 341 f.; 87, 209, 224; 126, 170, 195 f. Vgl. auch BGHSt 59, 218, 222. Zust. *Roxin*, in: Gesetzlichkeitsprinzip im Strafrecht, S. 113, 133.

410 *Böhm*, Garantenpflichten, S. 125; *Henckel* HRRS 2018, 273, 275; *Kirsch*, Geltung des Gesetzlichkeitsprinzips, S. 222 ff., 287, 289; *Maurach* JZ 1964, 529, 532; *Paradissis*, Unterlassungsstrafbarkeit, S. 91; S/S/W-*Satzger* § 1 StGB Rn. 12; *Sangenstedt*, Garantenstellung, S. 92.

411 *Kirsch*, Geltung des Gesetzlichkeitsprinzips, S. 220 f. Vgl. auch *Fischer*, Ingerenz, S. 40.

412 *Böhm*, Garantenpflichten, S. 125 f.; *Kirsch*, Geltung des Gesetzlichkeitsprinzips, S. 171 f., 224 f., 227 f., 289.

des StGB seien.[413] Außerdem folge aus dem allgemeineren Regelungscharakter nicht zwangsläufig und pauschal, dass eine abstraktere Regelung erlaubt sei.[414] Der Widerstreit „zwischen [...] flexibler Formulierung [...] und dem Verlangen [...] nach Meßbarkeit und demokratischer Legitimation [...] [dürfe] keinesfalls auf Kosten der beiden letzterwähnten Ziele aufgelöst werden" – erforderlichenfalls müsse der Gesetzgeber auf eine Regelung im Allgemeinen Teil verzichten und einzelne Detailregelungen im Besonderen Teil vornehmen.[415] Zur Wahrung des fragmentarischen Charakters dürften gerade trotz möglicherweise entstehender Strafbarkeitslücken nicht weniger strikte Anforderungen an die Bestimmtheit gestellt werden.[416]

Es ist zwar richtig, dass die Normen des Allgemeinen Teils insoweit offen(er) gefasst sein müssen, als sie für die unterschiedlichsten Straftatbestände gelten und der Gesetzgeber nie die im Einzelfall vom Gericht erfolgende Bestrafung vorab bestimmen kann; würde man deshalb aber eine weniger strenge Bindung im Allgemeinen Teil gelten lassen, besteht die Gefahr, dass der Gesetzgeber die strengeren Anforderungen im Besonderen Teil dadurch zu umgehen versucht, dass er Regelungen nicht im jeweiligen Tatbestand trifft, sondern die Norm bewusst in den Allgemeinen Teil einfügt. Damit hätte der Gesetzgeber zumindest theoretisch das Werkzeug, um die Zielsetzungen des Art. 103 Abs. 2 GG zu konterkarieren.[417] Wenn der Gesetzgeber die Normen des Allgemeinen Teils pauschal unbestimmter fassen darf, besteht die Möglichkeit, dass die Bedeutung des Strafrechts als ultima ratio gemindert wird und die Gewährleistung von Freiheit durch Vorhersehbarkeit nicht mehr gesichert werden kann, da der Anwendungsbereich der jeweiligen Norm nicht ohne Weiteres ermittelt werden kann. Der Gesetzgeber

413 M. w. N. *Kirsch*, Geltung des Gesetzlichkeitsprinzips, S. 218 ff. Siehe auch *Fischer*, Ingerenz, S. 39.

414 AnwK-*Gaede* § 1 StGB Rn. 7.

415 *Sangenstedt*, Garantenstellung, S. 93.

416 LK-*Dannecker/Schuhr* § 1 StGB R. 181. Siehe auch *Krahl*, Rechtsprechung des BVerfG, S. 31.

417 Diese Gefahr mag einem zwar nicht realistisch und deshalb recht gering erscheinen, sie sollte dennoch auch in der Theorie schon nicht unterschätzt werden. Gerade die aktuellen Entwicklungen in vielen Ländern der Welt und einem zum Teil aufkeimendem Erfolg rechter und rechtsextremer Politik sollte uns ermahnen, die Demokratie aktiv zu schützen und die Gefahren, die ihr drohen, nicht geringzuschätzen, nur weil es heute unvorstellbar erscheint.

könnte die Aufgaben der Gesetzgebung durch sehr vage formulierte Normen zudem an die rechtsprechende und ausführende Gewalt delegieren und damit das Demokratieprinzip entwerten. Dass der Gesetzgeber aufgrund der Allgemeingültigkeit des Allgemeinen Teils ganz grundsätzlich nicht in der Lage wäre, konkrete Regeln zu fassen, erschließt sich nicht. Dass nicht alle Normen dasselbe Niveau an Bestimmtheit aufweisen und zum Teil weiter gefasst sein müssen als andere, kann nicht dazu führen, dass die Anforderungen insgesamt pauschal niedriger anzusetzen sind als im Besonderen Teil des StGB.

Der abstrakt-generelle Charakter darf daher nicht dazu führen, dass der Gesetzgeber sich einer hinreichend bestimmten Regelung entzieht, indem er eine Regelung im Allgemeinen Teil wählt und so die Zielsetzungen des Gesetzlichkeitsprinzips bewusst umgeht. Der abstrakt-generelle Charakter des Strafrechts führt – über die begrenzten sprachlichen Möglichkeiten hinaus – nicht zu einer Herabsenkung des Bestimmtheitsniveaus.

3. Umfang der gesetzlichen Regelung

Im Zusammenhang mit dem abstrakt-generellen Charakter des Strafrechts steht das Argument, dass das Strafrecht auch deswegen nicht auf weit gefasste Normen verzichten könne, weil ansonsten der Umfang der strafrechtlichen Regelungen und des StGB insgesamt zu umfangreich und unübersichtlich werden würde.[418]

Der Grund für die Vielzahl von Generalklauseln und wertausfüllungsbedürftigen Begriffen im Strafrecht sei die Unmöglichkeit, die Fülle an Sachverhalten abschließend aufzuzählen – beispielsweise lasse sich kein „lückenloser Katalog „niedriger Beweggründe“ [...] aufstellen.“[419] Das Recht lasse sich nicht in jedem Fall in die „enge Schablone faktischer Begriffe zwängen.“[420]

---

418 *Böhm*, Garantenpflichten, S. 124; *Roxin*, in: Gesetzlichkeitsprinzip im Strafrecht, S. 113, 134; *Sanchez*, in: Gesetzlichkeit und Strafrecht, S. 55, 60; SK-*Jäger* § 1 StGB Rn. 34. Vgl. auch *Schünemann*, Nulla poena, S. 30 f.: Gesetzbuch hätte sonst Umfang des „Großen Brockhaus“ oder des „Meyer“.

419 *Lenckner* JuS 1968, 249, 255. Zust. *Lemmel*, Unbestimmte Strafbarkeitsvoraussetzungen, S. 110. Vgl. auch *Nickel*, Problematik der unechten Unterlassungsdelikte, S. 160 f.

420 *Lenckner* JuS 1968, 249, 255.

Das führe zu der Frage, ob „mehr geregelt zwangsläufig besser geregelt" sei.[421] Wenn der Gesetzgeber jedes einzelne Merkmal bis ins kleinste Detail beschreiben müsste, so würde die Norm zwar im eigentlichen Sinne bestimmter werden, jedoch diene eine solch komplizierte Detailregelung aufgrund ihrer Komplexität nicht dem vom Bestimmtheitsgrundsatz beabsichtigten Schutz des Bürgers durch Vorhersehbarkeit und Berechenbarkeit staatlicher Reaktion. Mit hochkomplizierten Normen entstünde das Problem von „Unterbestimmtheit durch Überbestimmtheit".[422] Sofern auch eine generalisierende Tatbestandfassung hinreichend erkennen lässt, welcher Regelungsbereich ihr zukommt, stehe dem Gesetzgeber ein Entscheidungsspielraum hinsichtlich der Frage zu, welche Formulierung – generalisierend oder detailliert – er im konkreten Einzelfall bevorzugt.[423] Dagegen wird allerdings eingewandt, dass die Verwendung normativer Begriffe zwar häufig praktikabler sei, da dadurch eine knappere Vorschrift ermöglicht werde, dies aber im Widerspruch zum Grundgedanken des Gesetzlichkeitsprinzips stehe.[424]

Einer Begrenzung des Gesetzlichkeitsprinzips aufgrund des Umfangs der gesetzlichen Regelung steht entgegen, dass aus einem größeren Umfang der Normen des StGB nicht zwangsläufig folgt, dass die Normen unübersichtlich und hochkompliziert werden. Wenn der Tatbestand eines Gesetzes durch die Verwendung vereinfachter Begriffe umfangreicher wird, wird die Norm aufgrund ihres Umfanges nicht automatisch komplexer. Wenn zwar mehr zu lesen ist, aus dem Text dann aber genau hervorgeht, was gemeint ist, wird eine Norm nicht unbestimmt durch ihre „Überbestimmtheit", sondern leichter verständlich. Ferner kann der Komplexität einer Norm durch sinnvollen Einsatz von Absätzen, Sätzen und Nummerierungen und dem Verzicht auf (viele) Verweise auf andere Normen entgegengewirkt werden. Dass das Gesetzlichkeitsprinzips einen Verzicht auf eindeutige(re) Beschreibungen

421 *Kirsch*, Geltung des Gesetzlichkeitsprinzips, S. 172.

422 SK-*Jäger* § 1 StGB Rn. 34, 64. Siehe ebenfalls *Böhm*, Garantenpflichten, S. 124; MK-*Schmitz* § 1 StGB Rn. 51; *Roxin*, in: Gesetzlichkeitsprinzip im Strafrecht, S. 113, 134; *Sanchez*, in: Gesetzlichkeit und Strafrecht, S. 55, 61 f.

423 *Fischer*, Ingerenz, S. 41 f.; MK-*Schmitz* § 1 StGB Rn. 51; NK-*Kargl* § 1 StGB Rn. 41.

424 LK-*Dannecker/Schuhr* § 1 StGB Rn. 198. Allerdings kommt er im nächsten Abschnitt der Kommentierung zu der Erkenntnis, dass auf die Verwendung allgemeiner Begriffe nicht verzichtet werden könne, Rn. 199.

aufgrund eines erhöhten Umfanges der gesetzlichen Regelungen zwingend erfordert, erschließt sich daher nicht.

4. Zeitliche Flexibilität

Darüber hinaus dürfe der Gesetzgeber nicht überexakt formulieren, sondern müsse Präzision mit Flexibilität verbinden, um der Rechtsanwendung Entscheidungsspielräume zu eröffnen, damit diese „den Willen des Gesetzesgebers zeitgerecht weiterentwickeln" könne, da bei Erlass der einzelnen Normen nicht alle zukünftigen Fälle vorausgesehen werden könnten.[425]

Dazu führt das *Bundesverfassungsgericht* aus, dass „das Gebot der Bestimmtheit die Auslegungsfähigkeit und -bedürftigkeit des Rechtsaktes [berücksichtige]. Gesetze können nicht alle zukünftigen Fälle im Detail voraussehen, müssen auch den Wandel der Verhältnisse aufnehmen."[426] Würde „das Gebot der Bestimmtheit des Gesetzes [...] übersteigert werden; [würden] die Gesetze [...] zu starr und kasuistisch und könnten dem Wandel der Verhältnisse [...] nicht mehr gerecht werden."[427] Folglich gesteht auch das *Bundesverfassungsgericht* dem Gesetzgeber zu, Straftatbestände so offen zu formulieren, dass ursprünglich nicht vorhergesehene Fälle unter einen Tatbestand subsumiert werden können; unter dem Aspekt der zeitlichen Flexibilität und der Wandelbarkeit sei die Verwendung von normativen Begriffen und Generalklauseln erlaubt.[428]

Es sei zudem wichtig, dass Gesetze eine gewisse Stabilität aufweisen, da ständige Gesetzesänderungen das Vertrauen der Bürger in die Gesetzgebung schmälern würden. Um neue Fälle ohne immer wieder neue Gesetzgebung erfassen zu können, müssten offene Begriffe verwendet und die Auslegung des Gesetzestextes ermöglicht werden.[429] Besondere Relevanz soll dieses

---

425 NK-*Kargl* § 1 StGB Rn. 19; so auch *Böhm*, Garantenpflichten, S. 138; Schmidt-Bleibtreu/Hofmann/Henneke-*Schmahl* Art. 103 GG Rn. 67. Vgl. auch *Kuhlen*, in: Gesetzlichkeitsprinzip im Strafrecht, S. 45, 58.

426 BVerfGE 96, 68, 97. Zust. *Krey*, Studien zum Gesetzesvorbehalt, S. 84.

427 BVerfGE 14, 245, 251; 41, 314, 320; 45, 363, 371; 48, 48, 56; 75, 329, 342; 126, 170, 195; 143, 38, 55. Zust. BGHSt 59, 218, 222; 61, 110, 127; Schmidt-Bleibtreu/Hofmann/Henneke-*Schmahl* Art. 103 GG Rn. 67; *Wolff*, in: Handbuch Grundrechte V § 134 Rn. 56.

428 Zust. *Kuhlen*, in: Gesetzlichkeitsprinzip im Strafrecht, S. 45, 58.

429 *Feng*, in: Gesetzlichkeitsprinzip im Strafrecht, S. 183, 184. Zust. *Böhm*, Garantenpflichten, S. 138; *Krahl*, Rechtsprechung des BVerfG, S. 257.

Argument für den Allgemeinen Teil des StGB haben, da die Normen gerade auch für das sich stetig weiterentwickelnde Nebenstrafrecht gelten. Die Regelungen müssten somit in gewissem Maße zukunftsoffen sein, sodass die Verwendung vager Begriffe nahezu unvermeidlich erscheint.[430]

Es scheint aus Praktikabilitätsgründen durchaus überzeugend, wenn nicht für jede neu auftretende Sachverhaltskonstellation Gesetze angepasst und geändert werden müssen. Allerdings muss gerade im Strafrecht berücksichtigt werden, dass der Staat besonders intensiv in die Freiheitssphäre des Bürgers eingreift. Das Gesetzlichkeitsprinzip soll gewährleisten, dass der Bürger sein Verhalten entsprechend einrichten und (willkürliche) Strafe verhindern kann.[431] Soll es möglich sein, Verhaltensweisen zu erfassen, die der Gesetzgeber selbst nicht vorgesehen hat, wird diese Zielsetzung entwertet. Wird plötzlich ein bisher nicht erfasstes Verhalten für strafbar gehalten, konnte der Bürger sein Verhalten danach nicht ausrichten und ist der Willkür der Rechtsprechung ausgesetzt.[432]

Kommt die Gesellschaft zu der Ansicht, dass ein bestimmtes Verhalten, das bisher nicht vom Strafgesetz erfasst ist, von jetzt an als strafwürdig zu bewerten ist, ist es Aufgabe des demokratisch legitimierten Gesetzgebers, diese Bewertung im Gesetz zu manifestieren. Dass ein Gesetzgebungsprozess mitunter langwierig sein kann, darf nicht dazu führen, das Gesetzlichkeitsprinzip zu missachten. Bis dahin sind Strafbarkeitslücken wegen des Gesetzlichkeitsprinzips hinzunehmen.

5. Einzelfallgerechtigkeit

In eine der zeitlichen Flexibilität ähnliche Richtung wird argumentiert, dass der Gesetzgeber deshalb auf allgemeine und unbestimmte, wertausfüllungsbedürftige Begriffe zurückgreifen dürfen muss, weil ohne deren Verwendung „der Vielgestaltigkeit des Lebens nicht Rechnung“ getragen werden könne.[433] Wenn der Gesetzgeber „jeden Straftatbestand bis ins letzte

---

430 *Kirsch*, Geltung des Gesetzlichkeitsprinzips, S. 224.

431 Siehe dazu schon 3.C.II.1.

432 Dazu schon 3.C.II.1.b.

433 BVerfGE 4, 352, 358; 11, 234, 237; 28, 175, 183; 37, 201, 208; 41, 314, 320; 45, 363, 371; 48, 48, 56; 71, 108, 115; 73, 206, 235; 75, 329, 341; 87, 209, 224; 92, 1, 12; 126, 170, 195; 143, 38, 54. Siehe dazu auch BGHSt 18, 102, 105; 30, 285, 287; 59, 218, 222; 61, 110, 127; 63, 29, 36.

ausführen müsste", bestünde die Gefahr, dass man dem Einzelfall nicht mehr gerecht werden könne; die Gesetze wären dann „zu starr und kasuistisch".[434] Deshalb müsse der Gesetzgeber manche Fragen offenlassen, um Raum für Definition, Präzision und Konkretisierung zu lassen.[435]

Im Strafrecht sei es zur besseren Verwirklichung der Einzelfallgerechtigkeit hilfreich, wenn alle Nuancen einer Straftat berücksichtigt werden können.[436] Der Rechtsstaat drücke sich nicht allein in Rechtssicherheit und Gleichmäßigkeit der Rechtsanwendung, sondern auch im Streben nach materieller Gerechtigkeit aus – nichts würde das Rechtsbewusstsein mehr erschüttern, als „Zeuge einer als Unrecht empfundenen Bestrafung [zu] werden."[437] Es sei für den Rechtsstaat deshalb ebenso gefährlich, wenn das Gericht immer gezwungen ist, sich entgegen dem Gerechtigkeitsgefühl an starre gesetzliche Regelungen zu halten.[438]

Um im Einzelfall Gerechtigkeit erreichen zu können, stehe der Gesetzgeber daher vor der Aufgabe, Präzision und Flexibilität zu verbinden.[439] Durch die Verwendung auslegungsfähiger bzw. -bedürftiger Begriffe könnten der Rechtsanwendung die erforderlichen Entscheidungsspielräume eröffnet und ihr ermöglicht werden, Tatbestände zum Zwecke der Subsumtion im Einzelfall zu konkretisieren.[440] Zwischen dem Bedürfnis nach Rechtssicherheit und dem Erfordernis von Einzelfallgerechtigkeit müsse ein Ausgleich geschaffen werden – der Gesetzgeber müsse eine Abwägung treffen, was im Einzelfall schwerer wiegt: die mit Generalklauseln verbundenen Gefahren für die Rechtssicherheit oder der Verlust an Gerechtigkeit, wenn auf Generalklauseln

---

434 BVerfGE 14, 245, 251; 41, 314, 320; 45, 363, 371; 48, 48, 56; 75, 329, 342 f.; 126, 170, 195; 143, 38, 54 f. Siehe auch BGHSt 59, 218, 222; 61, 110, 127; 63, 29, 36.

435 *Böhm*, Garantenpflichten, S. 156; *Herzberg*, in: Symposium Schünemann 2005, S. 31, 35.

436 *Krahl*, Rechtsprechung des BVerfG, S. 256; *Naucke*, Generalklauseln, S. 15. Siehe auch *Albrecht*, Garantenstellungen, S. 146; *Schünemann*, Grund und Grenzen, S. 265 ff.

437 *Lenckner* JuS 1968, 249, 255; 304, 305. Ebenso *Böhm*, Garantenpflichten, S. 130; *Fischer* § 1 StGB Rn. 15; *Nickel*, Problematik der unechten Unterlassungsdelikte, S. 161; *Schünemann*, Grund und Grenzen, S. 263.

438 *Lenckner* JuS 1968, 249, 255. Zust. *Nickel*, Problematik der unechten Unterlassungsdelikte, S. 161.

439 NK-*Kargl* § 1 StGB Rn. 19; *Nickel*, Problematik der unechten Unterlassungsdelikte, S. 160 f.

440 *Böhm*, Garantenpflichten, S. 130; *Herzberg*, in: Symposium Schünemann 2005, S. 31, 35 f.; *Lenckner* JuS 1968, 249, 255; *Naucke*, Generalklauseln, S. 15.

verzichtet wird.[441] Er sei angehalten, Gesetze nicht überpräzise zu formulieren; ihm komme insoweit ein Bewertungsspielraum zu.[442] Die entscheidende Frage sei daher, ob eine Regel ohne Verlust an materieller Gerechtigkeit auch mit deskriptiven Merkmalen gefasst werden kann. Ist dies möglich, so dürfe sich der Gesetzgeber nicht für die normativen bzw. wertausfüllungsbedürftigen Begriffe entscheiden. Kann auf die Verwendung wertausfüllungsbedürftiger Begriffe zwecks Gerechtigkeit allerdings nicht verzichtet werden, sei dies dem Gesetzgeber unter Geringhaltung der Gefahren, die mit der Verwendung von Generalklauseln verbunden sind, erlaubt.[443] Da es sich bei einer Abwägung stets um Wertungsfragen handele und nicht immer sicher festgestellt werden könne, welches Abwägungsergebnis das richtige ist, gehe der Beurteilungsspielraum des Gesetzgebers so weit, bis sich seine Entscheidung als schlechterdings nicht mehr vertretbar darstellt.[444]

Gegen die Berücksichtigung der Einzelfallgerechtigkeit wird eingewandt, dass der Konflikt zwischen formeller Rechtssicherheit und materieller Gerechtigkeit (grundsätzlich) zugunsten der formellen Rechtssicherheit zu lösen sei. Dem Bedürfnis nach materieller Gerechtigkeit seien insbesondere durch die Aspekte des Vertrauensschutzes und des Willkürverbots Grenzen gesetzt.[445]

Bei einer Relativierung des Gesetzlichkeitsprinzips zugunsten materieller Gerechtigkeit würde „der Bestimmtheitsgrundsatz zugunsten richterlicher Gerechtigkeitsvorstellungen aufgegeben" werden. Die Abschwächung der formellen Rechtssicherheit führe zu einem größeren Verlust an Gerechtigkeit als die Verwendung von Normen, die nicht jeden Aspekt aller Einzelfälle berücksichtigen.[446] Es würde „ein Widerspruch zur Gerechtigkeit in der

---

441 *Lenckner* JuS 1968, 304, 305. Siehe auch *Krey*, Studien zum Gesetzesvorbehalt, S. 85 f.; SK-*Jäger* § 1 StGB Rn. 33. Ausführlich dazu *Böhm*, Garantenpflichten, S. 131 ff.

442 NK-*Kargl* § 1 StGB Rn. 19; SK-*Jäger* § 1 StGB Rn. 33, 35.

443 *Lenckner* JuS 1968, 304, 305.

444 *Lenckner* JuS 1968, 304, 305 ff. mit Beispielen für und gegen einen Verstoß gegen Art. 103 Abs. 2 GG.

445 LK-*Dannecker/Schuhr* § 1 StGB Rn. 52. Siehe auch *Kamberger*, Treu und Glauben, S. 184 f.; *Kirsch*, Geltung des Gesetzlichkeitsprinzips, S. 211; *Krahl*, Rechtsprechung des BVerfG, S. 287; *Schröder* JZ 1969, 775, 778.

446 *Krahl*, Rechtsprechung des BVerfG, S. 288. Siehe ebenfalls AnwK-*Gaede* § 1 StGB Rn. 34: auch der von Art. 103 Abs. 2 GG gewährleisteten formellen Rechtssicherheit komme materielle, explizit freiheitswahrende Funktion zu.

Praxis sehr selten auftauchen" und es seien „gerade die Gesetze, die eine gleichmäßige Rechtsanwendung ermöglichen und dadurch ebenfalls zum Garanten der Gerechtigkeit" würden.[447] Art. 103 Abs. 2 GG beruhe auf einem eindeutigen Abwägungsergebnis einer Vielzahl von Grundrechtsprüfungen und treffe gewissermaßen eine Vorentscheidung zugunsten der formellen Rechtssicherheit, sodass jedenfalls abstrakt das Ergebnis der Abwägung zugunsten der formellen Rechtssicherheit ausfallen müsse und nur im Ausnahmefall generelle Fassungen von Normen erlaubt seien.[448] Die materielle Gerechtigkeit dürfe nur *innerhalb* der Grenzen des Gesetzlichkeitsprinzips berücksichtigt werden, nicht aber zu einer Relativierung von vorneherein führen.[449]

Im Gegensatz zum allgemeinen Rechtsstaatsgebot aus Art. 20 Abs. 3 GG stelle Art. 103 Abs. 2 GG im Strafrecht zudem höhere Anforderungen an das Gesetzlichkeitsprinzip und somit an die Bestimmtheit von Normen.[450] Daraus wird aber nicht zwangsläufig der Schluss gezogen, dass die formelle Rechtssicherheit automatisch Vorrang gegenüber der materiellen Gerechtigkeit hat. Es könnte auch sein, dass dadurch lediglich die Bedeutung der formellen Rechtssicherheit hervorgehoben werden sollte. Der Wortlaut und die Systematik von Art. 103 Abs. 2 GG würden jedenfalls keine Aussage zum Verhältnis treffen und auch bei Einführung von Art. 103 Abs. 2 GG wurde über dessen Bedeutung nur wenig diskutiert.[451] Zwar könnten bei absolutem Vorrang die Zielsetzungen des Gesetzlichkeitsprinzips optimal umgesetzt werden. Wenn aber durch Art. 103 Abs. 2 GG lediglich die Bedeutung

---

447 *Lemmel*, Unbestimmte Strafbarkeitsvoraussetzungen, S. 130 f.

448 Siehe auch *Berster*, Unterlassungsdelikt, S. 42; *Kirsch*, Geltung des Gesetzlichkeitsprinzips, S. 146 f.; Maunz/Dürig-*Schmidt-Aßmann* Art. 103 Abs. 2 GG Rn. 186; m. w. N., aber krit. *Nickel*, Problematik der unechten Unterlassungsdelikte, S. 162, 169 ff. Dagegen *Schünemann*, Grund und Grenzen, S. 265. Eindrücklich zur Bedeutung der materiellen Gerechtigkeit und dem Vorrang der Rechtssicherheit im Strafrecht, allerdings Art. 103 Abs. 3 GG bzw. das Rückwirkungsverbot aus Art. 103 Abs. 2 GG betreffend, siehe die jüngste Entscheidung des *Bundesverfassungsgerichts*, Urt. v. 31.10.2023 – 2 BvR 900/22 Rn. 76 ff. zur Verfassungswidrigkeit des § 362 Nr. 5 StPO sowie die Rn. 4 ff. der abweichenden Meinung.

449 *Roxin/Greco* AT/I § 5 Rn. 72.

450 *Böhm*, Garantenpflichten, S. 132 f.; *Kirsch*, Geltung des Gesetzlichkeitsprinzips, S. 220; *Seebode* JZ 2004, 305, 307.

451 *Böhm*, Garantenpflichten, S. 132 ff.; *Nickel*, Problematik der unechten Unterlassungsdelikte, S. 155 f.; *Schünemann*, Grund und Grenzen, S. 265.

der formellen Rechtssicherheit hervorgehoben werden sollte, dann wäre die formelle Rechtssicherheit nicht gefährdet, wenn man im Rahmen des Bestimmtheitsgebots – jedenfalls in begrenztem Umfang – Entscheidungen zugunsten der materiellen Gerechtigkeit zulasse.[452]

Die überzeugenderen Argumente sprechen dagegen, aufgrund der Einzelfallgerechtigkeit eine in seinen Anforderungen an die Bestimmtheit von Normen nur begrenzte Geltung des Gesetzlichkeitsprinzips anzunehmen. Mit Art. 103 Abs. 2 GG soll gerade verhindert werden, dass Gerichte willkürliche und einzelfallabhängig gegensätzliche Entscheidungen treffen.[453] Die verlässliche, voraussehbare Rechtsanwendung gewährleistet ebenso Gerechtigkeit.[454] Dass die strafrechtlichen Verbote für jeden gleichermaßen gelten, ist auch eine Frage von Gerechtigkeit. Wann im Einzelfall eine Bestrafung oder Straflosigkeit ungerecht erscheint, lässt sich zudem nicht anhand objektivierbarer Maßstäbe feststellen. Es ist äußerst fraglich, was materielle Gerechtigkeit überhaupt ausmacht. Die Beantwortung dieser Frage hängt maßgeblichen von der höchstsubjektiven Einschätzung eines jeden Einzelnen ab.[455] Wenn dem Gericht die Möglichkeit eröffnet wird, im Einzelfall aufgrund eigener Gerechtigkeitserwägungen zu entscheiden, ob ein Verhalten bestraft werden soll, „der Bestimmtheitsgrundsatz [also] zugunsten richterlicher Gerechtigkeitsvorstellungen aufgegeben“ wird,[456] dann kann diese Wertung nicht auf ein allgemeingültiges Fundament gestellt werden. Der Bürger kann nicht vorhersehen, welche Wertungen das Gericht treffen wird. Allein der Gesetzgeber kann in einer solch allgemeingültigen Weise Strafbarkeitserwägungen anstellen, die frei von Willkür sind.[457] Gerade dieser Punkt macht – im Hinblick auf die Zielsetzungen von Art. 103 Abs. 2 GG – deutlich, dass die Entscheidung über die Strafbarkeit eines Verhaltens dem

---

452 *Böhm*, Garantenpflichten, S. 134. Allgemein zu Schutzpflichten siehe BVerfGE 35, 79, 114 ff.; 39, 1, 41 ff.; 49, 89, 142 ff.; 53, 30, 57; aus jüngerer Zeit BVerfGE 157, 30, 146 ff. (Klima-Beschluss); BVerfG NJW 2022, 380, 383 f. (Triage-Beschluss). M. w. N. *Klein*, NJW 1989, 1633 ff. und *Tiedemann*, Verfassungsrecht, S. 50 ff.

453 Siehe auch *Albrecht*, Garantenstellungen, S. 148.

454 So auch *Schöne*, Unterlassene Erfolgsabwendungen, S.280; Schönke/Schröder-*Hecker* § 1 StGB Rn. 67.

455 Siehe auch *Böhm*, Garantenpflichten, S. 136 f.; LK-*Dannecker/Schuhr* § 1 StGB Rn. 204.

456 *Roxin/Greco* AT/I § 5 Rn. 72.

457 Ebenso *Schürmann*, Unterlassungsstrafbarkeit, S. 186.

Gericht nicht mit dem Argument der Herstellung materieller Gerechtigkeit übertragen werden darf.

Um Gerechtigkeit im Einzelfall herzustellen, sieht das Strafrecht bereits ausreichend Möglichkeiten vor. Zu denken sei an den Täter entlastende minder- oder den Täter belastende besonders schwere Fälle, Rechtfertigungs- und Entschuldigungsgründe sowie die grundsätzliche Konzeption der Strafzumessung. Mit Hilfe dieser Mechanismen kann gewährleistet werden, dass die Frage nach der individuellen Strafe einzelfallabhängig entschieden wird.[458] Auch darf nicht in Vergessenheit geraten, dass die Postulate des Gesetzlichkeitsprinzips dem Schutz des Täters dienen – einer gewohnheitsrechtlichen oder analogen Anwendung einer Norm zugunsten des Täters, die im Einzelfall zur Herstellung von Gerechtigkeit erforderlich ist, steht Art. 103 Abs. 2 GG ohnehin nicht entgegen.[459] Dass darüber hinaus auch noch die einzelnen Strafnormen vage und offen formuliert sein müssen, um die unterschiedlichen Aspekte jedes Einzelfalles berücksichtigen zu können, erschließt sich nicht.

Ergibt sich hingegen, dass die Gerechtigkeit zulasten des Täters gehen soll, muss deutlich entgegnet werden, dass eine unvorhergesehene Bestrafung über die Empörung im Einzelfall wegen vermeintlicher Strafwürdigkeit mit Hilfe von Art. 103 Abs. 2 GG gerade verhindert werden soll.[460] Andernfalls wäre Willkür Tür und Tor geöffnet, da der potenzielle Straftäter nicht einschätzen kann, in welchem Fall Besonderheiten seines Einzelfalles zu einer (höheren) Bestrafung führen sollen, obwohl der Gesetzgeber die Entscheidung über die Strafwürdigkeit des Verhaltens treffen soll bzw. bereits getroffen hat. Handelt es sich um ein generelles Problem, das erst anhand eines Einzelfalles sichtbar wird, muss es Aufgabe des Gesetzgebers bleiben, sich dieses Problems

---

458 Zur Strafzumessung auch BVerfGE 105, 135, 153 ff.; *Heinrich*, Strafschärfungen, S. 71, 147; *Lutfullin*, Bestimmtheitsgebot, S. 103; Schönke/Schröder-*Hecker* § 1 StGB Rn. 29; Stern/Becker-*Brüning* Art. 103 Abs. 2 GG Rn. 68.

459 Ebenso BGHSt 9, 310; BVerfG, Urt. v. 31.10.2023 – 2 BvR 900/22 Rn. 85; BeckOK/GG-*Radtke* Art. 103 GG Rn. 39; SK-*Jäger* § 1 StGB Rn. 53 f.

460 So auch *Kamberger*, Treu und Glauben, S. 186; *Schöne*, Unterlassene Erfolgsabwendungen, S. 337; *Schürmann*, Unterlassungsstrafbarkeit, S. 186. Zur mangelnden Berücksichtigung von Opferinteressen im Strafrecht siehe z. B. *Seelmann* GA 1989 (136), 241.

anzunehmen und zu entscheiden, ob und in welchem Ausmaß das Verhalten strafrechtliche Sanktion erfordert.

6. Schutzpflichten des Gesetzgebers

Bisher lediglich von *Böhm* aufgegriffen wird der Aspekt der Schutzpflichten des Gesetzgebers. Sie betont, dass das Gesetzlichkeitsprinzip durch die Schutzpflichten eingeschränkt werde, die der Gesetzgeber im Hinblick auf die Rechtsgüter der Bürger habe.[461] Zur Erfüllung dieser Schutzpflichten komme dem Gesetzgeber ein weiter Spielraum zu. Vor allem bei besonders hochwertigen Rechtsgütern müsse auch die relativ vage Formulierung von Straftatbeständen erlaubt sein, wenn ansonsten ein (strafrechtlicher) Schutz des jeweiligen Rechtsgutes nicht möglich sei.[462] Gegenüber denjenigen, die eine Ableitung von Schutzpflichten aus Grundrechten ablehnen, entgegnet *Böhm*, dass die Pflicht des Staates, Rechtsgüter vor Eingriffen durch Private zu schützen, dennoch bestehe. Diese Pflicht folge dann zwar nicht unmittelbar aus den Grundrechten, zumindest aber aus dem Gewaltmonopol des modernen Staates und dem damit einhergehenden Gewaltverbot unter Bürgern. Der Staat werde dadurch zum effektiven Schutz der Rechtsgüter des Einzelnen verpflichtet: „Je weiter und elastischer ein Schutzgesetz formuliert ist, desto besser kann es grundrechtliche Gefährdungen erfassen."[463]

Würde man dem Gesetzgeber zugestehen, aus diesen Gründen strafrechtliche Normen besonders weit und vage zu formulieren, begibt man sich in Konflikt zu Art. 103 Abs. 2 GG. Aus dem Demokratie- und Gewaltenteilungsgrundsatz ergibt sich, dass es Aufgabe des Gesetzgebers ist, zu entscheiden, wann der Schutz bestimmter Rechtsgüter des Strafrechts bedarf. Diese Entscheidung darf er nicht durch sehr offen gefasste Normen der Rechtsprechung überlassen.[464]

Zwar ist *Böhm* insoweit zuzustimmen, dass in bestimmten Bereichen ein strafrechtlicher Rechtsgüterschutz unerlässlich ist. Insbesondere für das Rechtsgut Leben wird der Zwang zu strafbewehrten Normen teilweise

---

461 *Böhm*, Garantenpflichten, S. 126 ff. Siehe kursorisch dazu auch *Betghe*, in: FS Stern 2012, S. 295, 304; Dürig/Herzog/Scholz-*Remmert* Art. 103 Abs. 2 GG Rn. 97.

462 *Böhm*, Garantenpflichten, S. 127 f.

463 *Böhm*, Garantenpflichten, S. 128 f.

464 Siehe dazu die Ausführungen unter 3.C.II.2.

bejaht.[465] Deshalb kann es in bestimmten Fällen unvermeidbar sein, Tatbestände vage zu formulieren, wenn ansonsten der Schutz des Lebens nicht sinnvoll erreicht werden kann.[466] Zu hohe Anforderungen an die Bestimmtheit dürfen den Schutz in diesem essenziellen Bereich deshalb nicht negieren.

Der Gesetzgeber ist allerdings nicht verpflichtet, *alle* Rechtsgüter mithilfe des Strafrechts zu schützen, sondern ist vielmehr dazu angehalten, sich im Sinne einer Verhältnismäßigkeit staatlicher Eingriffe in die Freiheitssphäre und Grundrechte des Einzelnen auf gravierende sozialwertwidrige Verhaltensweisen zu beschränken, woraus sich der fragmentarische Charakter des Strafrechts ergibt.[467] Hinsichtlich der Frage, ob und wie Rechtsgüter geschützt werden sollen, kommt dem Gesetzgeber zwar ein Entscheidungsspielraum zu.[468] Dieser Entscheidungsspielraum kann aber nicht dazu führen, dass die Entscheidung, ob der Weg des Rechtsgüterschutzes über das Strafrecht gegangen werden soll, durch weit gefasste Normen der Rechtsprechung überlassen wird.[469] Dem Gesetzgeber stehen neben dem Strafrecht noch andere Instrumente zur Verfügung, die weniger strengen Anforderungen unterliegen. Wenn er sich zum Rechtsgüterschutz dem Strafrecht unterwerfen möchte, dann muss er auch die im Strafrecht

---

465 BVerfGE 39, 1, 45 ff.; 88, 203, 257 f.; 153, 182, 183; *Betghe*, in: FS Stern 2012, S. 295, 304; MK-*Joecks/Erb* Einleitung Rn. 19; *Laubenthal* ZStW 2004 (116), 703, 745; *Tiedemann*, Verfassungsrecht, S. 53; *Vogel* StV 1996, 110, 111 f. Siehe auch m. w. N. *Müller-Dietz*, in: FS Dreher 1977, S. 97, 101 ff. und Schönke/Schröder-*Hecker* Vor § 1 StGB Rn. 32. Krit. insb. bezüglich der Abtreibungsrechtsprechung *Hermes/Walther* NJW 1993, 2337, 2340. Ausführlich zum Untermaßverbot siehe *Störring*, Untermaßverbot, insb. S. 74 ff., 120 ff.
In der Verfassung sieht lediglich Art. 26 Abs. 1 Satz 2 GG eine zwingende Strafandrohung vor.

466 Ebenso Dürig/Herzog/Scholz-*Remmert* Art. 103 Abs. 2 GG Rn. 97.

467 Siehe dazu schon 3.C.II.1.a.

468 BVerfGE 27, 18, 28 ff.; 46, 160, 164 f.; 50, 142, 162; 120, 224, 240 f.; 123, 267, 408 f.; 157, 30, 152. Siehe auch m. w. N. *Appel*, Verfassung und Strafe, S. 69 ff.; *Klein* NJW 1989, 1633, 1637 f.; ausführlich *Lagodny*, Strafrecht, S. 254 ff.; Matt/*Renzikowski* StGB Einleitung Rn. 5 f.; MK-*Joecks/Erb* StGB Einleitung Rn. 19; *Sternberg-Lieben* MedR 2019, 185, 189.

469 So auch NK-*Neumann/Saliger* Vor § 1 StGB Rn. 76 i. V. m. 69.

besonders engen Grenzen hinsichtlich der Strafbestimmung berücksichtigen.[470] Es bleibt Aufgabe des Gesetzgebers, den Bereich strafbaren Verhaltens selbst klar und deutlich festzulegen. Der Hinweis auf die Schutzpflichten des Gesetzgebers kann nicht zu einer Herabsenkung des Garantieniveaus führen, denn Rechtsgüterschutz kann (und muss) auch auf anderem Wege als nur dem Strafrecht erreicht werden.[471]

Dies gilt umso mehr für den Allgemeinen Teil des Strafrechts, da es dort nicht um den Schutz einzelner Rechtsgüter geht. Eine Grenzziehung anhand des Schutzes besonders gewichtiger Rechtsgüter ist dort gar nicht möglich. Würde man dieses Argument gelten lassen, wäre wenig bestimmten Normen Tür und Tor geöffnet, da jede Norm des Allgemeinen Teils auch dem Schutz des Lebens dienen kann, sodass das Bestimmtheitsgebot nicht bloß eingeschränkt, sondern vollständig aufgegeben würde.

Im Übrigen hat der Gesetzgeber nicht nur die Pflicht, die Rechtsgüter vor Eingriffen durch Private zu schützen – er muss auch einen ausreichenden Schutz vor staatlicher Gewalt gewährleisten. Diesen Ausgleich versucht der Verfassungsgeber gerade mit Art. 103 Abs. 2 GG zu leisten und hat insoweit schon eine Vorentscheidung getroffen.[472]

Der Rückgriff auf die Schutzpflichten des Staates zur Begrenzung der Bestimmtheitsanforderungen erscheint damit jedenfalls im Hinblick auf die Regelungen des Allgemeinen Teils als zu pauschal und ermöglicht keine handhabbare Grenzziehung der Einschränkungsmöglichkeiten.

7. Zusammenfassung

Das Gesetzlichkeitsprinzip respektive das Bestimmtheitsgebot gilt nicht absolut. Das ergibt sich schon aus der Vielseitigkeit unserer Sprache. Das Gesetzlichkeitsprinzip gilt aber absolut hinsichtlich des sprachlich Möglichen. Der Gesetzgeber darf sich nicht unter Rückgriff auf Argumente wie das der zeitlichen Flexibilität oder des Umfangs der gesetzlichen Regelung seinen Verpflichtungen entziehen. Die Ziele, die das Gesetzlichkeitsprinzip zu erreichen versucht, können nur dann ernsthaft verwirklicht werden, wenn die

---

470 Ähnlich Dürig/Herzog/Scholz-*Remmert* Art. 103 Abs. 2 GG Rn. 49; *Kaspar* RW 2018, 224, 228.

471 Siehe ähnlich auch *Herbertz*, Ingerenz, S. 159 f.

472 Siehe dazu die Ausführungen unter 3.C.II., insbesondere zur Freiheitsgewährleistung.

Normen so präzise und eindeutig wie möglich formuliert werden. Offen und weit gefasste Tatbestände dürfen nur dann verwendet werden, wenn es aufgrund der sprachlichen Möglichkeiten nicht anders durchführbar ist und eine Regelung im Bereich des Strafrechts erforderlich ist. Das gilt im Allgemeinen Teil genauso wie im Besonderen Teil des StGB.

II. Präzisierung der Bestimmtheitsanforderungen

Damit stellt sich nun die Frage, anhand welcher konkreten Kriterien festgestellt werden kann, ob der Gesetzgeber die Norm hinreichend bestimmt formuliert hat. Dass der Gesetzgeber aufgrund der sprachlichen Vielgestaltigkeit nicht nur starre, sondern auch normative Begriffe verwenden darf, sagt noch nichts darüber aus, ob eine Norm im konkreten Fall hinreichend bestimmt ist, wann also die Verwendung normativer Begriffe mit Art. 103 Abs. 2 GG vereinbar ist.

1. Erkennbarkeit (durch Auslegbarkeit)

Aufgrund der begrenzten Leistungsfähigkeit der Sprache kann das Strafrecht „nicht völlig darauf verzichten, allgemeine Begriffe zu verwenden, die nicht eindeutig allgemeingültig umschrieben werden können und die in besonderem Maße der Auslegung durch den Richter bedürfen.“ [473] Eine Norm sei dann hinreichend bestimmt, wenn „Tragweite und Anwendungsbereich der Straftatbestände zu erkennen sind und sich durch Auslegung ermitteln lassen.“[474] Maßgeblich für die Bestimmtheit einer Norm sei also die Erkennbarkeit durch Auslegbarkeit.

a. Erkennbarkeit des Risikos in Grenzfällen

Grundsätzlich soll schon anhand der gesetzlichen Regelung erkennbar sein, ob ein Verhalten strafbar ist oder nicht.[475] In Grenzfällen sei das

---

[473] BVerfGE 11, 234, 237; 26, 41, 42 f.; 41, 314, 319 f.

[474] BVerfGE 25, 269, 285; 41, 314, 319; 47, 109, 120; 57, 250, 262; 71, 108, 114; 73, 206, 234; 75, 329, 341; 85, 69, 78; 87, 209, 223 f.; 92, 1, 12; 96, 68, 97; 105, 135, 153; 126, 170, 195; 143, 38, 53; BVerfG NJW 1998, 2589, 2590; 2001, 1848, 1849; 2003, 1030; 2007, 1666; 2008, 3627; BGHSt 62, 1, 6; 63, 29, 34, 36; BGH StV 2016, 212, 215.

[475] BVerfGE 47, 109, 121; 71, 108, 115; 73, 206, 235; 75, 329, 341; 87, 209, 224; 92, 1, 12; 126, 170, 195; BVerfG NJW 2001, 1848, 1849; 2003, 1030; 2008, 3627; BGHSt 59, 218, 222; 62, 1, 6.

Strafbarkeitsrisiko für den Normadressaten durch diese gesetzliche Regelung ersichtlich, wodurch „der Unvermeidbarkeit von Randunschärfen Rechnung" getragen werde.[476] Da sich aufgrund der begrenzten Leistungsfähigkeit der Sprache eine klare Abgrenzung nicht immer finden lasse, müsse im Zweifel die Erkennbarkeit des Risikos ausreichen.[477] Dafür wird ins Feld geführt, dass die Betroffenen ausreichend und sachgerecht über die Irrtumsregeln geschützt seien und deshalb die Erkennbarkeit des Risikos genügen würde.[478]

Durch diese Formel entfernt sich die Rechtsprechung allerdings vom Verfassungstext, der gesetzlich bestimmte und für den Bürger erkennbare Strafbarkeit und nicht lediglich die Erkennbarkeit eines Strafbarkeitsrisikos voraussetze.[479] Der mit der Vorhersehbarkeit staatlicher Reaktion verbundene Vertrauensschutz ist unwirksam, wenn die Erkennbarkeit schon des Risikos und nicht erst der Strafbarkeit tatsächlich ausreichen sollte, da dann grundsätzlich bei jeder staatlichen Verhaltensnorm mit einer Strafbewehrung gerechnet werden müsste.[480] Das Risiko der Strafbarkeit begrenzt den Bürger faktisch wie ein Verbot, da der Normadressat sein Verhalten auf eine Strafbarkeit einstellen müsste, die möglicherweise gar nicht besteht.[481]

b. Ermittlung des Bedeutungsgehalts durch Auslegung

Da aber auf Generalklauseln und unbestimmte, wertausfüllungsbedürftige Begriffe – wie bereits dargelegt – nicht gänzlich verzichtet werden kann, stellt sich die Frage, inwieweit deren Verwendung in verfassungskonformer Weise möglich ist. Dazu führt das *Bundesverfassungsgericht* dann aus, dass „gegen die Verwendung derartiger Klauseln oder Rechtsbegriffe [...] jedenfalls dann keine

---

476 BVerfGE 126, 170, 196 sowie BVerfGE 47, 109, 121; 71, 108, 115; 73, 206, 235; 85, 69, 73; 87, 209, 224; 92, 1, 12; 126, 170, 196; BVerfG NJW 1998, 2589, 2590; 2001, 1848, 1849; 2007, 1666; 2008, 3627; BGHSt 59, 218, 222; Hömig/*Wolff* Art. 103 GG Rn. 16; *Kuhli*, in: Strafrecht und Verfassung, S. 91, 101; *Roxin*, in: Gesetzlichkeitsprinzip im Strafrecht, S. 113, 133; Schmidt-Bleibtreu/Hofmann/Henneke-*Schmahl* Art. 103 GG Rn. 67.

477 *Böhm*, Garantenpflichten, S. 146; ebenso *Lutfullin*, Bestimmtheitsgebot, S. 149.

478 BGHSt 30, 285, 288; *Böhm*, Garantenpflichten, S. 146; *Lenckner* JuS 1968, 304, 310; *Schünemann*, Nulla poena, S. 34.

479 Siehe auch LK-*Dannecker/Schuhr* § 1 StGB Rn. 184; *Seebode* JZ 2004, 305, 308.

480 Ebenso LK-*Dannecker/Schuhr* § 1 StGB Rn. 184.

481 So auch *Böhm*, Garantenpflichten, S. 146; *Gaede*, Steuerbetrug, S. 449 f.; *Schuchmann*, in: Strafrecht und Politik, S. 31, 44; *Seebode* JZ 2004, 305, 308 f.

Bedenken [bestehen], wenn sich mit Hilfe der üblichen Auslegungsmethoden, insbesondere durch Heranziehung anderer Vorschriften desselben Gesetzes, durch Berücksichtigung des Normzusammenhangs oder aufgrund einer gefestigten Rechtsprechung eine zuverlässige Grundlage für die Auslegung und Anwendung der Norm gewinnen lässt."[482] Eine Norm sei also dann hinreichend bestimmt, wenn sich ihr Bedeutungsgehalt durch Auslegung ermitteln lässt.[483]

Maßgeblicher Bezugspunkt der Auslegung sei der im Wortlaut zum Ausdruck kommende und sich aus dem Zusammenhang ergebende objektivierte Wille des Gesetzgebers.[484] Unter den vier Auslegungsmethoden – Wortlaut, Systematik, Telos und Entstehungsgeschichte – komme grundsätzlich keiner Methode der Vorrang zu.[485] Besonders zu beachten sei im Strafrecht aber der Wortlaut einer Norm, der die äußerste Grenze der Auslegung darstelle, denn „Gegenstand der Auslegung gesetzlicher Bestimmung [könne] immer nur der Gesetzestext sein."[486] Weil das Gesetzlichkeitsprinzip die Vorhersehbarkeit der Strafandrohung gerade für den Normadressaten garantieren soll, sei die Wortlautgrenze in der Regel aus Sicht des Normadressaten zu bestimmen.[487]

---

482 BVerfGE 45, 363, 371 f.; 48, 48, 56; 96, 68, 98; 143, 38, 55, 60. Siehe auch BVerfGE 41, 314, 323; BGHSt 28, 312, 313.

483 *Albrecht*, Garantenstellungen, S. 150 f.; AnwK-*Gaede* § 1 StGB Rn. 20; Hömig/*Wolff* Art. 103 GG Rn. 16; *Paradissis*, Unterlassungsstrafbarkeit, S. 91; Schmidt-Bleibtreu/Hofmann/Henneke-*Schmahl* Art. 103 GG Rn. 68; SK-*Jäger* § 1 StGB Rn. 62.

484 BVerfGE 105, 135, 157; AnwK-*Gaede* § 1 StGB Rn. 35 f.; *Bockelmann*, AT, S. 20 f.; *Wolff*, in: Handbuch Grundrechte V § 134 Rn. 90. Vgl. auch *Maurach*, AT, S. 103.

485 BVerfGE 105, 135, 157.

486 BVerfGE 71, 108, 115; 73, 206, 235; 85, 69, 73; 87, 363, 392; 92, 1, 12; 105, 135, 157; BVerfG NJW 1998, 2589, 2590; 2008, 3627; 2018, 3091, 3092. Ebenso BGHSt 39, 29, 34; 62, 1, 7; *Albrecht*, Garantenstellungen, S. 150 f.; *Appel*, Verfassung und Strafe, S. 120; *Bockelmann*, AT, S. 19; Hömig/*Wolff* Art. 103 GG Rn. 17; *Paradissis*, Unterlassungsstrafbarkeit, S. 91 f.; *Rengier*, AT, § 4 Rn. 31, § 5 Rn. 5.

487 BVerfGE 47, 109, 121; 75, 329, 341; 85, 69, 78; 73, 206, 235 f.; 92, 1, 12, 20; BVerfG NJW 1998, 2589, 2590; 2001, 1848, 1849; 2007, 1666; 2008, 3627; 2018, 3091, 3092; AnwK-*Gaede* § 1 StGB Rn. 29; *Bott/Krell* ZJS 2010, 694, 696; *Böhm*, Garantenpflichten, S. 142 f.; *Bülte* NZWiSt 2017, 161, 165 f.; Dürig/Herzog/Scholz-*Remmert* Art. 103 Abs. 2 GG Rn. 84, 92; *Fischer*, Ingerenz, S. 46; *Herzberg*, in: Symposium Schünemann 2005, S. 31, 36; Hömig/*Wolff* Art. 103 GG Rn. 17; LK-*Dannecker/Schuhr* § 1 StGB Rn. 182; Sachs-*Degenhart* Art. 103 GG Rn. 70; Schmidt-Bleibtreu/Hofmann/Henneke-*Schmahl* Art. 103 GG Rn. 69.

Bei der grammatikalischen Auslegung gehe es also zunächst um die Ermittlung des allgemeinen Sprachgebrauchs und die gebräuchliche Verwendung eines Begriffes in der Gegenwart.[488] Diese bezögen sich nicht auf jede irgendwie mögliche Bedeutung eines Begriffes, sondern um die Bedeutung unter Berücksichtigung des Wort- und Satzzusammenhangs.[489] Kommen einem Begriff mehrere Bedeutungen zu und oder ist kein eindeutiger Bedeutungsgehalt durch die grammatikalische Auslegung festzustellen – was der Regelfall sei –, müssten sodann der Systemzusammenhang sowie Sinn und Zweck unter Berücksichtigung der Entstehungsgeschichte einer Norm untersucht und herangezogen werden.[490] Dabei hätten sich diese drei Auslegungsmethoden innerhalb des sich aus dem Wortlaut ergebenden Rahmens zu bewegen, sodass ein Sachverhalt dann nicht unter eine Norm gefasst werden dürfe, wenn er zwar dem Sinn und Zweck der Regelung entspricht, vom Wortlaut hingegen nicht mehr erfasst ist.[491] Zum Teil wird einschränkend gefordert, dass eine Norm mangels ausreichender Bestimmtheit nicht angewendet werden dürfe und Strafbarkeitslücken hingenommen werden müssten, wenn sich über die Bedeutung eines Begriffs kein gesellschaftlicher Konsens erzielen lasse.[492] Als weitere Strategie neben die vier klassischen Auslegungsmethoden tritt die verfassungskonforme Auslegung. Danach ist das Gesetz so zu lesen, wie es noch mit der Verfassung vereinbar ist.[493] Kommen unterschiedliche Auslegungsergebnisse in Betracht, von denen

488 BGHSt 62, 1, 7; AnwK-*Gaede* § 1 StGB Rn. 29; BeckOK-*v. Heintschel-Heinegg* § 1 StGB Rn. 20.; *Herzberg*, in: Symposium Schünemann 2005, S. 31, 36; *Krey*, Studien zum Gesetzesvorbehalt, S. 246 f.; MK-*Schmitz* § 1 StGB Rn. 87; NK-*Kargl* § 1 StGB Rn. 106a; S/S/W-*Satzger* § 1 StGB Rn. 45; Sachs-*Degenhart* Art. 103 GG Rn. 70.

489 *Baumann*, AT, S. 154.

490 *Bockelmann*, AT, S. 19; Schönke/Schröder-*Hecker* § 1 StGB Rn. 39 f.; SK-*Jäger* § 1 StGB Rn. 65.

491 BVerfGE 71, 108, 115 f.; 73, 206, 235 f.; 92, 1, 12 f.; 126, 170, 197; BVerfG NJW 2007, 1666; 2008, 3627, 3628; BGHSt 18, 136, 140; 42, 158, 161; BGH StV 2016, 212, 215; *Bockelmann*, AT, S. 21; *Böhm*, Garantenpflichten, S. 144, 172; *Frister*, Kapitel 4 Rn. 22, 25; MK-*Schmitz* § 1 StGB Rn. 73; NK-*Kargl* § 1 StGB Rn. 80.

492 Dürig/Herzog/Scholz-*Remmert* Art. 103 Abs. 2 GG Rn. 81 f.; *Lenckner* JuS 1968, 249, 250; *Lutfullin*, Bestimmtheitsgebot, S. 148 f.; MK-*Schmitz* § 1 StGB Rn. 80. Siehe auch BVerfGE 92, 1, 18 f.

493 *Dießner*, Unterlassungsstrafbarkeit, S. 208.

eins gegen die Vorgaben der Verfassung verstößt, ein anderes aber nicht, sei nur dasjenige Ergebnis zulässig, das mit der Verfassung in Einklang steht.[494]

An der Bestimmtheit durch Auslegbarkeit wird kritisiert, dass dadurch die Erkennbarkeit für den Normadressaten vernachlässigt werde, weil die Bürger als rechtsunkundige Personen nicht die Möglichkeit hätten, mithilfe der juristischen Auslegungstechniken die Strafnormen zu erörtern.[495] Gerade bei unbestimmten Rechtsbegriffen könne der Betroffene den Anwendungsbereich und die Tragweite des Straftatbestandes in dem Fall nicht erkennen.[496] Allerdings sei die Auslegung aufgrund der Mehrdeutigkeit von Begriffen erforderlich.[497] Es gehe dabei aber weniger um die Erkennbarkeit für das Individuum als vielmehr um das „allgemeine gesellschaftliche Vertrauen in eine geregelte, von Willkür freie Ausübung der Strafgewalt", die dadurch gewährleistet werde, dass jedenfalls Rechtskundige „an Hand gesetzlicher Wertkriterien eine verläßliche, rational verifizierbare Aussage über [den] Regelungssachverhalt" einer Norm treffen.[498] Da auch bei normativen Begriffen auf allgemeine, sozial-ethische Wertungen zurückgegriffen werden muss, bestehe bei der Verwendung solcher Begriffe die Bindung des Gerichts an das Gesetz, weil durch den Rückgriff auf die allgemeinen Wertungen höchstpersönliche Wertungen des Gerichts ausgeschlossen seien.[499]

Die Methode der Auslegung ist überzeugend, weil auch bei nicht eindeutig feststellbarem Bedeutungsgehalt ein hinreichend konkretes Ergebnis dadurch gewährleistet werden kann, dass ein methodisches Verfahren angewandt wird, an das sich der Gesetzesanwender zu halten hat. So wird die willkürliche Anwendung einer Strafnorm vermieden.[500] Zwar hat auch die Auslegung ihre Schwächen, weil rechtsunkundige Personen mit der juristischen Methode nicht vertraut sind und die Auslegung ihnen Schwierigkeiten bereiten kann, allerdings hat der Gesetzgeber keine andere Möglichkeit, als sich mithilfe

---

494 *Rengier*, AT, § 5 Rn. 24.
495 MK-*Schmitz* § 1 StGB Rn. 55; *Sangenstedt*, Garantenstellung, S. 110 f.
496 MK-*Schmitz* § 1 StGB Rn. 55.
497 MK-*Schmitz* § 1 StGB Rn. 77, 84.
498 *Sangenstedt*, Garantenstellung, S. 111.
499 *Jescheck*, AT[4], S. 116; ähnlich auch *Roxin/Greco* AT/I § 5 Rn. 31.
500 Ebenso *Böhm*, Garantenpflichten, S. 141 f.; *Gaede*, Steuerbetrug, S. 450 f.

von Sprache und Wörtern zu äußern.[501] Art. 103 Abs. 2 GG enthält nicht nur das Bestimmtheits-, sondern auch das Schriftlichkeitsgebot.[502] Anders können Gewohnheits- und Richterrecht nicht verhindert werden. Ein vollständiger Verzicht auf normative und wertausfüllungsbedürftige Begriffe ist nicht möglich, sodass die Auslegung von Strafnormen unumgänglich ist.

Um die Erkennbarkeit für die Bürger dennoch bestmöglich erreichen zu können, ist zwingend erforderlich, dass sich die Auslegung strafbarkeitsbegründender Merkmale grundsätzlich am allgemeinen, d. h. am für jeden Bürger zugänglichen Sprachgebrauch orientiert und (juristische) Fachsprache nur zusätzlich als ein begrenzender Faktor Berücksichtigung findet, wenn also die Fachsprache den Begriff enger fasst und mit der Umgangssprache bzw. dem allgemeingültigen Sprachgebrauch vereinbar ist.[503] Denn Art. 103 Abs. 2 GG soll gerade sicherstellen, dass *jedermann* sein Verhalten an der Strafnorm ausrichten kann.[504] Der Wortlaut muss deshalb zwingend die **äußerste** Grenze der Auslegung bleiben. Wenn sich ein weitergehender oder anderer Wille des Gesetzgebers im Gesetzestext nicht manifestiert hat, darf er nicht berücksichtigt werden.

c. Gefestigte Rechtsprechung als Auslegungskriterium

Das *Bundesverfassungsgericht* führt zusätzlich an, dass eine Norm auch dann hinreichend bestimmt sei, wenn die Bedeutung eines Begriffs oder einer Norm im Rahmen der Anwendung und Auslegung durch die Gerichte eine gefestigte Rechtsprechung erfahren habe und dadurch präzisiert worden sei.[505] Für die Annahme einer gefestigten Rechtsprechung reiche die herrschende

---

501 *Böhm*, Garantenpflichten, S. 144; *Roxin/Greco* AT/I § 5 Rn. 30. Siehe auch *Schünemann*, Grund und Grenzen, S. 272 f.

502 So auch Dürig/Herzog/Scholz-*Remmert* Art. 103 Abs. 2 GG Rn. 79.

503 Zum unvorsätzlichen Sich-Entfernen vom Unfallort BVerfG NJW 2007, 1666 m. Anm. *Simon*. Vgl. auch Lackner/Kühl/*Heger* § 1 StGB Rn. 6; LK-*Dannecker/Schuhr* § 1 StGB Rn. 182; MK-*Schmitz* § 1 StGB Rn. 87 sowie Schönke/Schröder-*Hecker* § 1 StGB Rn. 21. Von Vornherein keine Probleme mit Fachsprache ergeben sich aber dann, wenn sich die Strafnorm nur an einen begrenzten Personenkreis richtet, der dieser Fachsprache mächtig ist bzw. mächtig sein könnte.

504 Siehe auch m. w. N. Dürig/Herzog/Scholz-*Remmert* Art. 103 GG Rn. 92.

505 BVerfGE 26, 41, 43; 28, 175, 185; 92, 1, 23; 126, 170, 197. Siehe auch BVerfGE 57, 250, 262; 105, 135, 161; BVerfG NJW 1999, 3399, 3400; 2003, 1030, 1031.

Meinung auch dann aus, wenn sie nicht einhellige Meinung ist.[506] Dadurch gewinne die Norm dann ihre hinreichende Bestimmtheit.[507]

Die Ansicht des *Bundesverfassungsgerichts* trifft auf umfangreiche Kritik. Es widerspreche den demokratischen und rechtsstaatlichen Zielsetzungen des Gesetzlichkeitsprinzips, wenn die eigentlich vom Gesetzgeber zu fassende Entscheidung über die Strafbarkeit eines Verhaltens durch eine gefestigte Rechtsprechung ersetzt werde.[508] Vor dem Hintergrund des Verbots von Gewohnheitsrecht stellt sich – berechtigterweise – die Frage, ob die Rechtsprechung dann nicht im eigentlichen Sinne strafbegründend wirke.[509] Durch die Entwicklung einer gefestigten Rechtsprechung würde die Rechtsprechung die Aufgaben des Gesetzgebers übernehmen, was einen Verstoß gegen das Demokratieprinzip darstellt.[510] Das Gesetzlichkeitsprinzip setze voraus, dass die jeweilige Norm selbst *von Anfang an* bestimmt ist und nicht erst im Laufe der Zeit hinreichend bestimmt wird.[511] Da Entscheidungen jedoch ex-post ergehen und bei neuen Gesetzen eine Rechtspraxis noch gar nicht existieren kann, mangele es an der von Art. 103 Abs. 2 GG vorausgesetzten Vorhersehbarkeit der staatlichen Reaktion und Sanktion. Zunächst

---

506 BVerfGE 37, 201, 208.

507 BVerfGE 96, 68, 97; BVerfG NJW 1999, 3399, 3400; 2003, 1030, 1031. Siehe auch BVerfGE 73, 206, 243 f.; 92, 1, 23.

508 *Albrecht*, Garantenstellungen, S. 147; *Basak*, in: Strafrecht und Verfassung, S. 71, 85, 88; *Böhm*, Garantenpflichten, S. 158; *Bülte* NZWiSt 2017, 161, 169; *Frister*, Kapitel 4 Rn. 14; *Grünwald*, in: FS Kaufmann 1993, S. 433, 439; *Kirsch*, Geltung des Gesetzlichkeitsprinzips, S. 141; *Kleinherne*, Garantenstellung, S. 327; *Krahl*, Rechtsprechung des BVerfG, S. 343 f.; Lackner/Kühl/*Heger* § 1 StGB Rn. 2; LK-*Dannecker/Schuhr* § 1 StGB Rn. 188, 201; *Roxin*, in: Gesetzlichkeitsprinzip im Strafrecht, S. 133, 134; *Schürmann*, Unterlassungsstrafbarkeit, S. 162 f.; *Vogel*, Norm und Pflicht, S. 328.

509 *Basak*, in: Strafrecht und Verfassung, S. 71, 87 f.; *Gallas*, Studien zum Unterlassungsdelikt, S. 78.

510 *Bülte* NZWiSt 2017, 161, 169; *Krahl*, Rechtsprechung des BVerfG, S. 344, 348, 380 f. Vgl. auch BeckOK/GG-*Radtke* Art. 103 GG Rn. 37; *Grünwald*, in: FS Kaufmann 1993, S. 433, 439; MK-*Schmitz* § 1 StGB Rn. 58; *Paradissis*, Unterlassungsstrafbarkeit, S. 95; *Seebode*, JZ 2004, 305, 308 f.; *Wolff*, in: Handbuch Grundrechte V § 134 Rn. 58. Prägnant *Basak*, in: Strafrecht und Verfassung, S. 71, 85: Gewaltenteilung wird umgedeutet in Gewaltenergänzung.

511 *Böhm*, Garantenpflichten, S. 157; *Rengier*, AT, § 4 Rn. 28; *Vogel*, Norm und Pflicht, S. 328. Siehe auch *Berster*, Unterlassungsdelikt, S. 53 f.; Dürig/Herzog/Scholz-*Remmert* Art. 103 Abs. 2 GG Rn. 96; *Paradissis*, Unterlassungsstrafbarkeit, S. 94.

würde eine unbestimmte, d. h. verfassungswidrige Norm angewendet. Das führe dazu, dass eine Reihe von Bürgern Strafverfahren über sich ergehen lassen müssen, um eine Norm durch die dadurch erfolgende Rechtsprechung allmählich bestimmt zu machen.[512] Zudem hänge die Bestimmtheit dann davon ab, wann und ob die Rechtsprechung überhaupt die Gelegenheit bekommt, eine Norm zu präzisieren.[513] Fraglich sei dabei auch, wie viele Entscheidungen notwendig seien, um von einer gefestigten Rechtsprechung ausgehen zu können – nicht selten fehle es überhaupt an einer einheitlichen Rechtsprechung.[514] Es handele sich also um die nachträgliche Heilung mangelnder Bestimmtheit, die „Geburtsfehler des Tatbestandes" sei.[515] Damit würde das *Bundesverfassungsgericht* die Bindung des Gesetzgebers an den Bestimmtheitsgrundsatz preisgeben[516] – der Rückgriff auf eine gefestigte Rechtsprechung stelle eine erhebliche Relativierung des Bestimmtheitsgebotes dar.[517] Der Wortsinn und die gefestigte Rechtsprechung seien keine gleichrangigen Erkenntnisquellen.[518]

Zudem merken Kritiker an, dass die Rechtsprechung hinreichende Erkennbarkeit von Strafbarkeit gar nicht leisten könne, da sie keine abstrakt-generellen Regeln aufstelle, sondern Einzelfallentscheidungen treffe.

---

512 *Basak*, in: Strafrecht und Verfassung, S. 71, 75, 85; *Bülte* NZWiSt 2017, 161, 169; *Kirsch*, Geltung des Gesetzlichkeitsprinzips, S. 140 f.; Maunz/Dürig-*Schmidt-Aßmann* Art. 103 Abs. 2 GG Rn. 186 f.; MK-*Schmitz* § 1 StGB Rn. 54, 58 f.; S/S/W-*Satzger* § 1 StGB Rn. 23; *Schünemann*, Nulla poena, S. 33; *Seebode* JZ 2004, 305, 307. Vgl. auch *Albrecht*, Garantenstellungen, S. 147.

513 *Basak*, in: Strafrecht und Verfassung, S. 71, 85; *Kirsch*, Geltung des Gesetzlichkeitsprinzips, S. 141. Wohl auch *Krahl*, Rechtsprechung des BVerfG, S. 2 f.

514 LK-*Dannecker/Schuhr* § 1 StGB Rn. 201; MK-*Schmitz* § 1 StGB Rn. 59; *Seebode* JZ 2004, 305, 308; *Vogel*, Norm und Pflicht, S. 328.

515 *Grünwald*, in: FS Kaufmann 1993, S. 433, 437 f. Zust. *Böhm*, Garantenpflichten, S. 157. Dagegen NK-*Kargl* § 1 StGB Rn. 70b, die davon ausgehen, dass eine Norm regelmäßig von Beginn an hinreichend bestimmt ist, wenn sich ihre Konkretisierungsfähigkeit in langjähriger Rechtsprechung bestätigt hat.

516 *Kirsch*, Geltung des Gesetzlichkeitsprinzips, S. 140 ff.; *Kuhlen*, in: FS Otto 2007, S. 104; *Roxin/Greco* AT/I § 5 Rn. 70; *Schürmann*, Unterlassungsstrafbarkeit, S. 163.

517 *Basak*, in: Strafrecht und Verfassung, S. 71, 80; *Krahl*, Rechtsprechung des BVerfG, S. 407; LK-*Dannecker/Schuhr* § 1 StGB Rn. 188, 190; MK-*Schmitz* § 1 StGB Rn. 58; *Seebode*, in: FS Spendel 1992, S. 317, 326 f.

518 LK-*Dannecker/Schuhr* § 1 StGB Rn. 213. Siehe auch *Basak*, in: Strafrecht und Verfassung, S. 71, 88.

Die nur in Umrissen erkennbare Strafbarkeit würde zu Lebensunsicherheit und unkalkulierbarer Verfolgbarkeit führen. Die Handlungsfreiheit des Individuums würde dadurch stärker begrenzt als es die Verfassung zulasse, da der Normadressat sein Verhalten auf eine mögliche Strafbarkeit einstellen müsste, die die Rechtsprechung im Nachhinein aber verneinen könnte.[519] Da auf eine „nicht immer einheitliche oder sich im Fluss befindliche Rechtsprechung zur Normkonkretisierung abgestellt wird“, sei fraglich, ob der strafrechtliche Sanktionsbereich für die rechtsunkundige Person vorhersehbar ist.[520] Es bestehe die Möglichkeit, dass sich Gerichte entgegen ihrer vorherigen Rechtsprechung anders entscheiden und so die Berechenbarkeit und Vorhersehbarkeit staatlichen Strafens nicht mehr gewährleistet wäre.[521]

Dennoch wird in der Literatur – auch von einigen Autoren, die die Einbeziehung der gefestigten Rechtsprechung kritisieren – im Einklang mit dem *Bundesverfassungsgericht* vertreten, dass die Rechtsprechung zumindest im Sinne eines Eingrenzungs- und Präzisierungsgebotes dazu verpflichtet sei, bestehende bzw. „verbleibende Unklarheiten über den Anwendungsbereich einer Norm durch Präzisierung und Konkretisierung im Wege der Auslegung nach Möglichkeit auszuräumen“[522], da auf normative, unbestimmte Begriffe gerade nicht verzichtet werden könne.[523] Diese Herangehensweise zeichne „ein realistischeres Bild von der Herstellung eines für den Bürger ausreichend bestimmten Strafrechts, an der eben auch Gerichte durch fallbezogene Konkretisierung der Strafgesetze beteiligt“ seien.[524] Überdies sei „das

---

519 *Basak*, in: Strafrecht und Verfassung, S. 71, 81 f.; *Grünwald* ZStW 1964 (76), 13 f.; *Schünemann*, Grund und Grenzen, S. 73; *Seebode* JZ 2004, 305, 308 f.

520 BeckOK/GG-*Radtke* Art. 103 GG Rn. 28. Siehe auch *Schmidt*, versuchtes Unterlassungsdelikt, S. 121: „Kenntnis einschlägiger Literatur und Kasuistik der Rechtsprechung“ liege bei rechtsunkundigen Personen regelmäßig nicht vor.

521 *Böhm*, Garantenpflichten, S. 158.

522 BVerfGE 126, 170, 198.

523 BGH BeckRS 2016, 113380 Rn. 40; AnwK-*Gaede* § 1 StGB Rn. 21; *Henckel* HRRS 2018, 273, 276 f.; Hömig/*Wolff* Art. 103 GG Rn. 17; LK-*Dannecker/Schuhr* § 1 StGB Rn. 195. Ausführlich *Kirsch*, Geltung des Gesetzlichkeitsprinzips, S. 158 ff., 233 ff.; *Krey*, Keine Strafe, S. 127; *Kuhlen*, in: Gesetzlichkeit und Strafrecht, S. 429, 434 ff.; *ders.*, in: Gesetzlichkeitsprinzip im Strafrecht, S. 45, 59.

524 *Kuhlen*, in: Gesetzlichkeit und Strafrecht, S. 429, 439; *ders.*, in: Gesetzlichkeitsprinzip im Strafrecht, S. 45, 58 f. Zustimmend *Sanchez*, in: Gesetzlichkeit und Strafrecht, S. 55, 62.

Bestehen einer gefestigten Rechtsprechung ein Indiz für die Möglichkeit einer ausreichend bestimmten Auslegung anhand der Gesamtrechtsordnung".[525]

Zum Teil wird das Präzisierungsgebot aber auch strenger gehandhabt oder gänzlich abgelehnt. Es erteile dem Gesetzgeber einen „Freibrief" für den Verstoß gegen das Gesetzlichkeitsprinzip und hebe die Gewaltenteilung stückweise auf.[526] Es sei zwar sinnvoll, dass die Rechtsprechung zur Konturierung von Tatbeständen beiträgt, aber das Präzisierungsgebot dürfe nicht dazu führen, dass sich der Gesetzgeber seiner Pflicht, die Strafbarkeitsgrenzen selbst festzulegen „durch Delegation auf die zur Präzisierung verpflichteten Richter" entzieht und ihr nur unzureichend nachkommt.[527] Das Präzisierungsgebot wird daher auf Fälle beschränkt, in denen der Gesetzgeber das strafbare Verhalten bestmöglich umschrieben habe und die Verwendung auslegungsbedürftiger Begriffe unerlässlich sei.[528] Zu berücksichtigen sei auch, dass das Gesetzlichkeitsprinzip gerade gesetzliche und nicht erst richterliche Bestimmtheit verlange.[529] Die Präzisierung durch die Gerichte dürfe nicht dazu führen, dass unbestimmte und folglich verfassungswidrige Gesetze im Nachhinein durch Rechtsprechung geheilt werden.[530] Im Übrigen biete Richterrecht auch „keinerlei Gewähr für Universalität und Kontinuität", was hinsichtlich der Vorherseh- und Berechenbarkeit staatlicher Sanktionen problematisch sei.[531]

Die Kritik an der Einbeziehung der gefestigten Rechtsprechung ist berechtigt. Richtig ist insbesondere, dass man sich bei der gefestigten Rechtsprechung die Frage stellen muss, wie diese überhaupt zustande kommt,

525 *Utz*, Geschäftsherrenhaftung, S. 36. Zurückzuführen auf *Vogel*, Norm und Pflicht, S. 334.

526 *Kuhlen*, in: Gesetzlichkeit und Strafrecht, S. 429, 437; MK-*Schmitz* § 1 StGB Rn. 47, 58; *Seebode* JZ 2004, 305, 308. In der Tendenz auch *Lutfullin*, Bestimmtheitsgebot, S. 138; *Voßkuhle* AöR 2000 (125), 177, 179, 184 f.

527 *Roxin/Greco* AT/I § 5 Rn. 79a. Ebenso *Krey*, Keine Strafe, S. 127 f., 138; *Paradissis*, Unterlassungsstrafbarkeit, S. 96; S/S/W-*Satzger* § 1 StGB Rn. 23, 27.

528 *Frister*, Kapitel 4 Rn. 14; S/S/W-*Satzger* § 1 StGB Rn. 23, 27.

529 *Böhm*, Garantenpflichten, S. 157; *Rengier*, AT, § 4 Rn. 28; *Vogel*, Norm und Pflicht, S. 328.

530 *Roxin/Greco* AT/I § 5 Rn. 79a.

531 *Böhm*, Garantenpflichten, S. 158; *Krahl*, Rechtsprechung des BVerfG, S. 132 f. Krit. zur verfassungskonformen Auslegung durch Fachgerichte ausführlich *Voßkuhle* AöR 2000 (125), 177, 184 ff.

wenn sie die staatliche Reaktion berechenbar machen soll. Bis man von einer solchen sprechen kann, würden viele Täter *ohne* bereits bestehende, gefestigte Rechtsprechung bestraft, da sie zum Tatzeitpunkt erst in der Entstehung ist. Zudem darf ein anfangs unbestimmtes, mithin verfassungswidriges Gesetz nicht dadurch geheilt werden, dass es durch die Rechtsprechung zu nachträglicher Bestimmtheit gelangt. Die Norm dürfte gar nicht ein erstes Mal angewendet werden, sodass eine kontinuierliche, gefestigte Rechtsprechung sich streng genommen gar nicht bilden dürfe und könne. Es ist außerdem unklar, was *gefestigte* Rechtsprechung überhaupt meint: Klare Aussagen dazu, wie viele Entscheidungen erforderlich sind und wie zum Beispiel mit Uneinigkeit innerhalb der Rechtsprechung selbst und in der Wissenschaft umgegangen wird, sucht man vergebens. Der Verweis auf die herrschende Meinung ist auch deshalb wenig hilfreich, weil sich die anknüpfende Frage stellt, wann eine Meinung schon oder gerade noch die herrschende Meinung darstellt. Die gefestigte Rechtsprechung muss deshalb als Kriterium hinreichender Bestimmtheit außer Acht gelassen werden.

d. Zusammenfassung

Richtig ist es, angesichts der Abstraktheit unserer Sprache und der Mehrdeutigkeit von Begriffen auf die Auslegungsfähigkeit einer Norm zurückzugreifen. Allerdings darf dabei nicht aus dem Blick verloren werden, dass es bei der Bestimmtheit einer Norm maßgeblich darum geht, das strafbare Verhalten und die staatliche Reaktion für den Bürger voraussehbar zu machen und die Demokratie respektive die Gewaltenteilung zu verwirklichen. Daher überzeugt es nicht, wenn man mit dem *Bundesverfassungsgericht* die Präzisierung durch die Rechtsprechung ausreichen lässt. Die Vorhersehbarkeit, der Schutz vor Willkür und der Schutz des Demokratieprinzips können nur ausreichend gewährleistet werden, wenn sich das strafbare Verhalten schon aus dem Gesetz selbst – mithilfe der Auslegungsmethoden aus Perspektive des Normadressaten – ableiten lässt.[532] Für die Auslegungsfähigkeit eines Gesetzes darf dementsprechend nicht auf erst nachträglich ergangene Rechtsprechung oder auf Diskussionen in der Wissenschaft zurückgegriffen werden. Sie

532 So auch *Albrecht*, Garantenstellungen, S. 151.

können allenfalls Denkanstöße an den Gesetzgeber richten, eine Norm zu überarbeiten.

Hinreichende Bestimmtheit kann einer Norm dann attestiert werden, wenn sich ihr Bedeutungsgehalt und Anwendungsbereich durch Auslegung anhand des Gesetzestextes ermitteln lässt.

2. Je desto-Formel

Des Weiteren erwägt insbesondere das *Bundesverfassungsgericht*, die hinreichende Bestimmtheit von der Schwere der angedrohten Strafe abhängig zu machen. Je schwerer die angedrohte Strafe ist, desto präziser müsse der Gesetzgeber die Strafbarkeitsvoraussetzungen bestimmen.[533] Es komme „auf die Intensität der Auswirkungen der Regelung für die Betroffenen an“, die Bestimmtheit einer Norm müsse also der Grundrechtsrelevanz der Regelung entsprechen.[534] Ist der Grundrechtseingriff intensiv, seien die Anforderungen, die an die Bestimmtheit zu stellen sind, höher als bei einer bloß geringen Beeinträchtigung der Grundrechtsausübung.[535]

Dabei stelle das *Bundesverfassungsgericht* zwei verschiedene Eingriffe nebeneinander: den Eingriff mindestens in die Handlungsfreiheit und je nach Delikt zusätzlich in besondere Grundrechte über die Höhe der strafrechtlichen Sanktion und den Eingriff in Art. 103 Abs. 2 GG. Im Rahmen der Verhältnismäßigkeit müsse es aber darum gehen, die Notwendigkeit eines Grundrechtseingriffs – hier in Art. 103 Abs. 2 GG zum Schutz eines Rechtsgutes – mit der Schwere dieses Grundrechtseingriffs abzuwägen, weshalb der Vorgehensweise des *Bundesverfassungsgerichts* in diesem Punkt nicht zu folgen sei.[536]

Zudem wird – zutreffend – insbesondere eingewandt, dass das Gesetzlichkeitsprinzip keine Abstufungen nach der Schwere des Delikts erlaube, sondern bei allen Voraussetzungen der Strafbarkeit gleichermaßen

---

533 BVerfGE 14, 245, 251; 41, 314, 320; 75, 329, 342; 105, 135, 155 f.; 126, 170, 196; 143, 38, 54; BGHSt 59, 218, 223; Sachs-*Degenhart* Art. 103 GG Rn. 64.

534 BVerfGE 143, 38, 60 f. in Bezug auf die Bestimmtheit einer Ermächtigungsnorm.

535 BVerfGE 143, 38, 60 f.

536 *Böhm*, Garantenpflichten, S. 159 f.; Schönke/Schröder-*Hecker* § 1 StGB Rn. 21; *Schröder* JZ 1969, 775, 778.

gelte.[537] Die Anwendung der Je-Desto-Formel könne dazu führen, dass das Bestimmtheitsgebot bei Bagatelldelikten preisgegeben werde, obwohl der Gesetzgeber auch dort zu bestmöglicher Präzision verpflichtet sei.[538] Zudem schaffe die Formel hier „keine Klarheit", denn sie sage „noch nichts darüber aus, wie dieser Bestimmtheitsgrad konkret ermittelt wird."[539]

Dem Bundesverfassungsgericht ist insbesondere auch deshalb zu widersprechen, weil die Abstufung nach Schwere des Delikts und der Strafe jedenfalls im Allgemeinen Teil des StGB keinen Sinn ergibt, da die Regelungen für den gesamten Besonderen Teil gelten und damit keine Differenzierung nach der Schwere des Delikts oder der Strafe ermöglichen.[540] Mithilfe der Je-Desto-Formel kann jedenfalls im Allgemeinen Teil des Strafrechts nicht ermittelt werden, wann dessen Normen hinreichend bestimmt sind, sodass sie auf die Frage nach dem Gewährleistungsgehaltes des Bestimmtheitsgebotes in der hiesigen Frage keinen Einfluss hat.

3. Bestmögliche Präzision unter Berücksichtigung von Zweckmäßigkeitserwägungen

Im Einklang mit den Ausführungen zur Berücksichtigung von Einzelfallgerechtigkeit, dem Umfang und der zeitlichen Flexibilität bei Strafnormen wird vertreten, dass die hinreichende Bestimmtheit einer Norm von den Regelungsalternativen abhängt, die dem Gesetzgeber unter Berücksichtigung der Zweckmäßigkeit einer Strafbestimmung zur Verfügung stehen. Ob der Gesetzgeber die Anforderungen des Art. 103 Abs. 2 GG erfüllt hat, sei „im Wege einer wertenden Gesamtbetrachtung unter Berücksichtigung möglicher Regelungsalternativen" zu beurteilen.[541] Wenn der Gesetzgeber ohne Probleme eine das strafbare Verhalten genauer

---

537 *Albrecht*, Garantenstellungen, S. 146; *Böhm*, Garantenpflichten, S. 159; *Heinrich*, Strafschärfungen, S. 60; *Kirsch*, Geltung des Gesetzlichkeitsprinzips, S. 142; *Krahl*, Rechtsprechung des BVerfG, S. 318 f.; *Roxin/Greco* AT/I § 5 Rn. 70; NK-*Kargl* § 1 StGB Rn. 41; *Schünemann*, Nulla poena, S. 32 f.

538 *Appel*, Verfassung und Strafe, S. 119 f.; Dürig/Herzog/Scholz-*Remmert* Art. 103 Abs. 2 GG Rn. 95, 107 f.; LK-*Dannecker/Schuhr* § 1 StGB Rn. 186. Siehe auch NK-*Kargl* § 1 StGB Rn. 41.

539 *Lutfullin*, Bestimmtheitsgebot, S. 151.

540 So auch *Albrecht*, Garantenstellungen, S. 146; *Kirsch*, Geltung des Gesetzlichkeitsprinzips, S. 142; *Schürmann*, Unterlassungsstrafbarkeit, S. 161.

541 BVerfGE 92, 1, 18 f.; 126, 170, 196. Siehe auch *Gaede*, Steuerbetrug, S. 453.

umschreibende Regelung erlassen könnte und die Verwendung vermehrt auslegungsbedürftiger Begriffe somit vermeidbar wäre, müsse der Gesetzgeber auf diese auslegungsfähigen Begriffe verzichten.[542] Wenn eine konkretere Regelung hingegen nicht möglich ist, dann sei diese zulässig, da man vom Gesetzgeber nichts Unmögliches verlangen dürfe.[543] Der Anwendungsbereich und die Voraussetzungen einer Norm müssten dann nur bestmöglich präzisiert werden.[544]

Bei der Frage, ob eine konkretere Regelung möglich gewesen wäre, dürfte aber folgende Zweckmäßigkeitserwägung nicht außer Acht gelassen werden.[545] Solange eine generalisierendere Regelung die Grundentscheidung des Gesetzgebers hinsichtlich des Schutzzwecks und des tatbestandsmäßigen Verhaltens hinreichend erkennen lässt und aus Gründen der materiellen Gerechtigkeit sinnvoller sei, sei sie zulässig. Das gelte besonders, wenn bei einer umständlichen Detailregelung die Erkennbarkeit für den Betroffenen nicht mehr bzw. nicht besser gewährleistet werden kann – dann komme dem Gesetzgeber ein Entscheidungsspielraum hinsichtlich der Beantwortung der Frage zu, welche der Regelungen er bevorzugt.[546] *Schünemann* fordert ob der materiellen Gerechtigkeit nur hinreichende Bestimmbarkeit, keine größtmögliche Bestimmtheit. Hinreichende Bestimmbarkeit stelle sich dar als

---

542 *Bülte* NZWiSt 2017, 161, 169 f.; BeckOK/GG-*Radtke* Art. 103 GG Rn. 24; *Henckel* HRRS 2018, 273, 275; *Kirsch*, Geltung des Gesetzlichkeitsprinzips, S. 288; *Krahl*, Rechtsprechung des BVerfG, S. 300; LK-*Dannecker/Schuhr* § 1 StGB Rn. 196; *Lutfullin*, Bestimmtheitsgebot, S. 153; MK-*Schmitz* § 1 StGB Rn. 53, 49 f. mit Beispielen; NK-*Kargl* § 1 StGB Rn 41; Schönke/Schröder-*Hecker* § 1 StGB Rn. 20; S/S/W-*Satzger* § 1 StGB Rn. 23 f. In diese Richtung argumentierend auch AnwK-*Gaede* § 1 StGB Rn. 26:. Siehe auch BGHSt 59, 218, 222 f. und BVerfGE 105, 135, 168 zur Vermögensstrafe. Zust. *Paradissis*, Unterlassungsstrafbarkeit, S. 90.

543 *Herzberg*, in: Symposium Schünemann 2005, S. 31, 55; *Jähnke*, in: FS 50 Jahre BGH 2000, S. 393, 400 f.; LK-*Dannecker* § 1 StGB Rn. 186; NK-*Kargl* § 1 StGB Rn. 40 f.; Krit. *Kirsch*, Gesetzlichkeitsprinzip, S. 225 ff.

544 AnwK-*Gaede* § 1 StGB Rn. 20; *ders.*, Steuerbetrug, S. 453 f.; *Henckel* HRRS 2018, 273, 275; MK-*Schmitz* § 1 StGB Rn. 44 f. Ähnlich S/S/W-*Satzger* § 1 StGB Rn. 23.

545 *Albrecht*, Garantenstellungen, S. 148; AnwK-*Gaede* § 1 StGB Rn. 26; Schönke/Schröder-*Hecker* § 1 StGB Rn. 20.

546 *Böhm*, Garantenpflichten, S. 156; *Bülte* NZWiSt 2017, 161, 169; Dürig/Herzog/Scholz-*Remmert* Art. 103 Abs. 2 GG Rn. 94; MK-*Schmitz* § 1 StGB Rn. 51; NK-*Kargl* § 1 StGB Rn. 41. Siehe auch m. N. von Beispielen *Roxin/Greco* AT/I § 5 Rn. 75a f.; *Sangenstedt*, Garantenstellung, S. 105.

„eine objektiv-rationale, von autonomen Wertentscheidungen unabhängige Konkretisierbarkeit.“[547]

Ein Kriterium für die Abwägung könne dabei beispielsweise der Bereich der Strafbarkeit sein, in welchem sich die normativen Begriffe befinden. Im Rahmen von Rechtfertigungsgründen sei die Rechtssicherheit durch die Verwendung wertender Begriffe weniger gefährdet als im Bereich des Tatbestandes. Innerhalb eines Tatbestandes könne dann relevant sein, ob es sich um den „Tatbestandskern“ oder um die „Tatbestandsgrenzen“ handelt. Ebenso gebe es Unterschiede bei der Art der Unbestimmtheit wertausfüllungsbedürftiger Begriffe, die berücksichtigt werden müssten.[548] Die Gefahren, die mit der zulässigen Verwendung wertausfüllungsbedürftiger Begriffe einhergehen, sollen dadurch gering gehalten werden, dass die Rechtsprechung die Normen so anzuwenden habe, „dass sich das Fehlen sicherer Wertmaßstäbe nicht zu Lasten des Täters auswirkt.“[549] Die Maßstäbe, an denen sich die Rechtsprechung zur Ausfüllung normativer Begriffe bedient, müssten insoweit eindeutig bzw. relativ eindeutig sein. Fehlen allerdings solche Maßstäbe, dürfe sich das Gericht nicht für die eine oder andere Wertung entscheiden – es müsse dann zu dem Ergebnis kommen, dass für eine Bestrafung kein Platz sei. Damit würde die zunächst mangelnde Rechtssicherheit ausgeglichen, da die richterliche Reaktion – zumindest teilweise – wieder voraussehbar werde.[550]

Obwohl zumindest grob ein Rahmen für die Abwägung vorgegeben wird, wird an der Berücksichtigung von Zweckmäßigkeitserwägungen hinsichtlich der materiellen Gerechtigkeit kritisiert, dass „jedwede Anhaltspunkte, wann konkret das Interesse an gerechter Einzelfallentscheidung gegenüber der Rechtssicherheit überwiegt [fehlen], so daß der Willkür freier Raum gelassen“ werde. Die Abwägungslösung führe – wie auch die Forderung nach Einzelfallgerechtigkeit – zu einer nicht hinnehmbaren „Vernachlässigung und Abschwächung des Gesetzlichkeitsgrundsatzes und seiner Zielsetzungen.“[551]

Der Gesetzgeber müsse bei fehlender Umschreibbarkeit des zu regelnden Bereichs trotz guter Bemühungen gänzlich auf die Realisierung des

547 *Schünemann*, Grund und Grenzen, S. 268 f., 270.
548 *Lenckner* JuS 1968, 304, 305.
549 *Lenckner* JuS 1968, 304, 308.
550 *Lenckner* JuS 1968, 304, 308.
551 *Albrecht*, Garantenstellungen, S. 148; *Kirsch*, Geltung des Gesetzlichkeitsprinzips, S. 146 f.; *Roxin/Greco* AT/I § 5 Rn 72.

gesetzgeberischen Ziels verzichten, wenn die Grenze strafbaren Verhaltens im Gesetz nicht hinreichend erkennbar ist. Er dürfe sich mit dem Hinweis auf die Nichtrealisierbarkeit bzw. Nichterfüllbarkeit strenger Bestimmtheit seinen Verpflichtungen nicht entziehen.[552] Es wird daher einschränkend gefordert, dass jedenfalls ein „Mindestmaß an Bestimmtheit erreicht" wird, mit dem die Rechtsanwendung unter Einsatz der Auslegungsregeln ein für den Bürger vorhersehbares Ergebnis entwickeln kann. Ansonsten sei auch eine „bestmöglich bestimmte Norm als verfassungswidrig [zu] verwerfen."[553]

Die Forderung nach der Berücksichtigung von Zweckmäßigkeitserwägungen hat zumindest auf den ersten Blick den weiten Entscheidungs- und Gestaltungsspielraum auf ihrer Seite, der dem Gesetzgeber hinsichtlich der Frage des Ob und Wie einer Strafbestimmung von vielen Seiten zugesprochen wird.[554] Die Entscheidung über die Geeignetheit und Erforderlichkeit einer gesetzlichen Regelung zur Erreichung eines legitimen Ziels obliegt grundsätzlich dem Gesetzgeber – das folgt aus dem Gewaltenteilungsgrundsatz und der damit zusammenhängenden Pönalisierungsbefugnis des Gesetzgebers.[555] Der Gewaltenteilungsgrundsatz erlaubt dem Gesetzgeber nicht nur, die Grenzen der Strafbarkeit zu bestimmen, sondern verpflichtet ihn dazu, diese Bestimmung selbst vorzunehmen und nicht der Rechtsprechung zu überlassen.[556] Die Parlamentsgewalt gilt allerdings nicht grenzenlos – insbesondere im Strafrecht sind dem Gesetzgeber mit Art. 103 Abs. 2 GG erhöhte Schranken gesetzt. Formuliert der Gesetzgeber mit Rekus auf Zweckmäßigkeitserwägungen eine Norm sehr vage, nimmt er zwar den ihm zugebilligten weiten Gestaltungsspielraum in Anspruch, umgeht damit aber auch die Vorgaben, die Art. 103 Abs. 2 GG der Strafgesetzgebung macht. Durch die weite Tatbestandsfassung werden dem Gericht keine Grenzen bei der Anwendung und Auslegung aufgezeigt. Der grundsätzlich weite Entscheidungs- und

---

552 *Krahl*, Rechtsprechung des BVerfG, S. 300 f.; *Schürmann*, Unterlassungsstrafbarkeit, S. 188; *Schröder* JZ 1969, 775, 777; *Vogel*, Norm und Pflicht, S. 328. Siehe auch m. w. N. *Roxin* JuS 1973, 197, 198; *Schünemann*, Grund und Grenzen, S. 269.

553 *Paradissis*, Unterlassungsstrafbarkeit, S. 90 f.

554 Siehe auch *Böhm*, Garantenpflichten, S. 127, 156; Matt/*Renzikowski* Einleitung Rn. 6. Krit. AnwK-*Gaede* § 1 StGB Rn. 25 f. sowie ausführlich *ders.*, Steuerbetrug, S. 317 ff. Zur Prärogative allg. BVerfGE 50, 290, 369; 51, 60, 74; 65, 1, 24 f.; 88, 203, 262; 90, 145, 173; 101, 141, 157; BVerfG NJW 2011, 1578, 1582.

555 Ebenso AnwK-*Gaede* § 1 StGB Rn. 2.

556 Dazu schon 3.C.II.2.

Gestaltungsspielraum darf nicht dazu führen, dass der Gesetzgeber verfassungsrechtliche Vorgaben, die dem Schutz des Bürgers dienen, missachtet: Die Achtung des Bestimmtheitsgebots ist als „Leitplanke der Strafgesetzgebung, der [...] in erster Linie alle Bürger unterworfen sind, [...] unverzichtbar."[557] Ebenso würden die Verbote von Analogie und Gewohnheitsrecht an Bedeutung verlieren, wenn dem Gesetzgeber zugebilligt würde, Normen sehr weit und ungenau zu fassen. Wenn der Gesetzgeber dem Rechtsanwender überhaupt keine Grenzen für die Auslegung und Anwendung einer Norm aufzeigt, dann stellt sich die Frage, ob die Rechtsprechung tatsächlich Gesetze anwendet oder nicht viel mehr selbst Gesetze „erlässt", indem sie den Anwendungsbereich vollständig selbst festlegt.[558]

Diese strenge Handhabung des Gesetzlichkeitsprinzips nimmt dem Gesetzgeber nicht die Befugnis, selbst zu entscheiden, ob und mit welchen Mitteln er ein Verhalten sanktionieren möchte. Wenn der Gesetzgeber sich aber bewusst für das Strafrecht als Mittel der Wahl entscheidet, dann muss er sich auch an die erhöhten Anforderungen der Verfassung für das Strafrecht halten.[559] Art. 103 Abs. 2 GG würde ins Leere laufen, wenn der Gesetzgeber befugt wäre, Gesetze so zu formulieren, wie es ihm gerade beliebt. Wenn ein Gesetz nicht so präzise formuliert wird, dass der Normadressat schon aus dem Gesetz selbst erkennen kann, welches Verhalten strafbar ist und welches nicht, weil eine für den Bürger unklare Regelung das strafbare bzw. das erst künftig als strafwürdig eingestufte Verhalten „am umfassendsten" erfassen würde, bliebe vom Verfassungsgebot des Art. 103 Abs. 2 GG als staatsbürgerliche *Freiheits*garantie nichts übrig.[560] Die Einschätzungs- und Entscheidungsprärogative des Gesetzgebers gilt nicht ausnahmslos. Ihr sind durch die Verfassung selbst – durch die Art. 103 Abs. 2 GG und Art. 20 Abs. 3 GG sowie den Verhältnismäßigkeitsgrundsatz bei Eingriffen in Grundrechte – Grenzen gesetzt, an die sich gerade der Gesetzgeber zu halten hat.[561] Das gilt insbesondere für die Fälle, in denen eine Norm so weit formuliert werden

---

557 Auch AnwK-*Gaede* § 1 StGB Rn. 25.

558 Siehe schon *Basak*, in: Strafrecht und Verfassung, S. 71, 87 f.; *Krahl*, Rechtsprechung des BVerfG, S. 24 f.

559 So schon *Gaede*, Steuerbetrug, S. 451 f.

560 Siehe auch *Basak*, in: Strafrecht und Verfassung, S. 71, 87 f.; *Krahl*, Rechtsprechung des BVerfG, S. 300.

561 Vgl. AnwK-*Gaede* § 1 StGB Rn. 26; *ders.*, Steuerbetrug, S. 454.

soll, dass ihre Grenzen gar nicht mehr erkennbar sind, weil dann die Freiheit über Gebühr eingeschränkt wird, wenn quasi jedes Verhalten möglicherweise unter den Tatbestand der Norm fallen könnte.[562] Wenn der Gesetzgeber der Ansicht ist, dass der Anwendungsbereich nicht näher geregelt werden kann und die Norm deshalb besonders weit gefasst werden muss, stellt sich die Frage, ob der Gesetzgeber von einer Regelung nicht viel eher absehen muss. Wenn es ihm nicht möglich ist, den Anwendungsbereich konkret darzulegen, wie soll dann der Normadressat diese Bestimmung leisten können? Ein ausreichendes Maß an Vorhersehbarkeit wird so schwerlich zu begründen sein.

Zweckmäßigkeitserwägungen überzeugen im Übrigen auch deshalb nicht zur Einschätzung der hinreichenden Bestimmtheit einer Norm, da die Vornahme einer wertenden Gesamtbetrachtung und Abwägung von Erwägungen abhängt, die nicht zwangsläufig nachprüfbar sind, wenn das strafbare Verhalten im Gesetzeswortlaut nicht ersichtlich ist. Ob eine generellere Fassung die materielle Gerechtigkeit ausreichend berücksichtigt, lässt sich nicht objektiv beurteilen, sondern hängt von der Eigenwertung dessen ab, was als gerecht empfunden wird und was nicht. Darüber hinaus ist fraglich, ob weniger eindeutige, vage Begriffe die materielle Gerechtigkeit tatsächlich stärker fördern würden. Ist mit Gerechtigkeit gemeint, dass nur strafwürdiges Verhalten bestraft wird, darf nicht unterschlagen werden, dass die Entscheidung über die Strafwürdigkeit eines Verhaltens allein dem Gesetzgeber obliegt. Ist mit Gerechtigkeit hingegen gemeint, dass die richterliche Entscheidung mit den „rechtlichen und kulturellen Überzeugungen [übereinstimmt], dann besteht […] nur Wertepluralismus und keine materielle Gerechtigkeit, es entscheidet die Willkür des Richters“, da von seiner Vorstellung abhängt, was gerecht ist.[563] Deshalb kann die Abwägungslösung nicht objektiv nachprüfbar begründen, ob eine Norm hinreichend bestimmt ist oder nicht. Die Einbeziehung von Zweckmäßigkeitserwägungen gerade vor dem Hintergrund, dass dadurch – ob gewollt oder ungewollt – eine schier unendliche und unvorhersehbar hohe Anzahl an Fallgestaltungen erfasst werden könnte, birgt die – wenn auch praktisch aktuell nicht sehr wahrscheinliche – Gefahr der uferlosen Ausweitung strafrechtlicher Verhaltensschranken,

---

562 Dazu insbesondere bei speziellen Grundrechten *Gaede*, Steuerbetrug, S. 454.

563 Ebenso *Kirsch*, Geltung des Gesetzlichkeitsprinzips, S. 146. Ebenso *Schürmann*, Unterlassungsstrafbarkeit, S. 187; *Schünemann*, Nulla poena, S. 32.

was im Ergebnis zu einer Aufhebung des fragmentarischen Charakters des Strafrechts führen würde.

Aufgrund ihrer höchst subjektiven und damit nicht nachprüfbaren und objektivierbaren Komponente kann mithilfe von Zweckmäßigkeitserwägungen Bestimmtheit im Sinne des Art. 103 Abs. 2 GG nicht hergestellt werden. Der Entscheidungs- und Gestaltungsspielraum erlaubt es dem Gesetzgeber aber, Zweckmäßigkeitserwägungen dann zu berücksichtigen, wenn es sowohl vage als auch weniger vage Gesetzesfassungen gibt, bei denen alle den strafbaren Bereich und das in Abgrenzung dazu erlaubte Verhalten hinreichend erkennen lassen. Dann steht es dem Gesetzgeber frei, sich aus Gründen der materiellen Gerechtigkeit zum Beispiel für die generellere Fassung zu entscheiden.[564]

4. Erkennbarkeit des gesetzgeberischen Schutzzwecks

In diesem Zusammenhang erfolgt auch der Rückgriff auf die Erkennbarkeit des Schutzzwecks. Eine Strafvorschrift sei dann bestimmt genug, „wenn [...] sich ihr ein klarer gesetzgeberischer Schutzzweck entnehmen lässt und der Wortlaut einer beliebigen Ausdehnung der Interpretation immerhin noch Grenzen setzt."[565] Durch die Erkennbarkeit des gesetzgeberischen Schutzzwecks werde ein Regelungsrahmen geschaffen, der einem Gesetz seine hinreichende Bestimmtheit gebe. Das Verdikt der Verfassungswidrigkeit mangels Bestimmtheit dürfe einer Norm nur dann auferlegt werden, „wenn es nicht möglich ist, sie auf einen bestimmbaren Kern zu reduzieren".[566] Aus der Erkennbarkeit des gesetzlichen Schutzzwecks könne sich auch die Erkennbarkeit des strafbaren Verhaltens ergeben und dem Ansatz somit freiheitswahrenden Funktion zukommen.[567]

Allerdings ist dabei einerseits zu beachten, dass sich ein klarer gesetzgeberischer Schutzzweck in der Regel nur bei den klassischen Rechtsgütern (zum Beispiel Leben und Gesundheit) feststellen lässt. Schwierigkeiten bereitet der Ansatz, sobald das zu schützende Rechtsgut nicht klar umrissen ist – solche

---

564 Siehe ähnlich auch *Kirsch*, Gesetzlichkeitsprinzip, S. 195 f.

565 *Roxin/Greco* AT/I § 5 Rn. 75; *Roxin* m. N. von Beispielen, in: Gesetzlichkeitsprinzip im Strafrecht, S. 113, 136 f. Siehe auch *Albrecht*, Garantenstellungen, S. 149; *Bülte* NZWiSt 2017, 161, 169.

566 *Roxin/Greco* AT/I § 5 Rn. 77.

567 *Lutfullin*, Bestimmtheitsgebot, S. 141, 153.

Rechtsgüter zu schützen soll aber heute in „zunehmendem Maße" notwendig sein.[568] Andererseits ist der Schluss auf die freiheitswahrende Funktion bei Erkennbarkeit des zu schützenden Rechtsgutes nicht zwingend. Wenn sich neben dem Schutzzweck nicht auch das erfasste strafbare Verhalten aus der Norm ergibt, besteht die Gefahr, dass der Normadressat seine Freiheit über Gebühr einschränkt – denn der Schutz eines Rechtsgutes wird am effektivsten erreicht, wenn auf jegliches schädigende Verhalten verzichtet wird.[569] Gerade unter Berücksichtigung des fragmentarischen Charakters des Strafrechts kann es aber nicht Sinn und Zweck sein, das Verhalten so weit einzuschränken, dass auch Handlungen nicht vorgenommen werden, die zwar das zu schützende Rechtsgut gefährden, aber insgesamt nicht strafwürdig erscheinen. Es reicht also nicht aus, wenn nur der Schutzzweck erkennbar ist. Damit werden die Zielsetzungen von Art. 103 Abs. 2 GG in zu starker Weise relativiert.

Die Erkennbarkeit des gesetzgeberischen Schutzzwecks kann jedoch bei der Auslegung eine Rolle spielen. Lassen sich der Wille des (historischen) Gesetzgebers sowie das Telos im Wortlaut wiederfinden, können sie über einen weiten Wortlaut hinaus zu einer Einschränkung der Strafbarkeit führen.[570]

5. 50 %-Lösung

Schünemann geht ebenfalls davon aus, dass die Verwendung normativer Begriffe und Generalklauseln neben numerischen und deskriptiven Begriffen unerlässlich sei. Ein Gesetz sei umso bestimmter, je mehr numerische und deskriptive Begriffe enthalten sind. Weder ein vollständiges Verbot noch eine vollständige Erlaubnis der Verwendung reiner Wertbegriffe ergebe aber Sinn, wenn Strafrechtspflege weiterhin ermöglicht werden soll.[571] Daher empfehle sich ein quantitativer Lösungsweg: Dem Bestimmtheitsgebot sei dann genüge getan, wenn „der Anteil der noch hinreichend bestimmbaren Tatbestandsmerkmale an der Begrenzung des strafbaren Verhaltens jedenfalls

---

568 *Böhm*, Garantenpflichten, S. 167.

569 Vgl. *Gaede*, Steuerbetrug, S. 449 f.: „chilling effect"; *Lemmel*, Unbestimmte Strafbarkeitsvoraussetzungen, S. 198 f.

570 Siehe auch *Böhm*, Garantenpflichten, S. 168.

571 *Schünemann*, Nulla poena, S. 30 ff. Siehe auch *Krahl*, Rechtsprechung des BVerfG, S. 5.

mehr als 50 %" betrage. Das sei deswegen sinnvoll, weil die Grundsätze des Gesetzlichkeitsprinzips (Gewaltenteilung und Generalprävention) die Beschreibung des Regelfalls der Strafbarkeit durch den Gesetzgeber verlangen, was eben dann der Fall sei, wenn über 50 % der möglichen strafbaren Verhaltensweisen erfasst werden.[572]

Dabei erkennt *Schünemann* selbst an, dass die Ermittlung der Grenze nur durch eine mehr oder weniger pauschale Schätzung erfolgen könne, die sich seiner Ansicht nach an den Gesetzgebungsmaterialien und dort aufgeführten Beispielen orientieren kann. Ließen sich daraus keine Anhaltspunkte für die Vorstellung des Gesetzgebers ermitteln, spreche das für eine Verletzung des Bestimmtheitsgrundsatzes.[573]

Kuhli hält den Ansatzpunkt grundsätzlich für sinnvoll. Bei der Ermittlung des Bedeutungsgehaltes einer Norm dürfe man nicht nur die einzelnen Worte untersuchen, sondern müsse die gesamte Norm berücksichtigen – bei der systematischen Auslegung gehe es nicht nur um die Berücksichtigung anderer Normen, sondern auch um andere Teile des anzuwendenden Tatbestandes. Da aber eine sichere quantitative Schätzung nicht möglich sei, käme es darauf an, dass auch eine Norm mit unbestimmten Begriffen einen klar abgrenzbaren Bereich strafbaren Verhaltens erkennen lässt, da sich der Normadressat dann jedenfalls das Risiko der Strafbarkeit bewusst machen könne.[574]

Gegen die 50 %-Lösung wird zutreffend eingewandt, dass bereits fraglich ist, ob alle Merkmale einer Norm gleichwertige und einheitliche Begriffe sind – eine quantitative Bezifferung der einzelnen Begriffe ist schwierig.[575] Schon eine Unbestimmtheit von „nur" 49 % sei „schwerlich mit dem Grundgesetz vereinbar."[576] *Schünemanns* Ansatz überzeugt insbesondere auch deshalb nicht, weil er der Praxis keine Anhaltspunkte an die Hand gibt, nach denen die Schätzung zu erfolgen habe.[577] Fraglich bleibt beispielsweise, wie damit umzugehen ist, wenn gerade die unbestimmten Wertbegriffe – und seien es nur 20 % oder 30 % – den entscheidenden Kern der Strafbarkeit betreffen.

---

572 *Schünemann*, Nulla poena, S. 35 f.

573 *Schünemann*, Nulla poena, S. 36 f. mit Beispielen.

574 *Kuhli*, in: Strafrecht und Verfassung, S. 101 f.

575 So auch *Böhm*, Garantenpflichten, S. 168; *Kirsch*, Geltung des Gesetzlichkeitsprinzips, S. 143. Ähnlich *Roxin/Greco* AT/I § 5 Rn. 74.

576 *Roxin/Greco* AT/I § 5 Rn. 74.

577 Siehe auch *Albrecht*, Garantenstellungen, S. 149.

Es erschließt sich nicht, weshalb gerade 50 % ausreichen sollen und ob im sensiblen Bereich des Strafrechts der Wert nicht möglicherweise deutlich höher angesetzt werden müsste.

6. Das „Mindestgemeinsame" als „Minimum"

Es wird ebenfalls vertreten, dass die Verwendung solch wertausfüllungsbedürftiger Merkmale zulässig ist, bei denen das Werturteil allgemein anerkannt ist. Das Merkmal müsse sozusagen auf die kleinste gemeinsame Wertung, das Mindestgemeinsame, reduziert werden.[578] Bei Begriffen, zu denen unterschiedliche Meinungen und Bedeutungen vertreten werden, dürften nur solche Fälle erfasst werden, die nach allen (vertretbaren) Auffassungen unter die Norm fallen. Vertretbar sei all das, was sich im Rahmen der Rechtsordnung bewegt und die Wortlautgrenze berücksichtigt.[579] Sollte die Wertung, die einem unbestimmten Begriff zugrunde liegt, auch die des Normadressaten sein, dann könne er die staatliche Reaktion voraussehen, sodass diese Zielsetzung des Gesetzlichkeitsprinzips gewahrt sei.[580]

Den Inhalt des Mindestgemeinsamen müsse zwar die Rechtsanwendung ermitteln, dies sei aber angesichts der unmöglichen absoluten Bestimmtheit von Strafnormen hinzunehmen.[581] Dabei werde das Demokratieprinzip ausreichend berücksichtigt, weil der Gesetzgeber entweder eine bestehende Werteansicht übernimmt oder, wenn es mehr als eine Wertung gibt, die Rechtsanwendung auf das Mindestgemeinsame beschränke, sodass das Gericht nicht zu einer Eigenwertung kommen könne.[582] Im Übrigen führe es zu restriktiven Ergebnissen, was im Hinblick auf die mit Art. 103 Abs. 2 GG verfolgten Ziele und den fragmentarischen Charakter des Strafrechts sinnvoll sei.[583]

Ein eigenständiger Weg zur Begründung der Bestimmtheit einer Norm wurde hiermit aber nicht entwickelt. Vielmehr zieht die Ermittlung des Mindestgemeinsamen „im Wesentlichen selbstverständliche Auslegungsgrenzen

---

578 *Böhm*, Garantenpflichten, S. 161; *Schlüchter* NStZ 1984, 300 f.; SK-*Jäger* § 1 StGB Rn. 33 f.

579 *Böhm*, Garantenpflichten, S. 162; *Schlüchter* NStZ 1984, 300, 301 f., 303.

580 *Böhm*, Garantenpflichten, S. 162.

581 *Böhm*, Garantenpflichten, S. 165 f. Vgl. auch SK-*Jäger* § 1 StGB Rn. 33 f., 62.

582 *Böhm*, Garantenpflichten, S. 163 f.

583 *Böhm*, Garantenpflichten, S. 164; *Schlüchter* NStZ 1984, 300, 301.

nach."[584] Dass dabei nur solche Werturteile und Meinungen Berücksichtigung finden dürfen, die sich innerhalb der Rechtsordnung bewegen und mit dem Wortlaut im Einklang stehen, ist kein Novum. Nicht mit der Rechtsordnung vereinbare, also verfassungswidrige Ansichten dürfen natürlich nicht erfasst werden.[585] Die Besinnung auf das Mindestgemeinsame kann damit lediglich im Rahmen der Auslegung weiterhelfen. Gibt es zum Beispiel hinsichtlich der Auslegung eines Tatbestandsmerkmals unterschiedliche Meinungen, sind sich aber in Bezug auf einen Teilbereich alle einig, so kann das Ergebnis lauten, dass jedenfalls diese Ansicht vom Tatbestandsmerkmal erfasst ist, alle anderen darüberhinausgehenden, sich unterscheidenden Ansichten aber nicht. Für mehr taugt die Herangehensweise jedoch nicht.

7. Zusammenfassung

Es existieren verschiedene Herangehensweisen, um zu ermitteln, ob eine konkrete Norm tatsächlich hinreichend bestimmt ist oder nicht. Bei der Untersuchung dieser Herangehensweisen hat sich gezeigt, dass nur die Ermittlung der Bestimmtheit über die Auslegungsfähigkeit zu wirklich tragfähigen Ergebnissen führt, die auch mit dem Gesetzlichkeitsprinzip vereinbar sind. Wie sich schon zuvor gezeigt hat, darf das Gesetzlichkeitsprinzip nicht aufgrund von Gründen der Einzelfallgerechtigkeit, der zeitlichen Flexibilität oder wegen eines größeren Umfangs eingegrenzt werden. Dasselbe muss genauso für die Anforderungen an die Bestimmtheit im konkreten Fall gelten. Dabei darf die hinreichende Bestimmtheit nicht vorschnell angenommen werden, weil die Norm so besonders flexibel und „gerecht" sei.

Um den Bürger vor einem willkürlichen und übermäßigen Zugriff des Staates zu schützen und die Vorherseh- sowie Berechenbarkeit staatlichen Strafens zu gewährleisten, muss sich die Rechtsordnung gerade beim Einsatz von Strafgewalt Grenzen auferlegen. Diese Grenzen sind gewahrt, wenn die Norm aus Sicht des Normadressaten der Auslegung zugänglich ist. Wenn mithilfe der Auslegung Tragweite und Anwendungsbereich einer Norm ermittelt werden können, ist die Norm hinreichend bestimmt im Sinne des Art. 103 Abs. 2 GG.

---

[584] *Herbertz*, Ingerenz, S. 199, 204.
[585] So auch *Herbertz*, Ingerenz, S. 199.

III. Fazit

Das Gesetzlichkeitsprinzip und im Speziellen das Bestimmtheitsgebot fußen auf zwei maßgeblichen Aspekten. Es geht einerseits um die Gewährleistung von Freiheit: Durch berechen- und vorhersehbare Strafe soll der Bürger vor Willkür geschützt werden und sich frei entfalten können. Andererseits sollen auch die Demokratie und die Gewaltenteilung gesichert werden. Die Entscheidung, welches Verhalten strafbar ist, obliegt allein dem demokratisch legitimierten Gesetzgeber.

Nur, wenn die Bedeutung eines Begriffs und einer Norm durch geregelte Auslegung ermittelt werden kann, bleiben diese Prinzipien gewahrt. Unter diesen Voraussetzungen ist für den Bürger ausreichend erkennbar, unter welchen Voraussetzungen sein Handeln strafrechtlich relevant ist. Nur dann kann eine Norm hinreichende Grundlage für die Entfaltung der Freiheit des Einzelnen sein. Der Schutz vor Willkür und die Wahrung der Gewaltenteilung werden gestärkt, wenn die Norm eine hinreichend klare Grundlage für die Auslegung bietet. Dadurch wird sichergestellt, dass die rechtsprechende Gewalt nicht von Einzelfall zu Einzelfall unterschiedlich entscheidet und so nicht zum Gesetzgeber avanciert. Die Rechtsprechung wird messbar. Die Grenzen, in denen sich die Gerichte bewegen können, sind durch den Gesetzgeber klar und deutlich festgelegt.

E. Vereinbarkeit des § 13 Abs. 1 StGB mit dem Bestimmtheitsgebot

Die Vereinbarkeit von § 13 Abs. 1 StGB mit dem Bestimmtheitsgebot kann folglich bejaht werden, wenn der Anwendungsbereich der unechten Unterlassungsdelikte im Hinblick auf die Formulierung „rechtlich einzustehen hat" mithilfe der klassischen Auslegungsmethoden ermittelt werden kann. Es wird insbesondere erörtert, ob sich aus der Formulierung Rückschlüsse auf die Garantenstellung und ihre Charakteristika ziehen lassen. Besonders relevant ist, ob sich aus der Formulierung der rechtlichen Einstandspflicht ergibt, welche Fallgruppen der Garantenstellung erfasst sind und damit zu einer Strafbarkeit führen können und woraus sich diese ergeben können.

Als erstes wird der Wortlaut auf seine Bedeutung hin untersucht. Da das Gesetzlichkeitsprinzip unter anderem die Freiheit jedes Einzelnen über die Erkenn- und Vorhersehbarkeit staatlichen Strafens gewährleistet, bildet der

Wortlaut die äußerste Grenze, die die anderen Auslegungswerkzeuge insoweit begrenzt.[586] Innerhalb des Wortlautrahmens wird unter Zugrundelegung der historischen, systematischen und teleologischen Auslegung untersucht, ob die am weitesten zulässige, gerade noch mit dem Wortlaut zu vereinbarende extensive Auslegung die überzeugende ist oder eine weitere Eingrenzung und somit eine restriktive Auslegung erforderlich ist.

I. Wortlaut

Die grammatikalische Auslegung fragt nach der allgemeinen Wortbedeutung – grundsätzlich ohne juristische Vorüberlegungen, also anhand des allgemeinen Sprachgebrauchs.[587] Die dadurch ermittelte Grenze der Wortbedeutung markiert den Beginn der im Strafrecht verbotenen Analogie. Entscheidend ist also die grammatikalische Bedeutung des Ausdrucks „rechtlich einzustehen hat“. Innerhalb dieses Ausdrucks kann zwischen „rechtlich“ und „einzustehen hat“ weiter differenziert werden.

Schon der Blick in ein Lexikon verrät, dass die Bedeutung des Begriffes „rechtlich“ nicht ohne Weiteres eindeutig zu bestimmen ist.[588] Unter dem Begriff zu verstehen sei „gesetzlich“ bzw. „dem Recht entsprechend“.[589] Der Duden ordnet zudem die Ausdrücke „de jure“, „dem Gesetz/Recht nach“, „der formellen Rechtslage zufolge“, „durch das Gesetz“ und „gesetzlich“ als Synonyme ein.[590]

Obgleich der Begriff „gesetzlich“ recht klare Grenzen hat, ist die Ermittlung dessen, was „dem Recht entspricht“, nicht problemlos möglich und weniger eindeutig. Dass rechtlich nicht zwingend gleichbedeutend mit gesetzlich

---

586 Siehe dazu schon 3.D.II.1.b.

587 Zu Ausnahmen siehe schon 3.D.II.1.b.

588 Deutsches Rechts-Lexikon, 3. Band, S. 3445: „Der Begriff Recht ist so vielschichtig und umfassend, daß er sich nicht mehr einheitlich bestimmen lässt“.

589 Wörterbuch der deutschen Gegenwartssprache (1964–1977), kuratiert und bereitgestellt durch das Digitale Wörterbuch der deutschen Sprache, https://www.dwds.de/wb/wdg/rechtlich, abgerufen am 27.10.2023; *Wolfgang Pfeifer et al.*, Etymologisches Wörterbuch des Deutschen (1993), digitalisierte und von Wolfgang Pfeifer überarbeitete Version im Digitalen Wörterbuch der deutschen Sprache, https://www.dwds.de/wb/etymwb/rechtlich, abgerufen am 27.10.2023; https://www.openthesaurus.de/synonyme/rechtlich, abgerufen am 27.10.2023.

590 Duden, digitalisierte Version https://www.duden.de/synonyme/rechtlich, abgerufen am 27.10.2023.

ist, zeigt zum Beispiel der Blick in Art. 20 Abs. 3 GG, demzufolge die vollziehende Gewalt und die Rechtsprechung an *Gesetz und Recht* gebunden sind.[591] Das folgt auch daraus, dass unter den Begriff *Recht* nicht nur das Gesetz gefasst werden kann, sondern beispielsweise auch das Natur*recht*, das Gewohnheits*recht* bzw. Richter*recht* und die unterschiedlichen Rechtsgebiete wie Zivilrecht und öffentliches Recht als Recht bezeichnet werden bzw. diesen Begriff verwenden.[592] Rechtlich ist damit nicht zwingend gleichzusetzen mit „gesetzlich" oder einem bestimmten Bereich des Rechts.[593] Als Recht kann zudem das gemeint sein, „was nach dem (persönlichen) Rechtsempfinden richtig, zu billigen ist".[594] Der Begriff „rechtlich" sagt also zunächst über die Qualität des Einstehenmüssens nur aus, dass es sich nicht lediglich um moralische bzw. sittliche Einstandspflichten handeln kann.[595] Ob darüber hinaus strafrechtliche und oder außerstrafrechtliche Pflichten gemeint sind, lässt sich dem Wortlaut nicht entnehmen. Zwar könne dafür sprechen, dass nicht allein strafrechtliche Pflichten gemeint sind, dass der Wortlaut nicht – wie es sonst hätte sein müssen – „strafrechtlich dafür einzustehen hat" lautet.[596] Daraus ergibt sich aber nicht, ob strafrechtliche Pflichten überhaupt erfasst sein sollen und ob (daneben) nur bestimmte Bereiche, zum Beispiel öffentlich-rechtliche Rechtspflichten, oder jegliche Formen des Rechts, also „die Gesamtheit der vom Staat festgelegten Normen des menschlichen Verhaltens",[597] gemeint sind.[598] Der Ausdruck „rechtlich" schließt folglich nur sittliche Pflichten

---

591 So auch *Kleinherne*, Garantenstellung, S. 149.

592 Siehe dazu „Recht", in: *Weber*, Rechtswörterbuch. Ebenso *Bergmann*, Vertragswidriges Unterlassen, S. 236; *Böhm*, Garantenpflichten, S. 172. Zur Wandlung der Bedeutung des Wortes „Rechtspflicht" siehe auch *Grünwald* ZStW 1958 (70), 412, 414 ff.

593 Siehe kritisch dazu auch *Fischer*, Ingerenz, S. 106.

594 Wörterbuch der deutschen Gegenwartssprache (1964–1977), kuratiert und bereitgestellt durch das Digitale Wörterbuch der deutschen Sprache, https://www.dwds.de/wb/wdg/Recht, abgerufen am 27.10.2023.

595 Diese Auffassung entspricht der allgemeinen Meinung, siehe statt vieler nur *Albrecht*, Garantenstellungen, S. 137; *Bayer*, betrugsspezifische Garantenstellung, S. 287 und *Seebode*, in: FS Spendel 1992, S. 317, 329.

596 *Albrecht*, Garantenstellungen, S. 152. Siehe auch *Paradissis*, Unterlassungsstrafbarkeit, S. 92 und *Sangenstedt*, Garantenstellung, S. 186 f.

597 Wörterbuch der deutschen Gegenwartssprache (1964–1977), kuratiert und bereitgestellt durch das Digitale Wörterbuch der deutschen Sprache, https://www.dwds.de/wb/wdg/Recht, abgerufen am 27.10.2023.

598 Vgl. auch *Utz*, Geschäftsherrenhaftung, S. 43.

aus. Weitere Anhaltspunkte zur Bestimmung der Formulierung „rechtlich einzustehen hat“ ergeben sich aus ihm nicht.

Die Bedeutung des Begriffes „einstehen“ ist hingegen etwas klarer. Einstehen bedeute, dass man für etwas eintritt, bürgt, etwas zu verantworten oder zu garantieren hat.[599] Jemand, der für etwas zu bürgen oder etwas garantiert hat, trägt die Konsequenzen, wenn zum Beispiel der versprochene Erfolg entgegen der Bürgschaft nicht eingetreten ist. Für etwas einstehen zu müssen beinhaltet mehr als zu etwas rechtlich verpflichtet zu sein. Mit dem Einstandsbegriff werden nicht „sanktionslose Rechts-sätze“ erfasst, sondern nur sanktionierbare Rechtspflichten.[600] Der Begriff weist eine enge Verknüpfung mit zivilrechtlichen Haftungsfragen auf.[601] Die rechtliche Einstandspflicht setzt also voraus, dass die Handlungs- bzw. Erfolgsabwendungspflicht für den Fall ihrer Verletzung mit einer Rechtsfolge verbunden ist, es sich also um ein besonderes Pflichtverhältnis handeln muss.[602] Näheres zur Einstandspflicht folgt aus dem Begriff aber nicht.

Eine Eingrenzung der in Betracht kommenden Einstandspflichten könnte sich aber daraus ergeben, dass § 13 Abs. 1 StGB weiter erfordert, dass es sich bei dem abzuwenden Erfolg um einen solchen handeln muss, „der zum Tatbestand eines Strafgesetzes gehört“. Daraus folgt, dass nur solche rechtlichen Einstandspflichten von § 13 Abs. 1 StGB erfasst sind, die auf die Abwendung eines bestimmten, vom jeweiligen Tatbestand erfassten Erfolges gerichtet sind. Nicht jede irgendwie geartete Einstandspflicht führt zu einer Strafbarkeit wegen unechten Unterlassens, sondern nur eine solche, die

---

599 Wörterbuch der deutschen Gegenwartssprache, https://www.dwds.de/wb/etymwb/einstehen, abgerufen am 27.10.2023; Duden, digitalisierte Version https://www.duden.de/rechtschreibung/einstehen, abgerufen am 27.10.2023. So auch *Böhm*, Garantenpflichten, S. 184; *Fischer*, Ingerenz, S. 75; *Herbertz*, Ingerenz, S. 181; *Schürmann*, Unterlassungsstrafbarkeit, S. 61.

600 *Schöne*, Unterlassene Erfolgsabwendungen, S. 330.

601 Vergleiche für die zivilrechtliche Bürgschaft § 765 BGB. So auch *Böhm*, Garantenpflichten, S. 185; *Herbertz*, Ingerenz, S. 182; *Puppe* ZStW 2022 (134), 320, 327.

602 Siehe ebenso *Albrecht*, Garantenstellungen, S. 153; *Böhm*, Garantenpflichten, S. 181; *Schürmann*, Unterlassungsstrafbarkeit, S. 63; *Schöne*, Unterlassene Erfolgsabwendungen, S. 329.

dem Schutz eines auch strafrechtlich erfassten Rechtsguts dient.[603] Für eine Strafbarkeit wegen Totschlags durch Unterlassen kommt es also beispielsweise darauf an, ob die Einstandspflicht als Schutzpflicht hinsichtlich des Rechtsguts Lebens ausgestaltet ist. Anderweitige Einstandspflichten, die sich auf von § 212 StGB nicht erfasste Rechtsgüter beziehen, kommen für eine Strafbarkeit wegen Totschlags durch Unterlassen nicht in Betracht.[604]

Die Wortlautauslegung ist demnach nur eingeschränkt ergiebig. Es hat sich gezeigt, dass nur die Verletzung einer mit Rechtsfolgen belegten rechtlichen Handlungspflicht, die dem Schutz des jeweiligen tatbestandlich erfassten Rechtsguts dient, eine Strafbarkeit gemäß § 13 Abs. 1 StGB auslösen kann. Wie diese Einstandspflicht aber konkret beschaffen sein muss, lässt sich aus dem Wortlaut nicht weiter schließen. Mithilfe des Wortlautes lässt sich also nur sagen, *dass* die sog. Garantenstellung Voraussetzung der Strafbarkeit ist, aber *nicht woraus* sich im Einzelnen eine besondere rechtliche Einstandspflicht ergibt. Insbesondere bleibt offen, was eine Einstandspflicht zu einer *rechtlichen* Einstandspflicht im Sinne des § 13 Abs. 1 StGB macht.

Dass § 13 Abs. 1 StGB die rechtliche Einstandspflicht nicht näher präzisiert, legt die Vermutung nahe, dass das mit dem Gesetzlichkeitsprinzip verbundene Ziel der Vorhersehbarkeit staatlichen Strafens nur in geringem, gegebenenfalls in *zu* geringem, Maße – im Sinne der Erkennbarkeit des Risikos in Grenzfällen, was dem *Bundesverfassungsgericht* zufolge ausreicht –, verwirklicht wird. Möglicherweise ergibt sich aber aus den weiteren Auslegungsmethoden, der Systematik, dem Telos und der Historie, eine nähere Präzisierung der rechtlichen Einstandspflicht, die damit eine Gewährleistung der gesetzlich hinreichenden Bestimmtheit bedeuten könnte.

---

603 So auch BT-Drs. IV/650, S. 124. Vgl. *Albrecht*, Garantenstellungen, S. 155, die die Beachtung von Schutzzweck und Schutzrichtung schon aus dem Einstehenmüssen folgert; *Bergmann*, Vertragswidriges Unterlassen, S. 171, 195 ff.; *Fischer*, Ingerenz, S. 75; *Kleinherne*, Garantenstellung, S. 356; *Schöne* Unterlassene Erfolgsabwendungen, S. 334; *Schürmann*, Unterlassungsstrafbarkeit, S. 63.

604 Abstrakt zum Erfordernis desselben Schutzzwecks auch *Seebode*, in: FS Spendel 1992, S. 317, 340.

II. Systematik

Im Rahmen der systematischen Auslegung wird der Blick auf die Stellung der Norm im Strafgesetzbuch und die Beziehung zu anderen Normen und Bereichen des StGB gerichtet sowie weitere Sätze, Absätze usw. der Norm selbst berücksichtigt. Was ergibt sich aus der Stellung der Norm im Gesetz? In welchem Teilbereich befindet sich die Norm? Lässt sich aus Normen desselben Bereichs oder aus anderen Abschnitten etwas über die Norm aussagen? Enthält die Norm selbst noch weitere Anhaltspunkte für die Bestimmung ihrer Voraussetzungen?[605]

Die umliegenden Normen des Allgemeinen Teils befassen sich nicht mit Fragestellungen im Zusammenhang mit dem unechten Unterlassungsdelikt und können deshalb im Rahmen der Auslegung nicht herangezogen werden.

Möglicherweise lassen sich aber mithilfe der Norm selbst – mit dem zweiten Halbsatz von Absatz 1 – Rückschlüsse auf die Qualität der rechtlichen Einstandspflichten ziehen. Der zweite Halbsatz von § 13 Abs. 1 StGB setzt voraus, dass „das Unterlassen der Verwirklichung des gesetzlichen Tatbestandes durch ein Tun entspricht“. Hierbei handelt es sich um die sog. Entsprechungsklausel, aus der sich ergibt, dass das Unterlassungsdelikt ein spiegelbildliches Begehungsdelikt, also ein solches, das *durch Tun* begangen werden kann, erfordert (sog. begehungsgleiches Unterlassungsdelikt).[606] Daraus wird geschlussfolgert, dass jedenfalls echte Unterlassungsdelikte von § 13 Abs. 1 StGB nicht erfasst sein können. Ein entsprechender Tatbestand, der durch Tun begangen werden könnte, existiere bei den echten Unterlassungsdelikten gerade nicht, da diese sich schon tatbestandlich auf ein Unterlassen und nicht auf ein Begehen beziehen würden.[607] Die Voraussetzung der Entsprechungsklausel wäre bei den echten Unterlassungsdelikten somit nie erfüllt. Zudem weisen die echten Unterlassungsdelikte im Gegensatz zu § 13 Abs. 1 StGB einen eigenständigen Tatbestand auf, der Handlung, Erfolg und ggf. weitere Voraussetzungen vollständig definiert und einen individuellen Strafrahmen festlegt, was einer Einbeziehung von § 13 StGB

---

605 Näher dazu *Rengier*, AT, § 5 Rn. 13.

606 Daraus folgt auch der Ausdruck des sog. begehungsgleichen Unterlassungsdelikts.

607 *Baumann*, AT, S. 252; *Fünfsinn*, fahrlässiges Verletzungsdelikt, S. 74; m. w. N. LK-*Weigend* § 13 StGB Rn. 15; *Schmidt*, versuchtes Unterlassungsdelikt, S. 136; *Schramm*, Ehe und Familie, S. 238; *Schürmann*, Unterlassungsstrafbarkeit, S. 76. Ähnlich *Sangenstedt*, Garantenstellung, S. 191.

widerspricht. Bei einer Anwendung von § 13 Abs. 2 StGB würde die gesetzgeberische Wertentscheidung bezüglich des speziellen Strafrahmens negiert.[608] Darüber hinaus machen der eigens definierte Tatbestand und der geringe(re) Strafrahmen deutlich, dass der Täter eines echten Unterlassungsdelikts nur wegen des Nichthandelns, aber nicht wegen des Erfolgseintritts bestraft wird.[609] Dagegen spricht auch nicht, dass die echten Unterlassungsdelikte – zumindest mittelbar – ebenso den Eintritt von Rechtsgutsverletzungen verhindern sollen. Die Strafbarkeit bei § 138 StGB beispielsweise hängt nicht davon ab, ob die anzuzeigende Straftat tatsächlich begangen wurde bzw. verhindert werden konnte.[610] Berücksichtigung erlangt dieser Umstand nur auf Ebene der Strafzumessung, nicht schon im Rahmen der Verwirklichung des Tatbestandes.[611] Die echten Unterlassungsdelikte können daher nicht als rechtliche Einstandspflichten im Sinne des § 13 Abs. 1 StGB angesehen werden.

Dieses Ergebnis wird auch durch die unmittelbare Betrachtung der unterlassenen Hilfeleistung bekräftigt. Der Blick auf § 323c Abs. 1 StGB lässt den Schluss zu, dass nicht jegliche strafrechtliche Rechtspflicht auch Handlungspflichten im Sinne des § 13 Abs. 1 StGB auslöst.[612] Würde die Jedermann-Pflicht aus § 323c Abs. 1 StGB stets eine Garantenpflicht begründen, hätte dies zur Folge, dass sich jeder, der dieser im Grunde solidarischen Pflicht nicht nachkommt, entweder auch wegen Körperverletzung oder wegen Totschlag durch Unterlassen strafbar machen würde. Der verbleibende eigenständige Anwendungsbereich der unterlassenen Hilfeleistung wäre dann gleich Null.[613] Der Rückgriff auf strafrechtliche Rechtspflichten würde somit eine bloße „Tautologie“ darstellen.[614] Die Wertung des Gesetzgebers, dass die unterlassene Hilfeleistung im Gegensatz zur Körperverletzung

608 Ebenso *Schramm*, Ehe und Familie, S. 238 f.

609 So auch *Albrecht*, Garantenstellungen, S. 156; *Schramm*, Ehe und Familie, S. 238.

610 Dazu näher BeckOK-*Heuchemer* § 138 StGB Rn. 1.1: Warnungspflicht, keine Verhinderungspflicht; GS-*Koch* § 138 StGB Rn. 9; Lackner/Kühl/*Heger* § 139 StGB Rn. 1; NK-*Ostendorf/Kuhli* § 139 StGB Rn. 1, 14; Schönke/Schröder-*Sternberg-Lieben* § 139 StGB Rn. 1.

611 Vergleiche § 139 Abs. 1 StGB: Möglichkeit des Absehens von Strafe.

612 Siehe auch *Güntge*, Begehen durch Unterlassen, S. 123 f.; *Paradissis*, Unterlassungsstrafbarkeit. S. 93.

613 So auch *Albrecht*, Garantenstellungen, S. 156; *Baumann*, AT, S. 252; *Bergmann*, Vertragswidriges Unterlassen, S. 206; *Ransiek* JuS 2010, 585, 587.

614 *Albrecht*, Garantenstellungen, S. 156; *Sangenstedt*, Garantenstellung, S. 187.

und zum Totschlag einen Strafrahmen von nur maximal einem Jahr Freiheitsstrafe (gegenüber lebenslanger Freiheitsstrafe bzw. Freiheitsstrafe bis zu fünf Jahren) aufweist, zeigt, dass die Hilfeleistungspflicht des § 323c Abs. 1 StGB an deutlich geringere Hürden geknüpft ist als die Pflichten, Menschen nicht zu verletzen oder zu töten. Daraus ergibt sich, dass für das unechte Unterlassungsdelikt eine über die allgemeine Solidarpflicht hinausgehende besondere Erfolgsabwendungspflicht erforderlich ist: Vom sog. Garanten kann mehr verlangt werden als von jedermann.[615] Er muss nicht nur in Unglücksfällen helfen, sondern schon den Eintritt des Unglücksfalles und weiterer/anderer Schäden für das jeweilige Rechtsgut aktiv verhindern. Bei der unterlassenen Hilfeleistung handelt es sich also um ein von § 13 Abs. 1 StGB verschiedenes Delikt. Handlungspflichten, die in den sog. echten Unterlassungsdelikten ausgestaltet sind, können somit keine rechtlichen Pflichten im Sinne des § 13 Abs. 1 StGB auslösen.

Die systematische Auslegung ergibt zusammengefasst ebenfalls, dass es sich bei der Rechtspflicht im Sinne des § 13 Abs. 1 StGB um eine besondere, über die allgemeine gesellschaftliche Verpflichtung zur Hilfeleistung hinausgehende Rechtspflicht handeln muss. Der Täter muss in besonderer Weise zur Abwendung des Erfolges verpflichtet sein. Es ergibt sich aber erneut keine nähere Ausgestaltung der Rechtspflicht und es ist auch weiterhin nicht deutlich, aus welchen rechtlichen Pflichten sich eine rechtliche Einstandspflicht im Sinne des § 13 Abs. 1 StGB ergeben kann. Lediglich die Handlungspflichten der echten Unterlassungsdelikte werden aus dem Anwendungsbereich ausgenommen. Für die Vorhersehbarkeit staatlichen Strafens ist mithilfe der systematischen Auslegung dadurch aber nicht viel mehr gewonnen als mithilfe der Wortlautauslegung, sodass die hinreichende Bestimmtheit des § 13 Abs. 1 StGB weiterhin in Frage steht.

III. Historie von § 13 StGB

Eine weitere Präzisierung der rechtlichen Einstandspflicht könnte sich aus der historischen Betrachtung ergeben. Dieser kommt im Strafrecht – neben der Wortlautauslegung – eine große Rolle zu, weil der Gesetzgeber im Hinblick auf Demokratie und Gewaltenteilung die wesentlichen Entscheidungen

---

615 Ebenso *Dießner*, Unterlassungsstrafbarkeit, S. 204; *Kühl* JuS 2007, 497, 499.

selbst treffen muss.[616] Diese Grundentscheidung lasse sich nur mithilfe des historischen Willens des Gesetzgebers bzw. der gesetzgebenden Personen ermitteln.[617] Die historische Auslegung blickt neben der Gesetzesbegründung auch auf die Entstehungsgeschichte der Norm als solche.

Auf die Entstehungsgeschichte von § 13 StGB wurde bereits knapp zurückgeblickt.[618] Mit der Einführung von § 13 StGB bezweckte der Gesetzgeber zunächst, die Zweifel hinsichtlich einer Vereinbarkeit der unechten Unterlassungsdelikte mit Art. 103 Abs. 2 GG beiseitezuschieben. Ziel war es, mögliche Verstöße gegen die Verbote von belastendem Gewohnheitsrecht und belastender Analogie zu beseitigen.[619] Das ist dem Gesetzgeber jedenfalls auf den ersten Blick gelungen: Die Strafbarkeit des unechten Unterlassens stellt die Norm explizit fest.[620] Grundsätzlich ist es für den Bürger nun also vorhersehbar, dass er sich wegen § 13 Abs. 1 StGB strafbar machen kann, wenn er seiner rechtlichen Verpflichtung zur Abwendung des tatbestandlichen Erfolges nicht nachkommt. Dass die abstrakte Bestrafung gemäß § 13 Abs. 1 StGB damit nicht mehr gegen die Verbote von Gewohnheitsrecht und Analogie verstößt,[621] bedeutet aber nicht, dass sich für den Bürger über das abstrakte Strafbarkeitsrisiko hinaus näher bestimmen lässt, in welchen konkreten Fällen diese rechtliche Einstandspflicht vorliegt. Die Grenze strafbaren Verhaltens bleibt damit weiter schwierig zu erkennen. Einen Beitrag zur Auslegung der rechtlichen Einstandspflicht leistet dieser Teil der historischen Betrachtung nicht.

Der Gesetzgeber hat neben der Beseitigung der Bedenken hinsichtlich Art. 103 Abs. 2 GG mit der Normierung von § 13 Abs. 1 StGB zudem beabsichtigt, das „Erfordernis der Garantenstellung und der aus ihr entspringenden Garantenpflicht" festzulegen.[622] *Dass* die Garantenstellung Voraussetzung für die Strafbarkeit des unechten Unterlassungsdelikts sein soll, hilft bei

---

616 Siehe dazu 3.C.II.2.

617 *Bülte* GA 2013 (160), 389, 390 f.; *Rengier*, AT, § 5 Rn. 10 f.

618 Unter 2.B.II.

619 BT-Drs. V/4905, S. 8 sowie zu vorherigen Entwürfen III/2150, S. 117; IV/650, S. 124.

620 So auch *Fischer*, Ingerenz, S. 50; *Grünwald* ZStW 1958 (70), 412, 419. A.A. *Fünfsinn*, Fahrlässiges Verletzungsdelikt, S. 13 f.

621 Anderes kann sich freilich nach wie vor im Fall einer konkreten Verurteilung ergeben, da das Gericht auch weiterhin nicht mit Hilfe von Gewohnheitsrecht und Analogie Strafbarkeiten begründen darf.

622 BT-Drs. V/4905, S. 8; III/2150, S. 117; IV/650, S. 124.

der Auslegung der rechtlichen Einstandspflicht aber ebenso wenig weiter, weil sich aus ihr wieder nur das abstrakte Erfordernis der Garantenstellung ergibt. Anhaltspunkte zur näheren Ausgestaltung folgen daraus noch nicht.

Diese könnten sich aber – wie das *Bundesverfassungsgericht* und der *Bundesgerichtshof* argumentieren – daraus ergeben, dass die Rechtsprechung und Lehre schon vor der gesetzlichen Normierung die Strafbarkeit auf die besondere rechtliche Einstandspflicht begrenzt haben und diese „jahrzehntelange Rechtsprechung [in § 13 Abs. 1 StGB] ihre gesetzliche Form" fand.[623] Wenn sich dieses Ergebnis durch die Gesetzgebungsmaterialien bestätigt, könnte sich aus der historischen Betrachtung tatsächlich ein Mehrwert für die Auslegung von § 13 Abs. 1 StGB ergeben.

Der Sonderausschuss für die Strafrechtsreform entschied sich dafür, die Gesetzesfassung auf das Erfordernis der rechtlichen Einstandspflicht als solche zu beschränken und die Einzelheiten der Entstehungsgründe der Garantenstellung – wie bei § 12 AE 1966 – nicht in die gesetzliche Regelung aufzunehmen. Dies begründeten die Ausschussmitglieder damit, dass „die Zeit für eine sachgemäße gesetzliche Regelung jedenfalls dieser Problematik noch nicht reif" gewesen sei.[624] Die Beratungen im Ausschuss und schon früher die in der Großen Strafrechtskommission hätten deutlich gemacht, dass eine Festlegung der „einzelnen Entstehungsgründe der Handlungspflicht in einer sachgemäßen und erschöpfenden Weise" nicht möglich gewesen sei, weil es einerseits Schwierigkeiten bereitet habe, „einen für die praktische Anwendung geeigneten Katalog der Entstehungsgründe aufzustellen" und andererseits „in der Rechtslehre noch sehr über die Einzelheiten dieser Entstehungsgründe gestritten" worden sei.[625] Insbesondere der letzte Hinweis auf die Streitigkeiten legt die Vermutung nahe, dass der Gesetzgeber sich gerade nicht oder jedenfalls nicht in vollem Umfang auf die bis dahin von der Rechtsprechung und Wissenschaft entwickelten Grundsätze festlegen wollte.

Dieses Bild wird durch einen Blick auf die älteren Gesetzesentwürfe verstärkt. Vorbild für den Entwurf des Sonderausschusses war § 13 E 1962, der sich von § 13 E 1960 nicht unterscheidet.[626] Die dazugehörigen

---

623 Siehe dazu 3.A.I.
624 BT-Drs. V/4905, S. 8.
625 BT-Drs. V/4905, S. 8.
626 BT-Drs. V/4906, S. 8. Zu den Gesetzesentwürfen III/2150, S. 13; IV/650, S. 13.

Gesetzesbegründungen können daher ebenfalls zur Auslegung herangezogen werden. In diesen findet sich die Erläuterung, dass eine nähere Umschreibung der Entstehungsgründe der Garantenstellung deshalb nicht erfolgt ist, weil es damit zu einer „unerwünschte[n] Festlegung der Rechtsentwicklung" kommen könnte, obwohl „in dieser Hinsicht noch zahlreiche Zweifelsfragen bestehen, deren Klärung durch die weitere Entwicklung der Rechtslehre und Rechtsprechung zu erhoffen ist."[627] Die Autoren weisen darauf hin, dass „in der Rechtslehre [. . .] die Auffassungen über die die Strafbarkeit begründenden Umstände im einzelnen [...] auseinander" gehen und die „Rechtsprechung nicht immer einheitlich beantwortet", woraus sich eine Erfolgsabwendungspflicht ergeben könnte.[628]

Es finden sich in den Gesetzesbegründungen allerdings nähere Ausführungen zu den Fallgruppen der Ingerenz und der freiwilligen Übernahme, was dafür sprechen könnte, dass der Gesetzgeber zumindest diese als Entstehungsgründe anerkennen und übernehmen wollte. Es handelt sich dabei jedoch weniger um eine klare Entscheidung zugunsten dieser Fallgruppen als vielmehr um eine Handlungsanweisung an die Rechtsprechung, die Klärung der „näheren Merkmale der Garantenpflicht" selbst vorzunehmen.[629] Aus den Gesetzesbegründungen geht demnach zwar hervor, dass zumindest die Ingerenz und die freiwillige Übernahme grundsätzlich Garantenstellungen begründen können sollen.[630] Welche konkreten Voraussetzungen ihnen jeweils innenwohnen, ob also die Ingerenz zum Beispiel Pflichtwidrigkeit oder Rechtswidrigkeit erfordert, ergibt sich daraus allerdings nicht. Eine Entscheidung zu dieser Frage hat der Gesetzgeber nicht getroffen und ausweislich der Gesetzgebungsmaterialien auch nicht treffen wollen. Sie sollte vielmehr erst in Zukunft durch die Rechtsprechung und -lehre erfolgen. Die Normadressaten können dabei zwar das Risiko erkennen, dass bei freiwilliger Übernahme oder gefahrbegründendem Vorverhalten die Gerichte möglicherweise zu einer Strafbarkeit kommen, sicher ist dies allerdings nicht. Die Erkennbarkeit des Risikos in Grenzfällen reicht aber gerade nicht aus, um mit Hilfe der Auslegung den Anwendungsbereich einer

627 BT-Drs. III/2150, S. 117; IV/650, S. 124.
628 BT-Drs. III/2150, S. 117; IV/650, S. 124.
629 BT-Drs. III/2150, S. 117; IV/650, S. 125 mit der Nennung von einzelnen Beispielen.
630 Kursorisch so auch *Herbertz*, Ingerenz, S. 212.

Norm zu konkretisieren und hinreichende Bestimmtheit zu leisten.[631] Es liegt im Belieben des jeweiligen Gerichts, welches Vorverhalten und welche Übernahmekonstellationen es als ausreichend betrachten möchte und welches nicht. Der Willkür sind damit nicht genügend Grenzen gesetzt.

Tatsächlich findet sich in den Materialien zu den Entwürfen von 1960 und 1962, an denen sich der Sonderausschuss orientiert hat, aber noch der Hinweis, dass mit der Normierung von § 13 StGB die bisherige „Praxis auf feste Grundlagen" gestellt werden sollte.[632] Mit dieser Praxis könnten die Anhaltspunkte für eine nähere Bestimmung der Garantenstellung gefunden sein, auf die sich auch das *Bundesverfassungsgericht* und der *Bundesgerichtshof* beziehen. Es könnte bedeuten, dass der Gesetzgeber alle bis dahin entwickelten Garantenstellungen mit § 13 StGB erfassen wollte. Allerdings findet sich der Hinweis auf die Praxis nicht speziell bei den Ausführungen zur Garantenstellung, sondern in Bezug auf die rechtsstaatlichen Probleme mit Art. 103 Abs. 2 GG. Ob der Gesetzgeber sich also auf die Praxis bezüglich der bisherigen Handhabung der Garantenstellung bezieht oder es nicht vielmehr um die Praxis hinsichtlich der grundsätzlichen Bestrafung unterlassener Erfolgsabwendungen geht, bleibt unklar. Gegen die erste Lesart spricht, dass der Gesetzgeber selbst darauf hinweist, dass die Rechtsprechung die Voraussetzungen der Garantenstellung nicht einheitlich beurteile und dazu neige, „Fälle reiner Handlungspflichten als Erfolgsabwendungspflichten zu behandeln und den Bereich strafbaren Unterlassens auszudehnen."[633] Daraus lässt sich schließen, dass der Gesetzgeber nicht mit der gesamten richterlichen Praxis einverstanden war und mit der Formulierung keine Billigung aller bis dahin entwickelten Fallgruppen von Garantenstellung erfolgen sollte. Selbst wenn der Gesetzgeber sich damit auf bestimmte einzelne Fallgruppen beziehen wollte, bleibt unklar, welche konkret gemeint sind.

Insgesamt lässt die historische Betrachtung die Entscheidungen des *Bundesverfassungsgerichts* und des *Bundesgerichtshofs* zur hinreichenden Bestimmtheit von § 13 Abs. 1 StGB in einem kritischen Licht erscheinen. Wenn der Gesetzgeber meint, dass er sich nicht festlegen kann, weil viele Fragen in Bezug auf die rechtliche Einstandspflicht noch offen seien, wie können die

---

631 Siehe dazu 3.D.II.1.a.

632 BT-Drs. III/2150, S. 117; IV/650, S. 124.

633 BT-Drs. III/2150, S. 117; IV/650, S. 124.

Gerichte dann davon ausgehen, dass der Gesetzgeber die Voraussetzungen der Garantenstellung hinreichend bestimmt in Gesetzesform gegossen hat?[634] Aus den Gesetzgebungsmaterialien lässt sich vielmehr darauf schließen, dass der Gesetzgeber sich nicht auf den bisherigen Stand in Rechtsprechung und Wissenschaft festlegen wollte – auch und vor allem, weil aus seiner Sicht eine gefestigte Rechtsprechung noch gar nicht existierte. Die gerichtlichen Entscheidungen zur Verfassungsmäßigkeit von § 13 Abs. 1 StGB überzeugen hinsichtlich der hinreichenden Bestimmtheit der rechtlichen Einstandspflicht über die Herleitung der gefestigten Rechtsprechung daher nicht.

Die Betrachtung der Gesetzesbegründungen unterstützt aber zumindest die Auslegung, dass es sich bei der rechtlichen Einstandspflicht um eine besondere Rechtspflicht handeln muss, die sich nicht aus jeder beliebigen Handlungspflichten ergibt. Dies lässt sich daraus schließen, dass in der Garantenstellung „ein besonderes Pflichtverhältnis begründet [liege], das den Garanten aus der Masse der übrigen Rechtsgenossen heraushebt und gerade ihm den Schutz des betreffenden Rechtsgutes vor dem drohenden tatbestandsmäßigen Erfolg auferlegt. Dem Garanten ist die Unversehrtheit des Schutzwertes anvertraut […] Einfache Handlungspflichten und bloße Tätigkeitsgebote begründen noch keine Garantenpflichten.“[635]

Zusammenfassend bestätigt die historische Auslegung, dass der Gesetzgeber die Garantenstellung als besondere rechtliche Einstandspflicht eingeordnet wissen wollte, die dem Schutz des vom jeweiligen Tatbestand erfassten Rechtsguts zu dienen bestimmt ist, sodass nicht jede Form von Handlungspflichten Garantenstellungen begründen können soll. Daneben hat sich gezeigt, dass aus Sicht des Gesetzgebers die Fallgruppen der Ingerenz und freiwilligen Übernahme Garantenstellungen begründen können. Da er die nähere Ausgestaltung allerdings der Rechtsprechung überlassen hat, fehlt es für den Normadressaten an einer im Einklang mit Art. 103 Abs. 2 GG stehenden Vorhersehbarkeit der staatlichen Reaktion. Eine Erfassung bzw. weitere Beschränkung auf andere bereits entwickelte Fallgruppen hat die historische Betrachtung hingegen nicht ergeben. Das hat sich insbesondere daran gezeigt, dass der Gesetzgeber die Entwicklung der Garantenstellung nicht vorwegnehmen, sondern der Wissenschaft und Rechtsprechung überlassen

---

634 Vgl. auch *Herbertz*, Ingerenz, S. 188 f.: schaler Beigeschmack.

635 BT-Drs. IV/650, S. 124.

wollte. Eine Entscheidung für oder gegen die Strafbarkeit bestimmter, bis dahin entwickelter Fallgruppen liegt darin gerade nicht.

Für den Normadressaten führt also auch die historische Betrachtung nicht zu einer weiteren Eingrenzung des strafbaren Bereichs. Es bleibt damit schwierig, das strafbare vom erlaubten Verhalten abzugrenzen, wenn nur ein Teil von Garantenstellungen – und dieser Teil auch nur abstrakt – benannt wird. Damit ist die nähere Bestimmung der Voraussetzungen der Garantenstellung nicht möglich, sodass die Vorhersehbarkeit staatlichen Strafens und der Schutz vor richterlicher Willkür weiterhin fraglich erscheint.

IV. Sinn und Zweck

Die grundsätzliche Möglichkeit der Berücksichtigung von Sinn und Zweck als Auslegungskriterium bedarf hier keiner weiteren Beachtung, da sich damit jedenfalls keine neuen Anhaltspunkte ergeben würden.[636] Telos des § 13 Abs. 1 StGB ist die Bestrafung des unechten Unterlassens. Es soll deutlich gemacht werden, dass eine Strafbarkeit wegen Unterlassens neben den im Besonderen Teil normierten sog. echten Unterlassungsdelikten nur in Betracht kommt, wenn dem Täter eine rechtliche Pflicht zur Abwendung der Erfolge, die in den Begehungsdelikten des Besonderen Teils erfasst sind, obliegt und das Unterlassen der Tatbestandsverwirklichung durch aktives Tun entspricht.[637] Damit ist aber nicht viel mehr gewonnen als das Ob der Strafbarkeit. Über das Wie – die genauen Voraussetzungen der rechtlichen Einstandspflicht – ergibt sich daraus nicht mehr, als dass es sich um ein besonderes Pflichtverhältnis handeln muss, das rechtlichen und nicht bloß moralischen Charakters ist.

Aus Sinn und Zweck könnte sich vielmehr keine Begrenzung, sondern im Gegenteil eine möglichst umfangreiche Erfassung von Rechtspflichten ergeben. Mit Hilfe von § 13 Abs. 1 StGB wird nicht nur das Ziel verfolgt, die ausnahmsweise Strafbarkeit unechten Unterlassens überhaupt zu regeln, sondern auch die Rechtsgüter zu schützen, die die jeweiligen Tatbestände des Besonderen Teils umfassen. Um diesen Schutz bestmöglich zu gewährleisten, sollten jegliche Rechtspflichten Garantenstellung begründen können,

---

636 Dagegen z. B. *Herzberg*, in: Symposium Schünemann 2005, S. 31, 46 ff.

637 Ebenso *Albrecht*, Garantenstellungen, S. 155; *Seebode*, in: FS Spendel 1992, S. 317, 340.

da dann besonders viele Fälle dem Schutz von § 13 Abs. 1 StGB unterfallen. Es könnte im Gegensatz dazu aber auch darum gehen, nur solche Rechtspflichten einzubeziehen, die dem Schutz des jeweiligen Rechtsguts zu dienen bestimmt sind.[638]

Die zweite Auslegungsvariante deckt sich mit den bisherigen Ergebnissen und ist insoweit überzeugend. Gegen die erste Auslegungsvariante spricht, dass sie sich im Widerspruch zum Wortlaut bewegt, der die äußerste Grenze der Auslegung darstellt. Aus diesem ergibt sich, dass gerade nicht jedwede Rechtspflicht zur Begründung einer Garantenstellung ausreicht, sondern nur solche Pflichten, die das Einstehenmüssen für die Unversehrtheit des betroffenen Rechtsguts besonders regeln.

Eine Begrenzung des Anwendungsbereichs von § 13 Abs. 1 StGB über die bisherigen Ergebnisse hinaus sowie nähere Anhaltspunkte für die Voraussetzungen der Garantenpflicht ergeben sich aus der teleologischen Betrachtung somit nicht. Mit ihrer Hilfe kann die Vorhersehbarkeit der staatlichen Reaktion für den Normadressaten nicht ausreichend gewährleistet werden.

V. Zwischenfazit

Die Probleme, die hinsichtlich der rechtlichen Einstandspflicht bestehen, rühren daher, dass der Gesetzgeber mit der Formulierung „rechtlich dafür einzustehen hat“ keine unmittelbar erkennbaren Abgrenzungskriterien für die Bestimmung der Garantenstellung aufgestellt hat. Eine Beschränkung auf bestimmte Garantenstellungen folgt hieraus nicht – insbesondere, weil nicht ersichtlich ist, was der Gesetzgeber unter „rechtlich“ versteht. Diese Schwierigkeiten hat die grammatikalische Auslegung offenbart und sie konnten mithilfe der weiteren Auslegungsmethoden nicht beseitigt werden, sondern wurden durch die historische Betrachtungsweise noch verstärkt. Das ist einer der Gründe, weshalb es so viele verschiedene Ansatzpunkte zur Bestimmung von Garantenstellungen gibt und die Entstehungsvoraussetzungen in der Rechtsprechung und -lehre nicht einheitlich beurteilt werden. Das zeigt sich in besonderem Maße bei der Garantenstellung aus Ingerenz.[639] Die Vielzahl

---

638 So *Albrecht*, Garantenstellungen, S. 155; *Seebode*, in: FS Spendel 1992, S. 317, 340.

639 *Bergmann*, Vertragswidriges Unterlassen, S. 241 ff.; m. N. von Beispielen *Blei*, in: FS Mayer 1966, 199, 135; umfassend auch *Herbertz*, Ingerenz. Siehe ebenfalls 2.B.II.

an unterschiedlichen Auffassungen hat ein dogmatisch weites Feld etabliert, das für den Normadressaten, den juristischen Laien, nur schwierig bis gar nicht zu überblicken ist bzw. wäre, wenn er dieser Frage nachgehen möchte.

Mithilfe der vier klassischen Auslegungskriterien hat sich ein nur zum Teil klares Bild ergeben. Als sicher gilt, dass das unechte Unterlassen strafbar ist und der Täter eine besondere – über allgemeine sittliche Pflichten hinausgehende – Rechtspflicht zum Schutz des betroffenen Rechtsguts innehaben muss. Die Entstehungsgründe der Rechtspflicht konnten bisher aber nicht mit ausreichender Klarheit ermittelt werden. Es könnte jede Art von Recht gemeint sein, denn eine Beschränkung auf bestimmte Bereiche des Rechts ergibt sich weder aus dem Wortlaut noch aus dem Sinn und Zweck des Gesetzes. Wenn aber alles Rechtliche unter § 13 Abs. 1 StGB fällt, bleiben Zweifel an der Vorhersehbarkeit staatlichen Strafens und dem Schutz vor richterlicher Willkür bestehen. Der Anwendungsbereich von § 13 Abs. 1 StGB wäre schier unendlich, sodass der Willkür staatlicher bzw. richterlicher Reaktionen keine Grenzen gesetzt wären. Die Ziele des Art. 103 Abs. 2 GG könnten nicht verwirklicht werden.

Die historische Auslegung verstärkt diese Zweifel an der Vereinbarkeit von § 13 Abs. 1 StGB mit dem Gesetzlichkeitsprinzip noch einmal besonders. Wenn es aus Sicht des Gesetzgebers nicht möglich war, eine „sachgemäße gesetzliche Regelung“[640] der Garantenstellung zu treffen, wie soll dann der Normadressat in der Lage sein, die Grenze des strafbaren Bereichs zu erkennen und sich daran zu orientieren? Wenn sich der Gesetzgeber wegen vieler offener Fragen nicht festlegen kann, kann kaum davon gesprochen werden, dass der richterlichen Willkür durch die Regelung Einhalt geboten wird und der Bürger sich auf die staatliche Reaktion verlässlich einstellen kann. Lässt der Gesetzgeber die Voraussetzungen der Garantenstellung erst nach Erlass der Norm durch die Rechtsprechung und Wissenschaft klären, ohne selbst ausreichend klare Anhaltspunkte im Gesetzestext mitzuliefern, so erfüllt er nicht die Aufgabe, die Entscheidung über die Strafbarkeit eines Verhaltens selbst zu treffen, sondern ermächtigt die Rechtsprechung dazu, gesetzgeberisch tätig zu werden.

Vor diesem Hintergrund erscheint insbesondere das Bestreben des Gesetzgebers besonders problematisch, die Entwicklung der Garantenstellung der Rechtsprechung und Lehre zu überlassen, weil im Hinblick auf die Entstehungsgründe „noch zahlreiche Zweifelsfragen bestehen“ und somit

---

640 BT-Drs. V/4905, S. 8

keine „Festlegung der Rechtsentwicklung" vorweggenommen werden soll.[641] Der Gesetzgeber kann sich mit dem Verweis auf Uneinigkeiten in der Rechtsprechung und Wissenschaft nicht seinen Verpflichtungen entziehen. Hält der Gesetzgeber „die Zeit für eine sachgemäße gesetzliche Regelung noch nicht reif",[642] so hätte er abwarten, oder, wenn er Strafbarkeiten begründen möchte, selbst entscheiden müssen, welcher Ansicht er sich anschließt und welche Verantwortungsbereiche von § 13 Abs. 1 StGB erfasst werden sollen.[643] Wenn der Gesetzgeber sich selbst aber nicht festlegen *möchte* – obwohl er sich hätte festlegen *können* – ermächtigt ihn das nicht, sich den Anforderungen des Art. 103 Abs. 2 GG zu entziehen. Dass der Gesetzgeber dieser Verpflichtung nicht nachkommt, darf nicht dazu führen, dass sich die Rechtsanwendung zum Gesetzgeber aufspielt und entscheidet, welche Rechtspflichten Garantenstellungen begründen und welche nicht. Der Gesetzgeber gestattet damit gewissermaßen Gewohnheitsrecht, das im Bereich des Strafrechts mit Art. 103 Abs. 2 GG unvereinbar ist. Nur er allein ist befugt, die Entscheidung über die Strafwürdigkeit eines Verhaltens zu fällen – er darf sie nicht der Rechtsprechung und Lehre überlassen.[644]

Die Zweifel an der Vereinbarkeit von § 13 Abs. 1 StGB mit Art. 103 Abs. 2 GG bleiben damit auch unter Zugrundelegung der klassischen Auslegungsmethoden zumindest teilweise bestehen.

VI. Verfassungskonforme Auslegung

Die Verfassungswidrigkeit der Vorschrift könnte möglicherweise mithilfe der verfassungskonformen Auslegung abgewendet werden, sofern sich darüber doch noch ein klarer Anwendungsbereich der rechtlichen Einstandspflicht ermitteln lässt.

---

641 BT-Drs. IV/650, S. 124; V/4905, S. 8.

642 BT-Drs. V/4905, S. 8. Siehe auch *Gallas* ZStW 1968 (80), 1, 18 f.

643 Ebenso *Herbertz*, Ingerenz, S. 192.

644 So auch *Puppe* ZStW 2022 (134), 320, 328 f.; *Sangenstedt*, Garantenstellung, S. 94; *Schmidt*, versuchtes Unterlassungsdelikt, S. 122; *Schürmann*, S. Unterlassungsstrafbarkeit, S. 188.

1. Voraussetzungen der verfassungskonformen Auslegung

Die Anwendung der verfassungskonforme Auslegung auf § 13 Abs. 1 StGB erfordert zunächst, sich Gedanken darüber zu machen, ob und unter welche Voraussetzungen eine verfassungskonforme Auslegung grundsätzlich möglich ist.

Die verfassungskonforme Auslegung als solche ist allgemein anerkannt. Sie findet ihre Wurzeln in dem Grundsatz des „favor legis“ und dem Rechtsstaatsprinzip, wonach im Sinne eines Stufenbaus die Verfassung als höherrangiges Recht dem einfachen Recht übergeordnet ist (Art. 20 Abs. 3 GG).[645] Das einfache Gesetz und dessen Anwendung und Auslegung müssen sich stets im Rahmen der Grenzen bewegen, die die Verfassung aufstellt.[646] Die im Rahmen der Auslegung zu achtende Verfassung umfasst nicht nur die Grundrechte, sondern alle Grundgesetzartikel und die aus der Gesamtheit der Verfassung folgenden Wertentscheidungen, sodass auch Art. 103 Abs. 2 GG bei der verfassungskonformen Auslegung zu berücksichtigen ist.[647]

Mit der verfassungskonformen Auslegung soll im Sinne des sog. favor legis aus Respekt vor der gesetzgebenden Gewalt der Zweck der Normerhaltung verfolgt und ein tiefer „Eingriff in die Gestaltungsfreiheit des demokratischen Gesetzgebers [durch Nichtigkeitserklärung der Norm] vermeiden“ werden.[648] Danach ist bei mehreren möglichen Interpretationen einer Vorschrift, die teils verfassungswidrig und teils verfassungsmäßig sind, diejenige vorzuziehen, die im Einklang mit der Verfassung steht.[649] Eine

---

645 *Geis* NVwZ 1992, 1025, 1026; LK-*Dannecker* § 1 StGB Rn. 326; *Lutfullin*, Bestimmtheitsgebot, S. 134; MK-*Schmitz* § 1 StGB Rn. 97; *Möllers*, in: FS Vedder 2017, 721 f., 733; NK-*Kargl* § 1 StGB Rn. 110; *Otto* § 2 Rn. 54.

646 Baumann/Weber/Mitsch/*Eisele* § 7 Rn. 81; *Geis* NVwZ 1992, 1025, 1206; *Krey*, Keine Strafe, S. 127; LK-*Dannecker* § 1 StGB Rn. 326; *Möllers*, in: FS Vedder 2017, 721, 723; NK-*Kargl* § 1 StGB Rn. 110; *Otto* § 2 Rn. 54; Schönke/Schröder-*Hecker* Vor § 1 StGB Rn. 33, § 1 StGB Rn. 50; SK-*Jäger* § 1 StGB Rn. 76.

647 BeckOK-*v. Heintschel-Heinegg* § 1 StGB Rn. 29; *Geis* NVwZ 1992, 1025, 1026; LK-*Dannecker* § 1 StGB Rn. 337; MK-*Schmitz* § 1 StGB Rn. 97; SK-*Jäger* § 1 StGB Rn. 76 und ausführlich *Kirsch*, Gesetzlichkeitsprinzip, S. 166 f. Siehe auch BVerfGE 126, 170, 197 f. und BVerfG NJW 2012, 907, 915.

648 BeckOK-*v. Heintschel-Heinegg* § 1 StGB Rn. 29 sowie BVerfGE 49, 148, 157; 90, 263, 275. AnwK-*Gaede* § 1 StGB Rn. 37; *Geis* NVwZ 1992, 1025, 1026; *Lutfullin*, Bestimmtheitsgebot, S. 134; *Möllers*, in: FS Vedder 2017, 721 f., 729.

649 BVerfGE 2, 266, 282; 18, 70, 98; 19, 1, 5; 32, 373, 383 f.; 39, 1, 38; 49, 148, 157; 50, 142, 153; 90, 263, 275; 110, 226, 267; 119, 247. AnwK-*Gaede* § 1 StGB Rn. 37; Baumann/

Norm ist erst dann als verfassungswidrig einzustufen, wenn gar keine mit der Verfassung im Einklang stehende Auslegung möglich ist.[650] Ist eine der Auslegungsmöglichkeiten verfassungsgemäß, steht der verfassungskonformen Auslegung nicht entgegen, dass dem gesetzgeberischen Willen eine weitergehende, aber verfassungswidrige Auslegung eher entsprochen hätte. Der Wille des Gesetzgebers bzw. der von ihm mit der Norm verfolgte Zweck ist aber so weit wie möglich aufrechtzuerhalten.[651]

Um die gesetzgeberische Gewalt nicht zu unterlaufen, werden der verfassungskonformen Auslegung zwei maßgebliche Schranken auferlegt. Zum einen darf sie nicht im Widerspruch zum objektivierten, erkennbaren Willen des Gesetzgebers stehen und muss der Norm noch einen vernünftigen Sinn belassen, zum anderen darf der Wortlaut der einfachgesetzlichen Norm nicht überschritten werden.[652] Das gebiete auch die in Art. 100 Abs. 1 GG zum Ausdruck kommende Wahrung der „Autorität des parlamentarischen Gesetzgebers im Verhältnis zur Rechtsprechung“.[653] Daraus folgt, dass eine Norm auf einen Sachverhalt dann nicht angewendet werden darf, wenn dieser zwar vom Sinn und Zweck der Vorschrift erfasst wäre, weil er beispielsweise gleich strafwürdig ist wie die ausdrücklich erfassten Fälle, der Wortlaut der Norm diesen Fall aber nicht abgedeckt. In dem Fall ist eine verfassungs-

---

Weber/Mitsch/*Eisele* § 7 Rn. 81; BeckOK-*v. Heintschel-Heinegg* § 1 StGB Rn. 29; LK-*Dannecker* § 1 StGB Rn. 328; *Lutfullin*, Bestimmtheitsgebot, S. 133 f.; MK-*Schmitz* § 1 StGB Rn. 99; *Möllers*, in: FS Vedder 2017, 721, 728, 732; NK-*Kargl* § 1 StGB Rn. 110; *Otto* § 2 Rn. 54; Schönke/Schröder-*Hecker* § 1 StGB Rn. 33; *Schröder* JZ 1969, 775, 778; SK-*Jäger* § 1 StGB Rn. 76.

650 BVerfGE 19, 1, 5; 49, 148, 157; 93, 37, 81. Siehe auch *Möllers*, in: FS Vedder 2017, 721: Nichtigkeitserklärung ultima ratio.

651 BVerfGE 9, 194, 200; 47, 327, 380; 49, 148, 157; 90, 263, 275; 93, 37, 81; 110, 226, 267. AnwK-*Gaede* § 1 StGB Rn. 37; BeckOK-*v. Heintschel-Heinegg* § 1 StGB Rn. 31; *Geis* NVwZ 1992, 1025, 1026; LK-*Dannecker* § 1 StGB Rn. 329.

652 BVerfGE 9, 194, 200; 18, 97, 111; 47, 327, 380; 54, 277, 299; 71, 81, 105; 90, 263, 275; 93, 37, 81; 95, 92, 93; 101, 312, 329; 110, 226, 267. AnwK-*Gaede* § 1 StGB Rn. 37; Baumann/Weber/Mitsch/*Eisele* § 7 Rn. 81; BeckOK-*v. Heintschel-Heinegg* § 1 StGB Rn. 30; *Geis* NVwZ 1992, 1025, 1026; *Klatt*, in: Gesetzlichkeit und Strafrecht, 121, 136; LK-*Dannecker* § 1 StGB Rn. 329; MK-*Schmitz* § 1 StGB Rn. 99; *Möllers*, in: FS Vedder 2017, 721, 732, 737; NK-*Kargl* § 1 StGB Rn. 110 zumindest für das Strafrecht; Schönke/Schröder-*Hecker* Vor § 1 StGB Rn. 33; *Schröder* JZ 1969, 775, 778; *Spitzlei* JuS 2022, 315, 318; S/S/W-*Satzger* § 1 StGB Rn. 51; SK-*Jäger* § 1 StGB Rn. 77.

653 BVerfGE 90, 263, 275.

konforme Auslegung nicht möglich; die daraus folgende Strafbarkeitslücke ist zwingend hinzunehmen.[654] Der Sinn und Zweck des Gesetzes darf „über seinen Wortlaut hinaus nicht verwirklicht werden.“[655]

2. Anwendung der verfassungskonformen Auslegungsmethode

Die verfassungskonforme Auslegung setzt voraus, dass die rechtliche Einstandspflicht in zwei Richtungen ausgelegt werden kann, von denen die eine im Einklang mit der Verfassung steht und die andere nicht und erstere nicht in Widerspruch zum Wortlaut und zum gesetzgeberischen Willen steht. Entscheidend ist, dass der rechtlichen Einstandspflicht ein Sinn beigemessen werden kann, der mit der Verfassung vereinbar ist.

Die Formulierung des rechtlichen Einstehenmüssens wird zum einen auf gesetzliche Pflichten beschränkt und zum anderen so verstanden, dass damit gerade nicht zwingend gesetzliche Pflichten gemeint sind, sondern vielmehr eine Vielzahl ungeschriebener, strafrechtlicher und außerstrafrechtlicher Pflichten, deren Merkmale und Entstehungsgründe durch die Rechtsprechung und -lehre entwickelt worden sind.

a. Die rechtliche Verpflichtung

In der zweiten Interpretationsvariante werden Verpflichtungen einbezogen, die sich nur aus Gewohnheitsrecht ergeben oder mithilfe eines Analogieschlusses entwickelt wurden. Darin könnte ein Verstoß gegen Art. 103 Abs. 2 GG liegen, der neben hinreichend bestimmten, gesetzlich geschriebenen Gesetzen auch fordert, dass Gewohnheitsrecht und Analogieschlüsse zulasten des Täters zu unterbleiben haben. Dann wäre die Interpretation, die sowohl ungeschriebene, strafrechtliche und außerstrafrechtliche Pflichten einbezieht, insoweit verfassungswidrig.

Zwar wäre die Voraussetzung der *rechtlichen* Einstandspflicht erfüllt, wenn eine Garantenstellung auf Gewohnheitsrecht beruht und stünde damit nicht im Widerspruch zum Wortlaut der Vorschrift. Allerdings

---

[654] BVerfGE 71, 108, 115 f.; 73, 206, 235 f.; 92, 1, 12 f.; 126, 170, 197; BVerfG NJW 2007, 1666; 2008, 3627, 3628; BGHSt 18, 136, 140; 42, 158, 161; BGH StV 2016, 212, 215; *Bockelmann*, AT, S. 21; *Böhm*, Garantenpflichten, S. 144, 172; *Frister*, Kapitel 4 Rn. 22, 25; MK-*Schmitz* § 1 StGB Rn. 73; NK-*Kargl* § 1 StGB Rn. 80.

[655] *Geis* NVwZ 1992, 1025, 1027.

würde die Begründung von Garantenstellungen durch Analogieschluss oder den Verweis auf Gewohnheitsrecht zu einer Missachtung der Ziele führen, die mit dem Gesetzlichkeitsprinzip verfolgt werden. Die Feststellung einer Garantenstellung, die sich erst daraus ergibt, dass ein Gericht das Verhalten als ebenso strafwürdig wie eine gesetzlich festgeschriebene Erfolgsabwendungspflicht einstuft, kann Vorhersehbarkeit und Berechenbarkeit staatlichen Strafens nicht gewährleisten. Die Bürger können nicht vorab beurteilen und erkennen, ob ein Gericht das Verhältnis, in dem sie zum Beispiel zu dem Opfer stehen, als strafwürdig ansehen wird oder nicht. Sie können ihr Verhalten demnach nicht daran ausrichten. Die Freiheit würde allzu stark eingeschränkt, wenn Gerichte erst im Nachhinein festlegen, welches Verhalten sie als strafwürdig erachten und welches nicht. Handelt es sich bei den die Garantenstellung begründenden Merkmale um solche aus ungeschriebenem Recht, liegt – wegen der strafbegründenden Qualität der Garantenstellung[656] – ein Verstoß gegen Art. 103 Abs. 2 GG zu Lasten des vermeintlichen Garanten vor.[657] Das gilt beispielsweise für die Garantenstellung aus Ingerenz[658] und freiwilliger Übernahme ohne Rücksichtig auf vertragliche Verpflichtungen.[659] Bei den Einstandspflichten, die auf ungeschriebenem Recht beruhen, zeigt sich außerdem nicht nur ein Problem mit dem Verbot von täterbelastendem Gewohnheitsrecht, sondern es ist ebenfalls fraglich, wie hier überhaupt eine dem Wortlaut des § 13 Abs. 1 StGB entsprechende Abgrenzung von Recht und Moral erfolgen soll. Dass die tatsächliche, freiwillige Übernahme oder die enge Lebensgemeinschaft *rechtliche* Verpflichtungen begründen, legen diejenigen, die diese Fallgruppen einbeziehen, nicht dar. Vielmehr beruhen diese Fallgruppen auf moralischen Wertvorstellungen, aus denen Strafwürdigkeitserwägungen folgen.[660] Ohne

---

656 Dazu schon 3.B.II.

657 So auch *Bergmann*, Vertragswidriges Unterlassen, S. 252; *Kleinherne*, Garantenstellung, S. 142, 327; *Seebode*, in: FS Spendel 1992, S. 317, 336 f.

658 Zum Teil wird davon ausgegangen, dass die Ingerenz auf einer gesetzlichen Grundlage, nämlich den §§ 823 ff. BGB beruht. Ob diese Ansicht überzeugt, wird hier nicht weiter erörtert, da die Ingerenz sich nicht auf eine Garantenstellung des Kindes als solches bezieht und eine Auseinandersetzung mit dieser Frage zu umfangreich für die hiesige Arbeit wäre.

659 Siehe auch *Albrecht*, Garantenstellungen, S. 166; *Gottschaldt*, Garantenpflicht, S. 90.

660 So auch *Böhm*, Garantenpflichten, S. 171.

die gesetzliche Verankerung von Einstandspflichten lassen sich diese nicht zuverlässig und für den Bürger erkennbar von Sitte und Moral abgrenzen.

Das Verständnis, dass *rechtlich* im Sinne des § 13 Abs. 1 StGB auch ungeschriebene, gewohnheitsrechtlich und durch Analogie begründete Garantenstellungen einbezieht, ist mit der Verfassung unvereinbar und stellt dementsprechend eine verfassungswidrige Auslegung der Vorschrift dar.

b. Die gesetzliche Verpflichtung

Die Auslegung der rechtlichen Einstandspflicht muss für eine Verfassungsmäßigkeit von § 13 Abs. 1 StGB unter Berücksichtigung von Art. 103 Abs. 2 GG folglich ohne Analogieschlüsse und das Einbeziehen von Gewohnheitsrecht in einer Art möglich sein, die eine gesetzgeberische Wertentscheidung und die Voraussetzungen dieser Einstandspflicht für den Bürger hinreichend erkennen lassen und so der Rechtsprechung klare Grenzen gesetzt sind.

Diese Vorgaben des Gesetzlichkeitsprinzips werden in jedem Fall dann eingehalten, wenn es sich um Einstandspflichten handelt, die sich aus dem Gesetz ergeben.[661] Einstandspflichten, die auf Gesetz beruhen, sind *Rechts*pflichten und für den Normadressaten von vorherein erkennbar – vorausgesetzt, das jeweilige Gesetz selbst ist hinreichend bestimmt.[662] Er kann sein Verhalten daran ausrichten und die staatliche Reaktion vorhersehen. Zwar wäre ein Verweis auf jede einzelne gesetzliche Einstandspflicht im eigentlichen Sinne am bestimmtesten, allerdings lässt sich eine so umfangreiche gesetzliche Regelung praktisch kaum umsetzen – in diesem Fall könnte man aufgrund der Vielzahl an Normen, auf die Bezug genommen werden müsste, tatsächlich eine Unbestimmtheit durch Überbestimmtheit bzw. Unübersichtlichkeit

---

661 Ebenso *Bayer*, betrugsspezifische Garantenstellung, S. 290; *Böhm*, Garantenpflichten, S. 178; *Fünfsinn*, fahrlässiges Verletzungsdelikt, S. 95; *Kühl*, in: FS Herzberg 2008, S. 177, 185; MK-*Schmitz* § 1 StGB Rn. 61; *Paradissis*, Unterlassungsstrafbarkeit, S. 112; *Seebode*, in: FS Spendel 1992, S. 317, 340. Siehe dazu auch *Gaede*, Steuerbetrug, S. 469 f.; *Sangenstedt*, Garantenstellung, S. 213; S/S/W-*Kudlich* § 13 StGB Rn. 13.

662 Dieses Ergebnis steht nicht im Widerspruch dazu, dass die echten Unterlassungsdelikte wie § 323c Abs. 1 StGB keine Pflichten im Sinne des § 13 Abs. 1 StGB sind. Zwar handelt es sich dabei um gesetzliche Pflichten. Das allein reicht aber gerade nicht aus, um Garantenstellungen zu begründen. Vielmehr muss es sich um besondere *Einstands*pflichten handeln, siehe dazu 3.E.II. sowie 3.E.IV.

befürchten.[663] Dass § 13 Abs. 1 StGB nicht unmittelbar auf alle gesetzlichen Einstandspflichten einzeln verweist, führt nicht dazu, dass der Bürger die an ihn gestellten Verhaltensanforderungen nicht erkennen kann, da dem Bürger die gesetzlichen Einstandspflichten aus dem Zivilrecht in der Regel „im Grundsatz ebenso bekannt [sein werden] [...] wie die Normen des StGB"[664] bzw. für den Bürger zumindest die Möglichkeit der Kenntnis dieser Einstandspflichten besteht. Bei Einstandspflichten aus speziellen Bereichen, beispielsweise den besonderen Berufspflichten, kann erwartet werden, dass der Normadressat – also derjenige, der diesen Beruf ausübt – über die ihm obliegenden gesetzlichen Pflichten Bescheid weiß und sich informiert. Dass jeder Bürger diese Pflichten kennt, ist nicht erforderlich; hier gilt eine Begrenzung auf den Adressatenkreis.[665] Einstandspflichten, die auf Gesetz beruhen, sind einmal unmittelbar gesetzlich geregelte Einstandspflichten, daneben aber auch solche aus Vertrag. Vertragliche Pflichten sind im Allgemeinen gesetzlich über § 241 BGB sowie im Besonderen über die speziellen Normen zu den gesetzlich vertypten Vertragsformen abgesichert und insbesondere für den jeweiligen Vertragspartner erkennbar.[666]

Damit ist die Interpretation, dass *rechtlich* gleich *gesetzlich* meint, mit der Verfassung vereinbar, sodass die Vorschrift zur Vermeidung einer Nichtigkeitserklärung in diesem Sinne verfassungskonform auszulegen ist. Rechtliche Pflichten, die auf Gewohnheitsrecht oder Analogieschlüssen beruhen, sind aus dem Anwendungsbereich von § 13 Abs. 1 StGB auszuklammern.

Diese enge, den Anwendungsbereich stark eingrenzende Interpretation achtet die Grenzen der verfassungskonformen Auslegung. Schon die grammatikalische Auslegung hat ergeben, dass der Begriff der rechtlichen Pflicht auf jeden Fall gesetzliche Pflichten umfasst, sodass insoweit kein Widerspruch zum Wortlaut des Gesetzes besteht.[667] Zudem wird mit dieser Auslegung

---

663 Dazu 3.D.I.3.

664 *Böhm*, Garantenpflichten, S. 177 f.

665 Siehe auch *Böhm*, Garantenpflichten, S. 179.

666 Näher dazu *Albrecht*, Garantenstellungen, S. 166; *Arzt* JA 1980, 647, 648; *Bayer*, betrugsspezifische Garantenstellung, S. 40, 132, 203; *Böhm*, Garantenpflichten, S. 182 f.; *Fünfsinn*, fahrlässiges Verletzungsdelikt, S. 95; *Kamberger*, Treu und Glauben, S. 200 f.; *Kissin*, Rechtspflicht, S. 109; *Seebode*, in: FS Spendel 1992, S. 317, 341. Früher schon RGSt 39, 397, 398.

667 Siehe dazu 3.E.I.

die Grenze dessen, was der Gesetzgeber bei und mit der Fassung von § 13 Abs. 1 StGB bezweckt hat, nicht überschritten. Der Anwendungsbereich der Norm ist lediglich enger gezogen. Insbesondere stellt die Beschränkung auf besonders qualifizierte Einstandspflichten keine Rückkehr zur formellen Rechtsquellenlehre dar. Das Erfordernis der Einstandspflicht grenzt die gesetzlichen Pflichten ein und sichert – wie es der Gesetzgeber beabsichtigt hat[668] – ab, dass nicht alle gesetzlichen Handlungs- bzw. Tätigkeitsgebote von § 13 Abs. 1 StGB erfasst werden, sondern nur solche, die auch tatsächlich dem Schutz eines strafrechtlich geschützten Rechtsguts dienen.[669]

3. Zwischenergebnis

Unter Berücksichtigung der Postulate des Gesetzlichkeitsprinzips ist § 13 Abs. 1 StGB in seiner jetzigen Fassung im Ergebnis dahingehend verfassungskonform auszulegen, dass rechtlich nur gesetzlich bedeuten kann.[670] Der einzelne Bürger und damit zwangsläufig auch das Gericht können in diesem Fall hinreichend klar erkennen, dass eine rechtliche Einstandspflicht vorliegt. Ob gesetzlich nicht geregelte Pflichten unter die Vorschrift subsumiert werden, kann vor einer gerichtlichen Entscheidung oder ohne Lektüre von Rechtsprechung und Rechtslehre – also nicht schon, wie von Art. 103 Abs. 2 GG vorausgesetzt, durch den Blick in das Gesetz – nie mit Sicherheit gesagt werden, sodass es in diesen Fällen an der Vorhersehbarkeit staatlichen Strafens und einem Schutz vor Willkür mangelt. Die Orientierung an Gesetz (und Vertrag) bietet eine objektivierbare und damit belastbare Grundlage – nur durch diese Begrenzung der möglichen Garantenstellungen kann sichergestellt werden, dass der Gesetzgeber seiner Verantwortung gerecht wird und die Aufgaben der Gesetzgebung nicht an die Rechtsprechung delegiert.

---

668 BT-Drs. IV/650, S. 124. Siehe dazu 3.E.I., II., III.

669 So auch *Böhm*, Garantenpflichten, S. 184; *Schünemann*, in: FS Amelung 2009, S. 303, 321.

670 Siehe schon *Albrecht*, Garantenstellungen, S. 166 f.; *Kamberger*, Treu und Glauben, S. 200 f.; *Kühl*, in: FS Herzberg 2008, S. 177, 184 f.; *Otto*, in: FS Herzberg 2008, S. 255, 258; *Seebode*, in: FS Spendel 1992, S. 317, 341, 345; *ders.* JR 1998, 338, 339; *Stam* ZStW 2019 (131), 250, 261. Siehe auch *Grünwald* ZStW 1958 (70), 412, 414.

VII. Ergebnis

Die Formulierung „rechtlich einzustehen hat" ist der Auslegung zugänglich, damit hinreichend bestimmt und im Hinblick auf Art. 103 Abs. 2 GG verfassungsgemäß.

Mithilfe der vier klassischen Auslegungsmethoden unter Einbeziehung der verfassungskonformen Auslegung können die Normadressaten erkennen und vorhersehen, unter welchen Voraussetzungen ein Unterlassen nach § 13 Abs. 1 StGB strafbar ist. Mit der Beschränkung auf gesetzlich geregelte Pflichten, die den Schutz eines Rechtsguts bezwecken, hat der Gesetzgeber auch der Rechtsanwendung ausreichend Anhaltspunkte dafür gegeben, wann ein Unterlassen strafbar im Sinne des § 13 Abs. 1 StGB ist und damit der richterlichen Willkür Grenzen gesetzt.

Diese Auslegung führt in ihrer Konsequenz aber auch dazu, dass viele der bisher gebildeten Garantenstellungen aus dem Anwendungsbereich von § 13 Abs. 1 StGB herausfallen, wenn nicht eine gesetzliche Grundlage doch nachgewiesen werden kann. Ohne eine solch restriktive Handhabung der unechten Unterlassungsdelikte würde das verfassungsrechtlich verankerte Gesetzlichkeitsprinzip aber nicht hinreichend ernst genommen bzw. unzulässig relativiert. Wenn der Gesetzgeber Strafbarkeit auch für die Fälle begründen möchte, in denen keine gesetzliche Einstandspflicht existiert, dann muss er die Regelung des unechten Unterlassungsdelikts anders formulieren. Es existieren zahlreiche Formulierungsvorschläge dazu, wie § 13 StGB formuliert werden kann, um die einzelnen Entstehungsgründe deutlich erkennbar zu machen.[671] Fast 50 Jahre später sollte eine sachgemäße Regelung möglich und im Interesse aller sein, um das weite und schwierig zu überblickende Feld um die Entstehungsgründe zu beseitigen und ein einheitliches Konzept zu sichern.

Etwaige Verstöße in der Praxis oder Uneinigkeiten und Probleme bei der Entwicklung anderweitiger Garantenstellungen in der Lehre führen aber nicht zu einer Verfassungswidrigkeit der Norm selbst und müssen hier

---

671 *Albrecht*, Garantenstellungen, S. 230; *Böhm*, Garantenpflichten, S. 233 f., 238; *Herbertz*, Ingerenz, S. 382 f.; *Jescheck*, in: FS Pötz 1993, S. 115, 128; MK-*Freund* § 13 StGB Rn. 29 ff.; *ders.*, in: FS Herzberg 2008, S. 225, 243; *v. Coelln*, Rechtliches Einstehenmüssen, S. 130 ff. Zu älteren Vorschlägen siehe auch den Entwurf der Großen Strafrechtskommission zu § 14 StGB, Niederschriften Strafrechtskommission, 12. Band, S. 473, mit Änderungsvorschlägen von *Bockelmann*, Niederschriften Strafrechtskommission, 12. Band, S. 475 ff.; *Grünwald* ZStW 1958 (70), S. 412, 431.

unberücksichtigt bleiben. Sie ergeben sich aus einer möglichen Missachtung der Postulate, die Art. 103 Abs. 2 GG an die Rechtsanwendung und die Wissenschaft richtet. Garantenstellungen dürfen in der Praxis nicht durch täterbelastende Analogie oder Gewohnheitsrecht entwickelt werden.[672] Mögliche Erwägungen in der Wissenschaft können lediglich Denkanstöße an den Gesetzgeber sein, § 13 StGB neu zu fassen und die möglichen, nicht auf Gesetz beruhenden Garantenstellungen explizit zu regeln.

F. Fazit

Die Entscheidung des Gesetzgebers, § 13 Abs. 1 StGB auf die Formulierung der rechtlichen Einstandspflicht zu beschränken, ist Ursache für die Unsicherheiten, die bei der Anwendung von § 13 Abs. 1 StGB auftreten und zu Zweifeln hinsichtlich der Verfassungsmäßigkeit der Norm führen.

Durch die Betrachtung der Zielsetzungen des Gesetzlichkeitsprinzips konnte herausgearbeitet werden, welche Anforderungen an die Bestimmtheit von Normen gestellt werden. Die Auslegungsfähigkeit einer Norm stellt ein verlässlich zu handhabendes Werkzeug zur Überprüfung der Vereinbarkeit mit Art. 103 Abs.2 GG dar.

Mithilfe dieses Werkzeugs konnte auch die Verfassungsmäßigkeit von § 13 Abs. 1 StGB festgestellt werden. Die Garantenstellung als Voraussetzung der unechten Unterlassungsdelikte ist durch die Formulierung „rechtlich einzustehen hat" hinreichend bestimmt und mit Art. 103 Abs. 2 GG vereinbar. Der Anwendungsbereich von § 13 Abs. 1 StGB ist auf gesetzlich geregelte Pflichten beschränkt, die dem Schutz eines vom Tatbestand erfassten Rechtsguts zu dienen bestimmt sind.

---

672 Zu einer ausführlichen Überprüfung der Rechtsprechung zu Garantenstellungen im familiären Bereich hinsichtlich eines Verstoßes gegen das Analogieverbot siehe *Albrecht*, Garantenstellungen, S. 164 ff.

KAPITEL 4

Beschützergarantenstellung von Kindern gegenüber ihren Eltern

Voraussetzung für eine rechtliche Einstandspflicht ist, dass die Garantenstellung auf einer gesetzlichen Grundlage beruht, die gerade auch dazu dient, Rechtsgüter anderer zu schützen bzw. für diese einzustehen. Es gilt nun also, das Recht darauf zu untersuchen, ob sich solche gesetzlichen Einstandspflichten für Kinder gegenüber ihren Eltern finden lassen. Das Hauptaugenmerk wird auf § 1618a BGB gelegt, den auch der *Bundesgerichtshof* in seiner Argumentation zur Begründung dieser Garantenstellung zumindest als Wertemaßstab berücksichtigt hat.[673]

Bevor die Suche nach einer gesetzlichen Einstandspflicht erfolgt, wird zunächst ein Überblick über den aktuellen Meinungsstand in Rechtsprechung und Wissenschaft gegeben. Hierbei stellt sich die zentrale Frage, ob und aus welchen Gründen Kindern ihren Eltern gegenüber eine Pflicht zur Abwendung von Gefahren obliegt.

A. Meinungsstand in Rechtsprechung und Wissenschaft

I. Garantenstellung von Kindern gegenüber ihren Eltern in der Rechtsprechung

1963 befasste sich der *Bundesgerichtshof*[674] mit einem Fall, bei dem die Ehefrau und einer der Söhne gemeinsam den Entschluss gefasst hätten, den Ehemann und Vater zu vergiften. Der andere Sohn erfuhr von diesem Plan und versuchte

---

673 BGH NJW 2017, 3609; NStZ 2017, 401; 2022, 601; HRRS 2021 Nr. 843.
674 BGHSt 19, 167.

zunächst, seine Mutter und seinen Bruder von dem Vorhaben abzubringen, ließ dem Geschehen allerdings seinen Lauf, als er damit nicht erfolgreich war. Der *Bundesgerichtshof* urteilte, dass der erwachsene Sohn auch ohne gesetzliche Vorschrift schon aus dem „Sohn-Vater-Verhältnis" verpflichtet sei, eine Lebensgefahr von seinem leiblichen Vater abzuwenden, wenn er mit ihm in häuslicher Gemeinschaft zusammenlebt, also „innerhalb der engsten und natürlichsten Gemeinschaft, nämlich der durch Blutsbande verbundenen Familie". Aus dem „Grundgedanken der Rechtsordnung" könnten sich – auch ohne gesetzliche Vorschrift – rechtliche Erfolgsabwendungsgebote ableiten lassen. Bei dieser engen, familiären Lebensgemeinschaft würde es „jedem Rechtsempfinden widersprechen, anzunehmen, ein Sohn dürfe seinen Vater zugrundegehen lassen"[675]. *Wieso* aus dem Grundgedanken der Rechtsordnung bzw. dem Rechtsempfinden eine rechtliche Erfolgsabwendungspflicht des Sohnes – selbst bei Zerwürfnissen innerhalb der Familie – folgen soll, die über das von § 330c StGB a.F. aufgestellte Gebot der Hilfeleistung hinausgeht, führt der *Bundesgerichtshof* nicht aus.[676]

In einer jüngeren Entscheidung aus dem Jahr 2016 begründet der 3. Strafsenat des *Bundesgerichtshofs*[677] die Garantenstellung einer Tochter ihrer Mutter gegenüber ebenfalls mit der häuslichen Gemeinschaft. In diesem Fall stützte der Senat seine Entscheidung allerdings nicht bloß auf das Verwandtschaftsverhältnis (die „natürlichste Gemeinschaft" und die „Blutsbande"), sondern bezog § 1618a BGB mit ein. Diese gesetzliche Regelung des Familienrechts entfalte als Wertemaßstab Wirkung auch im Strafrecht und sei deshalb bei der Frage nach der Einstandspflicht von Kindern zum Schutz ihrer Eltern maßgeblich: „Die in § 1618a BGB normierte familiäre Solidarität [begründe] schon von Gesetzes wegen im Eltern-Kind-Verhältnis bei faktischem Zusammenleben in aller Regel eine gegenseitige Schutzpflicht, die als Garantenpflicht im Sinne des § 13 Abs. 1 StGB das Handeln gebietet."[678] Aus Sicht des 3. Strafsenats konnte offenbleiben, ob über die formale familienrechtliche Beziehung hinaus eine Familiengemeinschaft bestehen muss, die auf gegenseitigem Respekt und Vertrauen beruht. Wie schon 1963 entschieden

---

675 BGHSt 19, 167, 169.

676 Siehe ebenso krit. *Albrecht*, Garantenstellungen, S. 119.

677 BGH NStZ 2017, 401. Eine Darstellung des Sachverhalts ist in den Abschriften des Urteils nicht erfolgt.

678 BGH NStZ 2017, 401.

wurde, reiche das faktische Zusammenleben in häuslicher Gemeinschaft im Eltern-Kind-Verhältnis – rechtlich über § 1618a BGB ausgestaltet – aus.[679]

Einige Monate später befasste sich der 4. Strafsenat des *Bundesgerichtshofs*[680] mit einem Fall, in dem der Sohn zwar im selben Mehrfamilienhaus, aber in einer anderen Wohnung und somit nicht in häuslicher Gemeinschaft mit seinen Eltern lebte. Im Gegensatz zu den anderen Fällen war die Beziehung des Sohnes zu seinen Eltern nicht von Zerwürfnissen geprägt. Der Sohn besuchte seinen Vater und seine kranke Mutter mehrmals wöchentlich, ohne hingegen in die Pflege der Mutter eingebunden gewesen zu sein, weil er an Epilepsie litt und seine kognitiven und körperlichen Fähigkeiten eingeschränkt waren. Im Verlauf ihrer Erkrankung wurde die Mutter bettlägerig und konnte sich nicht mehr selbstständig versorgen. In den Wochen vor ihrem Tod kümmerte sich der Vater, der die Pflege der Mutter eigentlich übernommen hatte und mittlerweile selbst an Demenz erkrankt war, nicht mehr ausreichend um sie. Am Vorabend des Todes ging der Sohn in das Schlafzimmer seiner Mutter und erkannte dort den lebensbedrohlichen Zustand, holte aber keine ärztliche Hilfe herbei.[681] Auch hier vertritt der Senat die Ansicht, dass zur Bestimmung der Garantenstellung auf § 1618a BGB als Wertemaßstab zurückzugreifen sei. Anders als in den bisherigen Entscheidungen führt der Senat weiter aus, dass „mit § 1618a BGB korrespondierende strafrechtliche Einstandspflichten nicht losgelöst von der faktischen Ausgestaltung des Eltern-Kind-Verhältnisses bestimmt werden“ könnten.[682] Zur Bestimmung der „geschuldeten familiären Solidarität“ sei auf die „Umstände des Einzelfalls“ Bezug zu nehmen – ausschlaggebend können hierbei „das Alter, der Gesundheitszustand, die Lebensumstände und das Zusammenleben der betroffenen Personen“ sein.[683] Nach Ansicht des 4. Strafsenats des *Bundesgerichtshofs* kann eine Garantenstellung aus dem Kind-Eltern-Verhältnis also nicht nur bei faktischem Zusammenleben, sondern auch ohne häusliche Gemeinschaft bei Vorliegen einer engen räumlichen und persönlichen Nähebeziehung zwischen Eltern und Kindern bestehen.[684]

---

679 BGH NStZ 2017, 401.
680 BGH NJW 2017, 3609.
681 BGH NJW 2017, 3609.
682 BGH NJW 2017, 3609, 3610.
683 BGH NJW 2017, 3609 f.
684 BGH NJW 2017, 3609, 3610

In einem Urteil aus dem Jahr 2021 bekräftigt der 2. Strafsenat des *Bundesgerichtshofs*[685] diese Ergebnisse noch einmal. In diesem Fall lebte der berufstätige Sohn mit seiner Mutter in einer gemeinsamen Wohnung, erledigte alle im Alltag anfallenden Aufgaben allein und war Alkoholiker. Die Mutter war aufgrund psychischer Auffälligkeiten und als Raucherin zunehmend körperlich beeinträchtigt und konnte sich nicht mehr richtig selbst versorgen. Dem Sohn gelang es allerdings nicht, sich ausreichend um seine Mutter zu kümmern und beide, der Sohn und die Mutter, haben sich mit ihrem Tod abgefunden. Als der Sohn eines Nachts nach Hause kam, fand er seine Mutter in einer Situation vor, die er als lebensbedrohlich erkannte, kümmerte sich aber nicht um ärztliche Hilfe. Als er am nächsten Tag auf Zureden einer Bekannten einen Notarzt rief, konnte dieser nur noch den Tod der Mutter feststellen. Der *Bundesgerichtshof* führte aus, dass der Sohn „aufgrund der Eltern-Kind-Beziehung und der häuslichen Gemeinschaft mit seiner Mutter“ sowie der „besondere[n] räumliche[n] und persönliche[n] Nähe“ verpflichtet gewesen sei, rettend in das lebensgefährdende Geschehen einzugreifen, obwohl sich beide „nichts mehr zu sagen hatten“.[686] Zwar war für die Mutter eine Berufsbetreuerin bestellt, allerdings habe dies den Sohn aus seiner Garantenstellung nicht entlassen, da „eine Mitübernahme von Pflichten durch einen Dritten“ die Garantenstellung des bisherigen Garanten grundsätzlich unberührt lasse und die Betreuerin im Gegensatz zum Sohn in der konkreten Notsituation auch gar nicht vor Ort gewesen ist. Im Übrigen habe die Betreuerin den Sohn darauf hingewiesen, dass er sie jederzeit um Hilfe bitten und anrufen könne, was der Sohn aber nicht getan habe.[687]

II. Garantenstellung von Kindern gegenüber ihren Eltern in der Wissenschaft

Schon im Rahmen der formellen Rechtsquellenlehre galt neben Gesetz, Vertrag und Ingerenz die enge Lebensgemeinschaft, vor allem die der Familie,

---

685 BGH NStZ 2022, 601.
686 BGH NStZ 2022, 601, 602.
687 BGH NStZ 2022, 601, 602.

als Fallgruppe der Garantenstellung.[688] Innerhalb der Funktionenlehre gelten die familienrechtlichen Beziehungen, die „natürliche Verbundenheit", als Paradebeispiel für die Obhutspflichten für nahezu alle Rechtsgüter bestimmter Personen.[689] Unbestritten gilt, dass Eltern im Verhältnis zu ihren Kindern eine Beschützergarantenstellung zukommt. Die Grundlage dieser Garantenstellung wird aber nicht einheitlich beurteilt.[690] Es wird vertreten, dass die Garantenstellung schon aufgrund der konstitutionellen, natürlichen Hilflosigkeit bzw. Angewiesenheit der Kinder auf die Fürsorge und Unterstützung durch ihre Eltern besteht.[691] Daneben werden verschiedene gesetzliche Grundlagen herangezogen, zum Beispiel die Vorschriften zum Sorgerecht oder Unterhalt (§§ 1601, 1618a 1626, 1631 BGB).[692]

Bei Kindern im Verhältnis zu ihren Eltern wird eine Garantenstellung aufgrund der Rolle als Kind im Gegensatz dazu teilweise ganz grundsätzlich abgelehnt, weil eine gesetzliche Grundlage nicht existiere und die Familienbande als solche eine rein moralische Verpflichtung darstelle.[693] Die wissenschaftliche Sichtweise geht in der Mehrheit aber davon aus, dass auch Kinder als Teil der engen Familie erfasst sind und ihnen im Verhältnis zu ihren Eltern eine Beschützergarantenstellung zukommt – die Begründungen dafür sind vielfältig und sollen im Folgenden genauer betrachtet werden.

---

688 *Albrecht*, Garantenstellungen, S. 25, 28 ff.; AnwK-*Gercke/Hembach* § 13 StGB Rn. 7; BeckOK-*Heuchemer* § 13 StGB Rn. 34; NK-*Gaede* § 13 StGB Rn. 30.

689 *Albrecht*, Garantenstellungen, S. 36; AnwK-*Gercke/Hembach* § 13 StGB Rn. 8; BeckOK-*Heuchemer* § 13 StGB Rn. 36; *Honig*, in: FS Schaffstein 1975, S. 89, 96; *Kühl* § 18 Rn. 47 ff., 55.

690 Ausführlich dazu *Albrecht*, Garantenstellungen, S. 99 ff.; m. w. N. *Kühl* § 18 Rn. 48 f.

691 M. w. N. *Albrecht*, Garantenstellungen, S. 101 ff.; *Brammsen*, Garantenpflichten, S. 151; *Freund*, Erfolgsdelikt, S. 273 f.; *Grünewald*, Garantenpflichten, S. 140; *Kahlo*, Handlungsform, S. 228; *Kretschmer* JURA 2006, 898, 900; *Kühl* JuS 2007, 497; *ders.* § 18 Rn. 48; *Nikolaus* JA 2005, 605, 609; Schönke/Schröder-*Bosch* § 13 StGB Rn. 17; *ders.* JURA 2019, 1239, 1244.

692 Baumann/Weber/*Mitsch*/Eisele § 21 Rn. 60, *Freund*, Erfolgsdelikt, S. 274; *Kaltenbach* NZFam 2021, 991; m. w. N. *Kühl* § 18 Rn. 50. Anders *Nikolaus*, JA 2005, 605, 609: gesetzliche Regelungen sind lediglich Indiz; LPK-*Kindhäuser/Hilgendorf* § 13 StGB Rn. 58. Siehe auch BGH MDR 1971, 361; NStZ 1999, 607; HRRS 2021 Nr. 843.

693 *Albrecht*, Garantenstellungen, S. 120 f., 167; *Jakobs*, AT, S. 822; *Kleinherne*, Garantenstellung, S. 450 f.; MK-*Freund* § 13 StGB Rn. 177; *ders.*, Erfolgsdelikt, S. 290 f.; *ders.*, in: Handbuch des Strafrechts, § 60 Rn. 51; SK-*Stein* § 13 StGB Rn. 67.

1. Enge, natürliche Verbundenheit

Im Gegensatz zur institutionellen Abhängigkeit der Kinder von ihren Eltern sind Kinder nicht für die Existenz und die damit verbundene anfängliche Hilflosigkeit ihrer Eltern verantwortlich. Kinder haben sich nicht für ihre Eltern entschieden, sie sind für ihre Existenz nicht verantwortlich im Sinne von ursächlich.[694] Eine Garantenstellung von Kindern wird zum Teil aber dennoch auf die natürliche und enge, familiäre Verbundenheit zurückgeführt, weil es sich bei der Verbindung von Eltern und Kind von Natur aus um die engste Gemeinschaftsbeziehung handele.[695]

Dabei soll aus Sicht einiger die rein formal-familiäre Bindung ausreichen, wobei die Garantenstellung wiederum teilweise auf besonders gewichtige Rechtsgüter wie Leib und Leben verengt wird.[696] Andere beschränken die Garantenstellung der engen Verbundenheit auf die Konstellation einer tatsächlich praktizierten familiären Obhuts bzw. Wohngemeinschaft.[697]

An der engen, natürlichen Verbundenheit als Anknüpfungspunkt wird kritisiert, dass sie „einen Grad an Rechtsunsicherheit [erzeuge], der im juristischen Kontext einer Strafbarkeitsbegründung inakzeptabel" sei.[698] Bei der natürlichen Verbundenheit handele es sich um eine sittliche, moralische

---

694 *Bosch* JURA 2019, 1239, 1244; *Brammsen*, Entstehungsvoraussetzungen, S. 156; *Grünewald*, Garantenpflichten, S. 140; *Kahlo*, Handlungsform, S. 258; *Kretschmer* JURA 2006, 898, 900; *Kühl* § 18 Rn. 55; MK-*Freund* § 13 StGB Rn. 177; *ders.*, Erfolgsdelikt, S. 290 f.; *Perdomo-Torres*, Garantenpflichten, S. 211 f.; *Schramm*, Ehe und Familie, S. 261.

695 BeckOK-*Heuchemer* § 13 StGB Rn. 36; *Herzberg*, Unterlassung, S. 339 f.; *Katsanos*, Garantenstellung, S. 128 f.; *Krey/Esser* § 36 Rn. 1153 f.; *Kühl* § 18 Rn. 54; *Rengier*, AT, § 50 Rn. 12, 14. Krit. *Geilen* FamRZ 1964, 385, 389 f.

696 *Brammsen*, Garantenpflichten, S. 156; *Herzberg*, Unterlassung, S. 339; *Kühl* § 18 Rn. 55. Ähnlich *Kaltenbach* NZFam 2017, 1049, 1098; dagegen NK-*Gaede* § 13 StGB Rn. 61: Widerspruch zur Behandlung zerrütteter Ehen.

697 *Albrecht*, Garantenstellungen, S. 179, 195, 219; Kindhäuser/*Zimmermann* § 36 Rn. 78; *Kretschmer* JURA 2006, 898, 900; *Kudlich* NStZ 2018, 36, 37; *Otto*, in: FS Herzberg 2008, 255, 267, 269; *Perdomo-Torres*, Garantenpflichten, S. 64; *Rengier*, AT, § 50 Rn. 12, 14; *Schrägle*, Unterlassungsdelikt, S. 318; *Schramm*, Ehe und Familie, S. 260 f. Siehe auch *Rönnau* JuS 2018, 526, 528; *Roxin* GA 2021 (168), 190, 193; *Schünemann*, Grund und Grenzen, S. 355 f.

698 Baumann/Weber/*Mitsch*/Eisele § 21 Rn. 59. Vgl. *Albrecht*, Garantenstellungen, S. 167; *Schünemann*, Grund und Grenzen, S. 221, 357.

Pflichtenbegründung, nicht um eine rechtliche.[699] Außerdem sei es eben nicht Aufgabe der Kinder, den „Lebensweg der Eltern zu gestalten"[700] und sie hätten ihren „Eltern nicht zu ihrer Existenz verholfen", sodass es im Vergleich zur Garantenstellung von Eltern auch keinen „Selbstwiderspruch" darstelle, wenn Kinder nicht garantenpflichtig sind.[701]

2. Soziale Rolle und Vertrauen

Daneben wird eine Garantenstellung von Kindern im Verhältnis zu ihren Eltern damit begründet, dass die Gesellschaft aufgrund der sozialen Rolle des Kindes erwartet und oder das jeweilige Familienmitglied bzw. die Gesellschaft darauf vertraut, dass die anderen Familienmitglieder in entsprechenden Situationen Hilfe leisten würden.[702]

Gegenseitiges Vertrauen leite sich aus der jeweiligen Gestaltung der individuellen Beziehung ab und könne sich beispielsweise daraus ergeben, dass der Alltag gemeinsam bewältigt und Aufgaben wechselseitig und gemeinsam übernommen werden, sodass ein berechtigtes Vertrauen auf Hilfe entstehe.[703] Eine häusliche Gemeinschaft sei nicht zwingend erforderlich.[704]

Aufgrund der sozialen Rolle und den damit verbundenen besonderen Einflussmöglichkeiten, die Kindern gegenüber ihren Eltern von der Gesellschaft zugeordnet werden, erwarte bzw. könne die Gesellschaft erwarten und darauf vertrauen, dass Kinder ihre Eltern unterstützen und ihnen rettend

---

699 *Albrecht*, Garantenstellungen, S. 167. Ähnlich *Roxin* AT/II § 32 Rn. 40; *Schünemann*, Grund und Grenzen, S. 357 f.; *Stam* ZStW 2019 (131), 259, 260.

700 *Jakobs*, AT, S. 822. Vgl. Auch *Roxin* AT/II § 32 Rn. 42.

701 *Kleinherne*, Garantenstellung, S. 451.

702 Baumann/Weber/*Mitsch*/Eisele § 21 Rn. 80; *Bülte* GA 2013 (160), 389, 399; *Brammsen*, Entstehungsvoraussetzungen, S. 156; *Eisele* JuS 2018, 179, 180; *Katsanos*, Garantenstellung, S. 151; *Kretschmer* JURA 2006, 898, 900; *Kudlich* NStZ 2018, 36, 37; *Kühl* AT § 18 Rn. 54; *Otto*, in: FS Herzberg 2008, 255, 268 f.; *ders./Brammsen* JURA 1985, 530, 538; *Perdomo-Torres*, Garantenpflichten, S. 211 f., 209, 213; *Rengier*, AT, § 50 Rn. 12; *Stefanopoulou* HRRS 2018, 15, 16.

703 Baumann/Weber/*Mitsch*/Eisele § 21 Rn. 80; *Bosch* JURA 2019, 1239, 1244; *Eisele* JuS 2018, 179, 180; *Kudlich* NStZ 2018, 36, 37; *ders.* NStZ 2022, 604; LK-*Weigend* § 13 StGB Rn. 38; *Perdomo-Torres*, Garantenpflichten, S. 64, 209 f., 222 f.; *Roxin* GA 2021 (168), 190, 193; *Rudolphi* NStZ 1984, 149, 153; *Schramm*, Ehe und Familie, S. 260 f. Siehe auch *Albrecht*, Garantenstellungen, S. 179, 195; *Kleinherne*, Garantenstellung, S. 538.

704 Baumann/Weber/*Mitsch*/Eisele § 21 Rn. 80; *Perdomo-Torres*, Garantenpflichten, S. 210; *Stefanopoulou* HRRS 2018, 15, 16.

zur Seite stehen.[705] Diejenigen, die eine tatsächliche Lebensgemeinschaft nicht voraussetzen, beschränken die Garantenstellung auf besonders gewichtige Rechtsgüter wie Leib und Leben.[706]

3. Beistand und Rücksicht, § 1618a BGB

Daneben wird eine Garantenstellung von Kindern für ihre Eltern auch unter Rückgriff auf § 1618a BGB befürwortet. Die Norm wird maßgeblich als Wertemaßstab herangezogen: Zwar begründe § 1618a BGB aufgrund seiner Leitbildfunktion keine unmittelbaren Rechtspflichten, ihm komme aber bei der Konkretisierung unbestimmter Rechtsbegriffe Bedeutung zu.[707] Im Gegensatz dazu wird § 1618a BGB zum Teil als gesetzlich geregelte Einstandspflicht eingestuft.[708]

Im Einklang mit der Rechtsprechung des *Bundesgerichtshofs* hänge die Garantenstellung von den Umständen des Einzelfalls und insbesondere vom Bestehen einer häuslichen Lebensgemeinschaft oder jedenfalls – wie bei der engen, natürlichen Verbundenheit – von einer tatsächlichen familiären Beziehung ab. Das rein rechtliche Band der Verwandtschaft soll nicht ausreichen.[709] Ohne Bestehen einer intakten oder häuslichen Lebensgemeinschaft

---

705 *Brammsen*, Garantenpflichten, S. 151, 156; *Eisele* JuS 2018, 179, 180; *Kretschmer* JURA 2006, 898, 900; *Perdomo-Torres*, Garantenpflichten, S. 213; *Otto/Brammsen* JURA 1985, 530, 538.

706 *Brammsen*, Garantenpflichten, S. 156; *Kretschmer* JURA 2006, 898, 900 f.

707 BeckOGK-*Kienemund* § 1618a BGB Rn. 61; *Eisele* JuS 2018, 179, 180; *Kaltenbach* NZFam 2017, 1097, 1098; *ders.* NZFam 2021, 991; MK/BGB-*v. Sachsen Gessaphe* § 1618a BGB Rn. 24; P/W/W-*Ziegler* § 1618a BGB Rn. 6. „Behutsamkeit bei der Ableitung von Garantenstellungen" empfehlend *Knöpfel* FamRZ 1985, 554, 562.

708 *Belchaus*, Elterliches Sorgerecht, S. 37; *Böhm*, Garantenpflichten, S. 206 f.; MK/BGB-*v. Sachsen-Gessaphe* § 1618a BGB Rn. 2; Palandt-*Diederichsen* § 1618a BGB Rn. 1.

709 AnwK-*Gercke/Hembach* § 13 StGB Rn. 9; *Arzt* JA 1980, 647, 650; BeckOGK-*Kienemund* § 1618a BGB Rn. 61; *Böhm*, Garantenpflichten, S. 216, 218; *Eisele* JuS 2018, 179, 180; *Engelmann* HRRS 2013, 351, 356 f.; *Fischer* § 13 StGB Rn. 25 f.; Grüneberg-*Götz* § 1618a BGB Rn. 3; *Jäger* JA 2018, 72, 74; Jauernig-*Budzikiewicz* § 1618a BGB Rn. 4; *Kudlich* NStZ 2018, 36, 37; *ders.* NStZ 2022, 604; NK-*Gaede* § 13 StGB Rn. 61; P/W/W-*Ziegler* § 1618a BGB Rn. 6; *Rengier*, AT, § 50 Rn. 14; *Rönnau* JuS 2018, 526, 528; *Roxin* GA 2021 (168), 190, 191, 193; *Schiemann* NJW 2017, 3609, 3611; *Schünemann*, Grund und Grenzen, S. 358; *Schwab* § 60 Rn. 747; *Stefanopoulou* HRRS 2018, 15, 16 f. Weniger streng *Böhm*, Garantenpflichten, S. 206 f.; *Kaltenbach* NZFam 2021, 1094, 1098: bei Lebensgefahren keine effektive Familiengemeinschaft erforderlich.

soll eine Erfolgsabwendungspflicht aber zumindest bei Lebensgefahren als „Mindestmaß an Beistand“ bestehen.[710]

Gegen eine Heranziehung von § 1618a BGB als Wertemaßstab oder Rechtspflicht wird argumentiert, dass § 1618a BGB für die Begründung einer Beschützergarantenstellung von Kindern im Verhältnis zu ihren Eltern keine Bedeutung zukomme, da die Norm eine lex imperfecta darstelle, sodass konkrete rechtliche Folgen aus ihr nicht abgeleitet werden könnten.[711]

4. Unterhaltsverpflichtung, §§ 1601 ff. BGB

Einen anderen „zivilrechtlichen Anknüpfungspunkt“ für die Begründung von Garantenstellungen von Kindern im Verhältnis zu ihren Eltern würden die Unterhaltspflichten dartun.[712] *Böhm* betrachtet die Unterhaltspflichten differenziert danach, welche Art von Unterhalt geschuldet ist. Sollte Naturalunterhalt geschuldet sein, könne sich daraus durchaus eine Garantenstellung ergeben – zum Beispiel dürften Kinder ihre Eltern dann nicht verhungern lassen, indem sie die Möglichkeit der ausreichenden Ernährung nicht sicherstellen.[713] *Kühl* meint, dass aus der Verpflichtung zum Unterhalt folgt, dass Kinder ihre Eltern „zumindest finanziell vor dem Ende bewahren“ müssten.[714]

Da die Unterhaltsvorschriften rein vermögensrechtlicher Natur seien und somit einen anderen Schutzzweck aufweisen würden als Garantenstellungen, wird gegen eine Ableitung von Garantenstellung aus den §§ 1601 ff. BGB argumentiert. Es gehe beim Unterhalt nicht um den Schutz strafrechtlich erfasster Rechtsgüter wie Leib, Leben und Gesundheit.[715]

---

710 *Kaltenbach* NZFam 2017, 1097, 1098. Ebenso *Schramm*, Ehe und Familie, S. 264; *ders.* JA 2013, 881, 887; *Stefanopoulou* HRRS 2018, 15, 17; *Wessels/Beulke/Satzger* § 19 Rn. 1184.

711 *Albrecht*, Garantenstellungen, S. 121; BeckOK/BGB-*Pöcker* § 1618a BGB Rn. 1.1, 4.1, wobei es sich aus seiner Sicht nicht einmal um eine lex imperfecta, sondern um eine *Normattrappe* handele; *Bülte*, GA 2013 (160), 389, 398; *Jakobs*, AT, S. 822; LK-*Weigend* § 13 StGB Rn. 26; NK-*Gaede* § 13 StGB Rn. 61; *Roxin* AT/II § 32 Rn. 42. Siehe auch *Nikolaus* JA 2005, 605, 609.

712 *Arzt* JA 1980, 647, 651; *Blei*, in: FS Mayer 1966, S. 119, 130 f.

713 *Böhm*, Garantenpflichten, S. 209 f., 218.

714 *Kühl* AT § 18 Rn. 54. Vgl. auch *Lilie* JZ 1991, 541, 544.

715 *Albrecht*, Garantenstellungen, S. 121, 172; *Grünewald*, Garantenpflichten, S. 39 f.; *Kühl* AT § 18 Rn. 54; *Schaffstein*, in: FS Gleispach 1936, S. 70, 75.

5. Freiwillige Übernahme, Vertrag und Ingerenz

Andere befürworten eine Garantenstellung von Kindern nur unter der Voraussetzung, dass sie die Pflege, Fürsorge und Unterstützung ihrer Eltern vertraglich und oder tatsächlich übernommen haben oder auch die Notlage der Eltern durch eigenes Vorverhalten begründet haben.[716] Das könne zum Beispiel durch tatsächliches Zusammenleben[717] oder durch „zum Verzicht auf andere Schutzpositionen berechtigendes Vorverhalten" der Kinder geschehen.[718]

Dabei handelt es sich dann nicht um eine Garantenstellung aufgrund der verwandtschaftlichen Beziehung, sondern stellen die freiwillige Übernahme, Vertrag und Ingerenz eigenständige Fallgruppen dar, bei der die verwandtschaftliche Beziehung nicht zwingende Voraussetzung ist.[719] An der Fallgruppe der freiwilligen Übernahme wird zudem grundsätzlich kritisiert, dass die Unterscheidung zwischen rechtlicher Bindung und unverbindlicher Gefälligkeit nicht deutlich wird – eine Abgrenzung zwischen Recht und Moral, die für § 13 StGB erforderlich ist, sei äußerst schwierig.[720]

III. Fazit

Die überwiegende Mehrheit geht davon aus, dass Kindern eine Beschützergarantenstellung im Verhältnis zu ihren Eltern zukommt – die Entstehungsgründe variieren dabei stark.

---

716 *Bergmann*, Vertragswidriges Unterlassen, S. 316 f.; *Bosch* JURA 2019, 1239, 1242, 1244; *Freund*, in: Handbuch des Strafrechts, § 60 Rn. 52; *Grünewald*, Garantenpflichten, S. 140; *Katsanos*, Garantenstellung, S. 156; *Kleinherne*, Garantenstellung, S. 451, 457; *Kretschmer* JURA 2006, 898, 900; NK-*Gaede* § 13 StGB Rn. 61; *Roxin* AT/II § 32 Rn. 43; Schönke/Schröder-*Bosch* § 13 StGB Rn. 17 f.; *ders.* JURA 2019, 1239, 1244; *Schramm*, Ehe und Familie, S. 260 f.; SK-*Stein* § 13 StGB Rn. 67.

717 *Albrecht*, Garantenstellungen, S. 219; Baumann/Weber/*Mitsch*/Eisele § 21 Rn. 80; *Bosch* JURA 2019, 1239, 1242; *Jäger* JA 2018, 72, 74; *Kahlo*, Handlungsform, S. 258; *Kleinherne*, Garantenstellung, S. 457; *Kretschmer* JURA 2006, 898, 900; LK-*Weigend* § 13 StGB Rn. 26; *Roxin* AT/II § 32 Rn. 43; *Schramm*, Ehe und Familie, S. 261; *ders.* JA 2013, 881, 887.

718 *Grünewald*, Garantenpflichten, S. 140. Siehe ähnlich NK-*Gaede* § 13 StGB Rn. 61 zum Vertrauen.

719 So auch *Böhm*, Garantenpflichten, S. 193; MK-*Freund* § 13 StGB Rn. 178; *Roxin* AT/II § 32 Rn. 43; *Schramm*, Ehe und Familie, S. 261.

720 *Albrecht*, Garantenstellungen, S. 166 ff.; *Arzt* JA 1980, 712, 713. Vgl. auch *Gottschaldt*, Garantenpflicht, S. 203 f.

Die Fallgruppen der engen, natürlichen Verbundenheit und der freiwilligen Übernahme können losgelöst von einer gesetzlichen Grundlage nach der hier vertretenen Ansicht, dass es sich bei der rechtlichen Einstandspflicht des § 13 Abs. 1 StGB um eine gesetzlich fundierte Einstandspflicht handeln muss, zur Begründung einer Garantenstellung nicht herangezogen werden. Ihnen kommt keine eigenständige rechtliche Verbindlichkeit zu, sondern es handelt sich gerade um den nicht erfassten Bereich von Sittlichkeit und Moral.

Allein die gesetzlichen Regelungen aus §§ 1618a und 1601 ff. BGB sowie eine vertragliche Übernahme von Pflege und Unterstützung kommen als gesetzlich fundierte Entstehungsgründe in Betracht. Im Gegensatz zu den §§ 1618a, 1601 ff. BGB handelt es sich bei der vertraglichen Übernahme allerdings um einen Begründungsansatz, der nicht unmittelbar auf der familienrechtlichen Stellung als Kind beruht, sondern unabhängig von der Beziehung der Vertragspartner entsteht. Dieser Entstehungsgrund wird daher nur knapp erörtert.

B. §§ 1601 ff. BGB als rechtliche Einstandspflicht im Sinne des § 13 Abs. 1 StGB

Die zivilrechtlichen Unterhaltsregelungen der §§ 1601 ff. BGB kommen neben § 1618a BGB als rechtliche Einstandspflichten im Sinne des § 13 Abs. 1 StGB in Betracht. Anders als bei § 1618a BGB ist bei den Unterhaltsvorschriften nicht umstritten, ob es sich um Rechtspflichten handelt, die gerichtlich durchgesetzt werden können und sanktionsbewehrt sind – das zeigt sich beispielsweise an der strafrechtlichen Pönalisierung der Verletzung der Unterhaltspflicht nach § 170 StGB.[721]

Daraus kann aber nicht ohne weiteres auf eine rechtliche Einstandspflicht im Sinne des § 13 Abs. 1 StGB geschlossen werden. Die §§ 1601 ff. BGB müssten zur Begründung einer Beschützergarantenstellung gerade dem Schutz der jeweils vom Straftatbestand erfassten Rechtsgüter dienen.

---

[721] Dabei handelt es sich (auch) um ein echtes Unterlassungsdelikt: GS-*Gasa* § 170 StGB Rn. 6; Lackner/Kühl/*Heger* § 170 StGB Rn. 9; LPK-*Kindhäuser/Hilgendorf* § 170 StGB Rn. 3; Matt/Renzikowski-*Kuhli* § 170 StGB Rn. 13; MK-*Ritscher* § 170 StGB Rn. 49; Schönke/Schröder-*Bosch/Schittenhelm* § 170 StGB Rn. 27.

I. Meinungsstand in Rechtsprechung und Wissenschaft

Abgesehen von einer Entscheidung aus dem Jahr 1963 finden sich gerichtliche Entscheidungen, die sich mit einer Beschützergarantenstellung aus den Unterhaltspflichten der §§ 1601 ff. BGB beschäftigen, nur vom Reichsgericht.[722] 1963 hat der *Bundesgerichtshof* verneint, dass aus der den Kindern obliegenden Unterhaltspflicht aus § 1601 BGB eine Garantenstellung zum Schutz der Eltern abgeleitet werden kann, „da die Unterhaltspflicht nur begrenzten Inhalt" habe.[723] Was dieser begrenzte Inhalt sei und wie er sich von einer Pflicht unterscheidet, die eine Beschützergarantenstellung begründet, erläutert das Gericht nicht weiter.

In der wissenschaftlichen Literatur wird nur selten auf die §§ 1601 ff. BGB Bezug genommen, wenn eine mögliche Garantenstellung zwischen Kindern und Eltern betrachtet wird. Diejenigen, die eine Garantenstellung von Kindern im Verhältnis zu ihren Eltern auf die Unterhaltsvorschriften der §§ 1601 ff. BGB stützen, begründen dies nur knapp und oder begrenzen die Schutzpflicht auf Ausnahmefälle der Naturalunterhaltspflicht.[724] Die Kritiker argumentieren, dass Unterhaltspflichten einen anderen Schutzzweck aufweisen als Garantenstellungen, da diese nicht den Schutz von Leib, Leben und Gesundheit, sondern rein vermögensrechtliche Belange betreffen würden.[725]

Bei dieser Betrachtungsweise wird allerdings außer Acht gelassen, dass sich Beschützergarantenstellungen nicht ausschließlich auf immaterielle Rechtsgüter beziehen müssen. Eine Beschützergarantenstellung kann ebenso auf den Schutz von Eigentum gerichtet sein, zum Beispiel wenn die Hauseigentümer jemanden damit beauftragen, bei längerer Abwesenheit regelmäßig „nach dem Rechten" zu schauen und besonders die Pflanzen und oder Haustiere zu pflegen. Damit sollen dann nicht Leib, Leben und Gesundheit der Hauseigentümer geschützt, sondern die Beschädigung von Gegenständen

---

722 RGSt 33, 397, 389 f.; 66, 71, 74; *Bülte* GA 2013, 389, 392 f.

723 BGHSt 19, 167, 168.

724 *Arzt* JA 1980, 647, 651; *Blei*, in: FS Mayer 1966, S. 119, 130 f.; *Frister*, Kapitel 22 Rn. 42; *Kühl*, AT, § 18 Rn. 54; Matt/Renzikowski-*Haas* § 13 StGB Rn. 102; *Rengier*, AT, § 50 Rn. 14.

725 *Albrecht*, Garantenstellungen, S. 121, 172; *Böhm*, Garantenpflichten, S. 218; *Grünewald*, Garantenpflichten, S. 39 f.; *Kühl* AT § 18 Rn. 54; *Schaffstein*, in: FS Gleispach 1936, S. 70, 75. Abl. auch MK-*Freund* § 13 StGB Rn. 177: kein sachlicher „Grund für sonderverantwortliche Inpflichtnahme."

und des Hauses verhindert werden. Daneben dient das Strafrecht ganz abstrakt nicht nur dem Schutz von Leib, Leben und Gesundheit, sondern bezweckt auch den Schutz von Vermögen und Eigentum.[726] Diese Rechtsgüter sind also nicht von vornherein von Beschützergarantenstellungen ausgenommen.

II. Die Unterhaltsverpflichtung und ihre Reichweite

Die entscheidende Frage ist also, ob die §§ 1601 ff. BGB tatsächlich nur die Gewährung von Unterhalt als finanzielle Leistung bezwecken oder darüber hinaus das Vermögen im Ganzen oder weitere strafrechtlich relevante Rechtsgüter, beispielsweise die Gesundheit, schützen. Dann läge es durchaus nahe, mithilfe dieser Vorschriften eine Beschützergarantenstellung für das zur Unterhaltsgewährung verpflichtete Kind zu begründen.

Der Unterhaltsverpflichtung liegt zunächst der Gedanke der familiären Solidarität zugrunde, der durch die § 1601 ff. BGB verrechtlicht wird.[727] Nach § 1626 Abs. 1 Satz 1 BGB ist der Unterhalt grundsätzlich als Geldrente (sog. Barunterhalt) zu leisten. Der Unterhaltsverpflichtete kann nach § 1612 Abs. 1 Satz 2 BGB vom Unterhaltsberechtigten verlangen, ihm die Gewährung in anderer Form – in der Regel als Naturalunterhalt – zu gestatten, wenn „besondere Gründe es rechtfertigen". Die Unterhaltsverpflichtung umfasst nach § 1610 Abs. 2 BGB den gesamten Lebensbedarf und richtet sich nach der individuellen, aktuellen Lebenssituation.[728] Grundsätzlich gehört zum Unterhalt alles, das zur Deckung der Grundbedürfnisse notwendig ist, d. h. in der Regel finanzielle Mittel für Kleidung, Wohnen, Gesundheitsfürsorge, Lebensmittel sowie für die Freizeitgestaltung zur sozialen und gesellschaftlichen Teilhabe am Leben.[729]

---

726 Vgl. auch *Herzberg*, Unterlassung, S. 338; *Jakobs*, AT, S. 821; LPK-*Kindhäuser/Hilgendorf* § 13 StGB Rn. 60.

727 BeckOGK-*Selg* § 1601 BGB Rn. 7; Johannsen/Henrich/Althammer-*Maier* Vor §§ 1601 ff. BGB Rn. 5; m. w. N. *Lemmerz* DNotZ 2014, 499.

728 BGH NJW 2003, 128, 129; 2015, 3569, 3570; BeckOGK-*Wendtland* § 1610 BGB Rn. 2, 59, 126; *Dose* NZFam 2018, 429, 431; Johannsen/Henrich/Althammer-*Maier* § 1610 BGB Rn. 7; MK/BGB-*Langeheine* § 1610 BGB Rn. 134 f.; *Reinken* NJW 2013, 2993, 2995; Schulz/Hauß-*Pauling/Maier* § 1610 BGB Rn. 22.

729 BeckOGK-*Wendtland* § 1610 BGB Rn. 61; BeckOK/BGB-*Reinken* § 1610 BGB Rn. 37; *ders.* NJW 2013, 2993, 2995; Jauernig-*Budzikiewicz* § 1610 BGB Rn. 4; Schulze-*Kemper* § 1610 BGB Rn. 4.

Beim Unterhaltsbedarf der Eltern handelt es sich meist um die Kosten für die Unterbringung in einem Heim, die dann das Existenzminimum abdecken.[730]

1. Vermögen und Eigentum

Die Bereitstellung finanzieller Mittel zum Bestreiten des Lebensunterhalts über die §§ 1601 ff. BGB könnte dafür sprechen, dass die Vorschriften auch dem Schutz vermögenswerter Güter und dem Eigentum dienen.

Allerdings ist zu berücksichtigen, dass die Unterhaltsverpflichtung aus den §§ 1601 ff BGB erst dann greift, wenn eine Person kein eigenes Vermögen hat. Sinn und Zweck der Unterhaltsvorschriften ist es, nur denjenigen zu schützen, der bedürftig im Sinne des § 1602 BGB ist. Die Verpflichtung zu Unterhalt besteht erst dann, wenn der Unterhaltsberechtigte nicht in der Lage ist, seinen Lebensunterhalt selbst zu bestreiten, seine eigenen Mittel also nicht ausreichen.[731] Bedürftigkeit ist bei Erwachsenen streng zu beurteilen und ganz abstrakt vergleichbar mit Erwerbs- und Vermögenslosigkeit, denn bevor ein Unterhaltsverpflichteter in Anspruch genommen werden kann, muss der erwachsene Unterhaltsberechtigte seine Arbeitskraft in ihm zumutbarer Weise selbst einsetzen und seine eigenen Mittel bis zu einem gewissen Grad selbst ausschöpfen.[732] Die §§ 1601 ff. BGB gehen von der wirtschaftlichen Eigenverantwortung Erwachsener aus.[733] Das bedeutet, dass Erwachsene selbst den sog. Vermögensstamm verwerten müssen, soweit es nicht grob unbillig

---

730 BGHZ 152, 217, 244; BGH NJW 2003, 128, 129; 2003, 1660, 1661; 2013, 301; 2015, 3569, 3570; BeckOGK-*Wendtland* § 1610 BGB Rn. 60; ausführlich *Dose* NZFam 2018, 429, 431; Jauernig-*Budzikiewicz* § 1610 BGB Rn. 2; MK/BGB-*Langeheine* § 1610 BGB Rn. 136; BeckOK/BGB-*Reinken* § 1601 BGB Rn. 37; *ders.* NJW 2013, 2993, 2995; Schulz/Hauß-*Pauling/Maier* § 1610 BGB Rn. 23, 29.

731 OLG Hamm NJW-RR 1991, 580, 581; OLG Köln NJW-RR 1986, 1454, 1455; BeckOGK-*Selg* § 1602 BGB Rn. 1, 3; BeckOK/BGB-*Reinken* § 1602 BGB Rn. 2; MK/BGB-*Langeheine* § 1602 BGB Rn. 2.

732 BGH NJW 1998, 978, 980; OLG Frankfurt a. M. BeckRS 2019, 30986; OLG Zweibrücken NJW 2016, 329, 330; BeckRS 2010, 6043; OLG Hamm NJW-RR 1991, 580, 581; BeckOK/BGB-*Reinken* § 1602 BGB Rn. 97 f., 106; Johannsen/Henrich/Althammer-*Maier* § 1602 BGB Rn. 7; MK/BGB-*Langeheine* § 1602 BGB Rn. 6; Schulz/Hauß-*Pauling/Maier* § 1602 BGB Rn. 30, 32.

733 BGH NJW 1985, 806, 607; OLG Oldenburg NJW-RR 1992, 261, 262; BeckOK/BGB-*Reinken* § 1602 BGB Rn. 4; MK/BGB-*Langeheine* § 1602 BGB Rn. 6; Schulz/Hauß-*Pauling/Meier* § 1602 BGB Rn. 30, 21.

ist – zumindest ein Schonbetrag muss verbleiben.[734] Das gilt insbesondere für Eltern vor Inanspruchnahme des Elternunterhalts.[735]

Dass der Unterhaltsberechtigte einerseits dazu verpflichtet ist, sein Vermögen zunächst selbst einzusetzen, um danach Unterhalt in Anspruch nehmen zu dürfen, die §§ 1601 ff. BGB gleichwohl das Vermögen des Unterhaltsberechtigten schützen sollen, nachdem er es aufgrund derselben Vorschriften zuvor verwerten musste, Vermögen also gar nicht mehr (nennenswert) vorhanden ist, ist widersprüchlich.

Zudem verpflichten die §§ 1601 ff. BGB nur dazu, dem Unterhaltsberechtigten die notwendigen finanziellen Mittel zur Deckung des Lebensbedarfs zu Verfügung zu stellen und stellen keine weiteren Pflichten – weder für den Unterhaltsverpflichteten noch für den Unterhaltsberechtigten – auf, die dem Schutz des Vermögens oder Eigentums besonders dienen. Es geht vielmehr um die „materielle Sicherstellung"[736] des Unterhaltsberechtigten als Grundsicherung zur Bestreitung des Lebensunterhalts.

Aus der Verpflichtung, die materielle Versorgung sicherzustellen, folgt allerdings keine strafrechtliche Haftung über § 13 Abs. 1 StGB. Die Verletzung der Unterhaltsverpflichtung und die damit einhergehende Gefährdung des Lebensbedarfs des Unterhaltsberechtigten wird bereits über das echte Unterlassungsdelikt des § 170 StGB erfasst wird. Schutzzweck des § 170 StGB ist neben der Verhinderung von ungerechtfertigter Inanspruchnahme öffentlicher Mittel zu Lasten der Allgemeinheit auch die Bewahrung des Unterhaltsberechtigten vor wirtschaftlicher Gefährdung durch Sicherung der materiellen Existenz.[737] Die finanzielle und wirtschaftliche Leistungsfähigkeit wird also über § 170 StGB bereits ausreichend geschützt, sodass sich aus den §§ 1601 ff. BGB keine Garantenstellung im Hinblick auf die speziell dadurch geschützten Rechtsgüter ergeben kann.

---

734 BeckOGK-*Selg* § 1602 BGB Rn. 101, 103; BeckOK/BGB-*Reinken* § 1602 BGB Rn. 120; Johannsen/Henrich/Althammer-*Maier* § 1602 BGB Rn. 11; MK/BGB-*Langeheine* § 1602 BGB Rn. 78 f.; Kaiser/Schnitzler/Schilling/Sanders-*Saathoff/Knatz* § 1602 BGB Rn. 10; Schulz/Hauß-*Pauling/Maier* § 1602 Rn. 35.

735 BeckOGK-*Selg* § 1602 BGB Rn. 103; MK/BGB-*Langeheine* § 1602 BGB Rn. 89; Schulz/Hauß-*Pauling/Maier* § 1602 Rn. 32.

736 BVerfGE 50, 142, 153.

737 BVerfGE 50, 142, 153; BeckOK-*Heuchemer* § 170 StGB Rn. 1; GS-*Gasa* § 170 StGB Rn. 1; Lackner/Kühl/*Heger* § 170 StGB Rn. 1; Matt/Renzikowski-*Kuhli* § 170 StGB Rn. 1; NK-*Frommel/Schramm* § 170 StGB Rn. 6.

2. Höchstpersönliche Rechtsgüter

Mit den Unterhaltsvorschriften könnte dennoch eine Garantenstellung begründet werden, wenn mit den §§ 1601 ff. BGB neben der wirtschaftlichen Leistungsfähigkeit noch weitere Zwecke verfolgt werden.

Gegen eine rein vermögensrechtliche Natur und für den Schutz der strafrechtlich geschützten, höchstpersönlichen Rechtsgüter über die Unterhaltsvorschriften könnte sprechen, dass mit der Gewährung von Unterhalt das Existenzminimum gesichert werden soll. Die Gewährleistung des Existenzminimums ist auch erforderlich um ein – jedenfalls in der Theorie – gesundes Leben zu führen, sodass zumindest mittelbar die Rechtsgüter Leib, Leben und Gesundheit vom Schutz der Vorschriften erfasst sind.

Gegen einen originären Schutz höchstpersönlicher Rechtsgüter spricht aber erneut, dass die §§ 1601 ff. BGB nur dazu verpflichten, die notwendigen finanziellen Mittel zur Deckung des Bedarfs zur Verfügung zu stellen und den Erwachsenen von den Vorschriften gerade nicht vorgeschrieben wird, wie sie diese einzusetzen haben – ob sich der Unterhaltsberechtigte mit dem Geld tatsächlich das finanziert, was zum (Über-)Leben zwingend notwendig ist oder beispielsweise auf Lebensmittel verzichtet, dafür aber Luxusaufwendungen tätigt, bleibt ihm überlassen und wird von den §§ 1601 ff. BGB nicht sanktioniert. Die Unterhaltsvorschriften sollen nur sicherstellen, dass der Unterhaltsberechtigte seinen Lebensbedarf bestreiten *kann*, nicht, dass er es muss. Weitere Pflichten zum Schutz etwaiger Rechtsgüter sehen die §§ 1601 ff. BGB nicht vor.

Für eine rein vermögensrechtliche Regelung kann zudem ins Feld geführt werden, dass der Gesetzgeber die Grundsicherung im Alter und bei Erwerbsminderung (§§ 41 ff. SGB XII) eingeführt hat, die den unterhaltsrechtlichen Bedarf mindert und Kinder dadurch von ihren Unterhaltspflichten teilweise befreit.[738] Den Eltern obliegt zudem die Pflicht zur Inanspruchnahme der Grundsicherung – kommen sie dieser Pflicht nicht nach, kann es zur Anrechnung fiktiver Leistungen in Höhe

[738] *Dose* NZFam 2018, 429, 431; *Lemmerz* DNotZ 2014, 499, 502 f. Vgl. auch zum Unterhaltsbedarf neben Sozialhilfeansprüchen BGH NJW 2013, 301.

der Grundsicherung kommen.[739] Diese Entlastung wäre nicht zweckmäßig, wenn es bei der Gewährung von Unterhalt um mehr als Unterhalt ginge. Hat der Unterhaltsberechtigte Ansprüche auf Hilfen zu Gesundheit und Pflege nach den §§ 47 ff., 61 ff. SGB XII gegen den Träger der Sozialhilfe, so gehen Ansprüche des Unterhaltsberechtigten gegen Dritte auf den Träger der Sozialhilfe über (§ 93 Abs. 1 SGB XII). Dabei handelt es sich um den Regelfall des Elternunterhalts, der durch die (erhöhten) Kosten einer Heimunterbringung oder Pflegebedürftigkeit entsteht. Schon der Übergang des Unterhaltsanspruchs auf den Sozialhilfeträger macht deutlich, dass es bei der Unterhaltsverpflichtung um rein finanzielle Leistungen bzw. wirtschaftliche Leistungsfähigkeit geht und nicht darum, moralische oder ethische Pflichten zu verrechtlichen und durchzusetzen.

Dieses Bild wird zusätzlich dadurch verstärkt, dass bei der Frage, ob Ansprüche gegen Dritte auf den Träger der Sozialhilfe übergehen, Unterhaltsansprüche der pflegebedürftigen oder über die Grundsicherung versorgten Eltern gegen Kinder erst bei einem Gesamteinkommen des einzelnen Kindes ab einer Höhe von 100.000 Euro jährlich berücksichtigt werden (§ 94 Abs. 1a SGB XII). Damit sollte der übermäßigen Belastung von Kindern entgegengetreten werden, die in der Regel in dem Zeitpunkt, in dem Eltern pflegebedürftig werden und oder sind, einen eigenen Hausstand zu unterhalten haben und damit selbst hohe Kosten zur Deckung des eigenen Lebensbedarf aufbringen müssen.[740] Handele es sich bei der Verpflichtung zu Unterhalt um mehr, zum Beispiel um Unterstützung bei der Pflege und Fürsorge, dann müsste diese Verpflichtung schon bei geringeren Einkünften bestehen und nicht davon abhängen, wie leistungsfähig die Kinder selbst sind. Eine Pflicht zu Fürsorge und Unterstützung in Bereichen der Pflege und Gesundheit ergibt sich vielmehr aus § 1618a BGB, der genau diese Pflichten innerhalb der familiären Solidarität verrechtlicht.[741]

---

739 M. w. N. BGHZ 206, 25, 29 ff.; BGH NJW-RR 2007, 1513, 1514; OLG Nürnberg FamRZ 2004, 1988, 1989; *Dose* NZFam 2018, 429, 433; *Lemmerz* DNotZ 2014, 499, 505; *Reinken* NJW 2013, 2993, 2995.

740 BT-Drs. 19/13399, S. 22, 32; 19/14868, S. 14 f. Ausführlich dazu *Dose* NZFam 2018, 429, 433 ff.; *Reinken* NJW 2013, 2993, 2996 ff. Siehe auch BGH NJW 2003, 128, 139 f.; 1660, 1662.

741 Vgl. auch BeckOK-*Heuchemer* § 170 StGB Rn. 3.1., demzufolge die Vorschrift nicht „die Bande des Blutes und der Familie“ schützen soll.

III. Ergebnis

Es gibt weder Anhaltspunkte dafür, dass die §§ 1601 ff. BGB einen Schutz von Vermögen und Eigentum im strafrechtlichen Sinne über § 170 Abs. 1 StGB hinaus bezwecken noch höchstpersönliche Rechtsgüter unmittelbar besonders schützen. Die Unterhaltsvorschriften dienen allein der materiellen Versorgung des Unterhaltsberechtigten, um sicherzustellen, dass der Lebensbedarf bestritten werden kann. Aus den Vorschriften folgen keine darüberhinausgehenden Hilfs- und Fürsorgepflichten zum Schutz strafrechtlich erfasster Rechtsgüter.

Somit ist den Kritikern zuzugeben, dass die §§ 1601 ff. BGB einen anderen Zweck verfolgen als die Garantenstellungen im Sinne des § 13 Abs. 1 StGB. Aus den Unterhaltsvorschriften lässt sich keine Beschützergarantenstellung von Kindern im Verhältnis zu ihren Eltern ableiten.

C. Art. 6 GG als rechtliche Einstandspflicht im Sinne des § 13 Abs. 1 StGB

Zum Teil wird auch die Verfassung herangezogen, um Einstandspflichten im Sinne des § 13 Abs. 1 StGB zu begründen. Für die Eltern und Kinder könnte sich eine solche aus Art. 6 GG ergeben. Das Bestehen einer Garantenstellung wird damit begründet, dass die Verfassung den Grundrechtsinhabern besondere Rechte einräumt, die sie dazu berechtigen, andere von der Ausübung dieser Rechte auszuschließen und die Vornahme von Schutzvorkehrungen durch andere zu verhindern. Als Kehrseite dazu komme den Grundrechtsinhabern die Pflicht zu, diesen Bereich besonders zu schützen und Rechtsgutsverletzungen zu verhindern.[742]

Dabei ist schon zweifelhaft, ob es überhaupt möglich ist, aus der Private grundsätzlich nicht unmittelbar verpflichtenden Verfassung Rechtspflichten zwischen Bürgern herzuleiten.[743] Unabhängig davon, ob eine solche Ableitung von Pflichten möglich ist, spricht gegen eine Herleitung der Garantenstellung

---

[742] *Blei*, in: FS Mayer 1966, S. 119, 132, Fn. 65; *Freund*, Erfolgsdelikt, S. 273 f.; *Maiwald* JuS 1981, 473, 481; m. w. N. Matt/Renzikowski-*Haas* § 13 StGB Rn. 123; *v. Coelln*, Rechtliches Einstehenmüssen, S. 196. Siehe auch LG Arnsberg, Urt. v. 7.1.2020 – 3 Ns 101/17. Zu einer möglichen Herleitung aus Art. 13 GG für den Wohnungsinhaber kritisch *Mähner*, Garantenstellung, S. 131 ff.

[743] *Bülte* GA 2013 (160), 389, 401 f.; *Nikolaus* JA 2005, 605, 606.

von Kindern im Verhältnis zu ihren Eltern bereits, dass Art. 6 Abs. 2 GG höchstens die Eltern gegenüber Kindern verpflichten würde, andersherum aber keine Wirkung entfaltet.[744] Zudem handelt es sich bei der Fassung des Art. 6 Abs. 2 GG um eine blankettartige Formulierung, sodass vor dem Hintergrund des Art. 103 Abs. 2 GG Zweifel an der Bestimmtheit bestehen.

Zur Begründung einer Garantenstellung von Kindern für ihre Eltern kann Art. 6 GG daher nicht herangezogen werden.

D. § 1618a BGB als rechtliche Einstandspflicht im Sinne des § 13 Abs. 1 StGB

Die Rechtsprechung und Wissenschaft ziehen § 1618a BGB in der Regel lediglich als Wertemaßstab bei der Ausfüllung unbestimmter Rechtsbegriffe – hier der rechtlichen Einstandspflicht im Sinne des § 13 Abs. 1 StGB – heran. Dies wird damit begründet, dass § 1618a BGB bloß eine Leitbildfunktion ohne rechtliche Sanktionen zukomme. Im Folgenden wird daher analysiert, ob es sich bei § 1618a BGB tatsächlich lediglich um eine sanktionslose Vorschrift handelt, die sich nur als Wertemaßstab auswirkt oder ob es sich nicht vielmehr um echte Rechtspflichten handelt, die darüber hinaus auch dem Schutz strafrechtlich erfasster Rechtsgüter dienen. Dazu wird zunächst ein Überblick über die Handhabung von § 1618a BGB in der Sozial- und Verwaltungsrechtsprechung sowie knapp in der Strafrechtsprechung gegeben, um im Anschluss mit Hilfe der Auslegung von § 1618a BGB untersuchen zu können, ob aus der Norm echte Rechtspflichten abgeleitet werden können, die eine Einstandspflicht im Sinne des § 13 Abs. 1 StGB begründen.

I. Meinungsstand zu § 1618a BGB in der Rechtsprechung

1. § 1618a BGB in der Familien- und Sozialrechtsprechung

§ 1618a BGB wird in zweierlei Hinsicht häufig herangezogen, um unbestimmte Rechtsbegriffe und Lücken im Familienrecht mit Inhalt zu füllen. Die Rücksichtnahmepflicht spielt eine große Rolle bei der Beurteilung von unterhaltsrechtlichen Fragestellungen. Die Beistandspflicht wirkt sich auf

---

744 *Kleinherne*, Garantenstellung, S. 450 f. Siehe auch *Bülte* GA 2013 (160), 389, 402.

Auskunftsansprüche unter Verwandten aus, insbesondere auf das Verlangen nach der Nennung des leiblichen Vaters.

Besondere Aufmerksamkeit erlangten die Entscheidungen zu der Frage, ob sich aus § 1618a BGB[745] der Anspruch des (nichtehelichen) Kindes gegen ein Elternteil dahingehend ergibt, dass dieses Elternteil die Identität des anderen, dem Kind bis dahin unbekannten leiblichen Elternteils offenlegt.[746] Bei der Frage eines Anspruchs müssten, da § 1618a BGB den Auskunftsanspruch nicht unmittelbar festlege, die betroffenen Grundrechte gegeneinander abgewogen werden – ein bestimmtes Ergebnis sei nicht zwingend vorgegeben.[747] Hauptargumente für eine Auskunftspflicht sind die Vorbereitung möglicher Unterhalts- und Erbansprüche sowie das Allgemeine Persönlichkeitsrecht des Kindes aus Art. 2 Abs. 1 i. V. m. Art. 1 Abs. 2 GG, da die Kenntnis der eigenen Abstammung essenziell für die eigene Entwicklung sei. Das Interesse – meist – der Mutter am Schutz ihrer Intimsphäre, die betroffen ist, wenn sie ihre Sexualpartner offenlegen müsste, trete regelmäßig hinter den Interessen des Kindes zurück, weil dem Kind gegenüber eine Beistandspflicht und damit eine besondere Verantwortung obliegt, gegenüber der die Rücksichtnahmepflicht des Kindes zurücktritt.[748] Diese Beistandspflicht beziehe sich auch auf die Unterstützung bei der Geltendmachung von Rechtsansprüchen und folge daraus, dass die Eltern für die Existenz und die Nichtehelichkeit des Kindes

---

745 Je nach Fallkonstellation in Verbindung mit Art. 2 Abs. 1 i. V. m. Art. 1 Abs. 2 GG und §§ 1934a ff. BGB a.F. i. V. m. Art. 6 Abs. 5, Art. 14 Abs. 1 GG.

746 BGHZ 232, 236, 247 f.; LG Passau NJW 1988, 144, 145 f.; LG Münster FamRZ 1990, 1031, 1033; NJW 1999, 726, 727 f.; AG Passau FamRZ 1987, 1309, 1310 f.; AG Berlin-Schöneberg FamRZ 2018, 1096, 1097; AG Stuttgart BeckRS 2019, 58656 Rn. 26. Siehe auch AG Lüdinghausen FPR 2013, 224 zu einem Anspruch auf Mitteilung der Identität der Großmutter. Gegen einen Anspruch aus § 1618a BGB LG Landau DAVorm 1989, 634 und darauffolgend OLG Zweibrücken NJW 1990, 179. Siehe auch AG Rastatt FamRZ 1996, 1299, das aber einen Anspruch über § 242 BGB erwägt.

747 BVerfGE 96, 56, 62 ff. Eindeutiger in eine Richtung tendierend BVerfG NJW 1988, 3010: Grundsätzlicher Vorrang der Interessen des Kindes aufgrund der Wertentscheidung des Verfassungsgebers.

748 BGHZ 232, 236, 247 f.; LG Passau NJW 1988, 144, 145 f.; LG Münster FamRZ 1990, 1031, 1033; NJW 1999, 726, 727 f.; AG Passau FamRZ 1987, 1309, 1310 f.; AG Berlin-Schöneberg FamRZ 2018, 1096, 1097 zu einem Auskunftsanspruch gegenüber dem Vater. Siehe auch OLG Hamm FamRZ, 1991, 1229, das im konkreten Fall ein überwiegendes Interesse der Mutter wegen der Gefahr des Arbeitsplatzverlustes annimmt sowie AG Schwetzingen DAVorm 1992, 88, 90 f.

verantwortlich und demnach verpflichtet seien, die daraus entstehenden Nachteile auszugleichen.[749]

In Bezug auf unterhaltsrechtliche Ansprüche wird § 1618a BGB herangezogen, um Fragen zum Umfang und der Art des Unterhalts zu ermitteln. § 1618a BGB verpflichte dazu, auf die wirtschaftlichen Interessen des jeweils anderen angemessen Rücksicht zu nehmen.[750] Es müsse alles Zumutbare zur Verhinderung der eigenen Bedürfnislage unternommen werden, indem zum Beispiel – in Kenntnis der schwachen wirtschaftlichen Leistungsfähigkeit des Unterhaltspflichtigen – kein eigenes Vermögen, das der Absicherung des Unterhalts dient, weggegeben wird.[751] Darüber hinaus führe ein Verstoß gegen die Pflichten aus § 1618a BGB auch zu einer Begrenzung des Umfangs des geschuldeten Unterhalts, wenn sich der Unterhaltsberechtigte einer schweren Verfehlung im Sinne des § 1611 Abs. 1 Satz 1 Var. 3 BGB schuldig gemacht hat, zum Beispiel indem der Unterhaltsberechtigte seiner elterlichen Verantwortung gegenüber dem Unterhaltsverpflichteten schon im Kleinkindalter nicht nachgekommen ist.[752] Die Beistands- und Rücksichtnahmeobliegenheit verpflichte auch dazu, bei der Frage, ob Naturalunterhalt oder Unterhalt in Geld geschuldet ist, auf die wirtschaftlichen Interessen der jeweils anderen angemessen Rücksicht zu nehmen. Bei einem Auszug aus der elterlichen Wohnung, der mit einer erhöhten Unterhaltsbedürftigkeit verbunden ist, wird § 1618a BGB bei der Frage berücksichtigt, ob ein triftiger Grund für den Auszug vorliegt.[753] Einer Tochter sei keinen Naturalunterhalt durch Einzug in die Wohnung ihres Vaters zuzumuten, wenn sie sich seit der viele Jahre zurückliegenden Trennung ihrer Eltern auseinandergelebt haben und sie allein von ihrer Mutter erzogen wurde.[754]

§ 1618a BGB wird darüber hinaus regelmäßig herangezogen, um Ansprüche der gesetzlichen Unfallversicherung entfallen zu lassen. Die

---

749 BVerfG NJW 1988, 3010; LG Münster FamRZ 1990, 1031, 1033; LG Saarbrücken NJW-RR 1991, 1479 f.; AG Passau FamRZ 1987, 1309, 1311; AG Gemünden FamRZ 1990, 200, 201.

750 Siehe auch OLG Karlsruhe FamRZ 1993, 836.

751 KG Berlin NJW 2016, 2345. Siehe auch OLG Hamburg FamRZ 1984, 607, 608 f.

752 BGH NJW 2014, 1177. Siehe auch OLG Brandenburg NJW-RR 2021, 1303, 1305: Mangel an verwandtschaftlicher Gesinnung.

753 OLG Köln FamRZ 1982, 834, 835.

754 BayObLG FamRZ 2000, 976, 977 f.

Beistandspflicht aus § 1618a BGB führe dazu, dass die Versicherteneigenschaft aus § 2 Abs. 2 Satz 1 SGB VII fehle. Verwandte ersten Grades seien zu Mithilfe verpflichtet, weshalb Angehörige nicht mit einem Arbeitnehmer vergleichbar und damit auch keine sogenannten Wie-Beschäftigte seien, sodass kein Versicherungsschutz bestehe, wenn die Tätigkeit den Umfang der üblichen Hilfeleistung nicht übersteigt.[755] Daneben umfasse § 1618a BGB grundsätzlich die Pflege von behinderten und kranken Eltern bzw. Kindern auch über einen längeren Zeitraum und bei erheblichem Umfang, womit es sich bei einer solchen Pflege dann nicht um eine durch die Berufsgenossenschaft versicherte Tätigkeit handeln würde. Es bestehe daher kein entsprechender Versicherungsschutz für Unfälle, die sich im Rahmen der Pflege des Angehörigen ereignen.[756] Grundsätzlich könne die Beistandspflicht des § 1618a BGB auch dazu führen, dass der jugendhilferechtliche Bedarf bei behinderten Kindern eingeschränkt wird. Der geschuldete Beistand gehe dabei aber nicht so weit, dass berufstätige Eltern ihre Kinder auf Klassenfahrten begleiten müssten und damit keinen Anspruch auf jugendhilferechtliche Eingliederungshilfe hätten.[757]

§ 1618a BGB wird in der Rechtsprechung also sowohl aus Auslegungshilfe für nach anderen Normen bestehende Ansprüche herangezogen als auch dazu, um gesetzlich nicht explizit geregelte Ansprüche neu zu begründen. Letzteres und somit die Frage, ob § 1618a BGB selbst unmittelbar Rechtspflichten begründet, ist allerdings umstritten und wird im Folgenden näher dargestellt.

a. § 1618a BGB als sanktionsloser Wertemaßstab

Für eine Sanktionslosigkeit von § 1618a BGB wird der Wille des historischen Gesetzgebers ins Feld geführt. Er wollte mit der Norm ausweislich der Gesetzesmaterialien eine „lex imperfecta“ schaffen, der lediglich Leitbildfunktion für die Gestaltung des familiären Zusammenlebens

755 LSG München BeckRS 2009, 51123; LSG Darmstadt BeckRS 2021, 23299 Rn. 26; SG Karlsruhe BeckRS 2012, 67022, allerdings liegt im konkreten Fall eine Wie-Beschäftigung vor; SG Düsseldorf BeckRS 2023, 26166.

756 BSG NJW 1990, 1558, 1559 f.; BeckRS 2010, 75545, wobei im konkreten Fall die Behinderung des Kindes so ausgeprägt war, dass es sich um eine die Pflichten aus § 1618a BGB übersteigende Pflegeleistung handelte.

757 LSG Chemnitz BeckRS 2021, 22952 Rn. 40 ff.; VG Halle BeckRS 2018, 25142 Rn. 20 ff.; 25139 Rn. 23 ff.

zukommen sollte.[758] Da die Norm nicht näher konkretisiert wurde, sondern der Wortlaut sehr weit gefasst ist, komme ihr bloß programmatischer Charakter zu, der Zurückhaltung bei der Ableitung unmittelbarer Rechtspflichten fordere.[759] Es handele sich bei den Pflichten des § 1618a BGB lediglich um sittliche Pflichten.[760]

Gegen eine Rechtspflichtbegründung spreche auch der Sinn und Zweck der Vorschrift. Es gehe darum, die Familiengemeinschaft zu stärken und die gegenseitige Solidarität hervorzuheben. Das „Leitbild der partnerschaftlichen Familie" sollte gestärkt werden.[761] Darüberhinausgehende Rechte und Pflichten sollten nicht begründet werden und insbesondere keine Sanktionen für einzelne Familienmitglieder verhängt werden.[762]

b. § 1618a BGB als rechtspflichtbegründende Norm

Die Gerichte, die davon ausgehen, dass § 1618a BGB unmittelbar rechtspflichtbegründend wirkt, führen dafür den Willen des historischen Gesetzgebers an. Der Gesetzgeber habe mit der Einführung von § 1618a BGB beabsichtigt, eine dem § 1353 BGB vergleichbare Vorschrift für das Familienrecht zu schaffen.[763] Da § 1353 BGB im Eherecht unmittelbar durchsetzbare Rechte und Pflichten begründet, müsse dies in ähnlicher Form ebenso für § 1618a BGB gelten.[764] Die Vorschrift erhebe „einen Teil der im Rahmen einer Familie bestehenden sittlichen Pflichten zu Rechtspflichten."[765] Wie § 1353 BGB im Eherecht, soll

---

758 LG Landau DAVorm 1989, 634, 635; AG Rastatt FamRZ 1996, 1299, 1300; BFH DStR 2017, 1530, 1532. Siehe auch OLG Zweibrücken NJW 1990, 719, 720.

759 OLG Bamberg NJW 1985, 2724, 2725; LG Landau DAVorm 1989, 634, 635; AG Rastatt FamRZ 1996, 1299, 1300. Vgl. KG Berlin NJW 2016, 2345, 2347.

760 AG Regensburg FamRZ 1993, 1240.

761 BGH VersR 1985, 290.

762 BGH VersR 1985, 290; OLG Bamberg NJW 1985, 2724, 2725; AG Rastatt FamRZ 1996, 1299, 1300.

763 BGHZ 232, 236, 241; LG Münster FamRZ 1990, 1031, 1032 (bestätigt durch BVerfGE 95, 56, 62 f.); NJW 1999, 726, 727; LG Passau NJW 1988, 144, 145; AG Passau FamRZ 1987, 1309, 1310.

764 BGHZ 232, 236, 241; LG Münster FamRZ 1990, 1031, 1032; NJW 1999, 726, 727; BSG BeckRS 2010, 75545; LSG München BeckRS 2009, 51123; SG Karlsruhe BeckRS 2012, 67022.

765 BSG NJW 1990, 1558, 1559; BeckRS 2010, 75545; LSG München BeckRS 2009, 51123; SG Karlsruhe BeckRS 2012, 67022. Ebenso OLG Köln FamRZ 1982, 834, 835.

deshalb § 1618a BGB in der Eltern-Kind-Beziehung bei Gesetzeslücken „konkrete, rechtlich durchsetzbare Pflichten der Familienmitglieder untereinander begründen“ können.[766] Diese Auslegung widerspreche auch nicht dem Willen des Gesetzgebers, da dieser selbst ausgeführt hat, dass § 1618a BGB „zur Ausfüllung von Lücken im Familienrecht herangezogen werden kann“, sodass sich aus der Norm im Einzelfall ein Anspruch des Kindes gegen ein Elternteil auf Auskunft über die Person bzw. den Namen des anderen leiblichen Elternteils ergeben kann.[767] Vor allem zur Begründung eines Auskunftsanspruchs über die Identität eines leiblichen Elternteils sprechen die Gerichte § 1618a BGB rechtspflichtbegründende Wirkung zu.[768]

Es sei außerdem „zweifelhaft, ob diese beabsichtigte „Sanktionslosigkeit“ mit einer rechtlichen Unverbindlichkeit der Bestimmung einhergehen sollte.“[769] Insbesondere finde sich diese Unverbindlichkeit im Gesetzestext nicht wieder. Der Wortlaut „sind […] schuldig“ lege vielmehr eine rechtspflichtbegründende Wirkung nahe.[770]

Aufgrund der mit § 1618a BGB beabsichtigten Stärkung der Familienautonomie und der Förderung der Familiengemeinschaft fordern einige Gerichte einschränkend, dass einer extensiven Anwendung der Norm entgegengetreten werden müsse. Für die Ableitung von Ansprüchen sei „eine erhebliche Gefährdung von bedeutenden Interessen des Beistandsberechtigten“ bzw. eine „durch Grundrechte geschützte Interessenlage“ erforderlich.[771] Vereinzelt wird zudem darauf hingewiesen, dass die Norm zwar echte

---

766 LG Passau NJW 1988, 144, 145.

767 BGHZ 232, 236, 241; AG Passau FamRZ 1987, 1309, 1310; bestätigend LG Passau NJW 1988, 144, 145.

768 OLG Frankfurt FamRZ 2022, 120, 121; OLG Koblenz BeckRS 2017, 151430 Rn. 2; OLG Nürnberg NJW-RR 1996, 645; LG Duisburg DAVorm 1992, 1130; AG Duisburg DAVorm 1992, 1129; LG Passau NJW 1988, 144; AG Berlin-Schöneberg FamRZ 2018, 1096, 1097; AG Lüdinghausen FPR 2013, 224 f.; AG Gemünden FamRZ 1990, 200, 201. Siehe zu anderen Rechtsfragen auch BGH NJW 2014, 1177, 1178; BayObLG NJW-RR 1993, 336, 337; OLG Karlsruhe FamRZ 1993, 836, 837; LSG Stuttgart BeckRS 2012, 68527; VG Saarlouis BeckRS 2017, 144656 Rn. 43.

769 BGHZ 232, 236, 241; AG Passau FamRZ 1987, 1309, 1310.

770 BGHZ 232, 236, 241; LG Münster FamRZ 1990, 1031, 1032; NJW 1999, 726, 727; LG Passau NJW 1988, 144, 145; AG Passau FamRZ 1987, 1309, 1310.

771 BGH VersR 1985, 290; LG Münster FamRZ 1990, 1031, 1032; LG Passau NJW 1988, 144, 145; AG Passau FamRZ 1987, 1309, 1310; AG Schwetzingen DAVorm 1992, 88, 89.

Rechtspflichten begründe, an deren Verletzungen aber dennoch keine unmittelbaren Rechtsfolgen geknüpft sind[772] bzw. Ansprüche nicht zwangsweise durchgesetzt werden können[773].

2. § 1618a BGB in der Strafrechtsprechung

Der *Bundesgerichtshof* hebt in den zu Beginn des Kapitels näher dargestellten[774] Entscheidungen zur Beschützergarantenstellung von Kindern im Verhältnis zu ihren Eltern hervor, dass an einen Verstoß gegen § 1618a BGB keine unmittelbaren Rechtsfolgen geknüpft sind und die Norm aufgrund ihrer Leitbildfunktion lediglich zur Ausfüllung von Lücken und der Konkretisierung unbestimmter Rechtsbegriffe Bedeutung erlange. Das Gericht zieht § 1618a BGB daher zunächst lediglich als Wertemaßstab zur Konkretisierung strafrechtlicher Garantenpflichten heran.[775] Das könnte dafür sprechen, dass aus Sicht des Gerichts aus § 1618a BGB selbst keine unmittelbaren Rechtsfolgen erwachsen.

Der *Bundesgerichtshof* warf in der ersten Entscheidung aus dem Jahr 2016 aber auch die Frage auf, ob die Garantenstellung schon allein aus der gesetzlich normierten, formal familienrechtlichen Beziehung folgen könne, d. h. ohne Rücksicht auf eine tatsächliche Familiengemeinschaft. Das Gericht konnte die Frage aber unbeantwortet lassen, weil eine häusliche Gemeinschaft bestand. In der darauffolgenden Entscheidung aus dem Jahr 2017 ließ der *Bundesgerichtshof* die Frage weiter unbeantwortet, weil sich die Antwort aufgrund der engen innerfamiliären Beziehung erübrige.[776] Daraus lässt sich eine eindeutige Entscheidung des Gerichts für oder gegen die Entstehung unmittelbarer Rechtspflichten aus § 1618a BGB nicht ermitteln.

Der *Bundesgerichtshof* führt in den Entscheidungen von 2016 und 2021 allerdings auch an, dass „die in § 1618a BGB normierte familiäre Solidarität schon von Gesetzes wegen“ eine Beschützergarantenstellung zwischen Eltern und Kindern begründe – unter den genannten Voraussetzungen der häuslichen

[772] BGHZ 125, 206, 214; BGH NJW 1994, 1341, 1343.
[773] LG Münster NJW 1999, 3787, 3788; a. A. VG Oldenburg BeckRS 2009, 39768.
[774] 4.A.I.
[775] BGH NStZ 2017, 401; NJW 2017, 3609; NStZ 2022, 601, 604. Siehe auch BGHZ 232, 236, 241.
[776] BGH NJW 2017, 3609, 3610.

bzw. familiären Gemeinschaft.[777] Der Ausdruck „von Gesetzes wegen" könnte darauf schließen lassen, dass der *Bundesgerichtshof* § 1618a BGB doch als gesetzliche Schutzpflicht erachtet und die Umstände des Einzelfalls vielmehr zur Bestimmung der Reichweite in der konkreten Situation, also zur Bestimmung der Garantenpflicht, herangezogen werden.

Im Jahr 2021 musste sich der *Bundesgerichtshof* zudem mit der Frage auseinandersetzen, ob aus § 1618a BGB eine Garantenstellung unter Geschwistern folgt. Das Gericht lehnte eine Garantenstellung unter Geschwistern aufgrund „ihrer Verwandtschaft in der Seitenlinie" ab, da „nur im Eltern-Kind-Verhältnis [...] mit Blick auf § 1618a, 1619 BGB bereits aufgrund einer Verwandtschaft in aufsteigender Linie eine Rechtspflicht zum Handeln nahe" liege.[778] Hier äußerte sich der *Bundesgerichtshof* ebenso nicht eindeutig für eine Rechtspflicht unmittelbar aus § 1618a BGB, da sie bloß „naheliegt". Weitere Ausführungen zu § 1618a BGB nahm das Gericht nicht vor.

Insgesamt zeichnet sich also ein uneindeutiges Bild ab. Zwar legt die Formulierung „von Gesetzes wegen" nahe, dass schon § 1618a BGB allein Schutzpflichten zugunsten der Eltern begründet, allerdings betont der *Bundesgerichtshof* in all seinen Entscheidungen zu § 1618a BGB, dass dieser nur als Wertemaßstab heranzuziehen sei, weil an einen Verstoß gerade keine Rechtsfolgen geknüpft seien. Welche Ansicht beim *Bundesgerichtshof* vertreten wird, geht aus den Entscheidungen nicht klar hervor.

Als Vorinstanz in der Entscheidung von 2021 hat das *Landgericht Bonn* die Garantenstellung des Sohnes im Verhältnis zu seiner Mutter damit begründet, dass erwachsene Kinder, wenn sie mit ihren Eltern in häuslicher Gemeinschaft leben, „nach dem rechtlichen Grundgedanken des § 1618a BGB zu Schutz und Beistand" verpflichtet seien.[779] Das *Landgericht Düsseldorf* erwähnte in einer Entscheidung bezüglich einer Erpressung der Ehefrau mit einer Kündigung der gemeinsamen Tochter in einem Nebensatz, dass § 1618a BGB „im Anwendungsbereich des § 13 StGB zu einer strafbarkeitsbegründenden Garantenstellung führen" könne.[780] In einer Entscheidung zu einem sog. Ehrenmord berücksichtigte das *Landgericht Duisburg* schuld-

---

777 BGH NStZ 2017, 401; 2022, 601, 604.

778 BGH HRRS 2021 Nr. 843 Rn. 25.

779 LG Bonn BeckRS 2020, 52760 Rn. 189.

780 LG Düsseldorf FamRZ 2008, 2067, 2068.

erhöhend, dass der Angeklagte als Sohn „gesetzlich zum Beistand gemäß § 1618a BGB verpflichtet war."[781] Die Formulierung des *Landgerichts Duisburg* könnte dahingehend interpretiert werden, dass mit Hilfe von § 1618a BGB eine gesetzliche Einstandspflicht im Sinne des § 13 Abs. 1 StGB begründet wird. Die Ausführungen des *Landgerichts Düsseldorf* und des *Landgerichts Bonn* sind dagegen weniger klar. Dass aus einem rechtlichen Grundgedanken eine Folge abzuleiten ist, klingt weniger nach der Begründung einer sanktionsbewehrten Rechtspflicht als vielmehr nach einem heranzuziehenden Wertemaßstab. Dass § 1618a BGB eine Garantenstellung begründen *kann*, lässt ebenfalls keinen Schluss darauf zu, dass das Gericht diese Folge als zwingend ansieht.

Die strafrechtliche Rechtsprechung zu § 1618a BGB führt nicht zu einem eindeutigen Ergebnis hinsichtlich der Frage, ob § 1618a BGB unmittelbar rechtliche Einstandspflichten zwischen Kindern und Eltern begründet.

II. Meinungsstand zu § 1618a BGB in der Wissenschaft

Wie in der Rechtsprechung gehen auch in der wissenschaftlichen Literatur die Meinungen zu § 1618a BGB auseinander. Die Argumente für und wider einer echten Rechtspflichtbegründung decken sich im Großen und Ganzen mit denen der Gerichte. In erster Linie sei § 1618a BGB als Leitbild und Generalklausel vor allem als Wertemaßstab zur Auslegung von Lücken im Familienrecht heranzuziehen.[782]

Im Übrigen sei unklar, welche Wirkungen der Gesetzgeber mit § 1618a BGB erzeugen wollte. Er führe zwar aus, dass die Vorschrift nur Leitlinien aufzeigen, aber nicht sanktionsbewehrt sein sollte. Der Gesetzgeber stelle die Norm allerdings auch in eine Linie mit § 1353 BGB, der nach allgemeiner Auffassung echte Rechtspflichten erzeugt.[783] Die §§ 1353 und 1618a BGB würden § 242 BGB konkretisieren und deshalb mit dieser Norm vergleichbare

---

781 LG Duisburg, Urt. v. 22.3.2016 – 33 KLs 11/15.

782 BeckOGK-*Kienemund* § 1618a BGB Rn. 1, 61; *Belchaus*, Elterliches Sorgerecht, S. 36; *Gernhuber/Coester-Waltjen* § 55 Rn. 66 f.; *Knöpfel* FamRZ 1985, 554, 558; *Luthin* FamRZ 1979, 986, 987; Schulz/Hauß-*Pauling/Tinto* § 1618a BGB Rn. 1; *Schwab* § 60 Rn. 748; *Wellenhofer*, in: FS Brudermüller 2014, S. 921, 924.

783 BeckOGK-*Kienemund* § 1618a BGB Rn. 13; *Belchaus*, Elterliches Sorgerecht, S. 36; *Böhm*, Garantenpflichten, S. 207; *Frank/Helms* FamRZ 1997, 1258, 1262; *Knöpfel* FamRZ 1985, 554, 558; *Ludyga* FPR 2012, 45, 55; MK/BGB-*v. Sachsen Gessaphe* § 1618a

Wirkungen entfalten, also bei gesetzlichen Lücken Ansprüche begründen, indem sittliche Pflichten zu Rechtspflichten erhoben würden.[784] Dass § 1618a BGB die familiären Pflichten nicht mit einer Sanktion versieht, schließe zudem nicht aus, dass die Norm dennoch echte Rechtspflichten begründet.[785] Die Pflichten aus § 1353 Abs. 1 Satz 2 BGB sind auch nicht vollstreckbar[786] und seien dennoch Rechtspflichten.[787] Der Hinweis, dass § 1618a BGB eine ähnliche Bedeutung wie § 1353 BGB zukommen soll, spreche dafür, dass § 1618a BGB ebenfalls echte, unmittelbar wirkende Rechtspflichten begründet.[788] Umstritten ist jedoch, ob diese Pflichten eingeklagt und gegebenenfalls auch vollstreckt werden können.[789]

Aus dem Wortlaut von § 1618a BGB „sind […] schuldig" folge ebenso, dass – anders als der Gesetzgeber gemeint haben könnte – mit der Vorschrift echte Rechtspflichten begründet werden.[790] Die Formulierung knüpfe „an die Terminologie des allgemeinen Schuldrechts an," in dem „schuldig" bedeutet,

---

BGB Rn. 2; Palandt[47]-*Diederichsen* § 1618a BGB Rn. 1; *ders.* NJW 1980, 1, 2; *Schulte*, Kontaktverweigerung, S. 93 f.

784 BeckOGK-*Kienemund* § 1618a BGB Rn. 1, 3; *Gernhuber/Coester-Waltjen* § 55 Rn. 66; Kaiser/Schnitzler/Schilling/Sanders-*Czeguhn/Schmitz* § 1618a BGB Rn. 1; MK/BGB-*v. Sachsen Gessaphe* § 1618a BGB Rn. 9; *Schramm*, Ehe und Familie, S. 263; *Schulte*, Kontaktverweigerung, S. 93, 91 f. sowie ausführlich zu den Pflichten aus § 242 BGB S. 74 ff. Krit. dagegen BeckOK/BGB-*Pöcker* § 1618a BGB Rn. 1.1

785 BeckOGK-*Kienemund* §1618a BGB Rn. 14; *Belchaus*, Elterliches Sorgerecht, S. 36; *Böhm*, Garantenpflichten, S. 207; *Eidenmüller* JuS 1998, 789, 790; *Frank/Helms* FamRZ 1997, 1258, 1262; *Gernhuber*, in: FS Müller-Freienfels 1986, S. 159, 163; *ders./Coester-Waltjen* § 55 Rn. 66; Gernhuber-*Götz* § 1618a BGB Rn. 2; *Knöpfel* FamRZ 1985, 554, 561; *Ludyga* FPR 2012, 54, 55; *Lüderitz*, in: FS Gaul 1997, S. 411, 419; Schulze-*Kemper* § 1618a BGB Rn. 3; *Schwab* § 60 Rn. 746.

786 Siehe § 120 Abs. 3 FamFG.

787 *Schulte*, Kontaktverweigerung, S. 94.

788 *Böhm*, Garantenpflichten, S. 207; *Ludyga* FPR 2012, 45, 55; MK/BGB-*v. Sachsen Gessaphe* § 1618a BGB Rn. 2; Palandt[47]-*Diederichsen* § 1618a BGB Rn. 2; *ders.* NJW 1980, 1, 2; *Schulte*, Kontaktverweigerung, S. 94.

789 **Dafür:** BeckOGK-*Kienemund* §1618a BGB Rn. 1, 14; krit. *Gernhuber/Coester-Waltjen* § 55 Rn. 66; *Schulte*, Kontaktverweigerung, S. 95, 106; Schulze-*Kemper* § 1618a BGB Rn. 3. **Dagegen:** *Böhm*, Garantenpflichten, S. 207; *Eidenmüller* JuS 1998, 789, 790; *Knöpfel* FamRZ 1985, 554, 556, 560; *Schwab* § 60 Rn. 746.

790 *Böhm*, Garantenpflichten, S. 206 f.; *Eidenmüller* JuS 1998, 789, 790; *Gernhuber*, in: FS Müller-Freienfels 1986, S. 159, 164; MK/BGB-*v. Sachsen Gessaphe* § 1618a BGB Rn. 2; *Muscheler/Bloch* FPR 2002, 339, 347; Palandt[47]-*Diederichsen* § 1618a BGB Rn. 1; *ders.* NJW 1980, 1, 2.

dass eine Leistung gefordert werden kann bzw. eine Schuld besteht, also Verpflichtungen begründet werden – Kinder seien damit jeweils wechselseitig Gläubiger und Schuldner.[791] Der Ausdruck werde zum Beispiel im süddeutschen Raum verwendet, um in Urteilen auf echte Rechtspflichten hinzuweisen.[792] Ein Vergleich zum historischen Vorbild, dem Art. 272 des schweizerischen ZGB, spreche ebenfalls gegen eine bloße Leitbildfunktion, da in der Schweiz mithilfe der Norm echte Rechtspflichten begründet werden.[793] Die Formulierung „schuldig" anstelle von dem sonst im BGB gängigen „verpflichtet", sei der Orientierung an der schweizerischen Vorschrift geschuldet.[794] Aus dem Gesetz selbst gehe also nicht hervor, dass der Gesetzgeber lediglich einen Appell an die innerfamiliäre Solidarität richten wollte. Vielmehr spreche der Wortlaut für die Annahme echter Rechtspflichten.[795]

Im Einzelfall könne § 1618a BGB als Generalklausel also konkrete Ansprüche begründen und Pflichten statuieren (Beistand) bzw. bestehende Ansprüche begrenzen (Rücksicht).[796] Das bereits vorhandene positive Recht könne dadurch aber nicht beseitigt bzw. verändert werden.[797]

Der Ansicht, die § 1618a BGB rechtspflichtbegründenden Charakter attestiert, wird entgegengehalten, dass es sich lediglich um eine leitbildartige Vorschrift handele, von der keine Sanktionen ausgehen und nach dem

---

791 *Böhm*, Garantenpflichten, S. 206; *Gernhuber*, in: FS Müller-Freienfels 1986, S. 159, 164; *Ludyga* FPR 2012, 54, 55; *Schulte*, Kontaktverweigerung, S. 90.

792 Palandt[47]-*Diederichsen* § 1618a BGB Rn. 1; *ders.* NJW 1980, 1, 2.

793 Ausführlich dazu *Knöpfel* FamRZ 1985, 554, 555 ff., 559 und *Ludyga* FPR 2012, 54, 55; *F.W. Bosch* FamRZ 1980, 739, 741; *Jayme* FamRZ 1981, 221, 225; MK/BGB-*v. Sachsen Gessaphe* § 1618a BGB Rn. 2. Implizit auch *Frank/Helms* FamRZ 1997, 1258, 1262.

794 *Knöpfel* FamRZ 1985, 554, 557; *Ludyga* FPR 2012, 54, 55; *Schulte*, Kontaktverweigerung, S. 90.

795 *Eidenmüller* JuS 1998, 789, 790; *Gernhuber*, in: FS Müller-Freienfels 1986, S. 159, 164; *Ludyga* FPR 2021, 54, 55; *Muscheler/Bloch* FPR 2002, 339, 347, *Schulte*, Kontaktverweigerung, S. 91. Vgl. auch *Böhm*, Garantenpflichten, S. 206: Hinweis auf sittlichen Charakter fehlt.

796 BeckOGK-*Kienemund* § 1618a BGB Rn. 1, 15; *Gernhuber/Coester-Waltjen* § 55 Rn. 67; Grüneberg-*Götz* § 1618a BGB Rn. 1; Kaiser/Schnitzler/Schilling/Sanders-*Czeguhn/Schmitz* § 1618a BGB Rn. 1; *Schulte*, Kontaktverweigerung, S. 91, 93.

797 BeckOGK-*Kienemund* § 1618a BGB Rn. 1, 3, 15; *Gernhuber*, in: FS Müller-Freienfels 1986, S. 159, 183 f.; *Knöpfel* FamRZ 1985, 554, 558.

Willen des Gesetzgebers auch nicht ausgehen sollten.[798] Der Gesetzgeber hätte lediglich das Verhältnis zwischen Eltern und Kindern als von gegenseitiger Solidarität geprägt darstellen wollen, mit der Vorschrift aber nicht bezweckt, „neue zusätzliche Rechte und Pflichten zu schaffen."[799] Die Vorschrift sei „bloßer Programmsatz", der darüber hinaus nur „unterhaltsrechtliche Konsequenzen" vorbereite.[800] Der Sinn und Zweck, die Familien als Gemeinschaft zu fördern und zu stärken, widerspreche einem über das Leitbild hinausgehenden Charakter. Für den familiären Beistand und die familiäre Rücksicht sei es nicht förderlich, wenn ein Rechtsstreit geführt wird, bei dem die Pflichten eingeklagt und möglicherweise sogar vollstreckt werden können. Eine Klage verstoße vielmehr gegen die von § 1618a BGB geforderte Rücksicht schwäche und die Familiengemeinschaft.[801] § 1618a BGB könne daher nur als Auslegungsmaxime zur Ausfüllung anderer Gesetze herangezogen werden.[802]

III. Zwischenfazit

Sowohl bei der Durchsicht der Rechtsprechung als auch der Literatur hat sich gezeigt, dass die Rechtsnatur von § 1618a BGB äußerst umstritten ist. Zwar wird immer wieder der Wille des Gesetzgebers angeführt und dabei erläutert, dass es sich bei § 1618a BGB lediglich um eine lex imperfecta, ein Leitbild für die Familiengemeinschaft handeln würde. Dieses Ergebnis wird aber von nicht wenigen insbesondere aufgrund des Wortlauts der Vorschrift und dem vom Gesetzgeber selbst aufgestellten Vergleich zu § 1353 BGB bezweifelt.

---

798 *Albrecht*, Garantenpflichten, S. 101; *Bülte* GA 2013 (160), 389, 398; Jauernig-*Budzikiewicz* § 1618a BGB Rn. 1; *Roxin* AT/II § 32 Rn. 42; Schulz/Hauß-*Pauling/Tanto* § 1618a BGB Rn. 1.

799 *Doering-Striening* FamFR 2021, 531, 532; *Gernhuber*, in: Müller-Freienfels 1986, S. 159, 176 ff., 182 f., 185.

800 *Jakobs*, AT, S. 822; *Nikolaus* JA 2005, 605, 609; NK-*Gaede* § 13 StGB Rn. 61. Siehe auch *Bülte* GA 2013 (160), 389, 398; *Kudlich* NStZ 2018, 36, 37. Vgl. BeckOK/BGB-*Pöcker* § 1618a BGB Rn. 1.1: Normattrappe.

801 *Gernhuber*, in: FS Müller-Freienfels 1986, S. 159, 176, 185 f., 187 f.: Verrechtlichung würde mehr Schaden als Nutzen bringen; *Knöpfel* FamRZ 1985, 554, 561; *Lüderitz*, in: FS Gaul 1997, S. 411, 420. Vgl. *Schwab* § 60 Rn. 747: unangemessene Verrechtlichung des persönlichen Verhältnisses. A. A. mit ausführlicher Begründung *Schulte*, Kontaktverweigerung, S. 95 f.

802 Jauernig-*Budzikiewicz* § 1618a BGB Rn. 1.

IV. § 1618a BGB als echte, unmittelbare Rechtspflicht

Was also ist die Rechtsnatur der Vorschrift? Ist es überzeugend, dass § 1618a BGB selbst unmittelbar Rechtspflichten begründet und so möglicherweise eine gesetzliche Einstandspflicht im Sinne des § 13 Abs. 1 StGB statuiert? Im Folgenden wird ermittelt, ob die jeweiligen Ergebnisse über die Auslegung der Vorschrift überzeugend hergeleitet werden können. Dabei rückt besonders die Frage in den Vordergrund, wie damit umzugehen ist, wenn sich der Wille des historischen Gesetzgebers im Wortlaut nicht widerspiegelt.

1. Wortlautauslegung

Für eine Rechtspflichtbegründung wird ins Feld geführt, dass der Ausdruck „sind schuldig" zwar nicht die gängige Formulierung im deutschen BGB darstellt, damit aber trotzdem an den Terminus des *Schuld*rechts angeknüpft werde und dieser Ausdruck ebenso bedeutet, dass eine Schuld und damit eine Rechtspflicht zur Vornahme der geschuldeten Leistung besteht.[803]

Dem Ausdruck „schuldig" kommt in zwei Bereichen Bedeutung zu. Der Begriff wird im Strafrecht als Ausdruck dafür verwendet, dass sich jemand strafbar gemacht hat und dafür die Verantwortung trägt.[804] Um diese Bedeutung des Begriffs handelt es sich bei der hier in Rede stehenden Norm nicht. Beistand und Rücksicht zu leisten, bedeutet nicht, dass man dadurch strafrechtliche Verantwortlichkeit auf sich lädt. Vielmehr verlangt die Rechtsordnung eine bestimmte Handlung – Rücksicht oder Beistand – und möchte diese nicht bei Strafe verbieten.[805]

Daneben wird mit dem Begriff ebenso gekennzeichnet, dass man zu etwas verpflichtet ist,[806] zum Beispiel dazu, eine materielle Gegenleistung zu geben.[807] „Sind […] schuldig" bedeute, dass eine Schuld besteht, also eine

---

803 *Böhm*, Garantenpflichten, S. 206; *Ludyga* FPR 2012, 54, 55; Palandt[47]-*Diederichsen* § 1618a BGB Rn. 1; Vgl. auch „Schuldverhältnis", in: *Weber*, Rechtswörterbuch.

804 https://www.duden.de/rechtschreibung/schuldig, zuletzt abgerufen am 30.11.2022; https://www.dwds.de/ wb/wdg/schuldig, zuletzt abgerufen am 27.10.2023.

805 Vgl. auch *Schulte*, Kontaktverweigerung, S. 90.

806 https://www.dwds.de/wb/wdg/schuldig, zuletzt abgerufen am 27.10.2023. Siehe auch *Gernhuber*, in: FS Müller-Freienfels 1986, S. 159, 164.

807 https://www.duden.de/rechtschreibung/schuldig, zuletzt abgerufen am 27.10.2023. Siehe auch Deutsches Rechts-Lexikon, 3. Band, S. 4732.

Verpflichtung begründet wird.[808] Andererseits könne man auch aus Gründen des Anstandes und der Höflichkeit etwas schulden, beispielsweise könne jemandem Respekt geschuldet werden.[809] Damit kann „schuldig" sowohl eine rechtliche als auch nur eine sittliche Pflicht umschreiben.

Überzeugend wird dazu angeführt, dass es im Zivilrecht grundsätzlich um die Regelung von Rechten und Pflichten, also um die Begründung von Ansprüchen und damit verbundenen Leistungspflichten geht. Auch im Familienrecht gibt es Schuldner und Gläubiger, zum Beispiel den Unterhaltspflichtigen und Unterhaltsbedürftigen, §§ 1601 ff. BGB sowie im Rahmen der §§ 1381 ff.[810] Wenn der Gesetzgeber in diesem Regelungsbereich eine vom Grundsatz abweichende Regelung treffen möchte, indem er beispielsweise eine bloß sittliche Pflicht mit Leitbildfunktion umschreiben möchte, dann müsse er diese Abweichung von der Norm auch besonders kennzeichnen und im Gesetz zum Ausdruck bringen.[811] Dieser Maßnahme ist der Gesetzgeber nicht nachgekommen. Aus dem Gesetzestext ergibt sich nicht, dass mit dem Begriff „schuldig" nur ein die Höflichkeit gebietendes Verhalten gemeint ist. Vielmehr folgt aus der Verwendung des Terminus „Schuld" im Zivilrecht, dass es sich um eine Leistung handelt, die der Schuldner zu erbringen verpflichtet ist.

Darüber hinaus ist auch der Hinweis auf die Vorbildvorschrift des Art. 272 ZGB zu berücksichtigen, der für die Formulierung „sind [...] schuldig" verantwortlich ist. Dass der Gesetzgeber sich hier bewusst für diesen Ausdruck als Gegensatz zu „sind [...] verpflichtet" entschieden hat und damit etwas anderes, nämlich einen bloßen Appell ausdrücken wollte, ist nicht ersichtlich.[812]

Der Wortlaut der Vorschrift spricht folglich dafür, dass mit § 1618a BGB echte Rechtspflichten unmittelbar begründet werden und es sich nicht nur um eine wirkungslose Leitbildvorschrift handelt.

---

808 *Schulte*, Kontaktverweigerung, S. 90.

809 https://www.duden.de/rechtschreibung/schuldig, zuletzt abgerufen am 30.11.2022; https://www.dwds.de/ wb/wdg/schuldig, zuletzt abgerufen am 27.10.2023.

810 Siehe auch *Gernhuber*, in: FS Müller-Freienfels 1986, S. 159, 164; *Ludyga* FPR 2012, 54, 55. Vgl. LG Münster FamRZ 1990, 1031, 1032.

811 *Böhm*, Garantenpflichten, S. 206; *Gernhuber*, in: FS Müller-Freienfels 1986, S. 159, 164: programmatische Appelle in Privatrechtsordnung grundsätzlich fehl am Platz.

812 Siehe auch *Knöpfel* FamRZ 1985, 554, 557; *Ludyga* FPR 2012, 54, 55.

2. Systematik

§ 1618a BGB befindet sich in Buch 4 zum Familienrecht im Abschnitt über das „Rechtsverhältnis zwischen den Eltern und dem Kind im Allgemeinen". Aus dieser Stellung im Gesetz geht hervor, dass § 1618a BGB für das Eltern-Kind-Verhältnis insgesamt gilt und daher keine bestimmten, spezifischen Regelungen trifft, sondern es sich vielmehr um eine generalklauselartige Regelung handelt. Das könnte bedeuten, dass es sich bei der Norm tatsächlich bloß um ein Leitbild für die Familienbeziehungen handelt und keine Rechtspflichten begründet werden sollen. Andererseits enthält die Überschrift des Abschnitts das Wort „Rechtsverhältnis", das „eine rechtlich bedeutsame, durch Normen des objektiven Rechts geregelte Lebensbeziehung zwischen Personen untereinander" beschreibt, aus der Ansprüche entspringen.[813] Das könnte dafür sprechen, dass es sich bei § 1618a BGB um eine Lücken im Gesetz ausfüllende und im Einzelfall Rechtspflichten begründende Generalklausel handelt.[814]

Ein eindeutiges Ergebnis ergibt sich aus der systematischen Betrachtung jedoch nicht. Sie kann aber im Zweifelsfall das Ergebnis der anderen Auslegungsmethoden zugunsten einer Rechtspflichtbegründung bestärken.

3. Sinn und Zweck

Mit § 1618a BGB soll die Familie gestärkt und zum Zusammenhalt in der Familie beigetragen werden.[815] Ein „ausgewogenes Verhältnis von Eltern und Kindern" soll sichergestellt und damit dem Eindruck entgegengewirkt werden, dass mit den Gesetzesänderungen den Eltern einseitig Pflichten auferlegt werden, den Kindern hingegen nur Rechte zugesprochen werden.[816]

Daraus wird teils geschlossen, dass § 1618a BGB keine unmittelbaren Rechtspflichten begründen, sondern nur Leitbilder aufzeigen würde. Dies

---

813 „Rechtsverhältnis", in: *Weber*, Rechtswörterbuch. Siehe auch https://www.dwds.de/wb/Rechtsverhältnis, zuletzt abgerufen am 27.10.2023: durch Rechtsnormen geregelte Beziehung. Siehe ebenso *Schulte*, Kontaktverweigerung, S. 91 f. und LG Passau NJW 1988, 144, 145.

814 „Generalklausel", in: *Weber*, Rechtswörterbuch. Vgl. auch BeckOGK-*Kienemund* § 1618a BGB Rn. 14; *Schulte*, Kontaktverweigerung, S. 91 f. Siehe auch AG Passau FamRZ 1987, 1309, 1310.

815 BT-Drs. 8/2788, S. 31, 36.

816 BT-Drs. 8/2788, S. 33, 36. Siehe auch Plenarprotokoll 8/151, S. 12038.

wird damit begründet, dass eine Verrechtlichung der Pflichten nicht zu einer Stärkung, sondern vielmehr zu einer Schwächung der Familiensolidarität und -autonomie führen würde. Gemeinschaft innerhalb der Familie könne nicht erzwungen werden.[817] Mit einer Klage auf Beistand oder Rücksicht würde die klagende Person selbst gegen die ihrerseits obliegende Rücksichtspflicht verstoßen.[818] Jedenfalls müsse mit Rücksicht auf die beabsichtigte Stärkung der Familienautonomie mit der Ableitung von Rechtspflichten zurückhaltend umgegangen werden.[819]

Dem widerspricht *Schulte,* weil die Begründung eines Verstoßes gegen das Rücksichtnahmegebot durch Klage dazu führe, dass dasjenige Familienmitglied, dem Beistand und Rücksichtnahme verwehrt bleibt, sich diese Verwehrung „mit Rücksicht auf die Familienharmonie" zwangsläufig gefallen lassen müsste und plädiert insoweit für eine Rechtspflichtbegründung durch § 1618a BGB. Möglicherweise bestehe gar keine schützenswerte Familiengemeinschaft mehr, wenn Beistand und Rücksicht zwangsweise eingefordert werden müssten, weil das andere Familienmitglied bereits gegen seine Pflichten aus § 1618a BGB verstoßen hat.[820] Dass gerade gegenüber dem Familienmitglied, das selbst nicht den von § 1618a BGB geforderten Beistand leistet, Rücksicht geübt werden muss, indem der Beistand (gerichtlich) nicht eingefordert werden darf, um die Solidarität innerhalb der Familie nicht zu gefährden, könne nicht ernsthaft gefordert werden. Überzeugender sei vielmehr, dass eine Geltendmachung der Pflichten aus § 1618a BGB grundsätzlich möglich sein muss, da so im Sinne der Stärkung der Familiengemeinschaft gewährleistet werden könne, dass jedes Familienmitglied die ihm obliegenden Pflichten aus § 1618a BGB erfüllt und sich nicht mit einem Hinweis auf die Rücksichtlosigkeit der Einforderung seine Rücksichtslosigkeit erlauben kann. So werde sichergestellt, dass „nicht das „Recht des Stärkeren" gilt."[821]

---

817 *Gernhuber*, in: FS Müller-Freienfels 1986, S. 159, 185 f.; *Knöpfel* FamRZ 1985, 554, 561, 562; *Lüderitz*, in: FS Gaul 1997, S. 411, 420. Vgl. auch *Schwab* § 60 Rn. 747 und AG Rastatt FamRZ 1996, 1299, 1300.

818 *Knöpfel* FamRZ1985, 554, 561.

819 BGH VersR 1985, 290; OLG Bamberg NJW 1985, 2724, 2725; LG Passau NJW 1988, 144, 145; AG Schwetzingen DAVorm 1992, 88, 89.

820 *Schulte*, Kontaktverweigerung, S. 95.

821 *Schulte*, Kontaktverweigerung, S. 95. Vgl. auch *Gernhuber*, in: FS Müller-Freienfels 1986, S. 159, 167.

Schulte gibt allerdings weiter zu bedenken, dass der Gesetzgeber die Stärkung der Familienautonomie gar nicht als tatsächliches Ziel, sondern nur als Chance formuliert habe („kann zu einer größeren Familienautonomie beitragen").[822] Die Stärkung der Familiensolidarität sei daher nur eine mögliche und keine zwingende Folge. In erster Linie habe der Gesetzgeber mit der Einführung von § 1618a BGB deutlich hervorheben wollen, dass es nicht um eine einseitige Begründung von Pflichten seitens der Eltern gehe. Dieses Ziel werde auch dann schon erreicht, wenn die Vorschrift nur Leitbild und Wertemaßstab ist und darüber hinaus keine Rechtspflichten begründet.[823]

Folglich gibt auch das Telos der Vorschrift keinen eindeutigen Hinweis darauf, ob § 1618a BGB unmittelbar Rechtspflichten begründet oder nicht. Die Norm kann in beide Richtungen verstanden werden.

4. Historie

a. Entstehungsgeschichte und Gesetzesbegründung

§ 1618a BGB wurde im Rahmen des Gesetzgebungsverfahrens zum Gesetz zur Neuregelung des Rechts der elterlichen Sorge nachträglich durch den Rechtsausschuss auf Anregung des mitberatenden Ausschusses für Jugend, Familie und Gesundheit als Teil der Leitlinien für das Verhältnis von Eltern und Kindern in den vierten Titel „Rechtsverhältnis zwischen den Eltern und dem Kinde im allgemeinen" eingefügt.[824] Mit der Neuregelung des Rechts der elterlichen Sorge verfolgte der Gesetzgeber im Allgemeinen das Ziel, die Regelungen zum Verhältnis zwischen Eltern und Kindern und ihre gegenseitigen Rechte und Pflichten den gewandelten Verhältnissen anzupassen, nach denen das Eltern-Kind-Verhältnis kein elterliches Gewaltverhältnis mehr sei.[825] Die Entwicklung eines Kindes zu einer „selbstverantwortlichen Persönlichkeit" soll gefördert werden, indem die Kinder stärker an den Entscheidungen ihrer Eltern im Rahmen der elterlichen Sorge – die bis

822 BT-Drs. 8/2788, S. 43.
823 *Schulte*, Kontaktverweigerung, S. 96.
824 BT-Drs. 8/2788, S. 36, 43.
825 BT-Drs. 8/2788, S. 1, 33.

zur Änderung auch im Gesetz als „elterliche Gewalt“ bezeichnet wurde[826] – beteiligt werden.[827]

Mit Hilfe der Neuregelung sollten die gegenseitigen Beistands- und Rücksichtnahmepflichten, wie sie sich in § 1618a BGB finden, hervorgehoben werden.[828] Die Fassung der Vorschrift ist angelehnt an Art. 272 ZGB.[829] Mit § 1618a BGB sollte das gesetzliche Leitbild einer auf Gemeinschaft ausgelegten Familie gestärkt und deutlich gemacht werden, dass mit diesem Gesetzentwurf innerhalb der Familie nicht nur den Eltern einseitig Pflichten auferlegt und den Kindern Rechte eingeräumt werden, sondern die partnerschaftliche Familie von beiderseitigen Rechten und Pflichten geprägt ist: „Leistung und Anspruch zwischen den Generationen der Familie [...] [beruhe] auf Gegenseitigkeit.“[830]

Diese Gegenseitigkeit von Rechten und Pflichten mache die Grundlage der partnerschaftlichen Familie aus. Sie soll auch dann noch gelten, wenn die Kinder volljährig sind sowie unabhängig vom Bestehen eines gemeinsamen Haushaltes und der Frage, ob es sich um eheliche oder nichteheliche Kinder handelt.[831] Da es sich um ein für alle Familien geltendes Leitbild handelt, hänge die Konkretisierung der Rechte und Pflichten im Einzelfall von den unterschiedlichen Umständen ab. Je älter die Kinder werden, desto mehr Beistandspflichten dürften ihnen in der Regel auferlegt werden.[832]

Die Norm sei „nicht mit einer eigenen Sanktion bewehrt und bewußt so gefaßt, daß sie nur Leitlinien aufzeigt, an einen Verstoß aber keine unmittelbaren Rechtsfolgen knüpft (lex imperfecta).“[833] Sie stelle dennoch „eine wichtige Grundnorm für die gegenseitigen Beziehungen der Familienmitglieder“ dar und sei „geeignet, bei der Ausfüllung von Lücken im Familienrecht herangezogen zu werden.“[834]

---

826 BT-Drs. 8/2788, S. 36.
827 BT-Drs. 8/2788, S. 1, 31, 34.
828 BT-Drs. 8/2788, S. 1, 31.
829 BT-Drs. 8/2788, S. 43.
830 BT-Drs. 8/2788, S. 31, 36.
831 BT-Drs. 8/2788, S. 36, 43.
832 BT-Drs. 8/2788, S. 43.
833 BT-Drs. 8/2788 S. 43, 36.
834 BT-Drs. 8/2788, S. 36.

Der Ausschuss weist im übergeordneten Abschnitt unter dem Titel „Leitlinien für das Eltern-Kind-Verhältnis“ darauf hin, dass Vorschriften, die nicht mit einer Sanktion versehen sind, durchaus dazu beitragen können, dass Konflikte in Familien vermieden werden.[835] Wie ein Vergleich zu § 1353 BGB zeigen würde, seien „Normen ohne Sanktionsbewehrung im Familienrecht nicht unbekannt.“[836] Man erhoffte sich, dass „eine stärkere Beachtung dieser Norm, insbesondere der Beistandsverpflichtung, [...] zu einer größeren Familienautonomie beitragen und den Gefährdungen der Familie als Institution entgegenwirken“ und der Norm dadurch „eine ähnliche Bedeutung zuwachsen [werde] wie sie die Verpflichtung zur ehelichen Lebensgemeinschaft (§ 1353 BGB) für die Ehe hat.“[837]

Es ist zunächst naheliegend, aufgrund der Gesetzesbegründung des Rechtsausschusses davon auszugehen, dass § 1618a BGB keinen rechtspflichtbegründenden Charakter hat. Dass die Norm eine lex imperfecta darstellen und keine unmittelbaren Sanktionen entfalten soll, kann darauf schließen lassen, dass die Norm selbst schon keine Rechtspflichten begründet. Durch den Hinweis auf die Sanktionslosigkeit wird sowohl in der Rechtswissenschaft als auch in der Rechtsprechung nachvollziehbar darauf geschlossen, dass § 1618a BGB keine Rechtspflichten begründen könne, da es dem Willen des Gesetzgebers widersprechen würde.[838]

Darüber hinaus wäre es zur Erreichung des Ziels, die Partnerschaftlichkeit des Verhältnisses zwischen Eltern und Kindern zu verdeutlichen, nicht erforderlich, der Norm Rechtspflichtcharakter zuzusprechen. Es würde ausreichen, dass § 1618a BGB in seiner Allgemeinheit lediglich Leitlinien aufzeigt, die zur Konkretisierung und Ausgestaltung anderer Normen im Familienrecht herangezogen werden.

Die Entstehungsgeschichte des § 1618a BGB unter Berücksichtigung des gesetzgeberischen Willens könnte also durchaus dafür sprechen, dass § 1618a BGB tatsächlich keine Rechtspflichten begründet.

---

835 BT-Drs. 8/2788, S. 34.

836 BT-Drs. 8/2788, S. 34.

837 BT-Drs. 8/2788, S. 43.

838 AG Rastatt FamRZ 1996, 1299, 1300; *Albrecht*, Garantenpflichten, S. 101; *Bülte* GA 2013 (160), 389, 398. Siehe auch *Böhm*, Garantenpflichten, S. 206 f.; *Schulte*, Kontaktverweigerung, S. 89.

Andererseits lässt der Verweis auf die Sanktionslosigkeit in Verbindung mit dem Hinweis auf § 1353 BGB dieses Ergebnis in zweifelhaftem Licht erscheinen. Der Rechtsausschuss könnte ebenso beabsichtigt haben, dass mit § 1618a BGB Rechte und Pflichten unmittelbar selbst begründet werden, ein Verstoß gegen die Beistands- und Rücksichtnahmepflicht dann aber nicht sanktioniert wird – wie es bei der Herstellung der ehelichen Lebensgemeinschaft (§ 1353 BGB) durch die Regelung in § 120 Abs. 3 FamFG der Fall ist.

Durch den zu § 1353 BGB gezogenen Vergleich kann man ebenfalls den Schluss ziehen, dass § 1618a BGB aus Sicht des Gesetzgebers durchaus echte Rechtspflichten begründen können soll, diese möglicherweise nur nicht – wie bei § 1353 BGB – im Wege der Zwangsvollstreckung zwangsweise durchgesetzt werden können.[839] Mit der Einstufung der Norm als lex imperfecta habe der Gesetzgeber nicht den „Anspruchscharakter der Vorschrift", sondern nur materiellrechtliche oder prozessuale Sanktionen ausschließen wollen.[840] Diese Auffassung lässt sich dadurch untermauern, dass der Gesetzgeber die Vorschrift in den Titel „Rechtsverhältnis zwischen den Eltern und dem Kind im Allgemeinen" eingeordnet hat. Ein *Rechts*verhältnis lebt gerade davon, dass es die *rechtliche* Beziehung von mindestens zwei Personen zueinander regelt, also *Rechtspflichten* zwischen den beteiligten Personen begründet.

Der Ertrag aus den Gesetzgebungsmaterialien ist daher gering. Es lässt sich nicht eindeutig erkennen, ob die Norm aus Sicht des Gesetzgebers tatsächlich lediglich eine Leitlinie ohne jegliche rechtliche Wirkung sein sollte. Es finden sich für beide Ansichten Anhaltspunkte in den Gesetzgebungsmaterialien.

b. Widerspruch zwischen Gesetzesbegründung und Wortlaut

Wenn aus der historischen Betrachtung dennoch der Schluss gezogen werden soll, dass § 1618a BGB nur Leitlinien ohne jegliche rechtliche Wirkung festlegt, obwohl sich in den Gesetzesmaterialien auch Stützendes für die gegenteilige Ansicht findet, muss man sich die Frage stellen, wie damit umzugehen ist, dass der Wille des historischen Gesetzgebers dem Ergebnis der Wortlautauslegung

---

[839] AG Passau FamRZ 1987, 1309, 1310; LG Passau NJW 1988, 144, 145; LG Münster FamRZ 1990, 1031, 1032, dessen Auslegung vom BVerfG nicht beanstandet wurde, BVerfGE 96, 56, 62 f.; *Böhm*, Garantenpflichten, S. 207; *Ludyga* FPR 2012, 54, 55; Palandt[47]-*Diederichsen* § 1618a BGB Rn. 1; *ders.* NJW 1980, 1, 2.

[840] *Eidenmüller* JuS 1998, 789, 790. Siehe auch BGHZ 232, 236, 250.

diametral gegenübersteht, sich der Wille im Gesetz also gerade nicht widerspiegelt. Wäre dann der Wille des historischen Gesetzgebers oder das sich aus dem Wortlaut ergebende Resultat ausschlaggebend? Hinsichtlich der Berücksichtigungsfähigkeit des Willens des Gesetzgebers wurden maßgeblich zwei Theorien entwickelt: die objektive und die subjektive Theorie.

Unter Anwendung der subjektiven Theorie sei besonders auf den Willen der am Gesetzgebungsverfahren Beteiligten abzustellen – es handele sich demnach um die Frage nach dem Willen des Schöpfers der Vorschrift.[841] Zentraler Punkt sei hierbei „die Würdigung des Gesetz gewordenen Textes nach Maßgabe der ihn tragenden Begründung, wie sie sich in den Gesetzesmaterialien findet."[842] Man müsse den Gesetzestext so interpretieren, „wie es dem wirklichen Willen des Gesetzgebers bei Schaffung des Gesetzes entsprach."[843] Diese Methode sei deshalb vorzugswürdig, weil nur so „die demokratisch gebotene Gesetzesbindung [...] dem Richter das Ziel der ihm aufgegebenen Gesetzesauslegung" vorgeben könne.[844]

Am subjektiven Ansatz wird kritisiert, dass der Wille des damaligen Gesetzgebers gar nicht hinreichend verlässlich feststellbar sei.[845] Oft sei nicht klar erkennbar, ob es sich um die Meinung der am Gesetzgebungsverfahren beteiligten Personen oder tatsächlich um die des gesetzgebenden Organs handelt.[846] Die Zugrundelegung der subjektiv-historischen Betrachtung führe zudem dazu, dass sich die Gesetze nicht an sich wandelnde Verhältnisse in der Gesellschaft anpassen können, sondern der Gesetzgeber gezwungen wäre, regelmäßig neue Gesetze zu erlassen bzw. Gesetze zu verändern.[847] Das würde

841 *Rengier*, AT, § 5 Rn. 11; S/S/W-*Satzger* § 1 StGB Rn. 48; *Schulte*, Kontaktverweigerung, S. 98; m. w. N. SK-*Jäger* § 1 StGB Rn. 68; *Spitzlei* JuS 2022, 315, 317. Siehe ebenso m. w. N. *Würdinger* JuS 2016, 1, 3.

842 LK-*Dannecker/Schuhr* § 1 StGB Rn. 296.

843 Schönke/Schröder-*Hecker* § 1 StGB Rn. 41.

844 Dürig/Herzog/Scholz-*Hillgruber* Art. 97 GG Rn. 57; LK-*Dannecker/Schuhr* § 1 StGB Rn. 315; NK-*Kargl* § 1 StGB Rn. 108. Siehe auch m. w. N. *Schulte*, Kontaktverweigerung, S. 98 f.; *Simon*, Gesetzesauslegung, S. 210 und *Würdinger* JuS 2016, 1, 3.

845 BGHSt 1, 74, 76; AnwK-*Gaede* § 1 StGB Rn. 35; *Bockelmann*, AT, S. 20; LK-*Dannecker/Schuhr* § 1 StGB Rn. 315; MK-*Schmitz* § 1 StGB Rn. 92; Schönke/Schröder-*Hecker* § 1 StGB Rn. 41.

846 Matt/Renzikowski-*Basak* § 1 StGB Rn. 23; MK-*Schmitz* § 1 StGB Rn. 92. Vgl. AnwK-*Gaede* § 1 StGB Rn. 36.

847 LK-*Dannecker/Schuhr* § 1 StGB Rn. 313; S/S/W-*Satzger* § 1 StGB Rn. 48; SK-*Jäger* § 1 StGB Rn. 68; *Würdinger* JuS 2016, 1, 5.

zu einer „Überforderung des Gesetzgebers führen, [...] was im Interesse der Stabilität des Rechts auch nicht wünschenswert" sei.[848]

Deshalb stellen die Vertreter der objektiven Theorie auf den Willen des Gesetzgebers unter Berücksichtigung der heutigen – also zum Zeitpunkt der Anwendung des Gesetzes bestehenden – Verhältnisse ab (sog. geltungszeitliche Interpretation).[849] Maßgeblich sei der in der Vorschrift „zum Ausdruck kommende objektivierte Wille des Gesetzgebers, so wie er sich aus dem Wortlaut der Gesetzesbestimmung und dem Sinnzusammenhang ergibt, in den diese [Vorschrift] hineingestellt ist."[850] Nicht einbezogen werden dürfe „dagegen die subjektive Vorstellung der am Gesetzgebungsverfahren beteiligten Organe oder einzelner ihrer Mitglieder über die Bedeutung der Bestimmung."[851] Eine Berücksichtigung des Willens des historischen Gesetzgebers, also des Schöpfers, sei nur dann möglich, wenn dieser Wille im Wortlaut der Norm selbst Ausdruck gefunden hat.[852] Dafür wird auch ein Vergleich zu §§ 133, 157 BGB herangezogen. Danach sei zwar grundsätzlich der tatsächliche, wirkliche Wille der Parteien entscheidend. Ergebe sich jedoch aus der Verkehrssitte bzw. dem Empfängerhorizont etwas anderes, sei dieser entscheidend.[853] Die Entstehungsgeschichte einer Norm könne daher nur herangezogen werden, um das Ergebnis, das mithilfe der anderen Auslegungsmethoden gewonnen wurde, zu bestätigen oder Zweifel zu beheben.[854] Wenn sich aus den anderen Auslegungsmethoden ein recht klares Ergebnis erzielen lässt, das der subjektiv-historischen Betrachtung widerspricht, müsse diese außer Acht

---

848 Schönke/Schröder-*Hecker* § 1 StGB Rn. 41.

849 AnwK-*Gaede* § 1 StGB Rn. 35; *Bockelmann*, AT, S. 21; *Jarass*/Pieroth Art. 20 GG Rn. 60; LK-*Dannecker/Schuhr* § 1 StGB Rn. 313; *Maurach*, AT, S. 104; S/S/W-*Satzger* § 1 StGB Rn. 49; *Schulte*, Kontaktverweigerung, S. 98; *Spitzlei* JuS 2022, 315, 317; S/S/W-*Satzger* § 1 StGB Rn. 48.

850 BVerfGE 1, 299, 312; 10, 234, 244; 105, 135, 157; 110, 226, 248.

851 BVerfGE 1, 299, 312; 10, 234, 244; 11, 126, 131. Siehe auch *Köhler*, BGB AT, § 4 Rn 17; LK-*Dannecker/Schuhr* § 1 StGB Rn. 313.

852 BVerfGE 11, 126, 130; BGHSt 1, 74, 76, 79; 8, 294, 297 f.; AnwK-*Gaede* § 1 StGB Rn. 35; LK-*Dannecker/Schuhr* § 1 StGB Rn. 313; Matt/Renzikowski-*Basak* § 1 StGB Rn. 23; MK-*Schmitz* § 1 StGB Rn. 91; NK-*Kargl* § 1 StGB Rn. 108e; *Schulte*, Kontaktverweigerung, S. 98; SK-*Jäger* § 1 StGB Rn. 69; *Spitzlei* JuS 2022, 315, 317; S/S/W-*Satzger* § 1 StGB Rn. 48.

853 *Simon*, Gesetzesauslegung, S. 213.

854 BVerfGE 1, 299, 312; *Köhler*, BGB AT, § 4 Rn. 17.

bleiben.[855] Den Vertretern der objektiven Theorie wird vorgeworfen, dass es sich dabei um richterliche Interpretation handelt, wodurch die Vorgaben der Gesetzesbindung missachtet bzw. umgangen würden.[856]

Übereinstimmend mit der objektiven Herangehensweise fordern die Vertreter der subjektiven Theorie heute, dass sich der subjektive Wille des historischen Gesetzgebers jedenfalls im Wortlaut der Norm wiederfinden müsse (sog. Andeutungstheorie).[857] Da maßgeblicher Ausgangspunkt der Auslegung der Wortlaut ist, sei erforderlich, dass sich der Wille des historischen Gesetzgebers im Gesetz wiederfindet.[858] Wenn sich aus dem Gesetzestext überhaupt nicht erkennen lässt, dass der Gesetzgeber einen (entgegenstehenden) Willen mit der Vorschrift verfolgt, könne sich dieser nicht auswirken.[859]

Entscheidend ist also, ob sich aus dem Wortlaut von § 1618a BGB heraus auf irgendeine Art und Weise erkennen lässt, dass der Gesetzgeber mit dieser Vorschrift bezweckt haben könnte, lediglich Leitlinien aufzuzeigen und die Vorschrift nicht mit rechtlichen Wirkungen auszustatten. Wie aber bereits ausgeführt wurde, liest sich der Wortlaut „sind [...] schuldig" vielmehr so, dass nicht nur Leitlinien aufgezeigt, sondern gerade auch Rechtspflichten begründet werden sollen. Dass der Gesetzgeber nicht die gängige Formulierung „wird [...] verpflichtet" verwendet, deutet ohne weitere Anhaltspunkte nicht darauf hin, dass mit der Formulierung „sind [...] schuldig" etwas gänzlich anderes gemeint sein soll. Beabsichtigte der Gesetzgeber von der Norm abzuweichen, dass im Zivilrecht grundsätzlich Rechte und Pflichten begründet und nicht lediglich Leitlinien formuliert werden, hätte er dies im Gesetzestext deutlich machen müssen. Ein anderer Ausdruck für die Begründung von Pflichten, der aber dasselbe bedeutet und sich in der Terminologie des Schuldrechts bewegt, reicht für die Kennzeichnung der Abweichung von der Norm nicht

855 BGHSt 1, 74, 76; 1, 313, 316 f.; 6, 25, 26 f.; 11, 52, 53; SK-*Jäger* § 1 StGB Rn. 81.

856 Maunz/Dürig/Herzog-*Hillgruber* Art. 97 Rn. 59; ausführlich MK/BGB-*Säcker* Einl. Rn. 129, 82 ff. Vgl. auch MK-*Schmitz* § 1 StGB Rn. 96; *Würdinger* JuS 2016, 1, 5.

857 Dürig/Herzog/Scholz-*Hillgruber* Art. 97 GG Rn. 57; MK-*Schmitz* § 1 StGB Rn. 91; NK-*Kargl* § 1 StGB Rn. 108e; S/S/W-*Satzger* § 1 StGB Rn. 48; *Schulte*, Kontaktverweigerung, S. 100; *Simon*, Gesetzesauslegung, S. 232 ff. sowie kritisch S. 255 ff.

858 AnwK-*Gaede* § 1 StGB Rn. 35; *Schulte*, Kontaktverweigerung, S. 100; *Simon*, Gesetzesauslegung, S. 213.

859 NK-*Kargl* § 1 StGB Rn. 108e.

aus. Der – auch nur möglicherweise – entgegenstehende Wille des historischen Gesetzgebers kann demnach bei der Auslegung von § 1618a BGB keine Wirkung entfalten.[860]

Dieses Ergebnis wird dadurch bestärkt, dass die Einbeziehung des historischen Willens besonders dann kritisch gesehen wird, wenn die Norm erst, wie im vorliegenden Fall, spät im Laufe des Gesetzgebungsverfahrens durch Ausschüsse eingefügt worden und somit im Bundestag kaum bis gar nicht beraten worden ist, da die Parlamentarier dann im Zweifel überhaupt nicht wüssten, worüber sie abstimmen.[861]

c. *Fazit*

Der historische Wille des Gesetzgebers lässt sich nicht eindeutig bestimmen. Selbst, wenn man zugrunde legt, dass der Gesetzgeber ausschließen wollte, dass Ansprüche begründet werden, muss dieser mögliche Wille außer Acht bleiben, da sich im Wortlaut der Vorschrift kein Anhaltspunkt dafür finden lässt, dass der Gesetzgeber mit „schuldig" etwas anderes meint, als dass die Normadressaten zu etwas verpflichtet sind. Die historische Auslegung leistet folglich keinen Mehrwert für die Auslegung von § 1618a BGB.

5. Ergebnis

Die einzelnen Auslegungsmethoden lassen zum Teil unterschiedliche Auslegungsergebnisse zu. So folgt zum Beispiel aus der teleologischen Betrachtung nicht zwangsläufig, dass § 1618a BGB echte Rechtspflichten begründet. Die Hervorhebung der Partnerschaftlichkeit einer Familie würde auch durch bloße Leitlinien erfolgen können. Es gibt aber ebenso Argumente, die dafürsprechen, dass die Gegenseitigkeit besser gewährleistet werden kann, wenn unmittelbar Rechte und Pflichten begründet werden. Mit Hilfe der systematischen Betrachtung bewegt sich das Bild etwas weiter in Richtung Rechtspflichtbegründung, was schlussendlich durch die Wortlautauslegung besonders bestätigt wird. Der Ausdruck „sind […] schuldig" kann ohne weitere eindeutige Anhaltspunkte nicht so verstanden werden, dass die Vorschrift

---

860 Ebenso *Schulte*, Kontaktverweigerung, S. 100 f. Vgl. auch *Gernhuber*, in: FS Müller-Freienfels 1986, S. 159, 164.

861 BGHSt 1, 74, 76; LK-*Dannecker/Schuhr* § 1 StGB Rn. 314; Matt/Renzikowski-*Basak* § 1 StGB Rn. 23; MK-*Schmitz* § 1 StGB Rn. 92; NK-*Kargl* § 1 StGB Rn. 108e.

nur Leitbilder aufzeigt. Der Wortlaut, in Verbindung mit der systematischen und teleologischen Betrachtung, legt vielmehr nahe, dass der Norm anspruchs- und damit rechtspflichtbegründender Charakter zukommt.[862]

Die Auslegung von § 1618a BGB ergibt somit, dass mit der Vorschrift echte Rechtspflichten begründet werden. Dies folgt insbesondere daraus, dass eine möglicherweise gedachte Sanktionslosigkeit im Wortlaut keine Berücksichtigung gefunden hat und somit nicht erkennbar geworden ist.

V. § 1618a BGB als rechtliche Einstandspflicht im Sinne von § 13 Abs. 1 StGB

Dass § 1618a BGB selbst unmittelbar Rechtspflichten begründet, bedeutet noch nicht, dass es sich bei den Rechtspflichten auch um *garantenstellungsbegründende* Rechtspflichten handelt, denn: Nicht jede Rechtspflicht begründet auch die besondere Einstandspflicht, die von § 13 Abs. 1 StGB vorausgesetzt wird.[863]

Erforderlich ist, dass die Rechtspflicht gerade dafür aufgestellt worden ist, die von den Delikten des Besonderen Teils erfassten Rechtsgüter besonders zu schützen, und zwar in der Hinsicht, dass „der Schutzzweck der rechtlichen Grundlage [...] die Tatfolge mit einbeziehen“ muss.[864] Die Kinder müssten nach § 1618a BGB also zur Verhinderung und Eindämmung von Gefahren für ihre Eltern gewissermaßen „auf Posten gestellt“ sein.[865] Einen ersten Aufschluss darüber, ob aus § 1618a BGB eine Beschützergarantenstellung von Kindern folgt, geben der Anwendungsbereich von § 1618a BGB und die Bedeutung von Beistand und Rücksicht.

In diese Überlegungen miteinbezogen werden müssen zusätzlich die Vorgaben, die Art. 103 Abs. 2 GG für das Strafrecht aufstellt. Da es sich nach hier vertretener Ansicht bei dem Merkmal der rechtlichen Einstandspflicht des § 13 Abs. 1 StGB um einen (unechten) blankettartigen Verweis auf

---

862 Siehe auch *Böhm*, Garantenpflichten, S. 207: „anspruchsorientierte Formulierung“; *Eidenmüller* JuS 1998, 789, 790; *Ludyga* FPR 2012, 54, 55; *Muscheler/Bloch* FPR 2012, 339, 347.

863 Siehe dazu ausführlich 3.E.

864 *Albrecht*, Garantenstellung, S. 164.

865 *Kaufmann*, Dogmatik der Unterlassungsdelikte, S. 283, Siehe auch *Albrecht*, Garantenstellungen, S. 46; LK-*Weigend* § 13 StGB Rn. 22; NK-*Gaede* § 13 StGB Rn. 32; *Utz*, Geschäftsherrenhaftung, S. 56.

gesetzliche Einstandspflichten handelt,[866] ist es erforderlich bzw. sinnvoll, auch die jeweilige ausfüllende Norm, hier § 1618a BGB, daraufhin zu überprüfen, ob die Vorgaben von Art. 103 Abs. 2 GG eingehalten worden sind.[867] Das setzt voraus, dass der Anwendungsbereich von § 1618a BGB durch Auslegung ermittelt werden kann und die staatliche Reaktion für den Bürger voraussehund berechenbar ist. Ein erster Schritt in Richtung Vereinbarkeit von § 1618a BGB mit Art. 103 Abs. 2 GG wurde bereits durch die Ermittlung des Rechtspflichtcharakters der Vorschrift mittels Auslegung geleistet. In einem weiteren Schritt muss ergänzend der Frage nachgegangen werden, ob die Vorschrift auch im Hinblick auf die Formulierung der Verpflichtung zu *Beistand* und *Rücksicht* hinreichend bestimmt ist.

1. Zivilrechtliche Rechtspflichten als strafrechtliche Rechtspflichten

An der ausschließlich zivilrechtlichen Begründung von Garantenstellungen und somit auch in Bezug auf § 1618a BGB wird grundsätzlich Kritik geäußert. Das Zivilrecht drehe sich häufig um „den fairen Ausgleich von Vermögensinteressen […], insbesondere um Schadensausgleich“ und mithin um „wirtschaftliche Erwägungen“.[868] Es sei auf vertretbare Handlungen respektive Zahlungsverpflichtungen, selten auf nicht vertretbare Handlungen gerichtet.[869] Bei der Durchsetzung nicht vertretbarer Handlungen gehe der Gesetzgeber zudem äußerst zurückhaltend vor.[870] Das Strafrecht schulde eine

---

[866] Siehe auch Baumann/Weber/*Mitsch*/Eisele § 21 Rn. 45; *Böhm*, Garantenpflichten, S. 173 f., 175 ff.; MK-*Schmitz* § 1 StGB Rn. 56; *Puppe* ZStW 2022 (134), 327 f., 329 f.; *Stam* ZStW 2019 (131), 259, 261. Vgl. *Herbertz*, Ingerenz, S. 209 f.

[867] BVerfGE 37, 201, 208 f.; 41, 314, 319; 153, 310, 344; BVerfG NStZ 2002, 22; NJW 1992, 35; BGHSt 61, 110, 127; BGH NJW 2016, 1251, 1256; AnwK-*Gaede* § 1 StGB Rn. 9; BeckOK/GG-*Radtke* Art. 103 GG Rn. 29 f.; m. w. N. *Böhm*, Garantenpflichten, S. 149 f.; *Bülte* NZWiSt 2017, 161, 164, 170; GS-*Rössner* § 1 StGB Rn. 7; *Henckel* HRRS 2018, 273, 274; *Herbertz*, Ingerenz, S. 205; LK-*Dannecker/Schuhr* § 1 StGB Rn. 151; MK-*Schmitz* § 1 StGB Rn. 65; LK-*Dannecker* § 1 StGB Rn. 118, 150 ff.; *Otto* § 2 Rn. 7; *Roxin/Greco* AT/I § 5 Rn. 40; Sachs-*Degenhart* Art. 103 GG Rn. 65; Schmidt-Bleibtreu/Hofmann/Henneke-*Schmahl* Art. 103 GG Rn. 59; SK-*Jäger* § 1 StGB Rn. 6, 9, 27; S/S/W-*Satzger* § 1 StGB Rn. 61 f. Zu unechten Blanketten siehe *Dorneck*, in: Stam/Werkmeister, S. 9, 11.

[868] *Fischer*, Ingerenz, S. 108 f.

[869] *Arzt* JA 1980, 647, 650. Siehe m. w. N. *Albrecht*, Garantenstellungen, S. 100; *Bergmann*, Vertragswidriges Unterlassen, S. 337 f.

[870] *Arzt* JA 1980, 647, 650.

„Antwort auf die Frage, warum die Bezugnahme auf zivilrechtliche Pflichten zu einem weit über § 888 ZPO hinausgehenden Zwang führen soll (nämlich Strafandrohung)."[871] Dagegen wird allerdings überzeugend eingewandt, dass es auch im Zivilrecht nicht nur um den Austausch von Leistungen und der Gewährung von Schadensersatz gehe, sondern Verträge auch auf den Schutz von Rechtsgütern ausgelegt und vom Präventionsgedanken getragen seien, beispielsweise wenn es um die Überwachung einer gefährlichen Baugrube gehe, um Schäden sich dort aufhaltender Personen zu verhindern.[872]

Den von *Arzt* geäußerten Bedenken wird zudem ebenso dadurch begegnet, dass im Sinne des ultima ratio-Gedanken des Strafrechts eine Garantenstellung aus zivilrechtlichen Vorschriften nur in den Fällen zur Entstehung kommt, in denen es um besondere Einstandspflichten zum Schutz von Rechtsgütern geht und dabei nicht nur auf die formalrechtlichen Grundlagen abgestellt wird, sondern ein weiteres Element hinzukommen muss, das die hervorgehobene Stellung des Garanten gegenüber „Jedermann" im Sinne des § 323c Abs. 1 StGB deutlich werden lässt.[873]

2. Persönlicher Anwendungsbereich

§ 1618a BGB gilt für alle Eltern-Kind-Beziehungen.[874] Voraussetzung ist lediglich ein *rechtliches* Eltern-Kind-Verhältnis, sodass beispielsweise Stiefeltern und -kinder nicht erfasst sind.[875] Durch die Formulierung „sind einander" wird deutlich gemacht, dass die von § 1618a BGB begründeten Pflichten in beide Richtungen wirken, also wechselseitig sowohl Eltern als auch Kinder verpflichten.[876] Mögen die Entscheidungen der Rechtsprechung auch darauf

---

871 *Arzt* JA 1980, 647, 650.

872 *Bergmann*, Vertragswidriges Unterlassen, S. 338 f.; *Grünewald*, Garantenpflichten, S. 66 ff.,

873 So auch selbst *Arzt* JA 1980, 647, 650; *Gottschaldt*, Garantenpflicht, S. 198 f., 201 f.; *Perdomo-Torres*, Garantenpflichten, S. 211. Dazu für den hier vorliegenden Fall näher unter 4.C.V.4.

874 MK/BGB-*v. Sachsen Gessaphe* § 1618a BGB Rn. 5; Schulze-*Kemper* § 1618a BGB Rn. 2.

875 BeckOGK-*Kienemund* § 1618a BGB Rn. 1, 6; BeckOK/BGB-*Pöcker* § 1618a BGB Rn. 2; *Gernhuber*, in: FS Müller-Freienfels 1986, S. 159, 170; Grüneberg-*Götz* § 1618a BGB Rn. 1; *Lüderitz*, in: FS Gaul 1997, S. 411; MK/BGB-*v. Sachsen-Gessaphe* § 1618a BGB Rn. 4, 7; P/W/W-*Ziegler* § 1618a BGB Rn. 2.

876 BT-Drs. 8/2788, S. 36. BVerfGE 96, 56, 62; OLG Bamberg NJW 1985, 2724, 2725; LG Passau NJW 1988, 144, 145; LSG Stuttgart, Urt. v. 17.2.2012 – L 4 P 2762/06; SG

schließen lassen, dass § 1618a BGB eher zulasten der Eltern gehe, ist diesem Gedanken entgegenzuhalten, dass er nicht allein daraus folgen kann, dass in der Praxis häufiger Fälle behandelt werden, in denen es um die Verpflichtung der Eltern geht, sofern dazu keine unterstützenden theoretischen Anhaltspunkte existieren. Der Wortlaut von § 1618a BGB enthält keine entsprechenden Anhaltspunkte. Sinn und Zweck der Norm ist zudem vielmehr, die *Wechselseitigkeit* der Beziehung aufzuzeigen – Kinder und Eltern werden von § 1618a BGB abstrakt gleichermaßen erfasst und verpflichtet. Im Einzelfall können sich die Pflichten und deren Ausmaß dennoch unterscheiden, insbesondere kann von einem kleinen Kind nicht dasselbe Maß an Beistand und Rücksicht gefordert werden, wie von einem jugendlichen oder erwachsenen Kind; sie richten sich nach den persönlichen Fähigkeiten des einzelnen Familienmitglieds.[877]

Anders als § 1619 BGB beschränkt § 1618a BGB den Anwendungsbereich auch nicht auf einen zwischen Eltern und Kinder bestehenden Haushalt und die Voraussetzung der Erziehung und Gewährung von Unterhalt durch die Eltern, sodass § 1618a BGB unabhängig vom Alter des Kindes, also sowohl für minderjährige als auch volljährige Kinder Geltung beansprucht und damit grundsätzlich ein Leben lang gilt.[878] Würde die Wirkung von § 1618a BGB auf minderjährige Kinder beschränkt werden sollen, hätte die Regelung im Abschnitt der §§ 1626 ff. BGB erfasst werden müssen.[879] § 1618a BGB gilt ebenso für eheliche wie uneheliche Kinder gleichermaßen, da sich aus der Norm keine Differenzierung ergibt.[880]

Karlsruhe BeckRS 2012, 6702; *Bosch* FamRZ 1980, 739, 741; *Brühl* FamRZ 1982, 985, 987; *Knöpfel* FamRZ 1985, 554, 557; Lackner/Kühl/*Heger* § 13 StGB Rn. 8; LK-*Weigend* § 13 StGB Rn. 26; *Schwab* § 60 Rn. 746.

877 Dazu näher unter dem folgenden Punkt 4.B.V.2.

878 BT-Drs. 8/2788, S. 36, 43; BGHZ 125, 206, 214; BGH VersR 1985, 290; NJW 1994, 1341, 1343; 2014, 1177; OLG Bamberg NJW 1985, 2724, 2725; LSG Darmstadt BeckRS 2021, 23299. BeckOGK-*Kienemund* § 1618a BGB Rn. 1, 7; *Belchaus*, Elterliches Sorgerecht, S. 36; *Böhm*, Garantenpflichten, S. 216; *Gernhuber/Coester-Waltjen* § 55 Rn. 65; *Knöpfel* FamRZ 1985, 554, 559; *Ludyga* FPR 2012, 54, 56; *Luthin* FamRZ 1979, 986, 987; Palandt[47]-*Diederichsen* § 1618a BGB Rn. 1; *ders.* NJW 1980, 1, 2; *Schramm*, Ehe und Familie, S. 264; *Simon* JuS 1979, 752.

879 *Ludyga* FPR 2012, 54, 56; Palandt[47]-*Diederichsen* § 1618a BGB Rn. 1.

880 BT-Drs. 8/2788, S. 43. BeckOGK-*Kienemund* § 1618a BGB Rn. 1; *Bosch* FamRZ 1980, 739, 741; *Diederichsen* NJW 1980, 1, 2; *Gernhuber*, in: FS Müller-Freienfels 1986, S. 159, 170; *Knöpfel* FamRZ 1985, 554, 559; *Ludyga* FPR 2012, 54, 56.

Damit ist § 1618a BGB zumindest abstrakt dazu geeignet, eine Garantenstellung im Verhältnis von Kindern zu ihren rechtlichen Eltern zu begründen. Für das Strafrecht gilt jedoch, dass Kinder bis zu einem Alter von vierzehn Jahren vom Anwendungsbereich ausgeschlossen sind – sie sind zwar, da § 1618a BGB kein Mindestalter voraussetzt, nach ihrem Können und ihren Kräften bereits zu Beistands- und Rücksichtsleistungen gegenüber ihren Eltern verpflichtet, haben aber das erforderliche Strafmündigkeitsalter (§ 19 StGB) noch nicht erreicht und sind deshalb aus der Gruppe der Beschützergaranten im Sinne des § 13 Abs. 1 StGB auszunehmen.

3. Beistand und Rücksicht im Sinne des § 1618a BGB

Obschon § 1618a BGB für alle rechtlichen Eltern-Kind-Beziehungen gilt, erhebt die Vorschrift aufgrund der Vielzahl an unterschiedlichsten Familienkonstellationen nicht immer dieselben Ansprüche an jedes Familienmitglied, sondern hängen diese von den jeweiligen Umständen des Einzelfalls ab.[881] Die Verpflichtung zu Beistand wird zum Beispiel für Kinder umso stärker, je älter sie werden.[882] Sie hängt darüber hinaus auch vom Alter insgesamt, dem Gesundheitszustand, dem Zusammenleben und den wirtschaftlichen Verhältnissen der Beteiligten ab.[883]

Abstrakt ist unter Beistand die *aktive* Unterstützung innerhalb der Familie in allen gewöhnlichen und außergewöhnlichen Lebenslagen zu verstehen.[884] Dabei kann die Unterstützung sowohl seelischen Beistand als auch tatsächliche Hilfeleistungen durch Arbeitseinsatz, Sach- und finanzielle Leistungen umfassen, zum Beispiel durch Nachhilfeunterricht und Hilfeleistung bei Not und

---

881 BT-Drs. 8/2788, S. 43. BeckOGK-*Kienemund* § 1618a BGB Rn. 9; *Böhm*, Garantenpflichten, S. 204, 208; *Kaltenbach* NZFam 2017, 1097, 1098; *Kudlich* NStZ 2022, 604.

882 BT-Drs. 8/2788, S. 43. *Böhm*, Garantenpflichten, S. 218; Palandt[47]-*Diederichsen* § 1618a BGB Rn. 2; Schulze-*Kemper* § 1618a BGB Rn. 3.

883 BGH NJW 2017, 3609, 3610; BayObLG FamRZ 2000, 976, 977; Grüneberg-*Götz* § 1618a BGB Rn. 5; MK/BGB-*v. Sachsen-Gessaphe* § 1618a BGB Rn. 5, 8; *Schramm*, Ehe und Familie, S. 264.

884 AG Berlin-Schöneberg FamRZ 2018, 1096, 1097; LSG Darmstadt BeckRS 2021, 23299; BeckOGK-*Kienemund* § 1618a BGB Rn. 11; *Böhm*, Garantenpflichten, S. 207; Grüneberg-*Götz* § 1618a BGB Rn. 3 f.; Kaiser/Schnitzler/Schilling/Sanders-*Czeguhn/Schmitz* § 1618a BGB Rn. 5; *Knöpfel* FamRZ 1985, 554, 556, 563; *Ludyga* FPR 2012, 54, 56; Palandt[47]-*Diederichsen* § 1618a BGB Rn. 2.

Krankheit.[885] Die Verpflichtung zu Beistand wird besonders zur Begründung des Anspruchs auf Nennung des leiblichen Vaters herangezogen.[886]

Demgegenüber richtet sich die Rücksichtnahme auf passives Verhalten bzw. die *Nichtvornahme* bestimmter Handlungen.[887] Rücksichtnahme bedeutet, dass die jeweiligen Familienmitglieder ihre eigenen Bedürfnisse und Wünsche hinter den Belangen der anderen Familienmitglieder zurückstellen, also zum Beispiel bei eingeschränkter finanzieller Leistungsfähigkeit Schadensersatz nicht geltend machen.[888] Rücksichtnahme spielt in der Rechtsprechung eine besondere Rolle bei der Bestimmung von Unterhaltsansprüchen.[889]

Unter Zugrundelegung dieser Abgrenzung zeigt sich, dass die Verpflichtung zu Rücksichtnahme nicht herangezogen werden kann, um eine Garantenstellung zu begründen. Bei § 13 Abs. 1 StGB wird unter Strafe gestellt, dass eine zur Erfolgsverhinderung erforderliche Handlung *nicht* vorgenommen wurde. Wenn sich aber aus § 1618a BGB die Verpflichtung ergibt, eine Handlung gerade nicht vorzunehmen, sondern diese zu unterlassen, würde es zu einem Wertungswiderspruch führen, wenn dieses vom Gesetz erlaubte und geforderte Verhalten auf der anderen Seite Strafbarkeit auslösen würde.

Die Verpflichtung zu Beistand hingegen erscheint auf den ersten Blick durchaus geeignet, eine Beschützergarantenstellung von Kindern im Verhältnis zu

---

885 BSG NJW 1990, 1558, 1559; BeckRS 2010, 75545; LSG Chemnitz BeckRS 2021, 22952; BeckOGK-*Kienemund* § 1618a BGB Rn. 11; *Belchaus*, Elterliches Sorgerecht, S. 37; *Böhm*, Garantenpflichten, S. 208; Grüneberg-*Götz* § 1618a BGB Rn. 3 f.; Kaiser/Schnitzler/Schilling/Sanders-*Czeguhn/Schmitz* § 1618a BGB Rn. 5; *Knöpfel* FamRZ 1985, 554, 556, 563; *Ludyga* FPR 2012, 54, 56; MK/BGB-*v. Sachsen-Gessaphe* § 1618a BGB Rn. 9. Siehe auch https://www.duden.de/rechtschreibung/Beistand, zuletzt abgerufen am 27.10.2023 und https://www.dwds.de/wb/wdg/beistehen, zuletzt abgerufen am 17.12.2022.

886 Siehe dazu schon 4.B.I.1.

887 BeckOK/BGB-*Pöcker* § 1618a BGB Rn. 9; Kaiser/Schnitzler/Schilling/Sanders-*Czeguhn/Schmitz* § 1618a BGB Rn. 8.

888 BGHZ 125, 206, 214; BGH NJW 1994, 1341, 1343; KG Berlin NJW 2016, 2345, 2347; Grüneberg-*Götz* § 1618a BGB Rn. 4; *Knöpfel* FamRZ 1985, 554, 564; *Ludyga* FPR 2012, 54, 56; MK/BGB-*v. Sachsen-Gessaphe* § 1618a BGB Rn. 10; Palandt[47]-*Diedrichsen* § 1618a BGB Rn. 2; https://www.duden.de/rechtschreibung/Ruecksicht, zuletzt abgerufen am 27.10.2023.

889 Siehe dazu ebenfalls schon 4.B.I.1.

ihren Eltern zu begründen, da Beistand – anders als die Rücksichtnahme – gerade das aktive Tätigwerden voraussetzt.

Bei näherer Betrachtung zeigt sich zudem, dass die Verpflichtung zu Beistand den klassischen Anwendungsbereich der Beschützergarantenstellung trifft. Sie erfasst die Fälle, in denen Menschen besonders füreinander Verantwortung tragen, sich umeinander kümmern und in Not zur Seite stehen sollen. Genau diesen Zweck verfolgt § 1618a BGB. Die Vorschrift soll deutlich machen, dass innerhalb der Familie Beistand (und Rücksichtnahme) in erhöhtem Maße gelten.[890] Die Verpflichtung, jemandem bei Krankheit und Not beizustehen, indem man beispielsweise entweder selbst die Pflege und Gesundheitssorge übernimmt oder sich darum kümmert, dass dem Kranken ärztliche Hilfe zukommt, stellt das Paradebeispiel einer Beschützergarantenstellung dar. Von der Beschützergarantenstellung erfasst sind in der Regel hauptsächlich die von §§ 211 ff., 223 ff. erfassten Rechtsgüter – es handelt sich meist um den Schutz von Leib, Leben und Gesundheit,[891] also gerade um die Rechtsgüter, bei deren Gefährdung § 1618a BGB zu Unterstützung verpflichtet.

Allerdings – und das ist ein nicht zu vernachlässigender Aspekt – ist die Vorschrift, unabhängig davon, ob man in § 1618a BGB eine Vorschrift sieht, der Leitbildfunktion ohne Regelungscharakter zukommt oder die rechtspflichtbegründend wirkt, als Generalklausel mit sehr weitem und allgemeinem Anwendungsbereich formuliert. *Beistand* und *Rücksicht* sind zwei Begriffe, unter die sehr viele Verhaltensweisen gefasst werden können, weshalb das Problem der Bestimmtheit nicht ohne Weiteres deshalb von der Hand zu weisen ist, weil die Begriffe in ihrer abstrakten Bedeutung erklärt werden können. Die Betrachtung könnte dem Einwand ausgesetzt sein, dass die ohnehin schon bei § 13 Abs. 1 StGB vorhandene Problematik der hinreichenden Bestimmtheit durch einen Rekurs auf zivilrechtliche Generalklauseln nicht entschärft, sondern vielmehr verstärkt wird.

Es stellt sich daher die durchaus berechtigte Frage, ob eine solche Generalklausel für das in der grundrechtlichen Eingriffsintensität sehr starke Strafrecht Geltung entfalten kann. Bei einer Generalklausel, die so offen

---

890 Siehe erneut BT-Drs. 8/2788, S. 31.

891 Siehe auch GS-*Tag* § 13 StGB Rn. 18, 20; LK-*Weigend* § 13 StGB Rn. 28; Matt/Renzikowski-*Haas* § 13 StGB Rn. 121 ff. sowie m. w. N. *Gimbernat Ordeig* ZStW 1999 (111), 307, 312; *Kretschmer* JURA 2006, 898; *Kühl* JuS 2007, 497, 500; *Lilie* JZ 1991, 541, 543.

formuliert ist wie § 1618a BGB, ist der Anwendungsbereich bzw. sind die Erwartungen, die an das einzelne Familienmitglied gestellt werden, schwierig zu greifen. Auf den ersten Blick lässt sich nicht sagen, was alles unter Beistands- und Rücksichtnahmeleistungen fällt. Das wird jeder Mensch in jeder Familie zumindest in gewissen Randbereichen unterschiedlich beurteilen, auch und gerade, weil sich das familiäre Zusammenleben heute wesentlich von Familiengemeinschaften des vergangenen Jahrhunderts unterscheidet.[892] Allerdings sind die Begriffe Beistand und Rücksicht nicht völlig inhaltsleer, sondern der Auslegung grundsätzlich zugänglich.

Zudem ist es auch nach der hier vertretenen Ansicht, die strenge Anforderungen an die Bestimmtheit von Gesetzen stellt, nicht gänzlich ausgeschlossen, Generalklauseln zu verwenden. Die Formulierung jeder einzelnen Beistands- und Rücksichtnahmeleistung könnte aufgrund der schier unvorstellbaren Vielzahl an Möglichkeiten und Konstellationen in einem Gesetz gar nicht sinnvoll geleistet werden. Zudem kann und darf man davon ausgehen, dass jeder Mensch, egal wie unterschiedlich die Ansichten in den Einzelheiten sein mögen, eine durchaus realistische Vorstellung davon hat, was mit Beistand und Rücksicht innerhalb einer Familie gemeint ist und so zumindest abstrakt überblicken kann, welche Anforderungen das Gesetz an die einzelnen Familienmitglieder mit Hilfe der Begriffe des Beistands und der Rücksicht, deren Inhalt durch Auslegung bestimmt werden kann, stellt. Dass man sich in einer Familie – von Ausnahmen abgesehen – umeinander kümmert und füreinander da ist, ist von der Vorstellung der Mitglieder unserer Gesellschaft im Allgemeinen umfasst.[893]

Obschon es sich sowohl bei § 13 Abs. 1 StGB als auch bei § 1618a BGB um blankettartige bzw. generalklauselartige Vorschriften handelt, ist mit einer Beschränkung auf gesetzliche Pflichten und einem Rückgriff auf Generalklauseln des Familienrechts unter Berücksichtigung von Art. 103 Abs. 2 GG im Gegensatz zu einer Anknüpfung an rein materielle Kriterien, die, wie das Kriterium der engen Verbundenheit, oft im Unklaren bleiben, mehr an Vorhersehbarkeit und Bestimmtheit gewonnen. In Ergänzung mit § 1618a BGB, der zwar eine Generalklausel ist, aber dennoch abstrakt die von Rechts wegen existierenden Pflichten innerhalb einer Familie benennt,

---

892 Näher schon 1.A.
893 Vgl. 2.B.III.1.c.

ist für die Anwendung bzw. Auslegung der unechten Unterlassungsdelikte im Verhältnis von Kindern zu ihren Eltern etwas mehr Konkretisierung und Erkennbarkeit geleistet. Durch die Verbindung von § 13 Abs. 1 StGB mit der gesetzlichen Pflicht aus § 1618a BGB wird der Rechtsanwendung und dem juristischen Laien Werkzeug an die Hand gegeben, das objektiv nachvollziehbar und zumindest in der abstrakten Betrachtung frei(er) von Willkür ist.

Mit § 13 Abs. 1 StGB in Verbindung mit § 1618a BGB gibt es einen für jeden ersichtlichen, geschriebenen Rechtssatz als Anknüpfungspunkt, sodass die sonst so schwierig zu überblickende Dogmatik der Unterlassungsdelikte zumindest etwas aufgehellt wird. Die Generalklausel des § 1618a BGB stellt einen vom Gesetzgeber objektivierten Maßstab dar, der zumindest abstrakt unabhängig von aktuell vorherrschenden und sich entwickelnden ethisch-moralischen und gesellschaftlichen Standards ist, die bei durch die Rechtsprechung entwickelten Garantenstellungen und ihren Voraussetzungen regelmäßig herangezogen werden und insoweit nicht zwingend auf eine gesetzgeberische Wertung zurückzuführen sind. Es werden nicht nur die von Art. 103 Abs. 2 GG postulierte Freiheit und der Schutz vor willkürlichen Entscheidungen gesichert, sondern auch die ebenso erfassten Grundsätze des demokratischen Rechtsstaats und der Gewaltenteilung.

Die hier vorgefundene Lösung stellt zwar aufgrund der Verknüpfung zweier generalklauselartiger Vorschriften nach wie vor keine in jeglicher Hinsicht absolute Präzisierung dar. Das ist praktisch dem Umstand geschuldet, dass der Gesetzgeber sich mit der Fassung von § 13 Abs. 1 StGB nicht selbst auf einzelne Garantenstellungen festlegen wollte und so einen relativ unbestimmten Paragrafen geschaffen hat, der dem Rechtsanwender und insbesondere dem juristischen Laien einiges an Auslegungsarbeit abverlangt. Dennoch liegt – in Anbetracht des Werkzeugs, das vom Standpunkt des geltenden Rechts aufgefunden worden ist – im Ergebnis ein höheres Maß an Bestimmtheit vor als beim Verzicht auf den Rückgriff auf gesetzliche Regelungen. So ist gewährleistet, dass die Bürger bei einem Blick in die gesetzlichen Regelungen Tragweite und Anwendungsbereich der unechten Unterlassungsdelikte im Verhältnis der Kinder zu ihren Eltern zumindest grundsätzlich in einer gewissen Schärfe erkennen und voraussehen können. Ohne einen Rekurs auf – wenn auch nur generalklauselartig formulierte – gesetzliche Pflichten wäre eine Handhabung von § 13 Abs. 1 StGB in der Praxis aufgrund der Unvorhersehbarkeit der staatlichen Reaktion unmöglich. Die verbleibenden Unsicherheiten in Anbetracht des Gesetzlichkeitsprinzips, das keine absolut vollständige Klarheit fordert, sind aufgrund der aufgestellten Auslegungsmaßstäbe hinnehmbar.

4. Konkretisierung der Voraussetzungen

Neben dem Vorhandensein eines rechtlichen Eltern-Kind-Verhältnisses stellt § 1618a BGB keine weiteren Anforderungen. Die Verpflichtung zu Beistand und Rücksichtnahme ist also grundsätzlich mit Bestehen dieses Verhältnisses begründet und gilt allumfassend.[894] Es würde für das abstrakte Bestehen der Beschützergarantenstellung weder eine Rolle spielen, ob die Kinder voll- oder minderjährig, ehelich oder nichtehelich sind, noch im Haushalt mit ihren Eltern leben oder leibliche Kinder sind. Eine Garantenstellung würde unabhängig von der im Einzelfall bestehenden familiären Beziehung entstehen und nicht voraussetzen, dass Eltern und Kinder eine familiäre Verbindung leben und selbst dann gelten, wenn zwischen Eltern und Kindern keine emotionale, sondern ausschließlich eine rein rechtliche Beziehung und gegebenenfalls sogar ein Zustand völliger Zerrüttung besteht.

Darin könnte womöglich doch eine Rückkehr zur formellen Rechtsquellenlehre liegen,[895] die – wie sich aus der Auslegung von § 13 Abs. 1 StGB ergeben hat[896] – nicht erwünscht ist. Um dieser Rückkehr entgegenzutreten und in Anbetracht des intensiven Eingriffs in die Grundrechte des Einzelnen, den das Strafrecht auslöst, erscheint deshalb eine Einschränkung des Anwendungsbereichs respektive eine Erweiterung der Voraussetzungen, aus denen eine Garantenstellung nach § 1618a BGB entsteht, angebracht, die mithilfe einer weitergehenden Auslegung der §§ 1618a BGB, 13 StGB vorgenommen wird.

a. Teleologische Betrachtungsweise – Abgrenzung zu § 323c Abs. 1 StGB

Besinnt man sich auf den im Rahmen der Auslegung von § 13 Abs. 1 StGB hervorgetretenen Grundgedanken, der hinter der gegenüber § 323c Abs. 1 StGB erhöhten Strafandrohung und dem Erfordernis der Garantenstellung steht, leuchtet es ein, dass die rein formal bestehende familienrechtliche Beziehung nicht ausreichen kann. Die erhöhte Strafwürdigkeit des unechten

---

[894] Vgl. *Schulte*, Kontaktverweigerung, S. 73 f.

[895] Siehe z. B. die Kritik bei *Bülte* GA 2013 (160), 389, 398.

[896] Dazu 3.E.

Unterlassungsdeliktes rührt daher, dass bestimmte Personen in besonderer Weise gegenüber Gefahrenquellen, Sachen oder Personen zum Schutz von Rechtsgütern verpflichtet sind und sie deshalb durch das Nichteingreifen höheres Unrecht auf sich laden als der sog. Jedermann.[897]

Besteht zwischen Eltern und Kindern keine tatsächliche familiäre, sondern eine rein formale verwandtschaftsrechtliche Beziehung und begründet man allein darüber die gegenüber der unterlassenen Hilfeleistung erhöhte Strafbarkeit, müsste man sich die Frage gefallen lassen, aus welchem Grund das Verhalten des Kindes diesem vorwerfbarer ist als irgendeinem Bekannten der Eltern oder einem völlig Fremden. Zwischen den Voraussetzungen, die die Hilfeleistungspflicht nach § 323c Abs. 1 StGB begründen und denen, die zu einer erhöhten Strafbarkeit über § 13 Abs. 1 StGB führen, muss ein gewisser, auch normativ-wertender Abstand bestehen, um die im Extremfall sehr weit auseinandergehende Strafandrohung rechtfertigen zu können. Zusätzlich zu dem formal bestehenden Band ist daher einschränkend zu fordern, dass auch in materieller Hinsicht ein familiäres Band besteht.

b. Systematische und historische Betrachtungsweise – Vergleich zu § 1353 Abs. 1 S. 2 BGB

Die Verbindung des formalen mit dem materiellen Gesichtspunkt des Vertrauens steht in Einklang mit der heutigen[898] Behandlung von Garantenstellungen unter Eheleuten. Voraussetzung für das Bestehen einer Garantenstellung ist, kursorisch zusammengefasst, dass zwischen den Eheleuten neben dem formalen Band (§ 1353 Abs. 1 Satz 2 BGB) ein Vertrauens- und Abhängigkeitsverhältnis tatsächlich besteht, welches nicht erst mit der förmlichen Scheidung endet, sondern bereits, wenn die Ehe dauerhaft zerrüttet ist bzw. sich die Ehegatten in der Absicht voneinander getrennt haben, die eheliche Lebensgemeinschaft nicht wiederherzustellen.[899] Eine

---

897 Ausführlich 2.B.II.

898 Unter der früher vorherrschenden formellen Rechtsquellenlehre wurde die Garantenstellung unter Eheleuten allein mit dem formalen Band der Ehe begründet, sodass eine Beendigung erst mit Rechtskraft der Scheidung eingetreten ist, dazu nur m. w. N. BGHSt 48, 301, 303.

899 BGHSt 48, 301, 304 ff.; *Albrecht*, Garantenstellungen, S. 214 f.; BeckOK-*Heuchemer* § 13 StGB Rn. 38; *Böhm*, Garantenpflichten, S. 19 ff.; *Ceffinato* NStZ 2018, 65, 68; ausführlich *Ingelfinger* NStZ 2004, 409, 410 ff.; LK-*Weigend* § 13 StGB Rn. 28; MK-*Freund*

Trennung bzw. Zerrüttung zwischen Ehegatten wird nicht daran festgemacht, ob die häusliche Gemeinschaft nach der Trennung fortbesteht oder nicht.[900] Demgegenüber soll die Beendigung der häuslichen Lebensgemeinschaft nicht automatisch zur Beendigung der persönlichen Beziehung unter Ehegatten führen, die beispielsweise aus beruflichen Gründen räumlich getrennt voneinander leben.[901]

Die Orientierung an den Grundsätzen zur Garantenstellung unter Eheleuten liegt im Übrigen deshalb nahe, weil der Gesetzgeber selbst bei Schaffung des § 1618a BGB ausgeführt hat, dass dieser Vorschrift eine ähnliche Wirkung wie § 1353 BGB, der die formale Grundlage der Garantenstellung von Ehegatten bildet, zukommen solle.[902]

Äquivalent zu den Ehegatten ließe sich formulieren, dass die Garantenstellung zwischen Kindern und Eltern so lange besteht, wie das familiäre Band intakt und von gegenseitiger Nähe geprägt, also nicht zerrüttet ist.[903]

c. *Teleologische Betrachtungsweise – Vertrauensgrundsatz*

Damit stellt sich die Frage, wann ein von gegenseitiger Nähe geprägtes, intaktes familiäre Band vorliegt. Die familiären Bindungen und Verhältnisse von Kindern und Eltern gestalten sich unterschiedlich eng und intensiv. Es gibt nicht nur „schwarz und weiß", sondern eine Vielzahl an Graustufen.

Unter Berücksichtigung der vorgenannten systematischen und historischen Betrachtungsweisen, die eine Orientierung an den Grundsätzen zur

---

§ 13 StGB Rn. 175; *ders.* NJW 2003, 3384, 3385; *Nikolaus* JA 2005, 605, 608 f.; NK-*Gaede* § 13 StGB Rn. 61, 57; *Perdomo-Torres*, Garantenpflichten, S. 188 ff.; *Roxin* GA 2021 (168), 190, 193; *ders.* AT/II § 5 Rn. 45; *Rudolphi* NStZ 1984, 149; 153; SK-*Stein* § 13 StGB Rn. 68; *Wessels/Beulke/Satzger* § 19 Rn. 1184; *v. Coelln*, Rechtliches Einstehenmüssen, S. 212.

900 BGHSt 48, 301, 305; *Kleinherne*, Garantenstellung, S. 539 f.; *Kretschmer* JURA 2006, 898, 902; *Nikolaus* JA 2005,605, 609; NK-*Gaede* § 13 StGB Rn. 57. Dagegen *Ingelfinger* NStZ 2004, 409, 412; SK-*Stein* § 13 StGB Rn. 68.

901 BGHSt 48, 301, 304 f.; AnwK-*Gercke/Hembach* § 13 StGB Rn. 10; BeckOK-*Heuchemer* § 13 StGB Rn. 40; *Freund* NJW 2003, 3384, 3386; GS-*Tag* § 13 StGB Rn. 18; *Perdomo-Torres*, Garantenpflichten, S. 196; *Stefanopoulou* HRRS 2018, 15, 17.

902 Dazu 4.D.IV.4.a.

903 Siehe auch m. w. N. *Bergmann*, Vertragswidriges Unterlassen, S. 317; NK-*Gaede* § 13 StGB Rn. 61; *Otto/Brammsen* Jura 1985, 530, 538; *Stefanopoulou* HRRS 2018, 15, 17.

Garantenstellungsbegründung unter Ehegatten nahelegt, empfiehlt sich als Ergänzung zur formalen Voraussetzung eine Orientierung an den materiellen Kriterien des Vertrauensgrundsatzes und der Verhaltenserwartung aufgrund der institutionellen, sozialen Rolle. Diese beiden Kriterien werden schon im Allgemeinen für die Begründung der Garantenstellung und im Speziellen für das Verhältnis von Kindern und Eltern sowohl in der Rechtsprechung als auch in der Literatur herangezogen.[904]

Stefanopoulou hat ausführlich dargelegt, dass sich eine Bezugnahme auf den Vertrauensgrundsatz und die institutionelle Rolle empfiehlt, da in der Beistands- und Rücksichtnahmepflicht des § 1618a BGB „der Gedanke des gegenseitigen *Vertrauens* zum Ausdruck" komme, der nicht auf die „emotionale Wirklichkeit einer individuellen familiären Beziehung" gestützt werde, sondern vielmehr auf die realistische Betrachtung des Instituts der Familie als solche innerhalb unserer Gesellschaft bezogen ist.[905] Dieses institutionelle, in § 1618a BGB zugrunde gelegte Vertrauen führe zu besonderen Verpflichtungen der Kinder gegenüber ihren Eltern, *soweit* Vertrautheit zwischen den Personen tatsächlich besteht.[906]

Die Kombination der Auslegungsergebnisse zu § 1618a BGB und § 13 Abs. 1 StGB zeigt, dass es um die Stärkung und den Schutz der familiären Solidarität geht, die dann in strafrechtlich relevanter Weise verpflichtet, wenn ein familiäres Band, ein besonderes Vertrauensverhältnis besteht.

aa. Das Bestehen einer häuslichen Gemeinschaft

Erster Anknüpfungspunkt zur Bestimmung des besonderen Vertrauensverhältnisses könnte das Bestehen einer häuslichen Gemeinschaft zwischen Eltern und Kindern sein.

Das Bestehen einer häuslichen Gemeinschaft als Voraussetzung bietet sich insofern an, als damit ein objektiver Maßstab gefunden wäre, anhand dessen klar zwischen dem Bestehen und Nichtbestehen einer Garantenstellung unterschieden werden könnte. Allerdings übersieht die Orientierung am Bestehen oder Nichtbestehen eines gemeinsamen Haushaltes, dass – insbesondere in Abgrenzung zu § 323 Abs. 1 StGB – erforderlich ist, dass sich das Kind von den übrigen Mitgliedern der Gesellschaft besonders hervorhebt

---

904 Siehe schon 2.B.III.3.b-d.

905 *Stefanopoulou* HRRS 2018, 15, 16.

906 *Stefanopoulou* HRRS 2018, 15, 16 f.

und die formale Betrachtungsweise dieser Auslegung des § 13 Abs. 1 StGB nicht gerecht wird.

Diese Vorgehensweise widerspricht der sozialen und wirtschaftlichen Realität, die auch bei der Behandlung der Garantenstellung unter Eheleuten Berücksichtigung gefunden hat. Nicht alle Kinder, die mit ihren Eltern in häuslicher Gemeinschaft zusammenleben, haben zwingend ein emotional enges Verhältnis, das die besondere Inpflichtnahme über § 13 Abs. 1 StGB erst begründet. Aufgrund der wirtschaftlich-ökonomischen Lage ist es vielen Menschen gar nicht möglich, aus einer Hausgemeinschaft ausziehen. Steigende Mieten und hohe Eigentumserwerbskosten führen dazu, dass Kinder auch mit Eintritt der Volljährigkeit häufig nicht (sofort) ausziehen, sondern in der elterlichen Wohnung verbleiben müssen – unabhängig davon, ob ein emotionales Verhältnis besteht oder nicht.[907] Ob eine besondere Einstandspflicht besteht, darf nicht von den wirtschaftlichen Verhältnissen der Beteiligten abhängen, die zum Teil gar nicht in ihrer Hand liegen. Leben Familienmitglieder nur noch zusammen, weil es aus finanziellen Gründen anders gar nicht möglich ist, führen sie ihr Leben ansonsten aber getrennt voneinander, ohne sich für die Belange und Bedürfnisse des anderen zu interessieren, kann die häusliche Gemeinschaft allein – wie auch bei Ehegatten – nicht rechtfertigen, das Familienmitglied anders als beliebige Bekannte oder Nachbarn zu behandeln, die sich bei unterlassener Hilfe nur nach § 323c Abs. 1 StGB strafbar machen.

Das Bestehen einer häuslichen Gemeinschaft ist aber, soweit keine entgegenstehenden Anhaltspunkte für ein zerrüttetes Verhältnis ersichtlich sind, zumindest ein starkes Indiz dafür, dass der Alltag gemeinsam bewältigt werden soll, Aufgaben aufgeteilt werden und sich die Familienmitglieder einander gegenseitig anvertrauen und unterstützen, also ein von Nähe geprägtes emotionales Band besteht.

Andererseits führt die Beendigung der häuslichen Lebensgemeinschaft, wie auch bei Ehegatten, nicht automatisch auch zur Beendigung der persönlichen Beziehung, sodass das zwingende Abstellen auf eine häusliche Gemeinschaft auch von dieser Warte aus dem Erfordernis des Vertrauensverhältnisses nicht gerecht werden würde. Vertrauen und Abhängigkeit sind nicht notwendigerweise mit einer häuslichen Gemeinschaft verbunden und können weder

[907] So auch *Kleinherne*, Garantenstellung, S. 539 f.; *Schramm*, Ehe und Familie, S. 260.

in räumlicher noch zeitlicher Hinsicht universell eingeschränkt werden. Dass Kinder irgendwann aus dem Elternhaus ausziehen, ist heutzutage in Anbetracht der nur noch sehr selten vorkommenden unter einem Dach lebenden Großfamilie, ein ganz normaler und natürlicher Vorgang, der erst einmal keine Aussage darüber erlaubt, wie eng oder nicht mehr eng das Verhältnis zwischen Eltern und Kindern tatsächlich ist. Kinder werden erwachsen und immer selbstständiger, womit auch einhergeht, auszuziehen und zum Beispiel eine eigene Familie zu gründen. Das bedeutet aber nicht, dass man sich seinen Eltern nicht mehr verbunden fühlt, füreinander einsteht und Verantwortung übernimmt. Vielmehr kann das Nähe- und Vertrauensverhältnis trotz Getrenntlebens (weiter fort-)bestehen.[908]

Die Orientierung an der häuslichen Gemeinschaft entspricht den Wertungen nicht, die hinter §§ 1618a BGB und 13 Abs. 1 StGB stehen, wenn Kinder, die in einem Haushalt mit ihren Eltern leben, zu ihnen aber kein Verhältnis mehr pflegen, über § 13 Abs. 1 StGB bei Unterlassen der erforderlichen und möglichen Hilfe deutlich höher bestraft werden als die Kinder, die zwar nicht mehr im Haushalt ihrer Eltern leben, aber dennoch eine besondere Bindung zu ihnen haben.

bb. Die Existenz eines besonderen Näheverhältnisses

Anstelle einer häuslichen Gemeinschaft ist der der Garantenstellung von Kindern im Verhältnis zu ihren Eltern zugrundeliegende maßgebliche Aspekt, dass sich Kinder und Eltern im konkreten Fall näherstehen als beliebige Personen, die von der allgemeinen Solidaritätspflicht des § 323c Abs. 1 StGB in die Pflicht genommen werden.

Das ist nicht schon dann der Fall, wenn Eltern und Kinder nicht verfeindet sind. Es reicht auch nicht aus, dass Kinder und Eltern sich hin und wieder kontaktieren, beispielsweise nur zu Geburtstagen oder anderen Feiertagen, ansonsten aber nichts mehr miteinander zu tun haben wollen und eine emotionale Verbindung nicht besteht. In den Fällen solch loser Verbindungen kann kaum davon gesprochen werden, dass zwischen Eltern und Kindern ein besonderes Vertrauens- und Abhängigkeitsverhältnis besteht, dass die Eltern auf Beistand durch ihre Kinder vertrauen und Hilfe von ihnen erwarten. Damit heben sich die Kinder nicht in einer solch ausgeprägten Form

---

[908] So auch *Stefanopoulou* HRRS 2018, 15, 16, 18.

von der Allgemeinheit hervor, dass sie für ihre Eltern in besonderer Weise verantwortlich wären und eine Strafbarkeit zum Beispiel wegen Totschlags mit einer Strafandrohung von mindestens fünf Jahren Freiheitsstrafe gegenüber einer Strafandrohung von maximal einem Jahr Freiheitsstrafe bei der unterlassenen Hilfeleistung geboten und nachvollziehbar erscheint. Um diesen massiven Abstand rechtfertigen zu können, ist mehr erforderlich als ein nur belangloses Verhältnis.

Dieses Mehr muss sich in Anbetracht des Vertrauensgrundsatzes, der § 1618a BGB zugrunde liegt, darstellen als ein enges, dauerhaft gelebtes Familienverhältnis.

Neben der häuslichen Gemeinschaft sind wesentliche Anknüpfungspunkt die Häufigkeit und Qualität des Kontaktes zwischen den Familienmitgliedern und die gelebte Fürsorge. Besucht ein Kind seine Eltern regelmäßig, erledigt Besorgungen und oder besteht häufig telefonischer Kontakt bzw. – angesichts der heutigen Realität – Kontakt über soziale Messenger-Dienste, kann, wenn nicht besondere Anhaltspunkte im Einzelfall dagegensprechen, von einer persönlichen familiären Beziehung und einer stabilen Vertrauenslage ausgegangen werden.

Angesichts der verschiedensten Ausgestaltungen der Beziehung von Eltern und Kind ist eine absolute und abschließende Festlegung der Voraussetzungen, aus denen sich ein besonderes Näheverhältnis ergeben kann, bis ins kleinste Detail nicht sinnvoll leistbar. Die genannten Merkmale sind als Indizien zu verstehen, die im Einzelfall einer umfassenden Überprüfung dahingehend bedürfen, ob sie eine besondere Vertrauens- und Abhängigkeitsbeziehung zwischen Eltern und Kind begründen, die den Schutzempfänger – hier also die Eltern – dazu berechtigen, von Beistand und Unterstützung seitens des Kindes in rechtsgutgefährdenden und -schädigenden Situationen auszugehen.

d. Zwischenfazit

Die Heranziehung der materiellen Komponente der Erwartung und des Vertrauens, die insbesondere ohne zwingendes Erfordernis einer häuslichen Gemeinschaft mit erheblichen Bewertungsfragen verbunden ist, könnte der Kritik ausgesetzt sein, die von Art. 103 Abs. 2 GG geforderte hinreichende Bestimmtheit nicht zu leisten, weil absolut geltende und konkret fassbare Merkmale fehlen. Aufgrund der allgemeingültigen Regelungen des Strafrechts und des Umfangs an unterschiedlichsten Familienkonstellationen kann ein ganz konkreter Maßstab, der Gültigkeit über den jeweiligen Einzelfall hinaus entfaltet, gar nicht gebildet werden. Dem Einwand der Unbestimmtheit wäre zudem entgegenzuhalten, dass die hier vertretene Ansicht eine gesetzliche Grundlage im Hintergrund hat und schon darüber ein gewisses Maß an Bestimmtheit hergestellt wurde und ein Plus zur bisherigen Handhabung der Garantenstellungen darstellt. Zudem hat die hier vertretene Ansicht die Rechtsprechung auf ihrer Seite, die eine Garantenstellung nicht allein am formalen verwandtschaftlichen Band der geraden Linie festmacht, sondern ebenfalls eine materielle Komponente in Form der familiären Gemeinschaft fordert, die nicht zwingend durch die häusliche Gemeinschaft begründet wird. Zu bedenken ist ferner, dass die materielle Komponente der Vertrauens- und Nähebeziehung dazu führt, dass die Fälle der Garantenstellung über das formale Band hinausgehend eingeschränkt werden.

Zudem sind zur Beseitigung bzw. Minimierung der Bedenken und Unsicherheiten, die im Umgang mit generalklausel- und blankettartigen Merkmalen bestehen, an die Gerichte entsprechend auch bei § 13 Abs. 1 StGB besonders hohe Anforderungen an die Dar- und Feststellungen in den Urteilsgründen im Hinblick auf die Ausschöpfung des Sachverhaltes und die Überzeugungsbildung gestellt.[909]

Dafür wurden durch die indiziell wirkenden Merkmale Anhaltspunkte aufgestellt, die bei sorgfältiger Prüfung durch die Gerichte das Vorliegen eines Näheverhältnisses auch für den Laien nachvollziehbar bestimmen können. Die Rechtsprechung ist daher angehalten und dazu aufgerufen, eine ausführliche Einzelfallprüfung vorzunehmen und nicht (mehr) allzu pauschal und voreilig von einer Garantenstellung des Kindes auszugehen. Die Gerichte müssen anhand des tatsächlichen Sachverhaltes und der tatsächlichen Anhaltspunkte ausführlich darlegen, wie das Verhältnis vom Kind zu seinen Eltern ausgestaltet ist und nachvollziehbar überprüfen, ob darauf im konkreten Fall besondere Erwartungen respektive besonderes Vertrauen gestützt werden durfte. Denn die Frage, ob eine Garantenstellung

---

909 BVerfG NStZ 2023, 215, 217; BGH NJW 2020, 2090, 2092 f.; NStZ 2008, 451; 1987, 362; BeckRS 1982, 30373292; BeckOK-*Kudlich* § 15 StGB Rn. 78; KK-*Bartel* § 267 StPO Rn. 19; LK-*Dannecker/Schuhr* § 1 StGB Rn. 330; Löwe/Rosenberg-*Stuckenberg* § 267 StPO Rn. 35, 37; MK/StPO-*Wenske* § 267 StPO Rn. 92 f.

besteht, ist eine einzelfallabhängige Tatsachenfragen, die in einer theoretischen Betrachtung nicht geleistet werden kann.

5. Berücksichtigung der individuellen Handlungsmöglichkeiten des Garanten

Dass ein Nähe- und Vertrauensverhältnis zwischen Eltern und Kind besteht, sagt noch nichts darüber aus, wie weit die Einstandspflicht im konkreten Fall reicht, d. h. welche Hilfeleistung vom Kind jeweils verlangt werden kann und welcher Erfolg dem Kind zugerechnet werden kann. Die Zurechnung setzt voraus, dass das Kind unter Berücksichtigung seiner individuellen Fähigkeiten physisch-real in der Lage ist, den Erfolg tatsächlich abzuwenden. Die im Einzelfall gebotenen und dem Kind möglichen Rettungshandlungen hängen maßgeblich von der jeweiligen konkreten Situation, der Intensität der Rechtsgutsgefährdung und -schädigung und den Fähigkeiten des Garanten ab, weshalb hierzu nur ein kurzer Überblick gegeben werden soll.[910]

So kann zum Beispiel von einem Kind, das noch recht jung ist, wenig Erfahrung im Umgang mit Krankheiten, unvorhergesehenen Situationen und plötzlichen Unglücksfällen hat und deshalb die Gefahrensituation nicht gut einschätzen kann oder schnell(er) überfordert ist, möglicherweise weniger Beistandsleistung erwartet werden als von einem volljährigen Kind. Dasselbe muss gelten, wenn ein Kind aufgrund seiner geistigen, körperlichen oder finanziellen Fähigkeiten zum Beispiel nicht in der Lage ist, die Pflege der Eltern selbst zu übernehmen oder in Notsituationen selbst aktiv zu helfen. Dann könnte es, selbst wenn Hilfe dringend geboten ist, möglicherweise auch ausreichen, ärztliche Hilfe zu rufen, ohne selbst rettende Maßnahmen vorzunehmen. Man darf und kann von niemandem eine Leistung verlangen, die er nicht zu erbringen in der Lage ist.

Das Maß an Hilfeleistung kann unterschiedlich ausfallen, je nachdem, ob die Kinder noch im Haushalt mit ihren Eltern wohnen, nebenan oder in einer anderen Stadt oder gar in einem anderen Land. Ist eine akute Erkrankung der Eltern bekannt, die sich möglicherweise verschlechtern wird, kann vom Kind, das im selben Haushalt oder in unmittelbarer Nähe wohnt, erwartet werden, dass es sich durch regelmäßigen tatsächlichen, physisch-persönlichen

---

910 Ausführlich zum Erfordernis der physisch-realen Handlungsmöglichkeiten siehe LK-*Weigend* § 13 StGB Rn. 63 ff.; NK-*Gaede* § 13 StGB Rn. 11 ff.

Kontakt darüber informiert, ob sich der Gesundheitszustand verbessert oder verschlechtert und welche medizinische Hilfe gegebenenfalls erforderlich ist. Ein Kind, das in einer anderen Stadt, vielleicht sogar viele Kilometer entfernt wohnt, selbst berufstätig ist und sich um eigene Kinder kümmern muss, kann eine Anwesenheit eventuell gar nicht leisten und muss dann „nur" durch telefonischen Kontakt sicherstellen, dass Gefahren für Leib und Leben nicht bestehen oder abgewendet werden. Die eigene Berufstätigkeit kann ebenso dazu führen, dass es gar nicht möglich ist, die Pflege und Erkrankung der Eltern dauerhaft den ganzen Tag über zu übernehmen und zu überwachen.

In Erinnerung gerufen sei zudem die damit im Einklang stehende Rechtsprechung des *Bundesgerichtshofs*, nach der die im Einzelfall bestehenden Handlungspflichten „nicht losgelöst von der faktischen Ausgestaltung des Eltern-Kind-Verhältnisses bestimmt werden" sollen.[911] Entscheidend für die Einstandspflicht im konkreten Fall seien „das Alter, der Gesundheitszustand, die Lebensumstände und das Zusammenleben der betroffenen Personen."[912] Schwierig ist dabei allerdings die Beantwortung der Frage, inwieweit sich eine innerfamiliäre Rollenverteilung auswirkt, wie sie zum Beispiel dem Fall zugrunde lag, in dem der Sohn im gleichen Haus, aber in einer anderen Wohnung lebte und von der Pflege der Mutter eigentlich ausgeschlossen war.[913] Dass der *Bundesgerichtshof* dennoch von einer Einstandspflicht des Sohnes ausgeht, mag im ersten Augenblick überraschen, ist jedoch insoweit nachvollziehbar, als zwischen Sohn und Mutter ein familiäres Näheverhältnis bestand und der Vater als eigentlich vorrangig Verpflichteter zum fraglichen Zeitpunkt aufgrund seiner Demenzerkrankung nicht mehr in der Lage war, seine Frau angemessen zu pflegen, deshalb als Garant ausfiel und es der *Bundesgerichtshof* auf subjektiver Tatseite zur Voraussetzung macht, dass der Sohn die Erkrankung und die darauf beruhende mangelnde Fähigkeit seines Vaters zur Erfüllung seiner Aufgaben als Garant erkannt haben muss.[914] Angesichts der Eigenverantwortlichkeit und Handlungsfreiheit Erwachsener

---

911 BGH NStZ 2017, 3609, 3610 m. zust. Anm. *Schiemann*; AnwK-*Gercke/Hembach* § 13 StGB Rn. 9; P/W/W-*Ziegler* § 1618a BGB Rn. 6.

912 BGH NStZ 2017, 3609 f. Siehe auch Grüneberg-*Götz* § 1618a BGB Rn. 5; Jauernig-*Budzikiewicz* § 1618a BGB Rn. 4; *Kudlich* NStZ 2022, 604; *Schramm*, Ehe und Familie, S. 264; *Schünemann*, Grund und Grenzen, S. 357 f. Siehe auch BT-Drs. 8/2788, S. 43.

913 BGH NStZ 2017, 3609 f. mit krit. Beurteilung *Jäger* JA 2018, 72, 74.

914 BGH NStZ 2017, 3609, 361.

erscheint eine Missachtung der in einer Familie getroffenen Rollenaufteilung allerdings problematisch. Jeder kann auf die Inanspruchnahme von Hilfe freiwillig verzichten. Eine innerfamiliäre Rollenverteilung, bei der ein Familienmitglied eigenverantwortlich und willentlich auf die Hilfe und Fürsorge eines Familienmitglieds verzichtet, müsste – im Einklang mit der Behandlung der eigenverantwortlichen Selbsttötung unter Beachtung des allgemeinen Persönlichkeitsrechts aus Art. 2 Abs. 1 GG i. V. m. Art. 1 Abs. 2 GG[915] – selbst dann grundsätzlich Berücksichtigung finden, wenn das Familienmitglied, das zur Hilfeleistung verpflichtet wurde, dieser Verpflichtung nicht mehr nachkommt bzw. nachkommen kann. Andernfalls würde der Wunsch des hilfsbedürftigen Familienmitglieds missachtet. Etwas anderes kann möglicherweise dann gelten, wenn im Rahmen der Rollenverteilung die Situation des künftigen Ausfalls eines Garanten so geregelt wurde, dass dann die ursprünglich nicht verpflichtete Person einspringen soll.[916]

VI. Ergebnis

§ 1618a BGB hat unmittelbar rechtspflicht- und garantenstellungsbegründenden Charakter. Die Norm begründet für Kinder im Verhältnis zu ihren Eltern eine Beschützergarantenstellung, soweit zwischen Eltern und Kind eine intakte Beziehung besteht. In dem Fall sind Kinder dazu verpflichtet, ihren Eltern bei Gefahren für ihre Rechtsgüter durch die im Einzelfall erforderliche Hilfe beizustehen. Dabei spielt für das abstrakte Bestehen der Beschützergarantenstellung weder eine Rolle, ob die Kinder voll- oder minderjährig, ehelich, nichtehelich oder leibliche Kinder sind, noch ob sie im Haushalt mit ihren Eltern leben. Entscheidend ist, dass zwischen den Familienmitgliedern tatsächlich eine familiäre Beziehung besteht, was bereits bei einem intakten, von Nähe geprägtem Familienverhältnis anzunehmen ist

---

915 Dazu 5.D.

916 Ebenfalls krit. *Schiemann* NStZ 2017, 3611. Siehe auch *Kudlich* NStZ 2018, 36, 37. Eine weitergehende, differenzierte Ausarbeitung jeder Familienkonstellation hinsichtlich der Frage, ob und wie sich innerfamiliäre Rollenverteilungen und Delegationen von Garantenpflichten auswirken, würde angesichts der erstmaligen Arbeit zu § 1618a BGB den Rahmen sprengen und erfolgt hier daher nicht.

und nicht erst bzw. zwingend immer, wenn eine Hausgemeinschaft zwischen den Familienmitgliedern besteht.

Für rein rechtliche Eltern-Kind-Verhältnisse, die nicht durch eine darüberhinausgehende Nähe geprägt sind und oder bei denen im Einklang mit der Behandlung der Ehe die Familienbeziehung zerrüttet ist, kann § 1618a BGB allerdings keine Garantenstellung begründen. Das gilt genauso für die Beziehung zwischen Stiefeltern und -kindern, da es sich hierbei im Gegensatz zu Adoptivbeziehungen nicht um ein rechtliches Familienband handelt. Eine Garantenstellung kann in dem Fall nur auf eine vertragliche und zusätzlich tatsächliche Übernahme (als materieller Gesichtspunkt) zum Beispiel der Pflege gestützt werden, die dann aber unabhängig vom familiären Band entsteht.

E. Vertrag

Die Garantenstellung eines Kindes seinen Eltern gegenüber kann auch auf vertraglicher Grundlage beruhen, soweit zwischen dem jeweiligen Elternteil und dem Kind ein Vertrag zustande gekommen ist, der die Verhütung strafrechtlich erfasster Gefahren bzw. Erfolge zur Grundlage hat und als wesentlichen Zweck ansieht.[917]

Diese Garantenstellung findet ihre Grundlage dann nicht in der Eltern-Kind-Beziehung, sondern im Vertrag als solchem und wird hier daher nur knapp behandelt. So ist es zum Beispiel möglich, dass Kinder die Betreuung und Pflege ihrer kranken Eltern übernehmen und die Medikamenteneinnahme überwachen, ihre Eltern in ihren Haushalt aufnehmen und die Ernährung sicherstellen oder sich verpflichten, bei gefährlichen Vorhaben aufzupassen und in Not Hilfe zu leisten.

Um einer uferlosen Ausdehnung der strafrechtlichen Haftung entgegenzuwirken, ist aber mit den Kritikern der formellen Rechtsquellenlehre und in Übereinstimmung zur erforderlichen materiellen Komponente bei § 1618a BGB zu fordern, dass die vertragliche Verpflichtung tatsächlich übernommen wurde, die Kinder also zum Beispiel durch aktive Pflege die geschuldete

917 So auch *Gottschaldt*, Garantenpflicht, S. 201. Zur Erfassung von Verträgen unter der Prämisse „gesetzlich" siehe schon 3.E.VI.

Leistung vornehmen. Das bloße Versprechen zu einer Handlung reicht nicht aus.[918]

F. Ingerenz und tatsächliche Übernahme

Einer Garantenstellung von Kindern gegenüber ihren Eltern aus tatsächlicher Übernahme ohne vertragliche Grundlage oder Ingerenz ist durch das Bestimmtheitsgebot aus Art. 103 Abs. 2 GG eine klare Absage erteilt.

Bei der tatsächlichen Übernahme stellt sich außerdem die Frage, was die Übernahme als „rechtlich" im Sinne des § 13 Abs. 1 StGB qualifiziert. Soll das Bestehen eines Vertrages nicht als weiteres Kriterium hinzugezogen werden, bleibt unklar, wo die Grenze zwischen Recht und Moral bzw. Sitte bei freiwilliger Erbringung einer bloßen Gefälligkeit gezogen wird. Sollte nicht erst ein wirksamer Vertrag die strafrechtliche Verpflichtung auslösen, sondern schon die vermeintliche Verpflichtung aus einer tatsächlichen und freiwilligen Übernahme, dann sind es vielmehr Sitte und moralisches Empfinden, die zur Strafbarkeit führen und kein rechtlich verbindliches, allgemeingültiges Konstrukt. Es handelt sich dabei um bloße Strafwürdigkeitserwägungen, getreu dem Motto, dass etwas „nicht sein kann, was nicht sein darf."[919] Damit verschwimmt jedoch die Grenze zwischen Recht und Moral in mit Art. 103 Abs. 2 GG nicht zu vereinbarender Weise. Um diesem Umstand zu begegnen ist gerade eine gesetzliche Grundlage zur Begründung einer Garantenstellung erforderlich.[920]

Ob sich demgegenüber die Ingerenz als Entstehungsgrund einer Garantenstellung auf gesetzliche Grundlagen des Zivilrechts stellen lässt, zum Beispiel auf §§ 823, 249 BGB, benötigt eine eigene Diskussion, die hier nicht geleistet werden kann.[921] Wenn sich das pflichtwidrige oder rechtswidrige Vorverhalten unter § 823 BGB subsumieren lässt in der Hinsicht,

---

[918] Dazu schon 3.E.VI. sowie 2.A.I.1.a. Ausführlich auch *Bergmann*, Vertragswidriges Unterlassen, S. 268 ff.

[919] Zurückzuführen auf *Morgenstern*, die unmögliche Tatsache.

[920] Dazu ausführlich 3.E.

[921] *Arzt* JA 1980, 647, 648; Baumann/Weber/*Mitsch*/Eisele § 21 Rn. 45; M. w. N. *Böhm*, Garantenpflichten, S. 52; *Puppe* ZStW 2022 (134), 320, 321; krit. *Fischer*, Ingerenz, S. 93. Siehe auch mit einer Andeutung bezüglich der Produkthaftung BGHSt 37, 106, 115.

dass diese Norm gerade auch vom Strafrecht erfasst Rechtsgüter schützen soll, erscheint es auf den ersten Blick jedenfalls nicht unvertretbar, hierin eine gesetzliche Einstandspflicht im Sinne des § 13 Abs. 1 StGB zu sehen. Eine solche Garantenstellung ergibt sich dann allerdings nicht aus der verwandtschaftlichen Stellung als Kind, sondern stellt einen eigenständigen Entstehungsgrund dar, der aus diesem Grund hier unerörtert bleiben kann.

G. Ergebnis zur Garantenstellung

Im Verhältnis von Kindern zu ihren Eltern sind die Entstehungsgründe der Beschützergarantenstellung in Wissenschaft und Rechtsprechung vielfältig.

Einzig die Garantenstellung aus § 1618a BGB, begrenzt auf ein von Nähe geprägten Familienverhältnis, kann unter den hier entwickelten Voraussetzungen der gesetzlichen Einstandspflicht unter Beachtung des Gesetzlichkeitsprinzips überzeugen, für das Verwandtschaftsverhältnis Kind-Eltern eine Garantenstellung zu begründen. Daneben besteht unabhängig vom Verwandtschaftsverhältnis auch für Kinder die Möglichkeit, eine Garantenstellung gegenüber ihren Eltern vertraglich zu übernehmen.

KAPITEL 5

Reichweite der Garantenpflicht

Wurde im konkreten Fall die Garantenstellung eines Kindes im Verhältnis zu einem Elternteil bejaht, stellt sich im Anschluss die Frage, wie weit die sich aus dieser Garantenstellung ergebende Garantenpflicht (neben den bereits angesprochenen Aspekten, die in der Person des Garanten liegen) im Einzelfall reicht und ob das Kind – unabhängig von etwaig vorliegenden Rechtfertigungs- und Entschuldigungsgründen – in jedem Fall und um jeden Preis tätig werden muss oder gegebenenfalls auch unvernünftige Entscheidungen der Eltern Berücksichtigung finden müssen. Besonders häufig wird die Frage nach einem mehr oder weniger paternalistischen Strafrecht in Bezug auf Selbstschädigungen durch eigenverantwortlich erfolgenden Betäubungsmittelkonsum[922] und freiverantwortliche Selbsttötungen diskutiert.

Da es sich hierbei um eine allgemeine Frage der Beachtlichkeit autonomer Entscheidungen handelt, die keine spezifische Frage der Fallgruppe der Beschützergarantenstellung von Kindern im Verhältnis zu ihren Eltern ist, wird nur ein knapper Überblick über die Ausprägung und Dimension der Reichweite von Garantenpflichten gegeben, dessen Schwerpunkt auf der eigenverantwortlichen Selbsttötung liegt und nicht der Frage nachgegangen, wonach die Frei- und Eigenverantwortlichkeit beurteilt wird.

---

922 Zur bloß eigenverantwortlichen Selbstgefährdung ohne Selbsttötungsvorsatz, die erwartungswidrig in einen Schaden umschlägt siehe BGHSt 61, 21, 25 f.; 64, 121, 132; BGH NStZ 1984, 452; 2017, 219; 2017, 223; anders aber BGH A&R 2014, 83, 84 f. Kritisch (zur unterschiedlichen Behandlung der Selbsttötung und Selbstgefährdung durch die Rechtsprechung) siehe *Herbertz*, Ingerenz, S. 338; *Zöller*, in: FS Rogall 2018, S. 299.

A. Die Entscheidung im Fall „Wittig"

In der vielbesprochenen „Wittig"- bzw. „Peterle"-Entscheidung ging der *Bundesgerichtshof* der Frage nach, was gelte, „wenn der den Selbsttötungsentschluß respektierende Garant untätig bleibt, obwohl der Suizident infolge Bewußtlosigkeit die Möglichkeit des Rücktritts von dem eigenverantwortlich in Gang gesetzten Kausalverlauf endgültig verloren" habe.[923] Der *Bundesgerichtshof* nahm an, dass auch bei einem freiverantwortlichen Suizid mit dem Zeitpunkt des Eintritts der Bewusstlosigkeit ein Tatherrschaftswechsel auf den Arzt stattfinde und dieser damit bei Strafe zur Rettung der Patientin verpflichtet sei. Mit Eintritt der Bewusstlosigkeit könne allein der Garant Einfluss auf das Geschehen nehmen, sodass der weitere Verlauf in seinen Händen läge. Daran ändere sich auch nichts, wenn der Garant untätig bleibe, um den Sterbewunsch des Suizidenten zu akzeptieren bzw. zu erfüllen. Die Erfolgsabwendungspflicht des Arztes bestehe durch das mit der Übernahme der Behandlung entstehende Arzt-Patienten-Verhältnis. [924] Eine Tötung auf Verlangen durch Unterlassen (§§ 216 Abs. 1, 13 Abs. 1 StGB) lehnte der *Bundesgerichtshof* dennoch ab. Dem Arzt sei die Rettung im konkreten Einzelfall nicht zuzumuten gewesen, weil ein „Konflikt zwischen dem ärztlichen Auftrag, jede Chance zur Rettung des Lebens seiner Patientin zu nutzen, und dem Gebot, ihr Selbstbestimmungsrecht zu achten",[925] bestand. Die Entscheidung, auch lebensrettende Behandlungen und Eingriffe abzulehnen, unterfiele grundsätzlich dem Selbstbestimmungsrecht eines Patienten.[926] In diesem Fall hatte die Suizidentin gegenüber ihrem Arzt mehrfach geäußert und schriftlich niedergelegt, weder in ein Krankenhaus noch in ein Pflegeheim noch auf eine Intensivstation eingewiesen werden und keine lebensverlängernden Medikamente erhalten zu wollen. Da der Angeklagte davon ausging, eine Rettung sei ohne schwere und irreparable Dauerschäden nicht möglich, könne seine „in Respekt vor der Persönlichkeit der Sterbenden [getroffene] [...] ärztliche Gewissensentscheidung nicht von Rechts wegen als unvertretbar angesehen werden.[927]

---

923 BGHSt 32, 367, 372.
924 BGHSt 32, 367, 373 f.
925 BGHSt 32, 367, 377.
926 BGHSt 32, 367, 378.
927 BGHSt 32, 367, 380, 378 f.

B. Überblick über die Entwicklung der Rechtsprechung seit dem Wittig-Urteil

Im Anschluss an die Entscheidung im Fall „Wittig“ musste sich der *Bundesgerichtshof* immer wieder mit Fällen im Bereich der Sterbehilfe beschäftigen, die den Weg hin zu einer klaren Abkehr von der bis zur Wittig-Entscheidung geltenden Rechtsprechung im Einklang mit der herrschenden Auffassung in der Wissenschaft zeichneten.

In Form eines obiter dictums bemerkte der 2. Strafsenat des *Bundesgerichtshofs* 1988 zum Beispiel, dass er dazu neige, „einem ernsthaften, freiverantwortlich gefaßten Selbsttötungsentschluss eine stärkere rechtliche Bedeutung beizumessen“, als es der 3. Strafsenat in der Entscheidung zum Wittig-Fall tat.[928] Diesen Plan setzten der 1. und 3. Senat des *Bundesgerichtshofs* zunächst in solchen Fällen um, in denen die Patienten bereits im Sterben lagen oder in denen der unmittelbar zum Tode führende Sterbeprozess zwar noch nicht eingesetzt hatte, die Patienten aber unheilbar erkrankt und zum Überleben auf medizinische Hilfe angewiesen waren. In diesen Fällen seien Behandlungsabbrüche vor dem Hintergrund des Selbstbestimmungsrechts, das einen Tod in Würde umfasse, dann nicht strafbar, wenn sie dem (mutmaßlichen) Willen des unheilbar kranken Patienten entsprechen. Die Würde des Menschen sei – insbesondere im Hinblick auf einen schmerzfreien Tod – gewichtiger als die Möglichkeit, mit medizinsicher Hilfe (kurzzeitig) länger leben zu können.[929]

In einer darauffolgenden Entscheidung aus dem Jahr 2010, die unter der Bezeichnung „Fall Putz“ bekannt ist, bekräftige der *Bundesgerichtshof* im Einklang mit dem 2009 erlassenen Dritten Gesetz zur Änderung des Betreuungsrechts[930] erneut die Bedeutung des Selbstbestimmungsrechts des Patienten. Unter Beachtung der Wertungen der §§ 216, 212 StGB gelte § 1901a BGB (a. F., heutiger § 1827 BGB) auch im Strafrecht, sodass ein Behandlungsabbruch nicht nur in Fällen unheilbar und unmittelbar tödlich erkrankter Patienten straffrei sei, sondern der Patientenwille unabhängig von Art und Stadium der Erkrankung und auch im Fall der Einwilligungsunfähigkeit geachtet werden müsse.[931] Eine gegen den Willen

928 BGH NJW 1988, 127.

929 BGHSt 37, 376, 378; 40, 257, 260, 262 ; 42, 301, 305.

930 Kurz: Patientenverfügungsgesetz, BGBl. I S. 2286.

931 BGHSt 55, 191, 199 f., 204. Zust. BGH NJW 2011, 274, 276.

der Patientin erfolgende (Wieder-)Aufnahme einer lebenserhaltenden Behandlung stelle „einen rechtswidrigen Angriff gegen die körperliche Integrität und das Selbstbestimmungsrecht der Patientin" dar.[932] Der *Bundesgerichtshof* begrenzte die strafrechtlich legitime Sterbehilfe in dieser Entscheidung allerdings auf solche Fälle, in denen der Sterbeprozess bereits seinen natürlichen Lauf nimmt. Erfolgt die Lebensbeendigung unabhängig von einem solchen Sterbeprozess und einer medizinischen Behandlung, bleibe sie unzulässig.[933]

Die Stärkung des Selbstbestimmungsrechts fand in der strafrechtlichen Rechtsprechung schließlich ihren Höhepunkt in zwei Entscheidungen des *Bundesgerichtshofs* aus dem Jahr 2019, in denen dieser die Freisprüche von Ärzten bestätigte, die nicht lebensbedrohlich erkrankte Suizidentinnen über die von ihnen selbst herbeigeführte Bewusstlosigkeit hinaus begleiteten, aber nicht rettend tätig wurden.[934] Damit nahm der *Bundesgerichtshof* eine nun sehr deutliche Abkehr von seinem im Wittig-Fall aufgestellten Grundsatz einer strafbewehrten Handlungspflicht durch Tatherrschaftswechsel bei Bewusstlosigkeit des Suizidenten vor. Auch die in der Folgezeit vorgenommenen Einschränkungen des straffreien Behandlungsabbruchs auf lebensbedrohliche und damit im Zusammenhang stehende medizinische Behandlungen hat der *Bundesgerichtshof* in diesen Entscheidungen aufgegeben.

Den Entscheidungen liegt eine stark grundrechtlich geprägte Betrachtung der Patientenautonomie zugrunde. Aus dem allgemeinen Persönlichkeitsrecht aus Art. 2 Abs. 1 GG i. V. m. Art. 1 Abs. 1 GG und dem Grundrecht auf freie Entfaltung der Persönlichkeit aus Art. 2 Abs. 1 GG folge die „Freiheit zur Krankheit". Diese Freiheit schließe grundsätzlich auch die Ablehnung medizinisch angezeigter Behandlungen ein; auch in lebensbedrohlichen Situationen schütze das Selbstbestimmungsrecht des Patienten seine freie Entscheidung.[935] Die Würde des Menschen verlange zudem, dass das Selbstbestimmungsrecht auch in den Fällen geachtet und respektiert wird, in denen der Mensch nicht mehr in der Lage ist, seinen Willen frei zu äußern. Diese grundrechtliche Wertung finde ihre einfachgesetzliche Regelung in den §§ 1901a BGB ff. a. F. In

---

932 BGHSt 55, 191, 196.
933 BGHSt 55, 191, 204 f.
934 BGHSt 64, 121; 64, 135 sowie zu den Vorinstanzen LG Hamburg NStZ 2018, 281 und LG Berlin NStZ-RR 2018, 246.
935 BGHSt 64, 135, 142 f.

Konsequenz der Achtung des Selbstbestimmungsrechts des Patienten könne ein sich diesem Willen unterordnende Arzt nicht verpflichtet werden, die Unterordnung aufzugeben und den Willen des Suizidenten zu missachten.[936]

Diese Grundsätze bestätigte der *Bundesgerichtshof* in einer Entscheidung aus dem Jahr 2022 und weitete sie über das Arzt-Patienten-Verhältnis hinaus auf Ehegatten aus, sodass die Berücksichtigung der eigenverantwortlichen Selbsttötung in Familienkonstellationen praktische Relevanz erfährt und sich zukünftig möglicherweise auch im Verhältnis von Eltern und Kindern auswirkt.[937] Das Recht auf selbstbestimmtes Sterben gelte auch gegenüber dem Ehepartner, da sich die in einer Patientenverfügung geäußerten Ver- und Gebote gegen jeden richten würden, die „am Dialog über [damit im Zusammenhang stehenden] Behandlung[en] beteiligt sind."[938]

Die Entwicklung der Rechtsprechung des Bundesgerichtshofs erfolgt im Einklang mit der – deutlich weitergehenden – Rechtsprechung des *Bundesverfassungsgerichts*. Besonders eindrücklich spricht sich das *Bundesverfassungsgericht* für ein Recht auf selbstbestimmtes Sterben als Ausdruck des allgemeinen Persönlichkeitsrechts und der Würde des Menschen in der Entscheidung zur Verfassungswidrigkeit des § 217 StGB aus.[939] Die Entscheidung, das eigene Leben zu beenden, sei „von existentieller Bedeutung für die Persönlichkeit eines Menschen."[940] Das Recht auf selbstbestimmtes Sterben umfasse nicht nur das Recht, „einem zum Tode führenden Krankheitsgeschehen seinen Lauf zu lassen, [sondern auch] das Recht, sich selbst das Leben zu nehmen"[941] und sich dabei der Hilfe und Unterstützung anderer zu bedienen[942]. Dieses Recht gelte umfassend unabhängig von einer etwaig bestehenden Krankheit, denn „eine Einengung des Schutzbereichs auf bestimmte Ursachen und Motive liefe auf eine Bewertung der Beweggründe [...] hinaus, die dem Freiheitsgedanken des Grundgesetzes fremd" sei.[943] Die

936 BGHSt 64, 135, 144 f.

937 Zur hiesigen Ansicht, ob sich die eigenverantwortliche Selbsttötung auch auf das Verhältnis Eltern-Kind auswirkt, siehe nachfolgend 5.D.

938 BGHSt 67, 95, 105 f. Siehe erneut auch schon BGH NStZ 1983, 117, 118.

939 BVerfGE 153, 182, 259 ff. Siehe auch BVerwGE 158, 142, 152

940 BVerfGE 153, 182, 261 f.

941 BVerfGE 153, 182, 262.

942 BVerfGE 153, 182, 264. Vgl. erneut BVerwGE 158, 142, 149 ff. zum Anspruch auf den Erwerb eines Betäubungsmittels für die Selbsttötung in Ausnahmefällen.

943 BVerfGE 153, 182, 262 f.

Entscheidung über die Beendigung des eigenen Lebens müsse nicht begründet werden und sei sowohl vom Staat als auch von der Gesellschaft hinzunehmen.[944]

Die von den Strafsenaten des *Bundesgerichtshofs* vorgenommene Aufwertung und Achtung des Selbstbestimmungsrechts und der Patientenautonomie bewegt sich im Einklang mit der Rechtsprechung des 12. Zivilsenates. Dieser hält medizinische Heileingriffe und Maßnahmen für unzulässig, soweit sie dem tatsächlichen oder mutmaßlichen Willen des Patienten widersprechen. Dies gelte in Anbetracht der §§ 1827 ff. BGB unabhängig von Art, Stadium und Ausmaß der Erkrankung und ebenso dann, wenn der Patient einwilligungsunfähig (geworden) ist und eine tödlich verlaufende Erkrankung vorliegt und oder der Sterbeprozess bereits eingesetzt hat. Eine Willensbekundung bleibe mit Eintritt der Einwilligungsunfähigkeit bindend, sofern sie nicht widerrufen wurde und wirke „als Ausfluss seines Selbstbestimmungsrechtes fort".[945] Eine gegen den Willen des Patienten vorgenommene Behandlung sei rechtswidrig.[946]

C. Überblick über den Stand der Wissenschaft

Die in der Wissenschaft vertretenen Ansichten decken sich weitestgehend mit denen des *Bundesgerichtshofs* aus jüngerer Zeit. Die herrschende Lehre geht ebenso wie die Rechtsprechung davon aus, dass aus dem allgemeinen Persönlichkeitsrecht aus Art. 2 Abs. 1 i. V. m. Art. 1 Abs. 1 GG unter Hinzuziehung der Menschenwürde ein Recht auf würdevolles und freiverantwortliches Sterben und das Recht zur Selbstschädigung folge.[947] Für das Strafrecht bedeute dies, dass einem Garanten keine Rettungspflichten auferlegt werden dürfen, die dem autonom gefassten Willen des zu Schützenden widersprechen und ihn gegebenenfalls dazu zwingen, weiterzuleben.[948]

---

944 BVerfGE 153, 182, 262 f.

945 BGHZ 154, 205, 211; 202, 226, 236, 238.

946 BGHZ 163, 195, 197.

947 *Coenen* medstra 2020, 84, 88; *Duttge* MedR 2011, 36, 37 f.; *Eidam* medstra 2020, 182, 184; *Engländer* JZ 2019, 1049, 1050; *Grünewald* JR 2020, 167, 172; *Kaspar* HRRS 2014, 435, 437; *Kraatz* JR 2017, 299, 304 f.; *Kubiciel* NJW 2019, 3033, 3034; *Miebach* NStZ 2016, 536, 537; *Rissing-Van Saan/Verrel* NStZ 2020, 121, 125; *Schneider*, Tun und Unterlassen, S. 44, 52. Siehe auch *Perdomo-Torres*, Garantenpflichten, S. 193.

948 *Albrecht*, Garantenstellungen, S. 70; *Coenen* medstra 2020, 84, 88; *Duttge* MedR 2011, 36, 37 f.; *Eidam* medstra 2020, 182, 184; *Engländer* JZ 2019, 1049, 1050; *Fischer*, Ingerenz, S. 190; *Freund*, Erfolgsdelikt, S. 200; *Kaspar* HRRS 2014, 436, 441; *Kleinherne*, Garantenstellung,

Bei einem freiverantwortlich Handelnden würde eine strafrechtlich auferlegte Selbsttötungsverhinderungspflicht eine Bevormundung bedeuten, wie sie zum Beispiel mit dem Eingehen einer Ehe, die eine gleichberechtigte Verbindung zweier Menschen bedeute, nicht verbunden sei.[949] Würde man eine Rettungs- bzw. Handlungspflicht bejahen, würde dies zu einer Vereitelung der Dispositionsbefugnis des Einzelnen über seine eigenen Rechtsgüter und einer Missachtung seines Selbstbestimmungsrechtes führen.[950] Der sich selbst Schädigende hätte es damit in der Hand, dem Dritten strafbewehrte Pflichten aufzuerlegen.[951]

Die eigene Verantwortlichkeit eines Suizidenten führe dazu, dass seine autonom vorgenommenen Handlungen allein ihm zugerechnet werden können und keine Handlungspflichten für etwaige Garanten auslösen, sondern sie vielmehr begrenze.[952] Darüber hinaus sei die Abwehr von Selbstschädigungen nicht vom Zweck des Strafrechts – dem Schutz fremder Rechtsgüter – gedeckt, soweit der sich selbst Schädigende eigenverantwortlich handelt.[953]

S. 518; *Kubiciel* NJW 2019, 3033, 3034; *Kutzer* ZRP 2012, 135, 137; LK-*Weigend* § 13 StGB Rn. 36; *Otto* NJW 2006, 2217, 2218, *Rengier*, AT, § 50 Rn. 40; *Rissing-van Saan/Verrel* NStZ 2020, 121, 125; *Schneider*, Tun und Unterlassen, S. 44; *Stam* medstra 2020, 100, 102.

949 *Albrecht*, Garantenstellungen, S. 70, 171, 251; *Böhm*, Garantenpflichten, S. 200; MK-*Freund* § 13 StGB Rn. 69; NK-*Gaede* § 13 StGB Rn. 58; *Otto/Brammsen* JURA 1985, 530, 539. Vgl. auch *Fischer*, Ingerenz, S. 191; *Freund*, Erfolgsdelikt, S. 268; *Roxin* AT/II § 50 Rn. 47; *Schneider*, Tun und Unterlassen, S. 44; *Vogel*, Norm und Pflicht, S. 203 f.

950 *Ceffinato* NStZ 2021, 65, 67 f.; *Eidam* medstra 2017, 182, 184; *Fischer*, Ingerenz, S. 190; *Freund*, Erfolgsdelikt, S. 268; *Kleinherne*, Garantenstellung, S. 518; *Kraatz* JR 2017, 299, 304; *Kutzer* ZRP 2012, 135, 137; *Roxin* NStZ 1987, 345, 350; *Schneider*, Tun und Unterlassen, S. 44 f.; *Vogel*, Norm und Pflicht, S. 201, 203.

951 *Fahl* GA 2018 (165), 418, 438; *Linnenbrink*, Garantenpflichten, S. 17. Vgl. auch *Schneider*, Tun und Unterlassen, S. 51.

952 *Albrecht* ZStW 2022 (134), 299, 302; *Engländer* JZ 2019, 1049, 1050; *Fischer*, Ingerenz, S. 191; *Linnenbrink*, Garantenpflicht, S. 17; *Gottschaldt*,Garantenpflicht, S. 160; *Grünewald*, Garantenpflichten, S. 137; *dies.* JR 2020, 167, 172; *Herbertz*, Ingerenz, S. 337; *Kleineherne*, Garantenstellung, S. 518; *Kraatz* JR 2017, 299, 305; LK-*Weigend* § 13 StGB Rn. 36; MK-*Duttge* § 15 StGB Rn. 152; *Otto* NJW 2006, 2217, 2222; *ders./Brammsen* JURA 1985, 530, 539; *Schneider*, Tun und Unterlassen, S. 43 f.; Schönke/Schröder-*Bosch* § 13 StGB Rn. 28a; *Schünemann*, Grund und Grenzen, S. 355 f.; *Vogel*, Norm und Pflicht, S. 201, 204; *Werkmeister*, in: Der Allgemeiner Teil des Strafrechts, S. 97, 104 f.; *Zöller*, in: FS Rogall 2018, S. 299, 305.

953 *Fahl* GA 2018 (165), 418, 419; *Kraatz* JR 2017, 299, 305; *Linnenbrink*, Garantenpflicht, S. 16; MK-*Freund* § 13 StGB Rn. 73; *Perdomo-Torres*, Garantenpflichten, S. 193.

Gerade im Arzt-Patienten-Verhältnis stelle es einen rechtswidrigen Eingriff in die körperliche Integrität, also eine strafbewehrte Körperverletzung dar, wenn der Arzt entgegen dem ausdrücklichen oder mutmaßlichen Willen des Patienten einen Heileingriff vornimmt, selbst wenn dieser Eingriff erforderlich wäre, um den Patienten am Leben zu halten.[954] Zu einem rechtswidrigen Eingriff könne niemand – nicht nur nicht Ärzte[955] – verpflichtet werden; das gelte umso mehr, wenn es sich um eine „echte" Patientenverfügung i. S. d. § 1827 BGB handelt.[956]

Insbesondere im Hinblick auf die Rechtsprechung im Fall Wittig wird zudem angemerkt, dass es widersprüchlich sei, wenn die aktive Teilnahme an einer Selbsttötung mangels vorsätzlicher, rechtswidriger Haupttat (§§ 26, 27 StGB) straflos ist,[957] im Anschluss an die aktive Teilnahme dem Geschehen aber nicht sein Lauf gelassen werden dürfe, sondern die Selbsttötung dann doch wieder verhindert werden müsse.[958] Die Orientierung am Eintritt der Bewusstlosigkeit sei nicht sinnvoll, da – wie *Grünewald* überzeugend anmerkt – „in Fällen einer Operation auch noch niemand auf die Idee gekommen ist, anzunehmen, der Patient könne, sobald die Vollnarkose wirkt, mit dem Eingriff nicht mehr einverstanden sein."[959] Das abweichende Ergebnis folge hier vielmehr aus einer moralischen Betrachtung heraus.

---

954 *Engländer* JZ 2019, 1049, 1050; *Grünewald* JR 2020, 167, 172; *Kaspar* HRRS 2014, 436, 441; *Otto* NJW 2006, 2217, 2218. Siehe auch NK-*Gaede* § 13 StGB Rn. 37b; *Roxin* AT/II § 50 Rn. 72.

955 *Schneider*, Tun und Unterlassen, S. 52 f., 238 f.

956 Im Hinblick auf BGHSt 55, 191 siehe *Gaede* NJW 2010, 2925, 2926; *Grünewald* JR 2020, 167, 172; *Kraatz* JR 2017, 299, 305; *Miebach* 2016, 536, 537; *Schneider*, Tun und Unterlassen, S. 52 f., 238 f. Siehe auch *Rissing-van Saan/Verrel* NStZ 2020, 121, 128; *Sowada* NStZ 2019, 670, 671. Allgemein zu den Wertungen der §§ 1901a ff. BGB a.F. *Kutzer* ZRP 2012, 135, 136 ff.

957 H.M. Siehe zur st. Rspr. mit jeweils w. N. BGHSt 32, 262, 264 f.; 32, 367, 371; BGH NStZ 2001, 205; 2011, 341, 342; 2014, 709, 714. Ebenso *Gaede* JuS 2016, 385; *Otto* NJW 2006, 2217, 2221. Siehe auch schon RGSt 70, 315 und BGHSt, 2, 150, 152.

958 Aus jüngerer Zeit, dennoch mit Bezug zu BGHSt 32, 367, *Eidam* medstra 2017, 182, 184; *Engländer* JZ 2019, 1049, 1050; *Herbertz*, Ingerenz, S. 338; *Jäger* NStZ 2017, 219, 222; *Kaspar* HRRS 2014, 436, 437; *Miebach* NStZ 2016, 536; *Otto* NJW 2006, 2217, 2221 f.; *Rissing-van Saan/Verrel* NStZ 2020, 121, 125; *Zöller*, in: FS Rogall 2018, S. 299, 302 f. Siehe auch *Schmitt* JZ 1984, 866, 868.

959 *Grünewald* JR 2020, 167, 171. Siehe auch *Kraatz* JR 2017, 229, 305, der darauf hinweist, dass ein nicht auflösbarer Kreislauf entstehen würde zwischen Bewusstlosigkeit mit Handlungspflicht und Wiedererlangung des Bewusstseins ohne Handlungspflicht. Ähnlich OLG Düsseldorf NJW 1973, 2215, 2216. Vgl. auch *Roxin* NStZ 1987, 345, 346.

D. Bewertung

Die Aufwertung des Selbstbestimmungsrechtes und in dem Zuge der Patientenautonomie in der Rechtsprechung im Einklang mit der herrschenden Auffassung in der Wissenschaft ist zu begrüßen. Ein paternalistisches Strafrecht, das dem Einzelnen Handlungspflichten zum Schutz von Rechtsgütern auferlegt, die aus Sicht des Rechtsgutsträgers gar nicht geschützt werden sollen, widerspricht einem freiheitlich orientierten Strafrecht. In einem liberalen, freiheitlichen Rechtsstaat darf niemand entgegen seinem ausdrücklichen Wunsch dazu gezwungen werden, Eingriffe in seine Rechtsgüter hinzunehmen bzw. Handlungen nicht vorzunehmen, die nur die eigene Rechtssphäre betreffen.

Spätestens mit der Entscheidung des *Bundesverfassungsgerichts* hat das Selbstbestimmungsrecht eine enorme Aufwertung erfahren, während gleichzeitig die Verpflichtung zum Schutz menschlichen Lebens berücksichtigt wurde. Diesem Schutz dienen die Verfahrensvorschriften der §§ 1827 ff. BGB und die Voraussetzung der Freiverantwortlichkeit des Suizids. Ebenso hat das *Bundesverfassungsgericht* in der Entscheidung zu § 217 StGB hervorgehoben, dass das Recht auf selbstbestimmtes Sterben und Suizid nicht bedeutet, dass der Staat die Sterbehilfe überhaupt nicht reglementieren darf.[960]

Nimmt man das Allgemeine Persönlichkeitsrecht aus Art. 2 Abs. 1 i. V. m. Art. 1 Abs. 1 GG und die allgemeine Handlungsfreiheit aus Art. 2 Abs. 1 GG (unter Hinzuziehung der Menschenwürde aus Art. 1 Abs. 1 Satz 1 GG) ernst, muss der Wille des Einzelnen die entscheidende Rolle bei der Frage spielen, ob eine (strafbewehrte) Rettungs- bzw. Handlungspflicht des Garanten besteht oder nicht. Die Begründung einer Unterlassungstäterschaft gegen den Willen des zu Schützenden würde dieses Prinzip der Eigenverantwortlichkeit missachten. Das zeigt sich einmal mehr, als eine Strafbarkeit der unechten Unterlassungsdelikte in einer Freiheitsordnung nur in Ausnahmefällen möglich ist und jeder Mensch grundsätzlich nur für sein eigenes Verhalten einzustehen hat und gerade nicht für das Verhalten anderer Personen. Dieser Grundsatz würde ausgehebelt werden, wenn man – ohne, dass das eigene Handeln des sich eigenverantwortlich selbst Schädigenden dessen Rechtssphäre verlässt und besonderer Schutz von ihm gewollt ist – Dritten besondere Handlungspflichten auferlegt.[961] Der von seinem Selbstbestimmungsrecht

960 BVerfGE 153, 182, 268 ff.

961 Siehe dazu ausführlich 2.B.II.

Gebrauch machende Suizident greift grundsätzlich nicht in Rechtsgüter Dritter, sondern nur in seine eigenen Rechtsgüter ein.

Daraus folgt auch, dass es keine Rolle spielen darf, um welche Beschützergarantenstellung es sich handelt. Der Arzt ebenso wie der Ehegatte oder die Kinder müssen die freie Entscheidung des zu Beschützenden achten. Es gibt keinen sachlichen Grund, im Hinblick auf das verfassungsrechtlich verankerte Selbstbestimmungsrecht nach Garantenstellungen zu differenzieren, denn der Beschützergarantenstellung liegt der Schutz von Rechtsgütern zugrunde. Wenn aber vom Rechtsgutsinhaber ein Schutz seiner Rechtsgüter gar nicht mehr gewollt ist, verliert dieser Punkt im konkreten Fall an Bedeutung. Wenn kein Schutz mehr gewollt und damit nicht erforderlich ist, kann auch keine Einstandspflicht existieren. Eine solche autonom und eigenverantwortlich getroffene Entscheidung ist ebenfalls innerhalb der Familie zu respektieren, denn gerade die Familie ist im Regelfall geprägt von Vertrauen und Nähe, sodass besonders in diesem Verhältnis niemand gezwungen werden sollte, entgegen dem Wunsch und Willen eines eng verbundenen Familienmitglieds handeln zu müssen.

Das Selbstbestimmungsrecht und die im freien Willen getroffenen Entscheidungen über die Preisgabe der eigenen Rechtsgüter sind der entscheidende Faktor bei der Frage, welche Rettungspflichten im konkreten Fall zwischen Beschützergaranten – ganz gleich, um welche Fallgruppe es sich handelt – und zu Beschützendem bestehen. Die Einstandspflicht besteht nur so lange, wie der Rechtsgutsinhaber ein Interesse am Schutz seines oder seiner Rechtsgüter hat, denn: „die Eigenverantwortlichkeit begrenzt die Garantenpflicht, nicht etwa begrenzt die Garantenpflicht die Eigenverantwortlichkeit."[962] Darüber hinausgehende Eingriffe sind dem Garanten nicht erlaubt und lösen gegebenenfalls sogar strafrechtliche Folgen aus.

---

[962] *Kaspar* HRRS 2014, 436, 441.

KAPITEL 6

Zusammenfassung und Ergebnisse

Das unechte Unterlassungsdelikt und die dazugehörige Garantenstellung beschäftigen die Wissenschaft und Rechtsprechung schon seit vielen Jahrzehnten bzw. Jahrhunderten, sodass sich, um *Schünemann* erneut zu zitieren, „auf diesem Feld geradezu ein dogmatisches Chaos etabliert hat."[963] Dieses so bezeichnete Chaos zeigt sich bei allen Aspekten, die das unechte Unterlassungsdelikt betreffen. Die hier behandelte Frage der Garantenstellung von Kindern im Verhältnis zu ihren Eltern stellt dabei nur eines der viel diskutierten Probleme dar. Die Familiengemeinschaft als Grundlage für strafrechtliche Handlungspflichten beschäftigt die Wissenschaft und Rechtsprechung bis heute immer wieder, was sich auch an den Entscheidungen des *Bundesgerichtshofs* aus 2016, 2017 und 2021 zeigt, die Anlass zu dieser Arbeit gegeben haben und im ersten Teil der Arbeit schon kurz dargelegt worden sind.

Im zweiten Teil wurden sodann die allgemeinen Grundlagen des unechten Unterlassungsdelikts dargelegt. Schon bei dieser grundlegenden Betrachtung hat sich gezeigt, dass die Behandlung des unechten Unterlassungsdelikts Schwierigkeiten bereitet und die gesetzliche Regelung des § 13 Abs. 1 StGB keine Befriedung der Diskussion bringen konnte. Die Norm ist äußerst offen und vage formuliert und lässt somit viel Spielraum für – zum Teil widersprüchliche – Interpretationen. Das ist einer der Hauptgründe dafür, dass sich auch weiterhin das von *Schünemann* postulierte „dogmatische Chaos etabliert hat"[964] und die Frage aufgeworfen wurde, ob § 13 StGB mit dem

[963] *Schünemann*, in: FS Amelung 2009, S. 303, 304.
[964] *Schünemann*, in: FS Amelung 2009, S. 303, 304.

verfassungsrechtlichen Bestimmtheitsgebot vereinbar ist. Dabei dreht sich die Diskussion insbesondere um die Formulierung „rechtlich einzustehen hat".

Der Bestimmtheit von § 13 Abs. 1 StGB widmet sich sodann das dritte Kapitel der Arbeit. Ein Überblick zum Meinungsstand zur Verfassungsmäßigkeit von § 13 Abs. 1 StGB hat gezeigt, dass auch bei dieser Frage große Uneinigkeit herrscht. Als ein Grund dafür konnte herausgearbeitet werden, dass regelmäßig keine ausführliche Be(tr)achtung des Gesetzlichkeitsprinzips erfolgt. Um diesem Problem Herr zu werden, wurden im Folgenden die Grundlagen des Gesetzlichkeitsprinzips herausgearbeitet und es konnte gezeigt werden, dass Art. 103 Abs. 2 GG maßgeblich auf dem Prinzip der Freiheitsgewährleistung und dem Demokratieprinzip beruht. Daraus folgt, dass die Bestimmtheit einer Norm aus Sicht des Normadressaten zu beurteilen ist und es darauf ankommt, ob der Anwendungsbereich einer Norm durch Auslegung ermittelt werden kann. Dabei sind nicht zwangsläufig starre Begriffe zu verwenden, da schon die Leistungsfähigkeit unserer Sprache hin zu eindeutigen Begriffen begrenzt ist.

In Bezug auf § 13 Abs. 1 StGB hat die Auslegung indes ergeben, dass nur gesetzlich fundierte Einstandspflichten Garantenstellungen begründen können. Ohne den Rekurs auf das Gesetz kann eine Abgrenzung von Recht und Moral nicht gewährleistet werden und der Einzelne wäre nicht im Stande, zu erkennen, in welchen Fällen eine rechtliche Einstandspflicht vorliegt und in welchen nicht. Die auf Gesetz beruhende Handlungspflicht ist aber nur notwendige, nicht schon hinreichende Voraussetzung für das Bestehen einer Garantenpflicht. Vielmehr ist zusätzlich ein materielles Moment erforderlich, das den Beschützergaranten insbesondere in Abgrenzung zu § 323c Abs. 1 StGB aus den übrigen und beliebigen Rechtsgenossen hervorhebt.

Im vierten Teil dieser Arbeit wurden die Entstehungsgründe der Garantenstellung von Kindern im Verhältnis zu ihren Eltern untersucht und entwickelt. Dabei hat sich gezeigt, dass neben der vertraglichen Verpflichtung zu Hilfe und Unterstützung nur § 1618a BGB eine gesetzliche Einstandspflicht von Kindern begründen kann. Zwar wird behauptet, dass es sich bei dieser Norm um eine lex imperfecta handelt, von der keine Rechtspflichten ausgehen, jedoch findet sich dieser Ansatz weder eindeutig in den Gesetzesmaterialien noch als Hinweis im Wortlaut der Vorschrift. Es hat sich vielmehr gezeigt, dass die Formulierung „sind einander schuldig" Ausdruck des rechtspflichtbegründenden Charakters der Vorschrift ist und es sich gerade nicht um eine lex imperfecta handelt. Um eine strafrechtliche Haftung über das Zivilrecht und § 323c Abs. 1 StGB hinauszurechtfertigen, muss zusätzlich zum Bestehen eines formalrechtlichen Eltern-Kind-Verhältnisses ein tatsächliches, emotional geprägtes Eltern-Kind-Verhältnis bestehen, das nicht zwingend in einer häuslichen Gemeinschaft begründet liegt – vergleichbar zur tatsächlichen Übernahme bei vertraglichen Pflichten. Andere, herkömmlich als Entstehungsgrund herangezogene Fallgruppen wie die tatsächliche Übernahme oder das emotionale Band der Familie ohne Verknüpfung mit einer gesetzlichen Grundlage müssen in Zukunft bei der Frage einer Garantenstellung von Kindern im Verhältnis zu ihren Eltern oder anderen Verwandten außer Acht bleiben – es handelt sich hierbei um rein moralisch-ethische und nicht um rechtliche im Sinne von gesetzlichen Pflichten.

Im fünften Teil der Arbeit wurde ein kurzer Überblick über die Reichweite der Garantenpflicht gegeben. Im Vordergrund stand die Behandlung der eigenverantwortlichen Selbsttötung des zu Schützenden. Die Rechtsprechung des *Bundesverfassungsgerichts* und des *Bundesgerichtshofs* in jüngerer Zeit wird in Übereinstimmung mit der Wissenschaft befürwortet. Das aus dem allgemeinen Persönlichkeitsrecht folgende Recht auf selbstbestimmtes Sterben verbietet es, einen Garanten bei Strafe zu zwingen, entgegen dem eigen- und freiverantwortlich gefassten Selbsttötungs- und -gefährdungsentschluss des Rechtsgutsträgers „rettend" einzugreifen.

Einer kritischen Betrachtung dieser Arbeit sei vorangestellt, dass die Situationen, in denen bisher von einer Einstandspflicht des Kindes im Verhältnis zu seinen Eltern ausgegangen wurde, in der Regel von § 1618a BGB, ergänzt um das Bestehen eines Näheverhältnisses erfasst werden. Für den Fall, dass ein familiäres Verhältnis zwischen Eltern und Kind nicht besteht, wurde in der jüngeren Vergangenheit eine Garantenstellung ohnehin nicht angenommen. Im Verhältnis von Kindern und Eltern wird es deshalb bei restriktiver Handhabung des § 13 Abs. 1 StGB nicht zu Strafbarkeitslücken kommen.

Es sei noch darauf hingewiesen, dass die hier entwickelten Grundsätze zu einer Garantenstellung aus § 1618a BGB ebenso für eine Garantenstellung der Eltern im Verhältnis zu ihren Kindern gelten, sodass die Vorschrift neben den §§ 1626, 1631 BGB insbesondere relevant wird, sobald die Kinder volljährig sind. Die Vorschrift des § 1618a BGB gilt, wie sich aus der Auslegung der

Vorschrift ergeben hat, für Eltern und Kinder gleichermaßen, sodass auch die strafrechtlichen Wirkungen von der Vorschrift in beide Richtungen gehen.

Darüber hinaus wird die Begrenzung auf gesetzliche Einstandspflichten dazu führen, dass viele der sonstigen Fallgruppen, insbesondere die Ingerenz und die tatsächliche Übernahme ohne vertragliche Grundlage, aus dem Anwendungsbereich des § 13 Abs. 1 StGB herausfallen. Das mag dem ein oder anderen missfallen, ist aber nur konsequent, wenn das Gesetzlichkeitsprinzip ernst genommen und nicht lediglich als zurückhaltend formulierte Bitte an den Gesetzgeber interpretiert werden soll. Es sei zudem noch angemerkt, dass die Herausnahme dieser Fallgruppen nicht zu einer vollständigen Straflosigkeit führen wird. Diejenigen, die eine Rettungshandlung unterlassen, obwohl sie aus anderen Gründen als denen aus dem Gesetz verpflichtet sind, den Erfolg zu verhindern oder jedenfalls Beistand zu leisten, können weiterhin nach § 323c Abs. 1 StGB bestraft werden. Diese Jedermann-Verpflichtung ist gerade Auswuchs der moralischen und ethischen Vorstellungen, die den Fallgruppen der tatsächlichen Übernahme, der Ingerenz oder der engen Lebensgemeinschaft zugrunde liegen. Die hier entwickelte Lösung zur rechtlichen Einstandspflicht im Sinne des § 13 Abs. 1 StGB bedeutet nicht, dass es dem Gesetzgeber grundsätzlich verwehrt ist, (ursprünglich bloß) moralische und sittliche Pflichten zu Rechtspflichten zu erheben und bei Strafe durchzusetzen, solange die Norm selbst hinreichend bestimmt ist und die aufgestellten Pflichten erkennen lässt. Der maßgebliche Unterschied von § 323c Abs. 1 StGB zu § 13 Abs. 1 StGB ist, dass die unterlassene Hilfeleistung schon dem Wortlaut nach gerade keine *rechtliche* Einstandspflicht voraussetzt, sondern lediglich das Vorliegen eines Unglücksfalles, bei dem der Täter die erforderliche und ihm zumutbare Hilfe leisten muss.

Sollte es weiterhin herrschende Meinung sein, dass bestimmte nicht gesetzlich geregelte Fallgruppen ebenso strafwürdig sind wie die Fallgruppen aus Gesetz, obliegt dem Gesetzgeber die Entscheidung, ob er sich dieser Meinung anschließen und den Anwendungsbereich des § 13 StGB erweitern möchte. Dass der Gesetzgeber nach nunmehr über 50 Jahren und einer Vielzahl von weiteren Behandlungen des Unterlassungsdelikts in der Wissenschaft immer noch behaupten könnte oder würde, dass es unmöglich sei, „die einzelnen Entstehungsgründe der Handlungspflicht in einer sachgemäßen und erschöpfenden Weise gesetzlich festzulegen“,[965] erscheint somit nicht glaubhaft.

---

[965] BT-Drs. V/4905, S. 8. So auch *Fischer*, Ingerenz, S. 44.

Literaturverzeichnis

Albrecht, Anna H.: Zur Flucht aus der Garantenstellung, ZStW 2022 (134), S. 299

Albrecht, Dietlinde: Begründung von Garantenstellungen in familiären und familienähnlichen Beziehungen, 1997

Androulakis, Nikolaos: Studien zur Problematik der unechten Unterlassungsdelikte, 1963

Appel, Ivo: Verfassung und Strafe – Zu den verfassungsrechtlichen Grenzen staatlichen Strafens, 1998

Arloth, Frank/*Tilch*, Horst: Deutsches Rechts-Lexikon, Band 3, 3. Auflage 2001

Arzt, Gunther: Zur Garantenstellung beim unechten Unterlassungsdelikt (2.Teil), JA 1980, S. 647

Ders.: Zur Garantenstellung beim unechten Unterlassungsdelikt (3. Teil), JA 1980, S. 712

Bärwinkel, Richard: Zur Struktur der Garantieverhältnisse bei den unechten Unterlassungsdelikten, 1968

Baldus, Paulheinz: Leipziger Kommentar zum Strafgesetzbuch, Band 2, §§ 80–262, 9. Auflage 1974 (zitiert LK[9]-*BearbeiterIn*)

Barthe, Christoph/*Gericke*, Jan: Karlsruher Kommentar zur Strafprozessordnung mit GVG, EGGVG und EMRK, 9. Auflage 2023 (zitiert KK-*BearbeiterIn*)

Basak, Denis: Die Aufgabe des Bestimmtheitsgrundsatzes durch das Bundesverfassungsgericht und ihre Folgen, in: Brunhöber/Höffler/Kaspar/Reinbacher/Vorbaum (Hrsg.), Strafrecht und Verfassung, 2013, S. 71

Baumann, Jürgen: Strafrecht Allgemeiner Teil, 8. Auflage 1977

Ders.: Vorüberlegungen zu einer empirischen Theorie der positiven Generalprävention, GA 1994 (142), S. 368

Bayer, Sarah: Die betrugsspezifische Garantenstellung – Eine Analyse der Rechtsprechung zu §§ 263 Abs. 1, 13 StGB, 2021

Becker, Jörg-Peter/*Erb*, Volker/*Esser*, Robert/*Graalmann-Scheerer*, Kirsten/*Hilger*, Hans/*Ignor*, Alexander: Löwe-Rosenberg – Die Strafprozeßordnung und das Gerichtsverfassungsgesetz, Band 7 §§ 256–295, 27. Auflage 2021 (zitiert Löwe/Rosenberg-*BearbeiterIn*)

Beckschäfer, Sebastian: Die Strafrahmenmilderung beim Begehen durch Unterlassen – Zur Auslegung des § 13 Absatz 2 StGB, 2011
Belchaus, Günter: Elterliches Sorgerecht, Kommentar zum Gesetz zur Neuregelung des Rechts der elterlichen Sorge (mit verfahrens- und kostenrechtlichen Hinweisen), 1980
Betghe, Herbert: Zur grundrechtlichen Konstitutionalisierung des Strafrechts, in: Sachs/ Siekmann (Hrsg.), Festschrift für Klaus Stern zum 80. Geburtstag, 2012, S. 295
Bergmann, Marcus: Strafbarkeit vertragswidrigen Unterlassens – Zur Rechtspflicht nach § 13 Abs. 1 StGB unter besonderer Berücksichtigung des Vertrages mit Schutzwirkung für Dritte, 2012.
Bericht über den Verfassungskonvent auf Herrenchiemsee vom 10. bis 23. August 1948 – Verfassungsausschuss der Ministerpräsidenten-Konferenz der Westlichen Besatzungszonen, 1948
Berster, Lars: Das unechte Unterlassungsdelikt – der gordische Knoten des allgemeinen Teils, 2014
Beulke, Werner/*Satzger*, Helmut: Strafrecht Allgemeiner Teil, 53. Auflage 2023 (zitiert *Wessels/Beulke/Satzger*)
Binding, Karl: Die Normen und ihre Übertretung – eine Untersuchung über die rechtmäßige Handlung und die Arten des Delikts, Band 2: Schuld und Vorsatz, Hälfte 1: Zurechnungsfähigkeit, Schuld, 2. Auflage 1914
Blei, Hermann: Garantenpflichtbegründung beim unechten Unterlassen, in: Geerds/ Naucke (Hrsg.), Festschrift für Hellmuth Mayer zum 70. Geburtstag am 1. Mai 1965, 1966, S. 119
Bockelmann, Paul: Strafrecht Allgemeiner Teil, 3. Auflage 1979
Böhm, Sonja: Garantenpflichten aus familiären Beziehungen – Zur Deutung des § 13 Abs. 1 StGB als Blankettvorschrift, 2006
Bosch, F.W.: Rückblick und Ausblick oder: De legibus ad familiam pertinetibus – reformatis et reformanids? (Familienrechtsreform in Vergangenheit, Gegenwart und Zukunft), FamRZ 1980, S. 739
Bosch, Nikolaus: Der Einfluss des Gesetzes sowie materieller Kriterien auf die Entstehung von Garantenpflichten, JURA 2019, S. 1239
Bott, Ingo/*Krell*, Paul: Der Grundsatz „nulla poena sine lege" im Lichte verfassungsgerichtlicher Entscheidungen, ZJS 2010, S. 694
Brammsen, Joerg: Die Entstehungsvoraussetzungen der Garantenpflichten, 1986
Brühl, G.: Verfassungswidrige Unterhaltsbenachteiligung volljähriger Kinder?, FamRZ 1982, S. 985
Bülte, Jens: Garant aufgrund familiärer Verbundenheit: Haftung aus Verwandtschaft oder aus sozialer Rollenerwartung, GA 2013 (160), S. 389
Ders.: Emissionszertifikate als ähnliche Rechte auch im Steuerstrafrecht – kein Verstoß gegen Art. 103 Abs. 2 GG, NZWiSt 2017, S. 161
Busch, Richard: Zur gesetzlichen Begründung der Strafbarkeit unechten Unterlassens, in: Welzel/Conrad/Kaufmann/Kaufmann (Hrsg.), Festschrift für Hellmuth von Weber zum 70. Geburtstag, 1963, S. 192
Ceffinato, Tobias: Die Beendigung von Garantenstellungen, NStZ 2021, S. 65

Clemens, Otto: Die Unterlassungsdelikte im deutschen Strafrecht von Feuerbach bis zum Reichsstrafgesetzbuch, 1912

Cirener, Gabriele/*Radtke*, Henning/*Rissing-van Saan*, Ruth/*Rönnau*, Thomas/*Schluckebier*, Wilhelm: Leipziger Kommentar zum Strafgesetzbuch, Band 1 Einleitung, §§ 1–18, 13. Auflage 2020; Band 18 §§ 323a–330d, 13. Auflage 2022 (zitiert LK-*BearbeiterIn*)

Coelln, Sibylle von: Das rechtliche Einstehenmüssen beim unechten Unterlassungsdelikt: Die Emanzipation der Garantenstellung von einzelnen Fallgruppen, 2008

Coenen, Carolin: Zwischen Selbstbestimmungsfreiheit und (absolutem) Lebensschutz: Zur Strafbarkeit von ärztlich assistierten Suiziden – Zugleich eine Anmerkung zu BGH 5 StR 132/18 und 5 StR 393/18, medstra 2020, S. 84

Coester-Waltjen, Dagmar: Familienrecht, 7. Auflage 2020 (zitiert Gernhuber/Coester-Waltjen)

Dannecker, Gerhard: Nullum crimen, nulla poena sine lege und seine Geltung im Allgemeinen Teil des Strafrechts, in: Dannecker/Langer/Ranft/Schmitz/Brammsen (Hrsg.), Festschrift für Harro Otto zum 70. Geburtstag am 1. April 2007, 2007, S. 25

Diedrichsen, Uwe: Neuregelung des Rechts der elterlichen Sorge, NJW 1980, S. 1

Dießner, Annika: Die Unterlassungsstrafbarkeit der Kinder- und Jugendhilfe bei familiärer Kindeswohlgefährdung, 2008

Dölling, Dieter: Generalprävention durch Strafrecht: Realität oder Illusion?, ZStW 1990 (102), S. 1

Ders./Duttge, Gunnar/*König*, Stefan/*Rössner*, Dieter: Gesamtes Strafrecht – StGB, StPO, Nebengesetze, Handkommentar, 5. Auflage 2022 (zitiert GS-*BearbeiterIn*)

Doemming, Klaus-Berto von; *Füsslein*, Rudolf Werner; *Matz*, Werner: Entstehungsgeschichte der Artikel des Grundgesetzes – im Auftrag der Abwicklungsstelle des Parlamentarischen Rates und des Bundesministers des Innern auf Grund der Verhandlungen des Parlamentarischen Rates, 1951

Doering-Striening, Gudrun: Häusliche Pflege von Eltern – Was bringt sie „fürsorgenden“ Kindern ein? FamFR 2021, S. 531

Dose, Hans-Joachim: Elternunterhalt in der Rechtsprechung des Bundesgerichtshofs, NZFam 2018, S. 429

Dreier, Horst: Grundgesetz Kommentar, Band 3, 3. Auflage 2018 (zitiert Dreier-*BearbeiterIn*)

Duttge, Gunnar: Anmerkung zu BGH, Urt. v. 25.6.2010 – 2 StR 454/09, MedR 2011, S. 36

Eidam, Lutz: Anmerkung zu KG, Beschl. vom 12.12.2016 – 3 Ws 637/16 – 161 AR 160/16, medstra 2017, S. 182

Eidenmüller, Horst: Der Auskunftsanspruch des Kindes gegen seine Mutter auf Benennung des leiblichen Vaters – BVerfGE 96, 95, JuS 1998, S. 789

Eisele, Jörg: Strafrecht AT: Garantenstellung des Kindes gegenüber den Eltern, JuS 2018, S. 179

Engelmann, Björn: Strafbare Beteiligung am Ehrenmord – zugleich eine Besprechung von LG Detmold, Urt. v. 4.2.2013, 4 Ks – 31 Js 184/12 – 56/12 (Fall „Arzu Ö“), HRRS 2013, S. 351

Engländer, Armin: Anmerkung zu BGH 5 StR 132/18 und 5 StR 393/18, JZ 2019, S. 1049

Epping, Volker/*Hillgruber*, Christian: Beck'scher Online-Kommentar zum GG, 56. Edition 2023 (zitiert BeckOK/GG-*BearbeiterIn*)

Erb, Volker/*Schäfer*, Jürgen: Münchener Kommentar zum Strafgesetzbuch, Band 1, §§ 1 – 37, 4. Auflage 2020 (zitiert MK-*BearbeiterIn*)
Eser, Albin: Strafgesetzbuch, Kommentar, 30. Auflage 2019 (zitiert Schönke/Schröder-*BearbeiterIn*)
Esser, Robert: Deutsches Strafrecht Allgemeiner Teil, 7. Auflage 2022 (zitiert *Krey/Esser*)
Fahl, Christian: 30 Jahre und kein bisschen weiter – eigenverantwortliche Selbstgefährdung im Strafrecht, GA 2018 (165), S. 418
Feng, Jun: Die Abgrenzung zwischen der erweiternden und der analogen Auslegung, in: Hilgendorf (Hrsg.), Das Gesetzlichkeitsprinzip im Strafrecht – ein deutsch-chinesischer Vergleich, 2013, S. 183
Feuerbach, Paul Johann Anselm v.: Lehrbuch des gemeinen in Deutschland gültigen peinlichen Rechts, 14. Auflage 1847 (Neudruck 1973)
Fischer, Johannes: Die Garantenstellung aus Ingerenz – Untersuchungen zur Dogmatik des unechten Unterlassungsdelikts, § 13 StGB, 2022
Fischer, Thomas: Strafgesetzbuch mit Nebengesetzen, Kommentar, 71. Auflage 2024
Frank, Rainer/*Helms*, Tobias: Der Anspruch des nichtehelichen Kindes gegen seine Mutter auf Nennung des leiblichen Vaters – Zugleich Besprechung der Entscheidung des BVerfG v. 6. 5. 1997 – 1 BvR 409/90, FamRZ 1997, S. 1258
Freund, Georg: Erfolgsdelikt und Unterlassen, 1992
Ders.: Erlöschen strafrechtlicher Garantenpflichtenbei Ehegatten, NJW 2003, S. 3384
Ders.: Tatbestandsverwirklichungen durch Tun und Unterlassen: Zur gesetzlichen Regelung begehungsgleichen Unterlassens und andere Fälle der Tatbestandsverwirklichung im Allgemeinen Teil des StGB, in: Putzke/Hardtung/Hörnle/Merkel/Scheinfeld/Schlehofer/Seier (Hrsg.), Festschrift für Rolf Dietrich Herzberg zum siebzigsten Geburtstag am 14. Februar 2008, 2008, S. 225
Ders.: § 60: Das begehungsgleiche (sog. unechte) Unterlassungsdelikt (Garantenstellung und Garantenpflicht), in: Hilgendorf/Kudlich/Valerius (Hrsg.), Handbuch des Strafrechts, Band 3: Strafrecht Allgemeiner Teil II, 2020, S. 683
Frisch, Wolfgang: Voraussetzungen und Grenzen staatlichen Strafens, NStZ 2016, S. 16
Frister, Helmut: Strafrecht Allgemeiner Teil, 10. Auflage 2023
Fünfsinn, Helmut: Der Aufbau des fahrlässigen Verletzungsdelikts durch Unterlassen im Strafrecht, 1985
Fuhrmann, Hans: Der Irrtum über die Garantenpflichten bei den unechten Unterlassungsdelikten, GA 1962 (110), S. 161
Gaede, Karsten: Durchbruch ohne Dammbruch – Rechtssichere Neuvermessung der Grenzen strafloser Sterbehilfe, NJW 2010, S. 2925
Ders.: Die Strafbarkeit der geschäftsmäßigen Förderung des Suizids – § 217 StGB, JuS 2016, S. 385
Ders.: Der Steuerbetrug – Eine Untersuchung zur Systematisierung der europäisierten Deliktsfamilie des Betruges und zur legitimen Reichweite des notwendig normgeprägten Betrugsunrechts der Steuerhinterziehung. Zugleich ein Beitrag zum Verhältnis von Strafrecht und Verfassungsrecht, 2016
Gallas, Wilhelm: Der dogmatische Teil des Alternativ-Entwurfs, ZStW 1968 (80), S. 1

Ders.: Studien zum Unterlassungsdelikt, 1989
Gärditz, Klaus Ferdinand: Demokratizität des Strafrechts und Ultima Ratio-Grundsatz, JZ 2016, S. 641
Geilen, Gerd: Stillschweigen des Angehörigen beim Mordkomplott – Kritische Betrachtungen zu BGH 4 StR 390/63, FamRZ 1964, S. 385
Gernhuber, Joachim: „Eltern und Kinder sind einander Beistand und Rücksicht schuldig“ – Ein Beitrag zu § 1618a BGB, in: Hanisch/Simitis (Hrsg.), Festschrift für Wolfram Müller-Freienfels, 1986, S. 159
Gimbernat Ordeig, Enrique: Das unechte Unterlassungsdelikt, ZStW 1999 (111), S. 307
Gössel, Heinz: Zur Lehre vom Unterlassungsdelikt, ZStW 1984 (96), S. 321
Gottschaldt, Peter: Die zivilrechtlich begründete Garantenpflicht des Compliance-Beauftragten im Sinne des § 13 Abs. 1 StGB, 2018
Greco, Luís: Ist der Strafgesetzgeber an das Analogieverbot gebunden?, GA 2012 (159), S. 452
Grüneberg, Christian: Bürgerliches Gesetzbuch mit Nebengesetzen, Beck'sche Kurzkommentare, 83. Auflage 2024 (zitiert Grüneberg-*BearbeiterIn*)
Grünewald, Annette: Zivilrechtlich begründete Garantenpflichten im Strafrecht?, 2001
Dies.: Straflose Suizidassistenz – eine Besprechung von BGH 5 StR 132/18 und BGH 5 StR 393/18 in diesem Heft S. 203 und 209, JR 2020, S. 167
Grünwald, Gerald: Zur gesetzlichen Regelung der unechten Unterlassungsdelikte ZStW 1958 (70), S. 412
Ders.: Bedeutung und Begründung des Satzes „nulla poena sine lege“, ZStW 1964 (76), S. 1
Ders.: Die Entwicklung der Rechtsprechung zum Gesetzlichkeitsprinzip, in: Hassemer/Neumann/Schild/Schroth (Hrsg.), Festschrift für Arthur Kaufmann zum 70. Geburtstag, 1993, S. 433
Gsell, Beate/*Krüger*, Wolfgang/*Lorenz*, Stephan/*Reymann*, Christoph: beck-online. GROSSKOMMENTAR, Stand 01.11.2023 (zitiert BeckOGK-*BearbeiterIn*)
Güntge, Georg-Friedrich: Begehen durch Unterlassen, 1995
Hamm, Rainer: Richten mit und über Strafrecht, NJW 2016, S. 1537
Hardwig, Werner: Pflichtirrtum, Vorsatz und Fahrlässigkeit, ZStW 1966 (78), S. 1
Hassemer, Winfried: Reform des Strafrechts – Das zweite Strafrechtsreformgesetz (insbesondere Grundlagen der Strafbarkeit, Versuch, Teilnahme), JuS 1970, S. 97
Hau, Wolfgang/*Poseck*, Roman: Beck'scher Online-Kommentar zum BGB, 68. Edition 2023 (zitiert BeckOK/BGB-*BearbeiterIn*)
Hefendehl, Roland: Der fragmentarische Charakter des Strafrechts, JA 2011, S. 401
Heintschel-Heinegg, Bernd von: Beck'scher Online-Kommentar zum StGB, 59. Edition 2023 (zitiert BeckOK-*BearbeiterIn*)
Heinrich, Julia: Die gesetzliche Bestimmung von Strafschärfungen, 2016
Helwig, Richard: Der Ultima-Ratio-Satz im Strafrecht – ein Scheinriese der Verfassung?, DRiZ 2017, S. 92
Henckel, Christoph: Zur Reichweite von Art. 103 Abs. 2 GG bei normbezogenen Tatbeständen – zugleich eine Besprechung zu BGH HRRS 2017 Nr. 749 und BGH HRRS 2017 Nr. 968, HRRS 2018, S. 273

Henrich, Dieter/*Althammer*, Christoph: Familienrecht: Scheidung, Unterhalt, Verfahren – Kommentar, 7. Auflage 2020 (zitiert Johannsen/Henrich/Althammer-*BearbeiterIn*)
Herbertz, Lara: Die Ingerenz – eine Garantenpflicht aus Gefährdungsunrecht, 2020
Hermes, Georg/*Walther*, Susanne: Schwangerschaftsabbruch zwischen Recht und Unrecht – Das zweite Abtreibungsurteil des BVerfG und seine Folgen, NJW 1993, S. 2337
Herzberg, Rolf Dietrich: Die Unterlassung im Strafrecht und das Garantenprinzip, 1972
Ders.: Grundprobleme der deliktischen Fahrlässigkeit im Spiegel des Münchener Kommentars zum Strafgesetzbuch, NStZ 2004, S. 593
Ders.: Wann ist die Strafbarkeit „gesetzlich bestimmt“ (Art. 103 Abs. 2 GG)?, in: Hefendehl (Hrsg.), Symposium für Bernd Schünemann zum 60. Geburtstag, 2005, S. 31
Herzog, Roman/*Scholz*, Rupert/*Herdegen*, Matthias/*Klein*, Hans H.: Grundgesetz Kommentar, 79. Lfg. 2016 (zitiert als Maunz/Dürig-*BearbeiterIn*)
Dies.: Grundgesetz Kommentar, 102. Lfg. 2023 (zitiert Dürig/Herzog/Scholz-*BearbeiterIn*)
Hirtenlehner, Helmut/*Reinecke*, Jost/*Stemmler*, Mark: Eine mikrosoziologisch inspirierte empirische Annäherung an die positive Generalprävention – Panelanalysen aus Deutschland mit gemischten Befunden, MSchKrim 2023 (106), S. 73
Hofmann, Hans/*Henneke*, Hans-Günter: Kommentar zum Grundgesetz, 15. Auflage 2022 (Schmidt-Bleibtreu/Hofmann/Henneke-*BearbeiterIn*)
Honig, Richard: Die Intimsphäre als Kriterium strafbaren Begehens durch Unterlassen, in: Grünwald (Hrsg.), Festschrift für Friedrich Schaffstein zum 70. Geburtstag am 28. Juli 1975, 1975, S. 89
Ingelfinger, Ralph: Zeitliche Grenzen ehelicher Garantenpflichten – Eine Besprechung von BGH, Urteil vom 24.7.2003 – 3 StR 153/03, NStZ 2004, S. 409
Jäger, Christian: Praxiskommentar zu BGH 4 StR 289/16, NStZ 2017, S. 222
Ders.: Selbst Kinder sind keine Garantie fürs Leben, JA 2018, S. 72
Jahn, Matthias/*Brodowski*, Dominik: Krise und Neuaufbau eines strafverfassungsrechtlichen Ultima Ratio-Prinzips, JZ 2016, S. 969
Jähnke, Burkhard: Zur Frage der Geltung des „nullum-crimen-Satzes“ im Allgemeinen Teil des Strafgesetzbuchs, in: Geiß/Nehm/Brandner/Hagen (Hrsg.), Festschrift aus Anlaß des fünfzigjährigen Bestehens von Bundesgerichtshof, Bundesanwaltschaft und Rechtsanwaltschaft beim Bundesgerichtshof, 2002, S. 393
Jakobs, Günther: Strafrecht Allgemeiner Teil, Die Grundlagen und die Zurechnungslehre, 2. Auflage 1991
Ders.: Die strafrechtliche Zurechnung von Tun und Unterlassen, 1996
Jayme, Erik: Die Entwicklung des europäischen Familienrechts, FamRZ 1981, S. 221
Jescheck, Hans-Heinrich: Die kriminalpolitische Konzeption des Alternativ-Entwurfs eines Strafgesetzbuchs (Allgemeiner Teil), ZStW 1968 (80), S. 54
Ders.: Lehrbuch des Strafrechts, Allgemeiner Teil, 4. Auflage 1988
Ders.: Probleme des unechten Unterlassungsdelikts in rechtsvergleichender Sicht, in: Wolter (Hrsg.), Eine Würdigung zum 70. Geburtstag von Paul-Günter Pötz, 1993, S. 115
Ders./Goldmann, Heinz Gerd: Die Behandlung der unechten Unterlassungsdelikte im deutschen und ausländischen Strafrecht, ZStW 1965 (77), S. 109
Jimenez de Asúa, Luis: Nullum crimen, nulla poena sine lege, ZStW 1951 (63), S. 166

Kaspar, Johannes: „Eigenverantwortliche Selbstgefährdung" bei missbräuchlichem Konsum ärztlich verschriebener Substanzen, HRRS 2014, S. 436

Kahlo, Michael: Das Problem des Pflichtwidrigkeitszusammenhanges bei den unechten Unterlassungsdelikten – Eine strafrechtlich-rechtsphilosophische Untersuchung zur Kausalität menschlichen Handelns und deren strafrechtlichem Begriff, 1990

Ders.: Die Handlungsform der Unterlassung als Kriminaldelikt – eine strafrechtlich-rechtsphilosophische Untersuchung zur Theorie des personalen Handelns, 2001

Kaiser, Dagmar/*Schnitzler*, Klaus/*Schilling*, Roger/*Sanders*, Anne: BGB Familienrecht, Kommentar, 4. Auflage 2021 (zitiert Kaiser/Schnitzler/Schilling/Sanders-*BearbeiterIn*)

Kaltenbach, Sven: Anmerkung zu BGH, Beschluss vom 2.8.2017 – 4 StR 169/17, NZFam 2017, S. 1097

Ders.: Praxishinweis zu BGH, Urteil vom 31.3.2021 – 2 StR 109/20, NZFam 2021, S. 991

Kamberger, Petra: Treu und Glauben als Garantenstellung im Strafrecht, 1996

Kaspar, Johannes: Der Verhältnismäßigkeitsgrundsatz und das Strafrecht – nach wie vor unausgeschöpftes Potenzial. Zugleich Besprechung von Matthias Jestaedt/Oliver Lepsius (Hrsg.), Verhältnismäßigkeit, Tübingen 2015, RW 2018, S. 224

Katsanos, Panagiotis: Die Garantenstellung aus engen Lebensgemeinschaften bei den unechten Unterlassungsdelikten, 2002

Kaufmann, Armin: Die Dogmatik der Unterlassungsdelikte, 1959

Ders.: Methodische Probleme der Gleichstellung des Unterlassens mit der Begehung, JuS 1961, S. 173

Kindhäuser, Urs/*Neumann*, Ulfrid/*Paeffgen*, Hans-Ullrich/*Saliger*, Frank: Strafgesetzbuch, Kommentar, Band 1, Allgemeiner Teil, §§ 1 – 37; Band 3, Besonderer Teil, §§ 80–231, Band 4, §§ 232–358, 6. Auflage 2023 (zitiert NK-*BearbeiterIn*)

Kindhäuser, Urs/*Hilgendorf*, Eric: Strafgesetzbuch, Lehr- und Praxiskommentar, 9. Auflage 2022 (zitiert LPK-*BearbeiterIn*)

Kindhäuser, Urs/*Zimmermann*, Till: Strafrecht Allgemeiner Teil, 11. Auflage 2024

Kirsch, Florian: Zur Geltung des Gesetzlichkeitsprinzips im Allgemeinen Teil des Strafrechts, 2014

Kissin, Siegfried: Die Rechtspflicht zum Handeln bei den Unterlassungsdelikten, 1933

Klatt, Matthias: Die Wortlautgrenze, in: Kudlich/Montiel/Schuhr (Hrsg.), Gesetzlichkeit und Strafrecht, 2012, S. 121

Klein, Eckart: Grundrechtliche Schutzpflicht des Staates, NJW 1989, S. 1633

Kleinherne, Philipp Christoph: Garantenstellung und Notwehrrecht – zugleich ein Beitrag zum Entstehen und Erlöschen von Garantenstellungen, 2014

Knauer, Christoph/*Kudlich*, Hans/*Schneider*, Hartmut: Münchener Kommentar zur StPO, Band 2, 2. Auflage 2024 (zitiert MK/StPO-*BearbeiterIn*)

Knöpfel, Gottfried: Beistand und Rücksicht zwischen Eltern und Kindern (§ 1618a BGB), FamRZ 1985, S. 554

Köhler, Helmut: BGB Allgemeiner Teil, 47. Auflage 2023 (zitiert *Köhler*, BGB AT)

Köhler, Michael: Strafrecht Allgemeiner Teil, 1997

Kraatz, Erik: Anmerkung zu OLG Hamburg, Beschl. v. 8.6.2016 – 1 Ws 13/16, JR 2017, S. 299

Krahl, Matthias: Die Rechtsprechung des BVerfG und des BGH zum Bestimmtheitsgrundsatz im Strafrecht (Art. 103 II GG), 1986

Kretschmer, Joachim: Die Garantenstellung (§ 13) auf familienrechtlicher Grundlage, JURA 2006, S. 898

Krey, Volker: Studien zum Gesetzesvorbehalt im Strafrecht, 1977

Ders.: Keine Strafe ohne Gesetz, 1983

Kubiciel, Michael: Die strafrechtlichen Grenzen der Suizidbegleitung, NJW 2019, S. 3033

Kudlich, Hans: Praxiskommentar zu BGH 4 StR 169/17, NStZ 2018, S. 36

Ders.: Anmerkung zu BGH 2 StR 491/20, NStZ 2022, S. 604

Kühl, Kristian: Die strafrechtliche Garantenstellung – eine Einführung mit Hinweisen zur Vertiefung JuS 2007, S. 497

Ders.: Die Unterlassungsdelikte als Problemfall für Rechtsphilosophie, Strafrechtsdogmatik und Verfassungsrecht, in: Putzke/Hardtung/Hörnle/Merkel/Scheinfeld/Schlehofer/Seier (Hrsg.), Festschrift für Rolf Dietrich Herzberg zum siebzigsten Geburtstag am 14. Februar 2008, 2008, S. 177

Ders.: Recht und Moral, in: Düwell/Hübenthal/Werner (Hrsg.), Handbuch Ethik, 2011, S. 486

Ders.: Das Unterlassungsdelikt, JA 2014, S. 507

Ders.: Strafrecht Allgemeiner Teil, 8. Auflage 2017

Ders./Heger, Martin: Strafgesetzbuch, Kommentar, 30. Auflage 2023 (zitiert Lackner/Kühl/*Heger*)

Kuhlen, Lothar: Zum Verhältnis vom Bestimmtheitsgrundsatz und Analogieverbot, in: Dannecker (Hrsg.), Festschrift für Harro Otto zum 70. Geburtstag am 1. April 2007, 2007, S. 89

Ders.: Zur Unterscheidung von Tun und Unterlassen, in: Paeffgen/Böse/Kindhäuser/Stübinger/Verrel/Zaczyk (Hrsg.), Festschrift für Ingeborg Puppe zum 70. Geburtstag, 2011, S. 696

Ders.: Aktuelle Probleme des Bestimmtheitsgrundsatzes, in: Kudlich/Montiel/Schuhr (Hrsg.), Gesetzlichkeit und Strafrecht, 2012, S. 429

Ders.: Das Gesetzlichkeitsprinzip in der deutschen Praxis, in: Hilgendorf (Hrsg.), Das Gesetzlichkeitsprinzip im Strafrecht, 2013, S. 45

Kuhli, Milan: Poena sine lege? Zum Phänomen dynamischer VStGB-Verweisungen auf ungeschriebenes Völkerrecht, in: Brunhöber/Höffler/Kaspar/Reinbacher/Vorbaum (Hrsg.), Strafrecht und Verfassung, 2013, S. 91

Kutzer, Klaus: Strafrechtliche Rechtsprechung des BGH zur Beteiligung an einem freiverantwortlichen Suizid, ZRP 2012, S. 135

Lagodny, Otto: Strafrecht vor den Schranken der Grundrechte, 1996

Landau, Herbert: Die deutsche Strafrechtsdogmatik zwischen Anpassung und Selbstbehauptung – Grenzkontrolle der Kriminalpolitik durch die Dogmatik?, ZStW 2009 (121), S. 965

Laubenthal, Klaus: Die Renaissance der Sicherungsverwahrung, ZStW 2004 (116), S. 703

Leipold, Klaus/*Tsambikakis*, Michael/*Zöller*, Mark: AnwaltKommentar StGB, 3. Auflage 2020 (zitiert AnwK-*BearbeiterIn*)

Leitner, Werner/*Rosenau*, Henning: Wirtschafts- und Steuerstrafrecht, Kommentar, 2. Auflage 2022 (zitiert Leitner/Rosenau-*BearbeiterIn*)
Lemmel, Hans-Peter: Unbestimmte Strafbarkeitsvoraussetzungen im Besonderen Teil des Strafrechts und der Grundsatz nullum crimen sine lege, 1970
Lemmerz, Anna-Luisa: Elternunterhalt zwischen Familiarisierung und Sozialisierung, DNotZ 2014, S. 499
Lenckner, Theodor: Wertausfüllungsbedürftige Begriffe im Strafrecht und der Satz nullum crimen sine lege, JuS 1968, S. 249
Ders.: Wertausfüllungsbedürftige Begriffe im Strafrecht und der Satz nullum crimen sine lege, JuS 1968, S. 304
Lilie, Hans: Garantenstellungen für nahestehende Personen, JZ 1991, S. 541
Linnenbrink, Dominik: Der Wegfall der strafrechtlichen Verantwortlichkeit des Garanten, 1992
Ludyga, Hannes: Pflicht zur Pflege, FPR 2012, S. 54
Lüderitz, Alexander: §§ 1611, 1618a BGB: Plädoyer für eine Kooperation zwischen Eltern und Kindern, in: Schilken/Becker-Eberhard/Gerhardt (Hrsg.), Festschrift für Hans Friedhelm Gaul zum 70. Geburtstag am 19. November 1997 1997, S. 411
Lutfullin, Timur: Das strafrechtliche Bestimmtheitsgebot und Mengenbegriffe, 2017
Luthin, Horst: Zur Neuregelung des elterlichen Sorgerechts – Anmerkungen aus der Sicht eines Praktikers, FamRZ 1979, S. 986
Mähner, Nicolas Johann: Zur Garantenstellung aus Verantwortung für Räume und Grundstücke, 2015
Maiwald, Manfred: Zum fragmentarischen Charakter des Strafrechts, in: Schröder/Zipf (Hrsg.), Festschrift für Reinhart Maurach zum 70. Geburtstag, 1972, S. 9
Ders.: Die Grundprobleme der Unterlassungsdelikte, JuS 1981, S. 473
Materialien zur Strafrechtsreform, 1. Band, Gutachten der Strafrechtslehrer, 1954
Materialien zur Strafrechtsreform, 5. Band, Entwurf eines Allgemeinen Deutschen Strafgesetzbuchs 1930 (Entwurf Kahl), 1954
Matt, Holger/*Renzikowski*, Joachim: Strafgesetzbuch, Kommentar, 2. Auflage 2020 (zitiert Matt/Renzikowski-*BearbeiterIn*)
Maurach, Reinhart: Die Objekte der Einziehung nach § 86 StGB, JZ 1964, S. 529
Ders.: Deutsches Strafrecht Allgemeiner Teil, 4. Auflage 1971
Mayer, Hellmuth: Das Strafrecht des Deutschen Volkes, 1936
Ders.: Strafrecht Allgemeiner Teil, 1967
Miebach, Klaus: Praxiskommentar zu OLG Hamburg NStZ 2016, 530, NStZ 2016, S. 536
Mitsch, Wolfgang: Anmerkung zu BGH 4 StR 358/92, NStZ 1993, S. 384
Ders.: Mord durch Unfallflucht – Bemerkungen anlässlich des Beschlusses des BGH vom 24.3.2021 (Az. 4 StR 416/20 = DAR 2021, 398), DAR 2023, S. 73
Ders./Eisele, Jörg: Strafrecht Allgemeiner Teil, 13. Auflage 2021 (zitiert Baumann/Weber/Mitsch/Eisele)
Müller-Dietz, Heinz: Zur Problematik verfassungsrechtlicher Pönalisierungsgebote, in: Jescheck (Hrsg.), Festschrift für Eduard Dreher zum 70. Geburtstag am 29. April 1977, 1977, S. 97

Muscheler, Karlheinz/*Bloch*, Anke: Das Recht auf Kenntnis der genetischen Abstammung und der Anspruch es Kinders gegen die Mutter auf Nennung des leiblichen Vaters, FPR 2002, S. 339

Nagler, Johannes: Die Problematik der Begehung durch Unterlassung, GS 1938 (111), S. 1

Naucke, Wolfgang: Über Generalklauseln und Rechtsanwendung im Strafrecht, 1973

Nickel, Egbert: Die Problematik der unechten Unterlassungsdelikte im Hinblick auf den Grundsatz „nullum crimen sine lege" (Art. 103 II GG), 1972

Niederschriften über die Sitzungen der Großen Strafrechtskommission, 2. Band, Allgemeiner Teil, 14. bis 25. Sitzung, 1958

Niederschriften über die Sitzungen der Großen Strafrechtskommission, 12. Band, Zweite Lesung des Entwurfs, Allgemeiner Teil, 1959

Nikolaus, Sonja: Die Begründung und Beendigung der Garantenstellung in der Familie – zugleich Besprechung von LG Kiel NStZ 2004, 157 und BGH JA 2004, 345, JA 2005, S. 605

Ortiz de Urbina Gimeno, Ínigo: Das strafrechtliche Gesetzlichkeitsprinzip – Ein Befehl an den Gesetzgeber ohne Bedeutung für die Gesetzesanwender?, in: Kudlich/Montiel/Schuhr (Hrsg.), Gesetzlichkeit und Strafrecht, 2012, S. 87

Otto, Harro: Grundkurs Strafrecht, Allgemeine Strafrechtslehre, 2000

Ders.: Patientenautonomie und Strafrecht bei der Sterbebegleitung, NJW 2006, S. 2217

Ders.: Entwicklungen im Rahmen der Garantenstellung aus enger menschlicher Verbundenheit, in: Putzke/Hardtung/Hörnle/Merkel/Scheinfeld/Schlehofer/Seier (Hrsg.), Festschrift für Rolf Dietrich Herzberg zum siebzigsten Geburtstag am 14. Februar 2008, 2008, S. 255

Ders./Brammsen, Jörg: Die Grundlagen der strafrechtlichen Haftung des Garanten wegen Unterlassens (I), Jura 1985, S. 530

Palandt: Bürgerliches Gesetzbuch mit Nebengesetzen, Kommentar, 47. Auflage 1988 (zitiert Palandt-*BearbeiterIn*)

Paradissis, Alexander: Unterlassungsstrafbarkeit in sog. Weiterungsfällen, 2015

Pawlik, Michael: Das dunkelste Kapitel in der Dogmatik des Allgemeinen Teils: Bemerkungen zur Lehre von den Garantenpflichten, in: Heinrich/Jäger/Achenbach/Amelung/Bottke/Haffke/Schünemann/Wolter (Hrsg.), Festschrift für Claus Roxin zum 80. Geburtstag am 15. Mai 2011, 2011, S. 931

Perdomo-Torres, Jorge F.: Garantenpflichten aus Vertrautheit, 2006

Ders.: Das Begehen durch Unterlassen im positiven Recht, in: Pawlik/Zaczyk (Hrsg.), Festschrift für Günther Jakobs zum 70. Geburtstag am 26. Juli 2007, 2007, S. 497

Prütting, Hanns/*Wegen*, Gerhard/*Weinreich*, Gerd: Bürgerliches Gesetzbuch, Kommentar, 18. Auflage 2023 (zitiert P/W/W-*BearbeiterIn*)

Puppe, Ingeborg: Der Irrtum über die Garanteneigenschaft, ZStW 2022 (134), S. 320

Ransiek, Andreas: Das unechte Unterlassungsdelikt, JuS 2010, S. 490

Ders.: Das unechte Unterlassungsdelikt, JuS 2010, S. 585

Reinken, Werner: Praxisfragen zum Elternunterhalt, NJW 2013, S. 2993

Rengier, Rudolf: Strafrecht Allgemeiner Teil, 15. Auflage 2023

Rissing-van Saan, Ruth/*Verrel*, Torsten: Der Fall Wittig und die Verweigerung von Rechtssicherheit durch den BGH – Eine kritische Besprechung der Urteile des 5. Strafsenats des BGH vom 3.7.2019 in den Verfahren 5 StR 132/18 und 5 StR 393/18 zur Teilnahme von Ärzten an freiverantwortlichen (?) Selbsttötungen, NStZ 2020, S. 121

Rönnau, Thomas: Grundwissen – Strafrecht: Garantenstellungen, JuS 2018, S. 526

Ders./Soyka, Till: Der „Quotenschaden" im Fall „Hoyzer" – ein Verstoß gegen das Bestimmtheitsgebot?, NStZ 2009, S. 12

Roxin, Claus: Unterlassung, Vorsatz und Fahrlässigkeit, Versuch und Teilnahme im neuen Strafgesetzbuch, JuS 1973, S. 197

Ders.: Die Sterbehilfe im Spannungsfeld von Suizidteilnahme, erlaubtem Behandlungsabbruch und Tötung auf Verlangen – Zugleich eine Besprechung von BGH, NStZ 1987, 365 und LG Ravensberg NStZ 1987, 229, NStZ 1987, S. 345

Ders.: Strafrecht Allgemeiner Teil, Band 2: Besondere Erscheinungsformen der Straftat, 2003

Ders.: Zur Strafbarkeit des Geschwisterinzests – Zur verfassungsrechtlichen Überprüfung materiellrechtlicher Strafvorschriften, StV 2009, S. 544

Ders.: Der Grundsatz der Gesetzesbestimmtheit im deutschen Strafrecht, in: Hilgendorf (Hrsg.), Das Gesetzlichkeitsprinzip im Strafrecht, 2013, S. 113

Ders.: Zur Verfassungsmäßigkeit der unechten Unterlassung, GA 2021 (168), S. 190

Ders./Greco, Luis: Strafrecht Allgemeiner Teil, Band 1: Grundlagen, der Aufbau der Verbrechenslehre, 5. Auflage 2020

Rudolphi, Hans-Joachim: Die Gleichstellungsproblematik der unechten Unterlassungsdelikte und der Gedanke der Ingerenz, 1966

Ders.: Die Strafbarkeit des versuchten unechten Unterlassungsdeliktes, MDR 1967, S. 1

Ders.: Unrechtsbewusstsein, Verbotsirrtum und Vermeidbarkeit des Verbotsirrtums, 1969

Ders.: Häusliche Gemeinschaften als Entstehungsgrund für Garantenstellungen?, NStZ 1984, S. 149

Sachs, Michael: Grundgesetz, Kommentar, 9. Auflage 2021 (zitiert Sachs-*BearbeiterIn*)

Säcker, Franz Jürgen/*Rixecker*, Roland/*Oetker*, Hartmut/*Limperg*, Bettina: Münchener Kommentar zum Bürgerlichen Gesetzbuch, Band 10, §§ 1589–1921 BGB, SGB VIII, 9. Auflage 2024 (zitiert MK/BGB-*BearbeiterIn*)

Satzger, Helmut/*Schluckebier*, Wilhelm: Strafgesetzbuch, Kommentar, 5. Auflage 2021 (zitiert S/S/W-*BearbeiterIn*)

Sanchez, Jesus-Maria Silva: Gesetzesauslegung und strafrechtliche Interpretationskultur, in: Kudlich/Montiel/Schuhr (Hrsg.), Gesetzlichkeit und Strafrecht, 2012, S. 55

Sangenstedt, Christof: Garantenstellung und Garantenpflicht von Amtsträgern – zugleich eine Untersuchung zu den Grundlagen der strafrechtlichen Garantenstellung, 1989

Satzger, Helmut: Der irrende Garant – zur Abgrenzung von Tatbestands- und Gebotsirrtum beim vorsätzlichen unechten Unterlassungsdelikt, JURA 2011, S. 432

Sax, Walter: Grundsätze der Strafrechtspflege, in: Bettermann/Neumann/Nipper (Hrsg.), Die Grundrechte – Handbuch der Theorie und Praxis der Grundrechte, Teil 3, 2: Rechtspflege und Grundrechtsschutz, 1972, S. 909

Schaffstein, Friedrich: Die unechten Unterlassungsdelikte im System des neuen Strafrechts, in: Dahm (Hrsg.), Festschrift zum 60. Geburtstag von W. Gleispach, 1936, S. 70

Schiemann, Anja: Unbestimmte Schuldfähigkeitsfeststellungen – Verstoß der §§ 20, 21 StGB gegen den Bestimmtheitsgrundsatz nach Art. 103 II GG, 2012

Dies.: Anmerkung zu BGH, Beschluss vom 2.8.2017 – 4 StR 169/17, NJW 2017, S. 3609

Schlüchter, Ellen: Zum „Minimum" bei der Auslegung normativer Merkmale im Strafrecht, NStZ 1984, S. 300

Schmidt, Timo: Der Rücktritt vom versuchten Unterlassungsdelikt durch weiteres Unterlassen, 2018

Schmitt, Rudolf: Der Arzt und sein lebensmüder Patient – Zugleich eine Besprechung des Urteil des BGH vom 4. 7. 1984 – 3 StR 96/84 –, JZ 1984, S. 866

Ders.: Der Anwendungsbereich von § 1 Strafgesetzbuch (Art. 103 Abs. 2 Grundgesetz), in: Vogler (Hrsg.), Festschrift für Hans-Heinrich Jescheck zum 70. Geburtstag 1985, S. 223

Schneider, Christian: Tun und Unterlassen beim Abbruch lebenserhaltender medizinischer Behandlung, 1998

Schöch, Heinz: Zur Wirksamkeit der Generalprävention, in: Christel/Gerhart (Hrsg.), Der Sachverständige im Strafrecht – Kriminalitätsverhütung, 1990, S. 95

Schöne, Wolfgang: Unterlassene Erfolgsabwendungen und Strafgesetz, 1974

Schrägle, Hannes: Das begehungsgleiche Unterlassungsdelikt – eine rechtsgeschichtliche, rechtsdogmatische und rechtsvergleichende Untersuchung und die Entwicklung eines Systems der Garantietypen, 2017

Schramm, Edward: Ehe und Familie im Strafrecht, 2011

Ders.: Grundzüge eines Ehe- und Familienstrafrechts – Für Kristian Kühl zum 70. Geburtstag, JA 2013, S. 881

Schreiber, Hans-Ludwig: Gesetz und Richter: zur geschichtlichen Entwicklung des Satzes nullum crimen, nulla poena sine lege, 1976

Schröder, Friedrich-Christian: Die Bestimmtheit von Strafgesetzen am Beispiel des groben Unfugs, JZ 1969, S. 775

Schuchmann, Inga: Grenzen der Strafgesetzgebung – Rechtsgut, Verhältnismäßigkeit, Schuld, in: Albrecht/Geneuss/Giraud/Pohlreich (Hrsg.), Strafrecht und Politik – 6. Symposium junger Strafrechtlerinnen und Strafrechtler, 2018, S. 31

Schünemann, Bernd: Grund und Grenzen der unechten Unterlassungsdelikte, 1971

Ders.: Zur Kritik der Ingerenz-Garantenstellung, GA 1974 (121), S. 231

Ders.: Nulla poena sine lege?, 1978

Ders.: Die Unterlassungsdelikte und die strafrechtliche Verantwortlichkeit für Unterlassungen, ZStW 1984 (96), S. 287

Ders.: Zur Garantenstellung beim unechten Unterlassungsdelikt – dogmenhistorische, rechtsvergleichende und sachlogische Auswegweiser aus einem Chaos, in: Böse/Sternberg-Lieben (Hrsg.), Festschrift für Knut Amelung zum 70. Geburtstag, 2009, S. 303

Ders.: Die unechten Unterlassungsdelikte: Zehn Kardinalfragen, -fehler und -fixpunkte, GA 2016 (163), S. 301

Schürmann, Hannes: Unterlassungsstrafbarkeit und Gesetzlichkeitsgrundsatz, 1986

Schulte, Michaela: Kontaktverweigerung und Unterhaltsrecht – Zugleich ein Beitrag zur Rechtsqualität der aus § 1618a BGB herleitbaren Pflichten, 1999
Schulz, Werner/*Hauß*, Jörn: Familienrecht, Handkommentar, 3. Auflage 2018 (zitiert Schulz/Hauß-*BearbeiterIn*)
Schulze, Reiner: Bürgerliches Gesetzbuch, Handkommentar, 11. Auflage 2021 (zitiert Schulze-*BearbeiterIn*)
Schumann, Karl F.: Positive Generalprävention – Ergebnisse und Chancen der Forschung, 1989
Schwab, Dieter: Familienrecht, 31. Auflage 2023
Seebode, Manfred: Zur gesetzlichen Bestimmtheit des unechten Unterlassungsdelikts, in: Seebode (Hrsg.), Festschrift für Günter Spendel zum 70. Geburtstag am 11. Juli 1992, 1992, S. 317
Ders.: Anmerkung zu BGH, Urteil vom 30.4.1997 – 2 StR 670/96, JR 1998, S. 338
Ders.: Anmerkung zu BVerfG, Beschluß vom 21.11.2022 – 2 BvR 2202/01, JZ 2004, S. 305
Seelmann, Kurt: Opferinteressen und Handlungsverantwortung in der Garantenpflichtdogmatik, GA 1989 (136), S. 241
Simon, Dietrich: Das neue elterliche Sorgerecht, JuS 1979, S. 752
Simon, Eric: Gesetzesauslegung im Strafrecht – Eine Analyse der höchstrichterlichen Rechtsprechung, 2005
Sowada, Christoph: Praxiskommentar zu BGH 5 StR 393/18, NStZ 2019, S. 670
Spitzlei, Thomas: Die Gesetzesbegründung und ihre Bedeutung für die Gesetzesauslegung, JuS 2022, S. 315
Stam, Fabian: Strafrechtliche Garantenpflichten aus Gesetz, ZStW 2019 (131), S. 259
Ders.: Anmerkung zu BGH, Urt. v. 3.7.2019 – 5 StR 393/18, medstra 2020, S. 100
Stefanopoulou, Georgia: Innerfamiliäre Garantenpflichten unter Erwachsenen – Anmerkung zu BGH HRRS 2017 Nr. 1220, HRRS 2018, S. 15
Dies.: Familiäre Verbundenheit als Grund strafrechtlich sanktionierter Solidaritätserwartungen, ZfL 2019, S. 219
Sternberg-Lieben, Detlev: Beschränkung der strafrechtlichen Haftung auf eine schwerwiegende Verletzung der ärztlichen Aufklärungspflicht, MedR 2019, S. 185
Störring, Lars Peter: Das Untermaßverbot in der Diskussion – Untersuchung einer umstrittenen Rechtsfigur, 2009
Stree, Walter: Garantenstellung kraft Übernahme, in: Geerds/Naucke (Hrsg.), Festschrift für Hellmuth Mayer zum 70. Geburtstag am 1. Mai 1965, 1966, S. 145
Stübel, Christoph Carl: Über die Theilnahme mehrerer Personen an einem Verbrechen – ein Beitrag zur Criminalgesetzgebung und zur Berichtigung der in den Criminalgerichten geltenden Grundsätze, 1828
Stürner, Rolf: Bürgerliches Gesetzbuch, Kommentar, 19. Auflage 2023 (zitiert als Jauernig-*BearbeiterIn*)
Tiedemann, Klaus: Verfassungsrecht und Strafrecht, 1991
Utz, Maximilian: Die personale Reichweite der strafrechtlichen Geschäftsherrenhaftung, 2016
Vogel, Joachim: Norm und Pflicht bei den unechten Unterlassungsdelikten, 1993

Ders.: Strafrechtsgüter und Rechtsgüterschutz durch Strafrecht im Spiegel der Rechtsprechung des Bundesverfassungsgerichts, StV 1996, S. 110

Voßkuhle, Andreas: Theorie und Praxis der verfassungskonformen Auslegung von Gesetzen durch Fachgerichte, AöR 2000 (125), S. 177

Weber, Klaus: Rechtswörterbuch, 24. Auflage 2022

Welp, Jürgen: Vorangegangenes Tun als Grundlage einer Handlungsäquivalenz der Unterlassung, 1968

Wellenhofer, Marina: Familiäre Solidarität und Pflege, in: Götz/Schwenzer/Seelmann/Taupitz/Rakete-Dombek (Hrsg.), Festschrift für Gerd Brudermüller zum 65. Geburtstag, 2014, S. 921

Welzel, Hans: Auf welche Bestandteile einer Strafvorschrift bezieht sich der Satz: nulla poena sine lege?, JZ 1952, S. 617

Ders.: Zur Problematik der Unterlassungsdelikte, JZ 1958, S. 494

Werkmeister, Andreas: Unterlassenshaftung des Drogenbesitzers bei möglicherweise fehlender Eigenverantwortlichkeit des Konsumenten? – Überlegungen anhand der Entscheidung BGHSt 61, 21 und 318 (sog. GBL-Fälle), in: Stam/Werkmeister (Hrsg.), Der Allgemeine Teil des Strafrechts in der aktuellen Rechtsprechung, S. 97

Wolff, Heinrich Amadeus: § 134: Nullum crimen, nulla poena sine lege, in: Merten/Papier (Hrsg.), Handbuch der Grundrechte in Deutschland und Europa, Band V: Grundrechte in Deutschland: Einzelgrundrechte II, 2013, S. 1374

Ders.: Grundgesetz für die Bundesrepublik Deutschland, Handkommentar, 13. Auflage 2022 (zitiert Hömig/Wolff-*BearbeiterIn*)

Wolter, Jürgen: Systematischer Kommentar zum Strafgesetzbuch, Band 1, §§ 1–37 StGB, 9. Auflage 2017 (zitiert SK-*BearbeiterIn*)

Würdinger, Markus: Das Ziel der Gesetzesauslegung – ein juristischer Klassiker und Kernstreit der Methodenlehre, JuS 2016, S. 1

Zöller, Mark A.: Garantenpflicht nach eigenverantwortlicher Selbstgefährdung, in: Stein/Greco/Jäger/Wolter (Hrsg.), Festschrift für Klaus Rogall zum 70. Geburtstag am 10. August 2018, 2018, S. 299

Stichwortverzeichnis

www.ingramcontent.com/pod-product-compliance
Ingram Content Group UK Ltd.
Pitfield, Milton Keynes, MK11 3LW, UK
UKHW021932290926
8980IPUK00016B/1585

9 783631 938843